Und es ist doch wahr

Volker Eid

Und es ist doch wahr

Auf der Suche nach der
Wahrheit des Neuen Testaments

Weltbild

Abbildungen Seite 2 und 3:
Der Eingang zur Grabeskirche, Jerusalem
Das Brustbild Christi ist aus Marmorintarsien
zusammengefügt und stammt wohl aus dem
Speisesaal eines christlichen Kollegiums.
Ostia Antica, Museum

Weltbild Buchverlag
–Originalausgaben–
© 2008 Verlagsgruppe Weltbild GmbH
Steinerne Furt, 86167 Augsburg
Alle Rechte vorbehalten

Projektleitung: Dr. Ulrike Strerath-Bolz
Umschlaggestaltung: zeichenpool, München
Umschlagabbildungen: Shutterstock

Realisation: Thema media GmbH & Co. KG
unter Mitwirkung von Friedrich Naab,
Redaktion; Thomas Holzner, Layout
Koordination: Claus Hilschmann
Reproduktion: PSS Skazel, Planegg

Druck und Bindung: Neografia, a.s.,
printing house, Martin
Gedruckt auf chlorfrei gebleichtem Papier

Printed in EU

ISBN 978–3–86800–042–9

Inhalt

Vorwort   7

Lehrer aller Menschen   8

Jesus: die frühen Jahre   20

Schüler Johannes' des Täufers   60

Der charismatische Wanderprediger   84

Der Hinrichtungstod   188

Die Urgemeinde   262

Zeittafel   308

Die neutestamentlichen Stätten im Heiligen Land   310

Literatur und Quellen   317

Von A bis Z   318

Abbildungsnachweis, Dank   320

Vorwort

Hat die Bibel tatsächlich »doch recht«? Werner Keller, dessen berühmtes Buch vor einem halben Jahrhundert erstmals veröffentlicht wurde, wollte genau dies mit seinen historischen und archäologischen Erläuterungen beweisen. Er nahm dabei vor allem die jüdische Geschichte in den Blick, wie sie uns im Alten Testament überliefert ist, und stellte sie in einen größeren vorderorientalischen Kontext.

Es ist aber leicht einzusehen, dass die Behauptung, die Bibel habe »doch recht«, nicht nur die Frage nach ihrer historischen Zuverlässigkeit aufwirft, sondern auch die Frage nach ihrer Wahrheit. »Was ist schon Wahrheit?«, hat bereits Pontius Pilatus skeptisch nachgefragt, als er Jesus von Nazaret verhörte. Der hatte ihm, wie das Evangelium nach Johannes berichtet, feierlich erklärt, er sei in die Welt gekommen, um die Wahrheit zu bezeugen.

Welche Wahrheit meinte der Jesus des Johannes-Evangelisten? Oder grundsätzlicher gefragt: Welches war und ist die Wahrheit, die (nicht nur) Christinnen und Christen im Leben und Wirken des Jesus von Nazaret entdecken, erkennen und bekennen? Es muss sich, sehr kurz gesagt, um eine verlässliche Lebenswahrheit handeln, vielleicht auch »nur« um ein Lebenskonzept. Ein Konzept, in dem sich Menschen deshalb bewusst ansiedeln, weil darin ihr Leben auf ein letztendliches Gelingen ausgerichtet wird.

Diese Wahrheit des Jesus von Nazaret kann entdeckt werden in der Auseinandersetzung mit der Kunde, die in den christlichen Traditionen aufbewahrt wurde. Sie begegnet uns in den Schriften des Neuen Testaments und anderen frühchristlichen Schriften. Dabei muss man berücksichtigen, dass es sich nicht um exakte historische Darstellungen handelt, sondern um Schriften, die die Glaubensüberzeugung früher Christinnen und Christen wiedergeben. Deshalb muss man sich kritisch durch sie hindurchfragen, um ihre eigenwilligen darstellerischen Interessen und ihre inneren Widersprüche wahrzunehmen und gerade so ihre Wahrheit zu entdecken. In diesem Sinne soll dieses Buch ausgewählte Texte verständlich und gewissermaßen durchsichtig machen. Es richtet sich an alle, die sich für den Mann aus Nazaret und für die Anfänge des Christentums interessieren und die den »wirklichen Jesus« kennenlernen wollen.

Eine vorwiegend sachbuchartige Aufbereitung im Sinne Werner Kellers ist bei dieser Zielsetzung unmöglich. Vielmehr muss der historische Jesus aus der Gestalt des geglaubten Jesus erschlossen werden. Erkenntnisse der Sozial- und Alltagsgeschichte, die das Umfeld Jesu plastisch machen, sind dabei von großem Wert.

Und auch der ursprüngliche Glaube ist eine historische Tatsache. Das Entstehen der Jesus-Bewegung, des frühen Christentums, ist deshalb ebenso Gegenstand dieses Buchs wie die Begegnung mit dem historischen Jesus. Um aber die Anfänge des christlichen Glaubens lebendig darstellen zu können, wurden neben den Texten des Neuen Testaments des Öfteren auch sogenannte apokryphe Texte in den Blick genommen, frühchristliche Texte also, die aus den verschiedensten Gründen keinen Eingang in die Bibel fanden. Sie zeigen, dass die frühen Christen aus mehr und auch aus anderen Traditionen lebten, als wir heute gemeinhin wissen. Sie zeigen aber auch, welche »esoterischen« Varianten möglich waren.

Der Haupttext dieses Buches wurde von Volker Eid geschrieben, der sich bei diesem eigentlich »unmöglichen« Vorhaben dankbar auf die aktuelle Fachliteratur stützte – und auf den freundschaftlichen Rat seines Bamberger Kollegen Paul Hoffmann. Friedrich Naab konzipierte die reiche Bebilderung und verfasste die Bildunterschriften sowie die Texte zu den Stätten des Neuen Testaments.

Es gibt nur sehr wenige Bilddokumente aus der Zeit Jesu und des Urchristentums. Die für das Buch ausgewählten Abbildungen dokumentieren spätere Epochen, in denen sich das Christentum und seine Lehre weiterentwickelt hatten. Wie auch schon die biblischen Texte, sind diese Bilddokumente Zeugnisse vom Beginn der sich rasch ausbreitenden christlichen Kirche. Dass der »Völkerapostel« Paulus, den wir aus dem Neuen Testament kennen, bei Weitem nicht der einzige war, der diese Entwicklung anstieß und vorantrieb, kann gar nicht oft genug in Erinnerung gerufen werden. Wenn unser Buch einigermaßen verdeutlichen kann, wie vielgestaltig und vital die Geschichte der frühen Jesus-Bewegung verlief, freuen wir uns.

Volker Eid

LEHRER ALLER MENSCHEN

»Ein weiser Mensch« sei Jesus von Nazaret gewesen, berichtet Josephus Flavius am Ende des 1. Jahrhunderts n. Chr., ein »Vollbringer ganz unglaublicher Taten« und »Lehrer aller Menschen«, die mit Freuden die Wahrheit aufnahmen.

Etwa zwei Milliarden Menschen, ein Drittel der derzeitigen Menschheit, gehören einer christlichen Glaubensgemeinschaft an. Viele sind tief gläubig, viele andere nicht so sehr. Auch kennen viele die christliche Tradition und Glaubenslehre nur mehr oder weniger gut, manche neigen eher zu esoterischen Lebensbildern. Sie alle beziehen sich aber doch auf jenen Jesus von Nazaret, der vor zwei Jahrtausenden als Prediger und charismatischer Heiler durch Galiläa zog.

Die Frauen und Männer, die sich ihm als Erste anschlossen, bezeugten später, er habe Kranke geheilt, böse Geister ausgetrieben, Tote ins Leben zurückgerufen, den Armen Gottes Gerechtigkeit zugesprochen und den Schuldbeladenen seine Versöhnung angeboten. Zugleich habe er Gottes Zorn über ausbeuterische Rücksichtslosigkeit und Selbstgerechtigkeit proklamiert, die vorbehaltlose Liebe zu Gott und zum Nächsten aber als tiefste Lebenskraft.

Schon sehr bald waren seine Anhänger davon überzeugt, dass dieser aus Galiläa stammende Mann der seit Urzeiten erwartete »Messias«, der »Chris-tós« sei, von dem viele Juden den Anbruch des gerechten Gottesfriedens erhofften, des »Shalom«. Sie waren sich dessen gewiss, dass der von der römischen Besatzungsmacht auf Betreiben der jüdischen Obrigkeit befohlene Kreuzestod das Leben und die Mission

Frühe Christusbilder
In den ältesten frühchristlichen Darstellungen erscheint Jesus als schöner, bartloser Jüngling, einem Typus entsprechend, den die antike Kunst in vielerlei Varianten vorgebildet hatte.
Das Goldglas mit dem durch eine Beischrift bezeichneten Bildnis Christi (oben) stammt aus dem 4. Jahrhundert (London, Britisches Museum). Solche mit christlichen Motiven verzierte Gläser wurden in größerer Zahl in den römischen Katakomben gefunden. Eine Glasschicht überfängt die Blattgoldauflage, aus der Inschriften, Ornamente und Darstellungen ausradiert sind.
Der Arkadensarkophag in den Grotten der Peterskirche in Rom datiert in die Mitte des 5. Jahrhunderts (rechts). Christus thront im Kreis der Apostel. Die Rechte im Lehrgestus erhoben und den Blick dem sich von rechts nahenden Paulus zugewandt, übergibt er mit der Linken Petrus die Gesetzesrolle. Zu seinen Füßen wölbt sich das Velum des »Caelus«, der Personifikation des Himmels.

»Der Mann, von dem sich dieser Name herleitet, Christus, war unter der Herrschaft des Tiberius auf Veranlassung des Prokurators Pontius Pilatus hingerichtet worden; und für den Augenblick unterdrückt, brach der unheilvolle Aberglaube wieder hervor, nicht nur in Judäa, dem Ursprungsland dieses Übels, sondern auch in Rom ...«

Tacitus, Annalen 15,44

Jesu nicht beendet habe, dass er vielmehr in Gott hinein auferstanden sei.

Unmöglich hätte irgendjemand vorhersagen können, dass nur wenige Jahre nach seiner Hinrichtung von diesem Mann aus einfachen Verhältnissen und einer unbedeutenden Provinz des römischen Weltreiches eine geradezu radikale Neuformung unserer Geschichte und Kultur ausgehen würde, dass sich von ihm her eine Weltreligion entwickeln würde.

Fortwirkende Botschaft

Und doch war es so. Kaiser, Könige, Fürsten und andere Mächtige behaupteten, in seiner göttlichen Vollmacht zu herrschen; einige nehmen dies sogar heute noch für sich in Anspruch. Viel wichtiger ist aber dies: Von ihm bewegt, taten und tun viele »einfache«, selbstlose Menschen viel Gutes, nicht selten unter schwierigsten Bedingungen. Sehr viele Menschen finden in der spirituellen Hinwendung zu Jesus Trost und Lebenskraft, viele entdecken in seiner energischen und herausfordernden Ansage der unbedingten Gerechtigkeit Gottes eine tiefe Bestätigung ihrer Würde und ihrer Lebensrechte.

Doch wurde und wird sein Name auch missbraucht: zur Begründung von ungerechten Privilegien und von Unterdrückung, von fundamentalistischer Besserwisserei und Ausbeutung, von Terror und Krieg. Über all solches

hinweg bewegt Jesus von Nazaret bis zum heutigen Tag sehr viele Menschen, die seine Botschaft vom menschenfreundlichen Gott fasziniert und überzeugt, auch solche, die sich nicht als Christinnen und Christen verstehen. Wo immer aber diese leben, in den reichen wie in den armen Regionen unserer Welt, trifft man auf die Zeichen und Spuren der intensiven Erinnerung an ihn, der Überzeugung von seiner dauerhaften Lebendigkeit. Man

Zeichen, Bilder und Gleichnisse
Katakombenmalerei und Sarkophagplastik dokumentieren die Entstehung einer christlichen Ikonographie. Ausgehend von reinen Zeichen wie dem Christogramm und einer zeichenhaften Gebärdensprache der biblischen Szenen entwickelte sich ein immer größerer Bildreichtum, eine immer großartigere Auffassung der Einzelgestalt.
Der Sarkophag des Junius Bassus in den Grotten der Peterskirche in Rom zeigt neben anderen alt- und neutestamentlichen Szenen den Einzug Jesu in Jerusalem (linke Seite). Junius Bassus war Stadtpräfekt von Rom und starb 359.
Von den Gleichnissen erlangte das des Guten Hirten besondere Bedeutung. Die frühesten Darstellungen aus dem 2. und 3. Jahrhundert übernehmen das antiker Kunst geläufige Motiv des Widderträgers. Teils sind es realistisch geschilderte, teils jugendlich schöne Hirtengestalten, wie die um 350 entstandene Marmorstatuette in den Vatikanischen Museen (rechts).

Leben-Jesu-Forschung
Der Herausforderung durch die Aufklärung konnte eine naiv-gläubige Auslegung der Bibel nicht standhalten. Als überzeugter »Deist«, der aus Vernunftgründen einen Schöpfergott, aber keine göttliche Offenbarung gelten ließ, verfasste der Hamburger Orientalist Hermann Samuel Reimarus (1694–1768) die Schrift »Apologie oder Schutzbrief für die vernünftigen Verehrer Gottes« und verteilte sie anonym. Mit der Ankündigung des Reiches Gottes und dem Ruf zur Umkehr habe Jesus seine Messias-Herrschaft durchsetzen wollen, wofür er als Unruhestifter hingerichtet worden sei. Der von den Aposteln propagierte Glaube an die Auferstehung und die Wiederkunft Jesu sei Betrug. Lessing verursachte mit der Veröffentlichung dieser »Fragmente eines Ungenannten« (seit 1774) einen heftigen, folgenreichen Streit. Die bis heute andauernde Diskussion über den »historischen Jesus« war eröffnet. Vor allem protestantische Theologen trieben sie voran. Die Betrugsthese des Reimarus lehnte man zwar ab, entwickelte aber von ihm her eine historisch-kritische Methode, um die literarische Eigenart der biblischen Schriften und die Jesus-Gestalt im geschichtlichen Kontext zu erschließen. Kernpunkt wurde die Unterscheidung zwischen dem historischen und dem geglaubten Jesus. Dabei leisteten, um nur diese beiden zu nennen, Albert Schweitzer (1875–1965) und Rudolf Bultmann (1884–1976) wesentliche Beiträge.

trifft auf großartige Kirchen-Monumente, aber auch auf bescheidene, ja armselige Versammlungsstätten, wo sie diese Erinnerung wachhalten und miteinander feiern.

Über kaum einen anderen Menschen ist so viel und so intensiv nachgedacht, gesprochen, geschrieben und auch gestritten worden wie über ihn; nicht nur in den heiligen Schriften, den theologischen Traktaten und meditativen Texten der Christenheit, sondern auch in vielen Werken von Schriftstellern, Dichtern, bildenden Künstlern und Komponisten, weit über die Zeiten und Grenzen sogenannter christlicher Kultur hinaus. Nicht zu vergessen die esoterischen und »kriminologischen« Spekulationen über Jesus in Texten und Filmen neuerer und neuester Zeit.

So kann es nicht verwundern, dass das Interesse immer stark war und in der aufgeklärten Neuzeit immer noch stärker wurde, dem letztlich geheimnisvollen Menschen aus Galiläa und seiner so überaus starken Wirkung nachzuspüren: Wer war der Mensch Jesus von Nazaret, was war und ist das Geheimnis seines »Erfolgs«? Kann man sein Leben und Wirken biographisch einigermaßen zuverlässig erhellen, womöglich analysieren?

Der historische Jesus

Trotz und wegen der enormen Bemühungen, vor allem der sogenannten Leben-Jesu-Forschung des 18. und des 19. Jahrhunderts, Jesus historisch-biographisch nahezukommen, ist doch Romano Guardini zuzustimmen, der in seinem viel gelesenen Buch »Der Herr« feststellte, es sei unmöglich, eine Biographie oder gar ein Psychogramm Jesu zu erstellen. Zu sehr ist in der Tat die Erinnerung an ihn in Deutungen, Dichtungen, Erklärungen und Verklärungen verwoben. In ihnen lassen sich weit eher die Motive und Interessen derer aufspüren, die sich gläubig oder auch nur neugierig-spekulativ mit ihm befassen, als Anhaltspunkte für eine

hinreichend belegbare Biographie im neuzeitlichen Sinne. Verschwimmt also die historische Gestalt des Jesus von Nazaret in faszinierender Dichtung, oder ist er womöglich eine fromme Erfindung von Menschen der Spätantike?

Selbst wenn: Es wäre eine große Dichtung, eine große Erfindung! Denn in allem, was sich über den historischen Jesus dennoch verlässlich erschließen lässt, bilden Dichtung und Wahrheit wohl deshalb eine überzeugende Einheit, weil da eine zutiefst gerechte und im besten Sinne tröstliche Humanität zutage tritt, eine nicht nur für Menschen der Antike als »göttlich« erscheinende Humanität.

Nochmals und ausführlicher sei Josephus Flavius zitiert, allerdings ohne die nachträglich in seinen Text eingefügten christlichen Ergänzungen. In seiner Schrift »Antiquitates« (um 93 n. Chr.) schreibt er:

»Um diese Zeit lebte Jesus, ein weiser Mensch. Er war ... der Vollbringer ganz unglaublicher Taten und der Lehrer aller Menschen, die mit Freuden die Wahrheit aufnahmen. So zog er viele Juden und

Von der Heilsbotschaft zum Pantokrator
Die Szenen der frühen Katakombenmalerei sind Botschaften persönlichen Heils und beschränken sich auf eine zeichenhafte Gebärdensprache. Ein Beispiel dafür ist das im späten 3. Jahrhundert entstandene Fresko der Auferweckung des Lazarus in den Petrus-und-Marcellinus-Katakomben in Rom (links).
Im 4. Jahrhundert kommt neben dem jugendlich-bartlosen Jesus ein Christusbild anderer Art auf, das auf den Typus eines griechischen Vatergottes zurückgeht. Zugleich Autorität und Güte ausstrahlend, wird Christus hier in einer Gestalt von idealisierter Menschlichkeit gesehen. Das Ewige und das Menschliche, das Feierliche und das Persönliche gehen eine Verbindung ein, die zum byzantinischen Typus des Pantokrators schlechthin wird. Eindrucksvoll veranschaulicht dies eine enkaustische Ikone aus dem 6. oder 7. Jahrhundert im Katharinenkloster auf dem Sinai (rechts).

Christos Didaskolos

Der lehrende Christus thront inmitten griechischer und lateinischer Kirchenlehrer. Diese Darstellung stammt von einem Wandbild aus dem 7. oder 8. Jahrhundert im linken Seitenschiff von Santa Maria Antiqua auf dem Forum Romanum. Die in kaiserliche Gebäude eingefügte Marienkirche gehört zu den ältesten jener Anlagen, die antike Räume für den christlichen Kult verwenden. Sie war einem griechischen Kloster angegliedert, daher die griechischen Beischriften auf römischem Boden. Vertreter östlicher und westlicher Theologie sind einträchtig um ihren Meister versammelt.

auch viele Heiden an sich. Und obgleich ihn Pilatus auf Betreiben der Vornehmsten unseres Volkes zum Kreuzestod verurteilte, wurden doch seine früheren Anhänger ihm nicht untreu. Und noch bis auf den heutigen Tag besteht das Volk der Christen, die sich nach ihm nennen, fort.«

Sicherlich ist dies eine vom Hörensagen her gewonnene Charakteristik Jesu. Sein Leben und die von ihm ausgehende Bewegung erscheinen wie beiläufige Episoden, denen Josephus keine allzu große Bedeutung beimisst. Und doch lässt seine kurze Bemerkung ahnen, dass schon wenige Jahrzehnte nach Jesu Tod eine starke Bewegung von Menschen entstanden war, die ihr Leben von ihm bestimmen ließen.

Dies gilt erst recht für die lakonische Bemerkung des bedeutenden römischen Geschichtsschreibers Publius Cornelius Tacitus (55/56–120 n. Chr.), der in seinen »Annalen« berichtet, Kaiser Nero habe den römischen »Christiani« die Schuld am Brand von Rom (64 n. Chr.) zugeschoben, und erläuternd hinzufügt, dieser Name sei

von einem Mann namens Christus abgeleitet, der zur Zeit des Kaisers Tiberius unter Pontius Pilatus, dem römischen Statthalter in Judäa, hingerichtet worden sei.

Diese beiden und auch die wenigen anderen außerchristlichen Textzeugnisse aus jener Zeit lassen spüren, dass von dem Leben und Wirken Jesu in den damals maßgebenden Kreisen nur äußerst wenig bekannt war, jedenfalls nicht mehr als das, was aus den frühen Jesus-Gemeinden in eine nur mäßig interessierte Öffentlichkeit drang. Lässt sich aus den christlich-literarischen, aus den archäologischen und zeitgeschichtlichen Quellen Genaueres erschließen?

Die Evangelien – Ur-Kunde?

Nicht eine einzige Textzeile hat Jesus hinterlassen, kein einziges Selbstzeugnis, das uns eine einigermaßen authentische Einsicht in sein Leben ermöglicht, schon gar nicht in die Zeit vor seinem Auftreten als Wanderprediger. Aber auch dann: Wie lange dauerte sein öffentliches Wirken, wie verlief es,

welche Orte besuchte er, wie waren die Umstände seiner Hinrichtung? Und wie verhielt es sich mit dem Kreis seiner Jünger? Waren auch Frauen dabei? Wie verhält es sich mit den Aposteln?

Das alles sollte man doch aus den vier Evangelien des Neuen Testamentes erfahren können, gelten sie doch als einigermaßen genaue Darstellungen seines Lebens und Wirkens. Unschwer kann man bei aufmerksamer Lektüre aber feststellen, was überdies schon längst bekannt ist: Es handelt sich nicht um Biographien, schon gar nicht um solche mit exakter chronologischer Absicht. Vielmehr handelt es sich um predigtartige Deutungen und Erklärungen, die dem Interesse folgen, Jesu Bedeutung als Heilsbote Gottes zu vermitteln: in einer Mischung von Texten und Berichten über seine Taten und Lehren, Wunder und Zeichen.

Diese in der Zeit von etwa 70 bis 100 n. Chr. abgeschlossenen Texte sollen überzeugen, und zwar auf eine den Zuhörern und ihren Lebens- und also Verständnisbedingungen gemäße Art. Dazu muss der antike Prediger-Evangelist sein eigenes Verständnis reflektieren, er muss die Botschaft, die er vermitteln will, in fassbare Geschichten, einprägsame Merksätze und auch in staunenswerte Wunderberichte umsetzen. Eine bloß abstrakte Doktrin, eine komplizierte theologische Abhandlung wäre dazu völlig ungeeignet.

Kanonische und apokryphe Schriften

Die Zusammensetzung des Neuen Testamentes aus verschiedenen Texten (Evangelien, Apostelgeschichte, apostolische Briefe, Apokalypse) als verbindlicher christlicher Jesus-Kunde und Glaubensbasis, wie wir sie heute kennen, erfolgte im Wesentlichen bei dem von Kaiser Konstantin dem Großen nach Nizäa (heute Iznik in der Westtürkei) einberufenen Ökumenischen Konzil des Jahres 325.

Bis dahin waren sehr viele verschiedenartige Evangelien und andere Schriften im Umlauf, allein 80 antike Evangelien sind in der heutigen Forschung bekannt. Ihre teilweise allzu wundersamen Geschichten, vor allem aber ihre aus ganz verschiedenen und nicht selten gegensätzlichen Religionskontexten abgeleiteten Ausführungen zwangen zu der Entscheidung darüber, in welchen Schriften man das richtige Jesus-Verständnis erkennen wollte, welche davon »richtige« Darstellungen seines Lebens und Wirkens seien.

Vier Evangelien wurden als die maßgeblichen, die »kanonischen« bestimmt: nämlich die des Matthäus, des Markus, des Lukas und des Johannes. Die anderen Evangelien sind aber keinesfalls wertlos, auch wenn man sie »apokryph« nennt, »verborgen« im Sinne von »nicht zuverlässig« und »häretisch«. Denn sie vermitteln wie viele andere in der Frühzeit des Christentums entstandene Schriften aufschlussreiche Nachrichten über die Anfänge der christlichen Glaubens- und Kirchengeschichte.

Die Namen der Verfasser aller Evangelientexte sind mehr oder weniger willkürliche Zuschreibungen. Solche Pseudepigraphie (in etwa »Falschzuschreibung«) war in der Antike durchaus üblich, um Publikationen eine

Evangelien aus dem Wüstensand
Bevorzugtes Schreibmaterial der Antike war bis ins 3. Jahrhundert Papyrus, der im Niltal aus dem Mark der Papyrusstaude gewonnen wurde. Auch die frühen Evangelientexte wurden auf Papyrus geschrieben. Unter normalen klimatischen Verhältnissen ist allerdings eine lange Lebensdauer von Papyrushandschriften nicht zu erwarten, denn bei Trockenheit wird Papyrus brüchig, bei Feuchtigkeit beginnt er zu faulen. Vergleichsweise günstige Voraussetzungen dafür, dass im Boden liegende Handschriften erhalten bleiben, sind in Ägypten gegeben, einem Land, das überdies eines der wichtigsten christlichen Zentren der ersten Jahrhunderte war. Berühmte Fundstätten liegen im Fayum, in der mittelägyptischen Stadt Oxyrhynchos und in Nag Hammadi in Oberägypten.

Als älteste bekannte Abschrift eines neutestamentlichen Buches gilt der 1935 veröffentlichte Papyrus Ryland (rechte Seite, oben). Aufgrund paläographischer Indizien wird das Fragment zwischen 120 und 150 n. Chr. datiert. Die Vorderseite (oben links) enthält in griechischer Sprache das Evangelium nach Johannes 18,31–33, die Rückseite (rechts) Johannes 18,37–38. Aufbewahrt wird das Fragment in der John Ryland's University Library in Manchester.

Der ebenfalls in griechischer Sprache geschriebene Papyruskodex Bodmer (links) aus dem späten 2. Jahrhundert enthält große Teile des Lukas- und des Johannesevangeliums. Abgebildet ist die Seite mit den letzten drei Versen des Lukasevangeliums und dem Beginn des Johannesevangeliums. Der Kodex ist im Besitz der Vatikanischen Bibliothek in Rom.

Der Papyruskodex Chester Beatty I (rechte Seite, Mitte und unten) datiert ins späte 2. oder frühe 3. Jahrhundert; er enthält die vier Evangelien und die Apostelgeschichte in griechischer Sprache. Abgebildet sind Fragmente mit Matthäus 21,13–19 (Mitte) und die Seite mit Markus 8,10–26 (unten). Aufbewahrt wird der Kodex in der Chester Beatty-Bibliothek in Dublin.

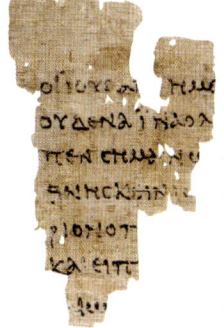

οι ιουδαιοι ημειν ουκ εξεστιν αποκτειναι
ουδενα ινα ο λογοσ του ιησου πληρωθη ον ει
πεν σημαινων ποιω θανατω ημελλεν απο
θνησκειν ισηλθεν ουν παλιν εισ το πραιτω
ριον ο πιλατοσ και εφωνησεν τον ιησουν
και ειπεν αυτω συ ει ο βασιλευσ των ιου
δαιων απεκριθη ιησουσ κτλ

εγω εισ τουτο γεγεννημαι
και εληλυθα εισ τον κοσμον ινα μαρτυ
ρησω τη αληθεια πασ ο ων εκ τησ αληθει
ασ ακουει μου τησ φωνησ λεγει αυτω
ο πιλατοσ τι εστιν αληθεια και τουτο
ειπων παλιν εξηλθεν προσ τουσ ιου
δαιουσ και λεγει αυτοισ εγω ουδεμιαν

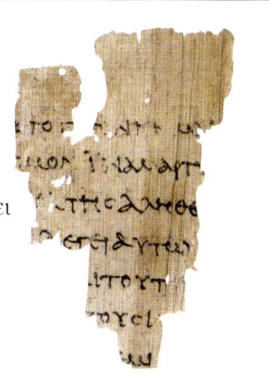

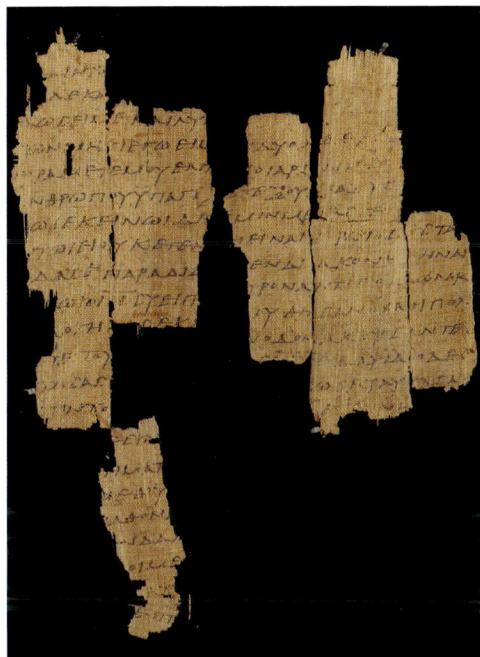

hohe Dignität und Autorität, vor allem aber Popularität zu verleihen. Auch die Evangelien machen hierbei keine Ausnahme. Man wählte also die Namen wichtiger und bekannter Leute. Die wirklichen Autoren auch der vier neutestamentlichen Evangelien sind nicht zu identifizieren. Natürlich mindert das nicht ihre Bedeutung.

Als das älteste kanonische Evangelium gilt das des Markus, das inhaltlich den römisch-jüdischen Krieg der Jahre 66 bis 70 n. Chr. voraussetzt. Es entstand wohl nicht in Rom, wie die Tradition es wollte, sondern eher in Syrien, und zwar in einer aus Juden- und Heidenchristen bestehenden Gemeinde. Der Pseudoverfasser Johannes Markus soll zunächst Schüler (»Assistent«) des Paulus, später des Petrus gewesen sein.

Den Markustext benutzten Matthäus und Lukas als eine der Grundlagen ihrer Evangelien. Neben nicht gemeinsamen Quellen verwendeten beide auch eine Sammlung von Jesusworten, die aus einer zunächst mündlichen Überlieferung heraus entstanden war. Diese ursprünglich sicher aramäisch verfasste, also im syrisch-palästinensischen Raum entstandene sogenannte »Logienquelle«, abgekürzt »Q«, konnte aus den Matthäus und Lukas gemeinsamen, nicht aber bei Markus auftauchenden Textpassagen erschlossen werden.

Das dem Apostel Matthäus zugeschriebene Evangelium entstand wenige Jahre nach dem des Markus

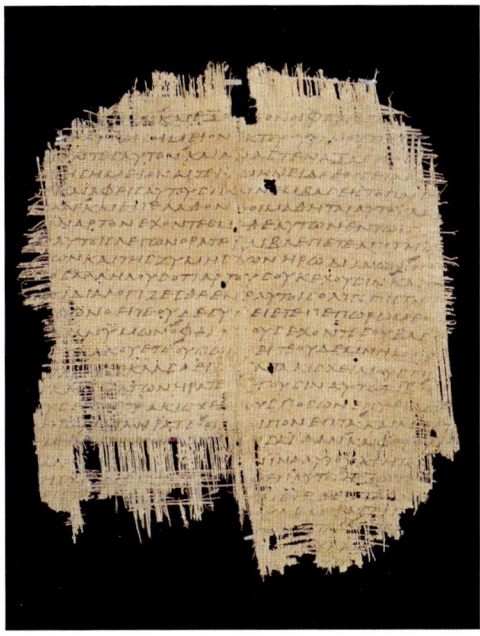

sicherlich ebenfalls in Syrien und wiederum in einem gemischt juden- und heidenchristlichen Umfeld. Einerseits schließt es an die jüdische Glaubenstradition an, andererseits befürwortet es deutlich die Öffnung der Botschaft Jesu für »alle Völker«.

Der Verfasser des in etwa demselben Zeitraum geschriebenen Lukasevangeliums kennt zwar das Heilige Land sehr gut, zumal das von den Römern zerstörte Jerusalem, doch lässt sich zeigen, dass er aus der westlichen Mittelmeerregion stammte. Sein Jesusbuch ist für »heidenchristliche Gemeinden« bestimmt, denen die jüdische Herkunft ihres Glaubens bewusst werden soll.

Diese drei Evangelien bezeichnet man in der theologischen Fachsprache mit einem griechischen Wort als »synoptisch« (»zusammensehend«), weil sie, wie gesagt, viele gemeinsame, schon vorher mündlich und schriftlich vermittelte Textpassagen enthalten. Sie vermitteln das am Ende des 1. Jahrhunderts n. Chr. am stärksten verbreitete Jesusbild.

Das Buch des Johannes aber, das späteste der vier kanonischen Evangelien (um 100 n. Chr.), weicht in Sprache und Inhalt wesentlich von den anderen ab, auch wenn es ihre Kenntnis voraussetzt. Es zeigt einen theologisch viel stärker erhöhten Jesus und richtet sich an eine Gemeinde, die sich ihrer spirituellen Besonderheit bewusst ist.

Alle vier Evangelien verfolgen das Ziel, die durch Jesus von Nazaret er-

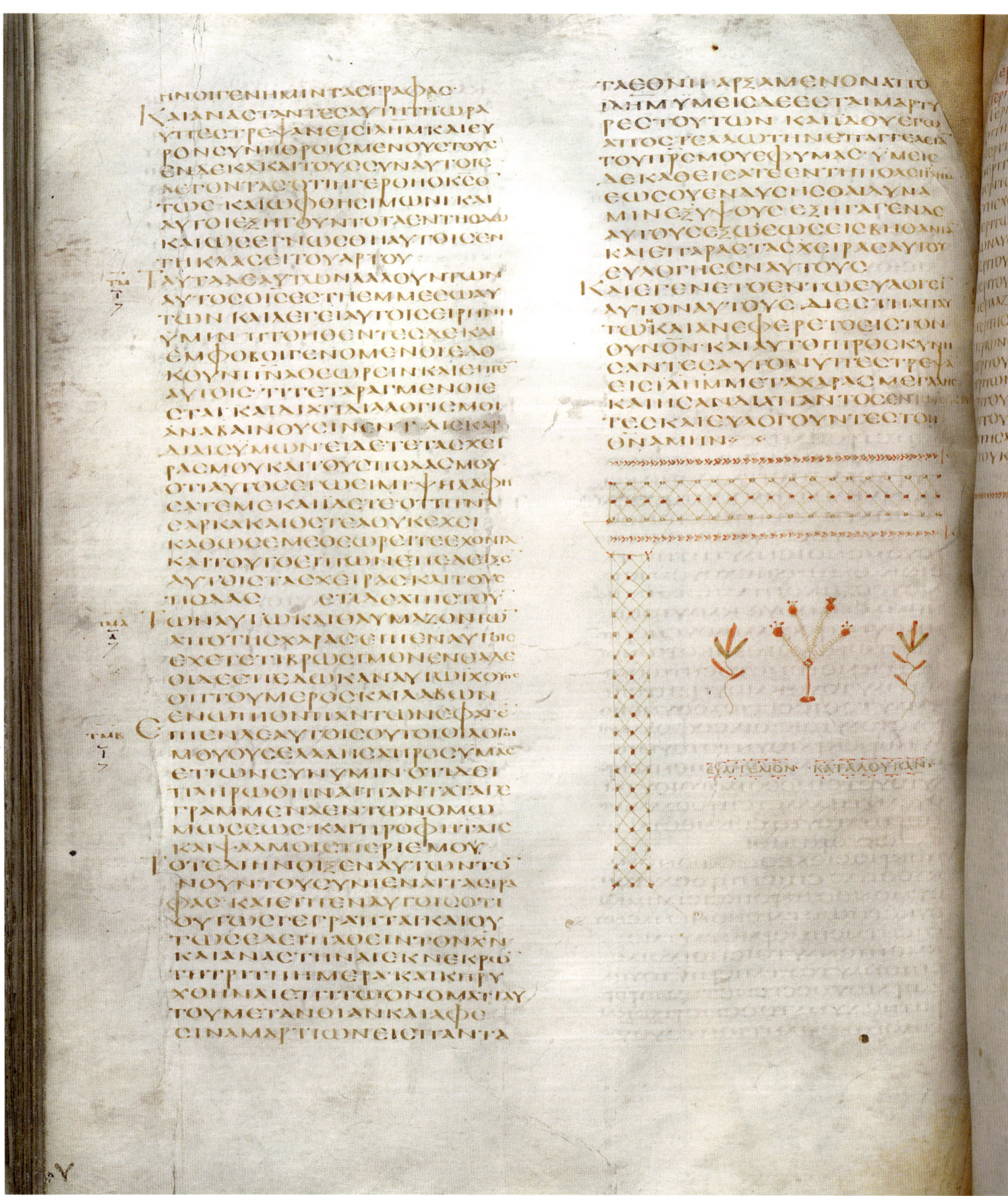

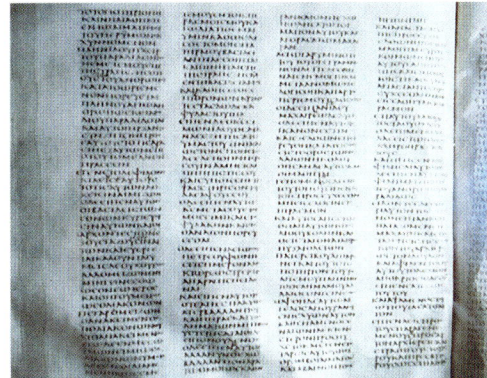

Die ältesten Bibeln

Zu Beginn des 4. Jahrhunderts setzte eine Revolution in der Buchherstellung ein: Das Pergament verdrängte den Papyrus und blieb bis zum 15. Jahrhundert das vorherrschende Material. Gleichzeitig erfolgte der Übergang von der Buchrolle (Volumen) zum gebundenen Buch (Codex). Die 50 Bibeln, die Konstantin der Große für die Kirchen seiner neuen Hauptstadt Konstaninopel herstellen ließ, wurden bereits auf Pergament geschrieben.

Um 350, also im Zeitalter Konstantins, ist der Codex Vaticanus entstanden (rechts); er enthält fast vollständig die Schriften des Alten und Neuen Testamentes. Erasmus von Rotterdam, der als Erster das Neue Testament auf Griechisch im Buchdruck veröffentlichte (1516), benutzte auch den Text dieser Handschrift.

Der Codex Sinaiticus (oben), ebenfalls in der Mitte des 4. Jahrhunderts entstanden, wurde 1844 von Konstantin von Tischendorf im Katharinenkloster auf dem Sinai entdeckt. 43 dem Gelehrten überlassene Blätter gelangten in die Leipziger Universitätsbibliothek. Das restliche Konvolut wurde 1859 dem russischen Zaren übergeben und 1933 von der Sowjetunion an das Britische Museum verkauft. 1975 entdeckte man bei Aufräumungsarbeiten nach einem Brand neben anderen Handschriften einige weitere Blätter und Fragmente desCodex.

Der Codex Alexandrinus (links der Schluss des Lukasevangeliums) kam 1627 als Geschenk des Patriarchen von Konstantinopel an den englischen König und befindet sich jetzt in der British Library in London. Die Handschrift in griechischer Sprache, die auch den Psalmenkommentar des Athanasios (um 295–373) enthält, lässt darauf schließen, dass sie zwischen 400 und 450 in Alexandria entstanden ist.

möglichte Erfahrung eines zu unbedingter Gerechtigkeit für jeden Menschen herausfordernden Gottes nahezubringen. Ihnen geht es um diese innere Wahrheit, um die Überzeugung davon, dass Jesus nicht tot sei, sondern lebe, dass seine Botschaft und sein Werk unzerstörbar gültig seien.

Die Frage, ob, wie und wo Jesus realhistorisch gelebt und gewirkt habe, wäre den Menschen dieser christlichen Frühzeit als ziemlich nebensächlich erschienen. Stattdessen präsentieren die neutestamentlichen und auch die anderen zeitgleichen frühchristlichen Schriften den geglaubten Jesus, den »Christus«. Dieser Sachverhalt ist für ein adäquates Verständnis der frühen und auch späterer Zeugnisse unbedingt zu beachten, will man fragwürdige Interpretationen und Folgerungen vermeiden.

Es ist unmöglich, Vergangenes »objektiv« zu rekonstruieren. Doch liegt im Versuch zu verstehen, was den historischen Jesus von Nazaret umtrieb und welche Motive die Menschen der frühen Jesus-Bewegung antrieben, die Chance, seiner Wahrheit wenigstens auf die Spur zu kommen.

JESUS: DIE FRÜHEN JAHRE
Kindheitsgeschichten

»Es begab sich aber zu der Zeit, dass ein Gebot von dem Kaiser Augustus ausging, dass alle Welt geschätzt würde. Und diese Schätzung war die allererste und geschah in der Zeit, da Quirinius Statthalter in Syrien war.«

Lukas 2,1f.

Üblicherweise spricht man von »Jesus von Nazaret« und setzt dabei voraus, was man im Religionsunterricht gelernt hat: Josef und die schwangere Maria waren von Nazaret nach Betlehem gereist, um sich in der Stadt ihres Stammvaters, des Königs David, in die Liste der von Rom zum Zwecke der Steuerkalkulation angeordneten Volkszählung eintragen zu lassen. In der »Davidsstadt« sei Jesus geboren worden.

Das erzählt jedenfalls Lukas, jener Evangelist, der die meisten Nachrichten über die Kindheit Jesu anbietet. Matthäus beschränkt sich auf die kurze Mitteilung, Jesus sei »in Betlehem in Judäa« geboren worden. Markus schweigt sich über dessen Kindheit völlig aus, Johannes ebenso. Alle drei synoptischen Evangelisten gehen aber übereinstimmend davon aus, Jesus sei in Nazaret aufgewachsen und habe dort gelebt und gearbeitet.

Es spricht sehr viel dafür, dass Jesus im galiläischen Nazaret geboren wurde und wohl niemals in Betlehem war.

Die Geburt Christi
Das rechts abgebildete Mosaik ist Teil eines Marienzyklus, mit dem Pietro Cavallini um 1290 die Apsis der römischen Kirche Santa Maria in Trastevere geschmückt hat. Die Darstellung zeigt ein altes Bildschema, das in der westlichen Kunst im Verlauf des Mittelalters aufgegeben, im ostkirchlichen Bereich jedoch beibehalten wurde. Dem apokryphen Jakobusevangelium folgend, ist das Geschehen in eine Höhle verlegt. Maria liegt auf einer Matte, wie es das byzantinische »Malerbuch vom Berg Athos« vorschreibt; neben ihr die Krippe mit dem Kind, Ochs und Esel. Josef sitzt nachdenklich zu Füßen der Mutter.
Gegenüber Hirten mit ihrer Herde und ein Engel, der ihnen die frohe Botschaft verkündet. Im Hirtenfeld ein kleines Gebäude mit der Beischrift »Taberna meritoria« (Gasthaus).
Nach dem Lukasevangelium wurde Jesus unter dem römischen Kaiser Augustus geboren. Der in Meroë im Sudan gefundene Bronzekopf des Augustus (oben) ist kurz nach 30 v. Chr. entstanden, dem Jahr, in dem er Ägypten erobert und die Alleinherrschaft im Römischen Reich errungen hatte. Der Augustuskopf im Britischen Museum war Teil einer Statue.

ADDVTIO VOBIS
GAVDIVM MAGNV

RNA MERITORIA

AM SVMME PATER POST TEMPORA NATVM·
TVM TIBI OVEN DOS ESSE COEVVM·
R CLEI SCATVRIRE LIQVAMINA TYBRIM·

Geboren in Betlehem – oder in Nazaret?

Warum dann aber doch Betlehem als Geburtsort Jesu bei Matthäus und noch nachdrücklicher bei Lukas? Es ist, wie gesagt, diesen beiden Autoren und Predigern ganz besonders daran gelegen, auszudrücken und nahezubringen, wer Jesus in Wahrheit gewesen sei: der Bote Gottes, der Messias. Daher hatte der Engel, der die Empfängnis und die Geburt Jesu ankündigte, nach Lukas (1,31 ff.) zu Maria gesagt:

»Du wirst ein Kind empfangen, einen Sohn wirst du gebären: dem sollst du den Namen Jesus geben. Er wird groß sein und Sohn des Höchsten genannt werden. Gott, der Herr, wird ihm den Thron seines Vaters David geben.«

Und bei Matthäus (2,6) berufen sich die jüdischen Theologen, von denen König Herodes den Geburtsort des von den Magiern gesuchten »neugeborenen Königs der Juden« erfahren will, auf ein Wort des Propheten Micha (5,1), welches der Evangelist in dieser Form zitiert:

»Aber du, Betlehem im Gebiet von Juda, bist keineswegs die unbedeutendste unter den führenden Städten von Juda; denn aus dir wird ein Fürst hervorgehen, der Hirt meines Volkes Israel.«

Die frühen Christinnen und Christen legten größten Wert darauf, Jesus in der jüdischen Glaubenstradition zu sehen und aus ihr heraus seine unüberbietbare Bedeutung zu beweisen. Daher musste der ideelle Geburtsort jenes Betlehem-Efrata (Efrata ist der Urname des judäischen Städtchens) sein, aus dem nach dem Zeugnis des ersten

Buches Samuel der große König David herstammte.

Nazaret dagegen, von dem außer den Evangelien keine andere antike Quelle etwas weiß, scheint zur Zeit Jesu eine ziemlich einfache Siedlung nördlich der mondänen Stadt Sepphoris gewesen zu sein, ganz anders als die heutige, vorwiegend arabisch besiedelte große Pilgerstadt. Jedenfalls lässt sich das aus den dort vorgenommenen Grabungen erschließen.

Die Beifügung »von Nazaret« ist als Herkunftsbezeichnung von Anfang an fest mit dem Namen Jesu verbunden, weil er so identifiziert werden konnte; Jesus war nämlich ein sehr häufiger Name. Jedoch gibt es auch hier ein Aber. Matthäus bezeichnet Jesus nämlich nicht als »Nazaräner«, sondern als »Nazoräer«; auch Johannes nennt ihn so im Passionsbericht.

Möglicherweise ist diese Beifügung ursprünglich weniger als Herkunftsbezeichnung denn als Charakteristik Jesu zu verstehen. Sie kann nämlich auf das hebräische Wort für »Wurzel« (im Sinne von »Herkunft«) und damit auf

Betlehem und Nazaret
Alte Fotografien der Stätten des Heiligen Landes vermitteln das Bild einer archaischen, »biblischen« Landschaft. Links oben das »Feld der Hirten« bei Betlehem (Jakob August Lorent, 1864); links unten Blick auf die Geburtskirche in Betlehem von Norden her (Aufnahme um 1870); oben Nazaret in einer Ansicht von Süden (Felix Bonfils, um 1875), im Vordergrund die Gabrielskirche mit dem Marienbrunnen.

Maschiach – Messias – Christós

»Bevollmächtigter und gesalbter Bote Jahwes« war nach altjüdischer Vorstellung jeder, der das Volk nach dem Willen Gottes leitete. Endzeitliche, mit dem »Maschiach« verbundene Heilserwartungen kamen unter dem Eindruck der bedrohlichen Entwicklungen des 6. Jahrhunderts v. Chr. auf. So verheißt der erste Jesaja (9,1 ff.): »Das Volk, das im Dunkel lebt, sieht ein großes Licht ...
Jeder Stiefel, der dröhnend daherstampft, ... wird ein Fraß des Feuers. Denn uns ist ein Kind geboren, ein Sohn ist uns geschenkt.
Die Herrschaft liegt auf seiner Schulter; man nennt ihn:
Wunderbarer Ratgeber, Starker Gott, Vater in Ewigkeit, Fürst des Friedens ... Auf dem Thron Davids herrscht er über sein Reich; er festigt und stützt es durch Recht und Gerechtigkeit, jetzt und für alle Zeiten.«
Viele Qumran-Texte aus dem 2. Jahrhundert v. Chr enthalten Messias-Verheißungen, vor allem aber die im 1. Jahrhundert n. Chr. entstandenen Glaubensbücher der Mischna und des Talmud. Das Urchristentum kennzeichnete mit dem Messias-Titel »Christós« des griechischen Alten Testaments, der »Septuaginta«, den »Davidssohn« Jesus.

Ausgrabungen in Nazaret

Vor dem Neubau der Verkündigungskirche in Nazaret wurde das Gelände 1954 archäologisch erforscht. Dabei entdeckte man in den Felsen gehauene Grotten, Silos, Zisternen, Ölpressen und Weinkeltern. Keramikreste aus herodianischer Zeit bestätigten, dass der von der Tradition verehrte Ort der Verkündigung damals bewohnt war.

Das Grabungsfoto (rechts unten) zeigt das freigelegte Areal an der Nordseite der Verkündigungskirche; am linken Bildrand verläuft die Außenmauer der Kreuzfahrerkirche. Auf den beiden anderen Aufnahmen sind Teile der jetzt überbauten unterirdischen Anlagen zu sehen.

Schafweide in Judäa

(Vorhergehende Doppelseite)
Weite Bereiche Palästinas sind Kalksteingebiet mit schwacher Humusbildung, das nach der winterlichen Regenzeit für einige Wochen mit grünem Gras bedeckt ist und von Kleinvieh beweidet wird. Im alten Palästina lebte man vom Schaf. Es lieferte dem Menschen Milch und Käse, die Wolle für seine Kleider, Leder für seine Sandalen und das Fleisch für festliche Mahlzeiten.

eine Ankündigung des für die ideelle Deutung Jesu sehr wichtigen Jesaja-Buches (11,1) bezogen werden:
»Doch aus dem Baumstumpf Isais wächst ein Reis hervor, ein junger Trieb aus seinen Wurzeln bringt Frucht.«
Solche Hinweise auf die Legitimierung des Jesus-Messias in der jüdischen Glaubenstradition waren den frühesten Autoren wichtig. Denn eine eigenständige »christliche« Tradition gab es ja noch nicht; nur das Alte Testament war die »Bibel« der frühen Christenheit. De facto setzte sich im traditionellen Verständnis die Nazaret-Deutung auch von »Nazoräer« durch.

Ist der Geburtsort Jesu also einigermaßen sicher zu bestimmen, so gilt das nicht ebenso für das Geburtsdatum. Im einzigen ausführlichen Bericht des Neuen Testamentes über die Geburt Jesu, nämlich dem des Lukas (2. Kapitel), heißt es:
»In jenen Tagen erließ Kaiser Augustus den Befehl, alle Bewohner des Reiches in Steuerlisten einzutragen ... damals war Quirinius Statthalter von Syrien.«
Eines der weiteren Zeitindizes gibt die Erwähnung des Königs Herodes des Großen ab, dem Matthäus (2,16 ff.) den Kindermord in Betlehem zuschreibt. Doch lassen sich die insge-

samt möglichen Zeitfenster nicht leicht zusammenbringen. Auch wird der ja doch spektakuläre Kindermord, wenn er denn geschehen ist, in profanen Quellen nicht erwähnt; und auch der Stern, der den Magiern aus dem Osten den Weg zur Krippe wies (Matthäus 2,1 ff.) lässt sich als reales astronomisches Ereignis nicht nachweisen.
Höchstwahrscheinlich wurde Jesus nach übereinstimmender fachwissenschaftlicher Einschätzung kurz vor dem Jahre 4 v. Chr. geboren, in der Tat unter der Regierung des Kaisers Augustus und am Ende der Regierungszeit Herodes' des Großen.

»Nicht die Geburt in Betlehem macht Jesus zum Messias, sondern: Urchristliche Theologen wie Matthäus und Lukas erzählen seine Geburt in Betlehem, weil er in ihren Augen genau so gelebt und gehandelt hat, wie es von einem Messias Israels erwartet wird. Historisch gesehen ist Jesus nicht nur in Nazaret aufgewachsen, sondern auch dort geboren.« (Martin Ebner)

Jesus und seine Familie

Zur Familie Jesu gibt es nur sehr wenige verlässliche Hinweise. Die Namen der Eltern werden in allen Quellen einheitlich überliefert: Maria und Josef. Sie fügen sich gut in die messianische Deutung Jesu. Erinnert doch der Name »Maria/Mirjam« an die Errettung Israels aus Ägypten. Im zweiten Buch Mose (15,20 f.), »Exodus« genannt, liest man:

»Die Prophetin Mirjam, die Schwester Aarons, nahm die Pauke in die Hand, und alle Frauen zogen mit Paukenschlag und Tanz hinter ihr her. Mirjam sang ihnen vor: Singt dem Herrn ein Lied, denn er ist hoch und erhaben! Rosse und Wagen (der Ägypter) warf er ins Meer.«

Und der Name »Josef« erinnert an den »ägyptischen« Josef, den Sohn des Patriarchen Jakob, und an seine heilsgeschichtliche Bedeutung für die zwölf Stämme Israels.

Nach Markus (6,3) und Matthäus (13,55) stammte Jesus aus einer ziemlich großen Familie. Beide nennen vier Brüder Jesu: Jakobus, Joses, Judas und Simon; Matthäus führt statt Joses einen Josef auf. Beide sprechen auch von Schwestern, allerdings ohne Namen; es müssen mindestens zwei gewesen sein. Vielleicht war Jesus das älteste Kind von Maria und Josef. Sein in griechischer Form überlieferter sehr häufiger Name lautet hebräisch Jeshua oder Joshua, »Jahwe (Gott) ist Retter/Helfer«. Die traditionelle, bis in die jüngste

Die Stadt Sepphoris

Das eine gute Wegstunde von Nazaret entfernte Sepphoris war schon unter Herodes dem Großen die wichtigste Stadt Galiläas. Bei seinem Tod (4 v. Chr.) gab es dort Unruhen, und Sepphoris wurde niedergebrannt. Herodes Antipas, Tetrarch von 4 v. Chr. bis 39 n. Chr., ließ die Stadt so prachtvoll wieder aufbauen, dass sie von Josephus Flavius »die Zierde von Galiläa« genannt wurde. Säulengänge säumten den Cardo, die nach Norden führende Hauptstraße (rechts). Das Theater (rechts außen, oben) konnte über 4000 Zuschauer aufnehmen. Bei Ausgrabungen im jüdischen Viertel (rechts außen, unten) wurden zahlreiche Ritualbäder und Reste einer mit Bodenmosaiken ausgestatteten Synagoge aus dem 5. Jahrhundert gefunden.

Zeit gepflegte Behauptung, Jesus habe keine Geschwister gehabt, vielmehr, so die häufigste Erklärung, handle es sich bei den in den Evangelien genannten »Geschwistern« in Wahrheit um Cousinen und Cousins, kann bei aufmerksamer Prüfung der Texte nicht überzeugen. Sie entstand sicherlich aus der Absicht, die göttliche Herkunft und jungfräuliche Geburt Jesu zum Ausdruck zu bringen und deshalb die Behauptung zurückzuweisen, Maria und Josef hätten ehelich und familiär ganz normal gelebt.

Man kann vermuten, dass Jesus in seiner Kindheit und Jugend eine gewisse Bildung genoss; wie intensiv diese gewesen sein mag, ist nicht auszumachen. Es ist auch unklar, ob die Familie des Josef einigermaßen gut situiert war und er sich eine gediegene Bildung seiner Kinder leisten konnte; wohl eher nicht.

Von Beruf sei Josef »Zimmermann« gewesen, berichten Markus und Matthäus. Er war aber sicherlich nicht »Schreiner«, sondern Bauhandwerker, ein Baufachmann, und hatte es eher mit Steinen zu tun als mit Holz. Man darf unterstellen, dass die Söhne in üblicher Weise schon früh in das Familienunternehmen hineinwuchsen und mit dem Vater von Baustelle zu Baustelle zogen. Attraktiv war für sie wegen des dortigen Baubooms unter Herodes Antipas die Arbeit in den hellenistisch-»heidnischen« Städten Sepphoris und Tiberias (am See Gennesaret).

Mit guten Gründen muss man daher fragen, warum nicht wenigstens Sepphoris im Neuen Testament erwähnt wird. Nur wenige Kilometer lag Nazaret davon entfernt; es ist unmöglich, dass Jesus die Stadt nicht kannte. Eine schlüssige Begründung ist nicht zu finden; doch vermieden die Evangelisten die Erwähnung der Stadt wahrscheinlich deswegen, weil sie Jesu göttliche Sendung als ganz und gar auf Israel bezogen darstellen wollten. Ein Jesus mitten unter den heidnischen »Griechen« in Sepphoris wäre nicht plausibel gewesen, auch wenn dort sicher einige reiche jüdische Familien lebten. Den galiläischen Lebens- und Wirkungsraum Jesu zeichnen sie sehr ländlich und dörflich.

Später spielte die Familie Jesu in der judenchristlichen Urgemeinde zu Jerusalem eine wichtige Rolle, worüber noch zu berichten sein wird. Vorderhand war sie jedoch ganz und gar nicht damit einverstanden, dass Jesus im Mannesalter anfing, als charismatischer Prediger und Wunderheiler durch Galiläa zu ziehen. Das Aufsehen, das er erregte und das natürlich sie mit einbezog, war ihnen peinlich!

Galiläa war eine gut überschaubare dörfliche Region, in der Jesu Wandlung zum religiösen »Guru« zweifellos ausführlich besprochen wurde. Verständlicherweise werden sich daher seine Geschwister zumal darüber erregt haben, dass er keiner vernünftigen und geregelten Arbeit mehr nachging. Was war

in ihn gefahren? Sehr drastisch berichtet Markus (3,20 f.):

»Jesus ging in ein Haus, und wieder kamen so viele Menschen zusammen, dass er und die Jünger nicht einmal mehr essen konnten. Als seine Angehörigen davon hörten, machten sie sich auf den Weg, um ihn mit Gewalt zurückzuholen; denn sie sagten: Er ist von Sinnen.«

Heftiger Konflikt

Alle drei synoptischen Evangelien erzählen, etwas weniger dramatisch, dann auch noch dies (in der knappen Version des Lukas 8, 19 ff.):

»Eines Tages kamen seine Mutter und seine Brüder zu ihm; sie konnten aber wegen der vielen Leute nicht zu ihm gelangen. Da sagte man ihm: Deine Mutter

und deine Brüder stehen draußen und möchten dich sehen. Er erwiderte: Meine Mutter und meine Brüder sind die, die das Wort Gottes hören und danach handeln.«

Gleichgültig, ob sich diese beiden Textabschnitte auf dieselbe Begebenheit beziehen oder nicht, die Bemühung der Familie, Jesus in ihre Normalität zurückzuholen, dürfte nicht nur einmal zum Eklat geführt haben. Bemerkenswert: Das Familienoberhaupt Josef wird hier nicht erwähnt. War er zur fraglichen Zeit bereits gestorben, immerhin etwa 30 Jahre nach Jesu Geburt? Oder erschien er den Evangelisten im Rückblick nicht mehr so wichtig? Jedenfalls verliert sich seine Spur in den Evangelien ziemlich rasch.

Im Land Galiläa
Kahle Bergrücken, in deren Mulden fruchtbares Erdreich angespült wurde, prägen das Hügelland von Galiläa (rechte Seite).
Für die Orte am See Gennesaret war der Fischfang ein wichtiger Erwerbszweig. Das Fußbodenmosaik mit einem Segelschiff (unten) stammt aus Magdala, einem nördlich von Tiberias gelegenen Ort, dessen Name auf hebräisch Migdal Nunaja (Fischturm), auf griechisch Taricheai (Fischpökeleien) lautete.
In einer spätantiken ländlichen Siedlung nahe dem Seeufer wurde 2007 das Fußbodenmosaik einer Synagoge entdeckt, auf dem Handwerker beim Bau eines großen Gebäudes dargestellt sind (oben).

»Und als sie alles vollendet hatten nach dem Gesetz des Herrn, kehrten sie wieder zurück nach Galiläa in ihre Stadt Nazaret. Das Kind aber wuchs und wurde stark, voller Weisheit, und Gottes Gnade war bei ihm.«

Lukas 2,39 f.

Einigermaßen erstaunlich mag auch die Darstellung der Reaktion Jesu erscheinen. Dazu ist zu bedenken, dass die Evangelisten für Menschen schreiben, eigentlich ja zu Menschen sprechen, für die Jesus bereits der göttlich beglaubigte Messias-Christus ist. Diese werden vielleicht gefragt haben, was denn die Angehörigen von ihrem Jesus dachten, wie sie auf ihn reagierten.

Vielleicht stellten die Evangelisten-Prediger diese Frage auch rein rhetorisch, um dann zu demonstrieren: Dieser Messias-Christus steht über allen natürlichen Beziehungen und Bindungen, ist nicht von ihnen abhängig, und »ihr alle«, die ihr auf Gottes Wort hört und entsprechend handelt, seid seine Familie. Dennoch ahnt man bei aufmerksamer Lektüre, dass hier, realhistorisch gesehen, ein durchaus heftiger Konflikt angezeigt wird.

»Kindheitsgeschichten« – Wunder und Zeichen

Viele Geschichten und Märchen erzählte man sich in der Antike über die Wunder und Zeichen, mit denen die Geburt großer Helden und Halbgötter angekündigt wurde, und über die unglaublichen Taten (Josephus Flavius), die sie schon bald nach ihrer Geburt vollbrachten; über Herakles-Herkules zum Beispiel, der fast noch als Säugling eine gefährliche Schlange erwürgte. Denn ihre späteren Helden- und Wundertaten mussten sich ja von

allem Anfang an erweisen! Menschen liebten schon immer den Ausflug ins Wunderbare, Fantastische, Visionäre. Die Frage ist nur, wovon Menschen träumen: von guten oder von bösen Helden.

Die Berichte der Wandermissionare, der Prediger von der befreienden und erlösenden Wunderkraft des »Helden« Jesus mussten also ergänzt werden durch wunderbare Geschichten über den kleinen Jesus, über seine Geburt und seine Kindheit! Vor allem in apokryphen frühchristlichen Texten wurden sie aufbewahrt.

Sehr beliebt war die am Ende des 2. Jahrhunderts unter dem Verfassernamen Thomas zusammengestellte Sammlung von verschiedenen Legenden, das sogenannte Thomasevangelium. Hier liest man beispielsweise folgende Erzählung:

»Als dieser Knabe Jesus fünf Jahre alt geworden war, spielte er an einer Furt eines Baches; das vorbeifließende Wasser leitete er in Gruben zusammen und machte es sofort rein; mit dem bloßen Worte gebot er ihm. Er bereitete sich weichen Lehm und bildete daraus zwölf Sperlinge. Es war Sabbat, als er dies tat. Auch viele andere Kinder spielten mit ihm. Als nun ein Jude sah, was Jesus am Sabbat beim Spielen tat, ging er sogleich weg und meldete das dessen Vater Joseph ...Als nun Joseph an den Ort gekommen war und (es) gesehen hatte, da herrschte er ihn an:

›Weshalb tust du am Sabbat, was man nicht tun darf?‹ Jesus aber klatschte in die Hände und schrie den Sperlingen zu: ›Fort mit euch!‹ Die Sperlinge öffneten die Flügel und flogen mit Geschrei davon. Als aber die Juden das sahen, staunten sie, gingen weg und erzählten ihren Ältesten, was sie Jesus hatten tun sehen.«

Natürlich erfreuten sich große und kleine Christinnen und Christen der Spätantike an solchen märchenhaften Geschichten und Legenden. Der Knabe Jesus, der doch Gottes Sohn ist, so rührend kindlich: er spielt mit dem Wasser und knetet Vögelchen. Aber er spielt mit wunderbarer Kraft. Sein bloßes Wort bewegt die Dinge, er ruft die Lehmvögelchen ins Leben.

Und er vollbringt dieses Werk am Sabbat, verletzt also das strenge Gebot der Sabbatruhe. Das tut er sehr souverän, ohne sich vom Tadel des Josef beeindrucken zu lassen. Damit bezieht sich der Erzähler auf die besonders auch in den kanonischen Evangelien berichteten Sabbat-Verletzungen des erwachsenen Jesus, der sich nicht davon abhalten lässt, auch an diesem Tag Kranke zu heilen. Dass in der Legende überdies auch Josef vorkommt,

Theogonie

Antike Mythen berichteten von Göttergeburten, bildliche Darstellungen führten die wundersamen Ereignisse vor Augen. Ein um 330 entstandenes Mosaik im »Haus des Aion« in Neu-Paphos auf Zypern verbildlicht die Geburt und Erziehung des Dionysos. Hermes hält den kleinen Gott auf dem Schoß, um ihn den Nymphen zur Erziehung zu übergeben. Neben ihm steht eine junge Frau in weißem Gewand, eine Aureole um das Haupt; laut Beischrift ist es »Theogonia«, die Verkörperung der Göttergeburt. Hinter Hermes zwei weitere allegorische Gestalten, Nektar und Ambrosia, Personifikationen der Unsterblichkeit gewährenden Götterspeisen. Dem Kind nähert sich mit ausgebreiteten Händen ein gebeugter Greis, der alte Silen Tropheus, der spätere Beschützer und Pädagoge des Dionysos.

IHRVSALEM

***Der älteste Bildzyklus der Kindheits-
geschichte Jesu***
*Papst Sixtus III. (432–440) ließ den Tri-
umphbogen von Santa Maria Maggiore
in Rom mit Mosaiken schmücken, die die
göttliche Würde Marias hervorheben,
wie sie das Konzil von Ephesus (431) verkündet hatte. Den Szenen liegen auch
apokryphe Evangelien zugrunde. Im
nördlichen Bogenzwickel (linke Seite)
ist oben die Verkündigung dargestellt:
Maria, wie eine Fürstin gekleidet, spinnt
Purpurgarn für den Tempelvorhang; über
ihr die Geisttaube und der heranschwe-
bende Engel Gabriel, der zugleich vor ihr
steht und sie anspricht. Die zweite Zone
zeigt die Anbetung der Magier, die persi-
sche Tracht, Beinkleider und »phrygische
Mützen«, tragen. In der folgenden Szene
befiehlt Herodes den Kindermord; Schergen bedrängen die verängstigten Mütter
mit ihren Kindern. Unten die heilige Stadt
Jerusalem, der im südlichen Zwickel
(rechts) Betlehem entspricht. Oberhalb
der Davidsstadt folgt die Szene mit den
Magiern vor Herodes und darüber die
Pseudo-Matthäus entnommene
Erzählung von Aphrodisius, dem Stadt-
gouverneur von Sotinen in Ägypten,
der mit seinem Hofstaat die von Engeln
begleitete Heilige Familie empfängt.*

der in den kanonischen Evangelien
nur sehr selten erwähnt wird, zeigt das
Bedürfnis der frühen Christinnen und
Christen, über den »Vater« Jesu möglichst viel zu erfahren.

Vor gar nicht so langer Zeit gab es
viel Streit darum, ob die sehr knappen
Kindheitsgeschichten in den Evangelien des Lukas und des Matthäus historisch real zu verstehen seien oder
nicht. Es wäre schlicht naiv und allzu
wundergläubig, ihre Historizität zu behaupten. Beide Evangelisten wollen in
einer zwar volkstümlichen, aber doch
präzisen Weise den von Anfang an
messianischen Charakter Jesu veranschaulichen. Sie vermeiden deshalb
allzu lyrische Ausschmückungen. Un-

terstellte man ihnen aber eine histori-
sche Realität, gingen der poetische
Charme und vor allem die innere
Wahrheit verloren.

Zu verstehen ist natürlich, dass das
Konzil von Nizäa im Jahre 325 nur
diese knappen Kindheitsgeschichten
des Lukas und Matthäus akzeptierte.
Solche Legenden, wie die soeben
vorgestellte, erschienen letztlich doch
allzu märchenhaft-kindlich, besonders
misstraute man aber anderen, nicht
wenigen hoch spekulativen Texten
über die prä- und postnatale Wunder-
existenz Jesu, die es auch gab. Die von
Lukas und Matthäus erzählten Geschichten sind also gewiss nicht historisch
wahr, wohl aber wahr im Sinne der

Überzeugung von der wunderbaren
Menschlichkeit Jesu, in dem man den
göttlichen Christus erkannte.

Sohn Davids

Um Jesu überragend wichtigen Ort in
der Heilsgeschichte zu belegen, präsentieren zwei kanonische Evangelisten eine Genealogie. Matthäus stellt die
seine in feierlicher Weise, wenn auch
ohne jede Einleitung gleich an den
Beginn seines Evangeliums:

*»Stammbaum Jesu Christi, des Sohnes
Davids, des Sohnes Abrahams.«*

Es geht um den über viele Generationen hindurch dokumentierten Erweis,
dass Jesus der Messias sei; nachweislich stamme er von König David und

Der Stern von Betlehem

Die Versuche, für den Stern, der die »Magier« führte, ein astronomisches Ereignis ausfindig zu machen, reichen weit zurück. Origines (um 185–254) gab als Erster die im Matthäusevangelium berichtete Himmelserscheinung als Kometen aus. Als Giotto seine »Anbetung der Könige« in der Arenakapelle zu Padua malte, versah er den Stern mit einem Schweif – womöglich inspiriert vom Halleyschen Kometen, den er 1301 gesehen haben könnte. Der Astronom Johannes Keppler hielt den Stern von Betlehem für eine Nova – das Aufleuchten eines scheinbar neuen Sterns. Einen solchen beobachtete er im Oktober 1604 am Fuß des Schlangenträgers und glaubte, die Nova sei die Folge einer Planetenkonjunktion von Jupiter und Saturn, die kurz vorher stattgefunden hatte. Da ihm deren Begegnung für das Jahr 7 v. Chr. bekannt war, nahm er an, auch damals sei eine Nova erschienen, und mit Hilfe der Prutenischen Tafeln errechnete er sogar drei Konjunktionen von Jupiter und Saturn im Sternzeichen der Fische.

Dass diese dreifache Planetenkonjunktion an prominenter Stelle im Tierkreis die Beachtung babylonischer Priesterastronomen gefunden hat, geht aus einer 1925 entzifferten Keilschrifttafel aus Sippar hervor (oben astrologische Tafel aus Mesopotamien, um 200 v. Chr.). Die seltene »große« Konjunktion im »Königsgestirn« zog weite Kreise, wie Münzen belegen. Wenn Matthäus ein Ereignis dieser Art mit der Geburt Jesu verbindet, soll es dessen universale, ja kosmische Messias-Bedeutung bezeugen.

Die Geburtskirche in Betlehem

Konstantin der Große ließ an dem von der Tradition verehrten Ort der Geburt Jesu ab 326 eine fünfschiffige Säulenbasilika errichten; ein achteckiger Zentralbau als östlicher Abschluss überdeckte wie ein Baldachin die Geburtsgrotte. Der nach Zerstörungen im Samariteraufstand durch Kaiser Justinian um 530 wiederhergestellte Bau ist die einzige frühchristliche Kirche in Palästina, die in den folgenden Jahrhunderten die Stürme der Zeit überdauert hat (oben). Das Hauptportal (unten links) war über 5 Meter hoch und fast 3 Meter breit. Im Mittelalter verkleinerte man es, wie der Spitzbogen erkennen lässt; schließlich schrumpfte es in der Türkenzeit zu einer nicht einmal mannshohen Öffnung zusammen. Im Marmorboden der Geburtsgrotte befindet sich ein Stern aus Silber (unten rechts) mit der Inschrift: »Hic de Virgine Maria Jesus Christus natus est – Hier wurde von Maria der Jungfrau Jesus Christus geboren«.

mit diesem vom Urpatriarchen Abraham ab. Es werden viele Führungsgestalten der jüdischen Geschichte als Ahnen aufgeführt.

Allerdings nennt Matthäus, anders als Lukas, in seiner Genealogie nicht nur Patriarchen und Könige, sondern auch Frauen. Diese Frauen waren aber meist »heidnischer« Herkunft. Das hat mit der Absicht des Matthäus zu tun, zu zeigen, dass sich die jüdische Heilsgeschichte sozusagen schon immer auch auf Nichtjuden bezog, dass also Jesus der zu allen Menschen gesandte Erlöser

sei. Bei den Überlegungen zur Huldigung der drei Magier vor dem »neugeborenen König« wird das wiederum zu bedenken sein.

Die Genealogie des Matthäus endet mit dem einfachen Satz:

»Jakob war der Vater von Josef, dem Mann Marias; von ihr wurde Jesus geboren, der Christus (der Messias) genannt wird.«

Möglicherweise stammt dieser Satz aus einer frühen Phase der Glaubensentwicklung, in welcher die Vaterschaft des Josef nicht infrage gestellt wurde.

Lukas stellt den Stammbaum Jesu auffallend lakonisch-knapp dar:

»Jesus war etwa dreißig Jahre alt, als er zum ersten Mal öffentlich auftrat. Man hielt ihn für den Sohn Josefs. Die Vorfahren Josefs waren ...«

Nach dieser bemerkenswert unlogischen Eröffnung gibt er seiner Genealogie, die sich im Aufbau von der bei Matthäus in vieler Hinsicht unterscheidet, einen eigenen Akzent. Er führt sie nämlich zurück bis zu Adam, dem Vater aller Menschen, und schließt lapidar: »Der stammte von Gott.« Auf diese Weise verfolgt der für »Heidenchristen« schreibende Lukas dieselbe Intention wie Matthäus: Jesus wurde zu allen Menschen gesandt.

Wie wohl die Zuhörer und Leser der beiden Evangelisten reagierten? Wie auch immer, für die frühen Christinnen und Christen gab es keinen Zweifel daran, dass Jesus der Messias sei und von David abstamme.

»Du wirst einen Sohn gebären«

Unter den kanonischen Evangelisten berichtet nur Lukas (1,26 ff.) über den Besuch des Engels Gabriel bei Maria und seine Verheißung, sie werde einen Sohn gebären. Dieser Episode geht eine ähnliche unmittelbar voraus, nämlich Gabriels Ansage an Zacharias, seine Frau Elisabet werde nach langer Kinderlosigkeit einen Sohn gebären, den er Johannes nennen solle; gemeint ist Johannes der Täufer. Darüber wird noch zu berichten sein.

Gabriel erscheint im Auftrag Gottes bei Maria in Nazaret, die mit Josef verlobt ist, und trägt der erschrockenen jungen Frau seine Botschaft vor:

»Fürchte dich nicht, Maria; denn du hast bei Gott Gnade gefunden. Du wirst ein Kind empfangen, einen Sohn wirst du gebären; dem sollst du den Namen Jesus geben. Er wird groß sein und Sohn des Höchsten genannt werden. Gott, der Herr, wird ihm den Thron seines Vaters David geben. Er wird über

das Haus Jakob in Ewigkeit herrschen, und seine Herrschaft wird kein Ende haben.«

Maria reagiert erstaunt und fragt, wie das möglich sei, »da ich keinen Mann erkenne«. Gabriel erwidert:

»Der Heilige Geist wird über dich kommen, und die Kraft des Höchsten wird dich überschatten. Deshalb wird auch das Kind heilig und Sohn Gottes genannt werden.«

Der Engel verweist auf Elisabet, die noch »in ihrem Alter« und »obwohl sie als unfruchtbar galt«, ein Kind empfangen habe, und fügt hinzu: »Bei Gott ist nichts unmöglich.« Darauf antwortet Maria: »Mir geschehe, wie du es gesagt hast.«

Vermutlich richtet sich der Satz, bei Gott sei nichts unmöglich, vor allem an die staunende Zuhörerschaft des Evangelisten, die ähnlich wie Maria fragt, wie denn eine solche jungfräuliche Zeugung und Geburt möglich seien.

Über die Jungfrauengeburt Jesu ist viel gestritten worden. Will man die Bedeutung dieser Aussage einigermaßen sachgerecht wahrnehmen, muss man bedenken, dass im ägyptischen und hellenistischen Mythos die Vorstellung einer wunderbaren göttlichen Zeugung nicht ungewöhnlich war. So war göttliches Eingreifen in die Geschicke der Menschen zu verdeutlichen, noch mehr: die göttliche Legitimität von Heroen und Herrschern zu beweisen. Bei hellenistischen Königen war es nicht unüblich, sich auf göttliche Zeugung zu berufen und so eine despotische Herrschaft zu begründen. Sie folgten hierin Alexander dem Großen, der vom Orakel des Zeus-Ammon in der Oase Siwa die Auskunft erhielt, gleichsam ein »Gütesiegel«, er sei ein Sohn des Zeus. Damit stellte er sich in die Tradition der Pharaonen, die allesamt als von Ammon gezeugt galten.

Als unter heidenchristlichem Einfluss die Gottessohnschaft Jesu immer stärker betont wurde, lag die hellenistisch geprägte Vorstellung nahe, Jesus

Der Bildzyklus von Castelseprio
Die Kirche Santa Maria foris portas bei Castelseprio wurde vermutlich im 7. oder 8. Jahrhundert für ein Pilgerhospiz an der Römerstraße von Como nach Novara errichtet. 1944 hat man darin Wandmalereien freigelegt, die künstlerisch von außergewöhnlicher Qualität, aber auch ikonographisch wertvoll sind. Erzählerische Freiheit sowie gegenständlicher Realismus in Mimik und Gestus unter Vernachlässigung hieratischer Konvention lassen auf einen Meister schließen, der noch in der Tradition antiker Kunst verwurzelt war. Die antike Gewandung und ihre lineare Faltung, Schattenbildung und Weißhöhung des Inkarnats lassen dies ebenso erkennen wie die Einbeziehung des architektonischen Hintergrunds statt der im Mittelalter üblichen kulissenhaften Darstellung.
Von der einst wohl sämtliche Wände überziehenden Ausmalung blieben nur Fragmente in der Hauptapsis erhalten. Ihr Thema ist die Kindheitsgeschichte Jesu, beginnend mit der Verkündigung an Maria und der Begegnung von Maria und Elisabet (rechts außen, oben). Es folgt die apokryphe Szene der Wasserprobe Marias vor dem Hohepriester zum Erweis ihrer Jungfräulichkeit (rechts außen, unten), danach der Traum Josefs, der vom Engel angewiesen wird, Maria nicht zu verlassen, und die Reise nach Betlehem (rechts).

sei durch göttliches Einwirken empfangen und ungeschlechtlich-jungfräulich geboren worden. Der Lukas-Evangelist formuliert sehr zurückhaltend:

»Der Heilige Geist wird über dich kommen, und die Kraft des Höchsten wird dich überschatten.«

Matthäus (1,18 ff.) stellt noch kürzer und geradezu lapidar fest:

»Noch bevor sie (Maria und Josef) zusammengekommen waren, zeigte sich, dass sie ein Kind erwartete – durch das Wirken des Heiligen Geistes.«

Matthäus schildert auch die Reaktion des Josef. Er ist einigermaßen irritiert über Maria, wenn nicht verärgert, er möchte sich aber in aller Stille von ihr trennen, um sie nicht bloßzustellen. Das verhindert ein Engel, der ihn in einem Traum aufklärt, hier erfülle sich die Prophezeiung des Jesaja (7,14):

»Seht, die Jungfrau wird ein Kind empfangen, einen Sohn wird sie gebären, und man wird ihm den Namen Immanuel geben – das heißt übersetzt: Gott ist mit uns.«

Josef gehorchte und, so beendet der Evangelist seinen Bericht ganz schlicht, »nahm seine Frau zu sich. Er erkannte sie aber nicht, bis sie ihren Sohn gebar. Und er gab ihm den Namen Jesus.«

Aus diesem letzten Satz kann man schließen, dass Matthäus der Meinung war, Josef und Maria hätten nach der Geburt Jesu eine wirkliche Ehe geführt. Die schon sehr früh aufgekommene Lehre, die beiden hätten nur eine »Josefsehe« geführt, kennt dieser Text noch nicht. Allerdings zeigt sich

hier schon eine erste Spur insofern, als für Jesus die Jungfrauengeburt unterstellt wird. Dafür fand man einen triftigen Hinweis in einer Weissagung des Jesaja, welche den Jerusalemer König Ahas betraf, nun aber »messianisch« gedeutet wurde. Der Prophet kündigte damals das Eingreifen Gottes an:

»Seht, die junge Frau wird empfangen, sie wird einen Sohn gebären, und sie wird ihm den Namen Immanuel geben.«

Entsprechend der griechischen Fassung des Alten Testamentes (Septua-

ginta) konnte man die »junge Frau« als »Jungfrau« verstehen und auf Maria beziehen; den Namen Immanuel aber bezog man auf Jesus, den Messias.

»Es begab sich aber...«

Nach Matthäus (1,18 ff.) wurde Jesus in einem normalen Haus zu Betlehem geboren. Der Evangelist Lukas (2,1 ff.) erzählt eine Art Elendsgeschichte, die in kosmischem Glanz endet, lyrisch gestimmt und dramatisch zugleich. Noch immer gehört der Text, zumal in

Martin Luthers Übersetzung, zu den großen und tief anrührenden Weihnachtserfahrungen: »Es begab sich aber zu der Zeit …«

Erinnern wir uns. Es geht um eine von Kaiser Augustus angeordnete Volkszählung, die eine genaue Feststellung der Steuerpotenziale ermöglichen soll. Da Josef aus dem Haus David stammt, muss er mit seiner hochschwangeren Verlobten nach Betlehem reisen, in die Stadt Davids. Bei ihrer Ankunft sind alle Unterkünfte schon belegt. Und weiter heißt es:

»Als sie dort waren, kam für Maria die Zeit ihrer Niederkunft, und sie gebar ihren Sohn, den Erstgeborenen. Sie wickelte ihn in Windeln und legte ihn in eine Krippe, weil in der Herberge kein Platz für sie war.«

Nun aber ereignen sich große, wunderbare Zeichen. Hirten sind in der Nähe bei ihrer Herde. Sie erfahren zuerst die unerhörte Botschaft von der Ankunft des Messias:

»Da trat der Engel des Herrn zu ihnen, und der Glanz des Herrn umstrahlte sie. Sie fürchteten sich sehr.«

Überwältigend ist die Erscheinung, kaum zu ertragen. Doch der Engel sagt die erlösenden Worte: »Fürchtet euch nicht!« Seine frohe Botschaft lautet:

»Heute ist euch in der Stadt Davids der Retter geboren; er ist der Messias, der Herr. Und das habt zum Zeichen: Ihr werdet ein Kind finden, das, in Windeln gewickelt, in einer Krippe liegt. Und plötzlich war bei dem Engel ein großes himmlisches Heer, das Gott lobte und sprach: Verherrlicht ist Gott in der Höhe, und auf Erden ist Friede bei den Menschen seiner Gnade.«

Indem er den Engel im Glanze Gottes erscheinen lässt, die Kennzeichen des Messias aber als ganz einfach und ärmlich, versetzt Lukas seine Zuhörer und Leser bewusst in eine geradezu dialektische Spannung. Er will ihnen begreiflich machen, warum sich der Messias völlig unspektakulär in der Welt einfindet und nicht mit imperia-

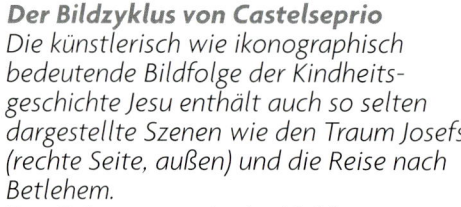

Der Bildzyklus von Castelseprio
Die künstlerisch wie ikonographisch bedeutende Bildfolge der Kindheitsgeschichte Jesu enthält auch so selten dargestellte Szenen wie den Traum Josefs (rechte Seite, außen) und die Reise nach Betlehem.
Der Geburtsszene in der Höhle von Betlehem (oben rechts) ist nicht nur, wie üblich, die Verkündigung an die Hirten hinzugefügt, sondern auch die apokryphe Episode von der »hebräischen Hebamme«, der wegen ihres Zweifels an der jungfräulichen Geburt der Arm verdorrt (sie sitzt zu Füßen der auf einer Matte liegenden Mutter). Andere erhaltene Wandbilder zeigen die Anbetung der Magier (rechts) und die Darbringung im Tempel nach Lukas 2,22 ff. (oben): Der greise Simeon nähert sich dem Kind in den Armen seiner Mutter.

ler Pracht; warum sich gerade darin der wahre und vertrauenswürdige Glanz Gottes zeigt, dass er als schutzbedürftiges Kind unter armseligen Umständen geboren wird. Sie sollen verstehen, dass Gott in Jesus nur dadurch glaubwürdig ist, dass er ohne jeden Vorbehalt menschliches Schicksal auf sich nimmt. In dem Kind erkennt man aber nicht leicht den Messias. Den Fürsten und den reichen, überheblichen Bürgern wäre die Wahrheit des Kindes nicht zugänglich. Den Hirten aber erschließt sich die Wahrheit dieses Messias-Kindes: Gottes Glanz im Himmel – der Glanz des Friedens und der Gerechtigkeit auf Erden.

Ein kosmisches Schauspiel baut Lukas vor seinen Zuhörern und Lesern auf. Indem sie von dem Erlebnis der Hirten hören, erschließt sich auch ihnen der Messias in der Krippe.

Keine Frage, die Hirten des Lukas vergessen alles um sich herum, sogar ihre Herde, und eilen stehenden Fußes zum Kind und zu seiner Mutter. Sie preisen Gott, »denn alles war so gewesen, wie es ihnen gesagt worden war«.

Darbringung im Tempel

Ein wenig später schildert der Evangelist die ersten Lebenstage Jesu (2,21ff.): Acht Tage nach seiner Geburt wird er nach jüdischer Sitte beschnitten und erhält nun offiziell seinen Namen. Dies lässt Lukas nicht irgendwo geschehen, sondern im Tempel zu Jerusalem. Anlässlich der im Gesetz vorgeschriebenen Weihe des Erstgeborenen Jesus an Jahwe, wiederum im Tempel, lässt er zwei glaubwürdige Zeugen dafür auftreten, dass Jesus der Messias sei: die hochbetagte Prophetin Hanna und den greisen Simeon. Diesem »gerechten und frommen« alten Mann war, so der Evangelist, vom Heiligen Geist zugesagt worden, dass er nicht sterben werde, ohne »den Messias des Herrn« gesehen zu haben. Nun spricht er einen Lobpreis mit Worten des Jesaja-Buches, in dem die Leser und Hörer

Im Auftrag Gottes – die Engel
Göttliche Botschaften zu überbringen, göttlichen Ratschluss zu vollziehen, dies sind Aufgaben eines »Boten«, den man lateinisch »Angelus – Engel«, griechisch »Angelos«, in der hebräischen Bibel »Mal'ach« nennt. Schon im Mesopotamien des 3. Jahrtausends v. Chr. gibt es Darstellungen geflügelter Wesen. Für die Antike waren sie Sinnbilder von Sieg und Glück. Cherubim schützen die Pforte des Paradieses, aus dem Adam und Eva ausgewiesen wurden (Genesis 1, 27), der »große Rafael« begleitet Tobias auf seiner Reise und befreit dessen Vater von einem Augenleiden (Buch Tobit). Jahwe selbst kann als Engel erscheinen, im Hain Mamre dem Abraham, um dessen Nachkommen eine große Zukunft zu verkünden, aber auch beim Auszug der Juden aus Ägypten (Exodus 14,19). Zwei Cherubim schützen die Bundeslade.
Schließlich überbringt der Erzengel Gabriel Gottes Botschaft an Maria, verkündet eine glanzvolle Engelschar den Hirten die Ankunft des Messias, bezeugt ein Engel Jesu Auferstehung. Die Engel verkörpern die Macht und den Segen Gottes, verbürgen seine Gegenwart unter den Menschen. Erst seit einem folgenreichen Buch des Dionysius Pseudo-Areopagita, das wohl ins 6. Jahrhundert datiert, kennt man eine hierarchische Ordnung des Kosmos, also auch der Engel: Seraphim, Cherubim, Thronoi und so weiter. Auch dem Propheten Mohammed wird die göttliche Botschaft von dem Erzengel Gabriel überbracht.

»Als Jesus geboren war in Betlehem in Judäa zur Zeit des Königs Herodes, siehe, da kamen Weise aus dem Morgenland nach Jerusalem und sprachen: Wo ist der neugeborene König der Juden? Wir haben seinen Stern gesehen im Morgenland und sind gekommen, ihn anzubeten.«

Matthäus 2,1 f.

eine großartige Zusammenfassung der Messias-Jesus-Botschaft des Evangelisten erleben:

»Nun lässt du, Herr, deinen Knecht, wie du gesagt hast, in Frieden scheiden. Denn meine Augen haben das Heil gesehen, das du vor allen Völkern bereitet hast, ein Licht, das die Heiden erleuchtet, und Herrlichkeit für dein Volk Israel.«

Ausdrücklich formuliert Lukas seine Überzeugung, dass der Messias nicht allein für die Juden, sondern für alle gekommen ist.

Auch die hochbetagte Prophetin Hanna, die sich tagtäglich im Tempel aufhält, lobt Gott; sie »sprach über das Kind zu allen, die auf die Erlösung Jerusalems warteten«. Die beiden alten Leute, welche für die Glaubensgeschichte der Juden einstehen, werden vom Evangelisten in sein heiliges Schauspiel als Zeugen dafür eingeführt, dass sich die uralten Messias-Hoffnungen in Jesus erfüllt haben.

»Sterndeuter aus dem Osten«

Auch Matthäus liegt sehr daran, die Sendung des Messias-Jesus nicht nur auf die Juden zu beziehen, sondern auf alle Menschen. Seine schöne Erzählung (2,1 ff.) von den heidnischen Magiern oder Sterndeutern aus dem Osten, die dem Kind der Maria als dem »neuen König« huldigen, zeigt das.

Eindrucksvoll ist die mittelalterliche Vorstellung schon, es seien drei Könige gewesen, die einen neu aufgetauchten Stern entdeckt hatten, auch sogleich wussten, wen er anzeigt, und, von ihm geleitet, mit großem Gefolge aus dem Osten kamen und nach dem »neugeborenen König der Juden« fragten. Matthäus spricht aber von Magiern und meint damit nicht Zauberkünstler, sondern Sterndeuter, genauer: Priester einer Stern- oder Planetenreligion, wie es sie im »Osten«, in Mesopotamien und Iran, in verschiedenen Formen gab.

Dass Matthäus diese ins Spiel bringt, hat etwas Exotisches, für seine Leser und Zuhörer ganz gewiss. Zweifellos wollte er sie beeindrucken: Sogar diese heidnischen Stern-Priester kommen zum Messias, und zwar ausgerechnet auf dem jüdischer Anschauung völlig fremden Weg ihrer eigenen Religion.

So ganz gerade verläuft der Weg der Magier nicht. Denn sie suchen den »neuen König« selbstverständlich im Palast des Königs Herodes zu Jerusalem. Dort aber verschwindet ihr den Weg weisender Stern. Die kritische, ja streitbare Distanz des erwachsenen Jesus zu den Mächtigen stellt der Evangelist hier schon heraus: Am Königshof findet man den Messias nicht!

Nachdem sich die Magier, von den Hoftheologen des Königs informiert, nach Betlehem begeben haben, taucht ihr Stern wieder auf.

»Sie gingen in das Haus und sahen das Kind und Maria, seine Mutter; da fielen sie nieder und huldigten ihm. Dann holten sie ihre Schätze hervor und brachten ihm Gold, Weihrauch und Myrrhe als Gaben dar.«

Königliche Geschenke sind das. Die Erzählung des Matthäus inspirierte Künstler aller Zeiten. In Sant'Apollinare Nuovo zu Ravenna beispielsweise zeigt ein Mosaikfries aus der Zeit des Theoderich (um 500) die drei exotisch gekleideten Magier oder »Könige«, welche zum Thron der Maria eilen, die ihr Kind hoheitsvoll präsentiert.

Aber auch auf dem etwas später entstandenen Staatsmosaik der Kaiserin Theodora in der unter Kaiser Justinian ebenfalls in Ravenna errichteten Kirche San Vitale sind die drei »Könige« zu sehen, und zwar am Gewandsaum der Kaiserin. Sie verstand sich ja als irdische Repräsentantin der Himmelskönigin Maria; auch ihr gilt nun die Huldigung. So wird recht unvermittelt hier etwas sichtbar, das sich in der Geschichte des Christentums immer wieder beobachten lässt und das als Gefährdung und Verfälschung des Messias-Glaubens niemals außer Acht bleiben darf: der Missbrauch des Glaubens zur Legitimierung und Befestigung von Macht.

Stall, Krippe, Ochs und Esel

Das Kind in der Krippe, Maria und Josef, die Engel und die Hirten, schließlich auch noch die »drei Könige« und, keineswegs zuletzt, Ochs und Esel – ein Bild voll lyrischer Anmut, das die

Prachteinband für die Evangelien
Ein fünfteiliges Elfenbeindiptychon aus dem 6. Jahrhundert schmückt den Einband des Evangeliars von Etschmiadzin in Armenien. Der Rückdeckel zeigt das Bild der thronenden Gottesmutter, umgeben von Szenen der Kindheitsgeschichte Jesu: links Verkündigung und Rechtfertigung Marias (nach Matthäus 1,18 ff. und Apokryphen), rechts Geburt in der Höhle von Betlehem und Flucht nach Ägypten, unten Anbetung der Könige.
(Eriwan, Archäologisches Museum)

Die vier Türme sind nach den Himmels-
richtungen orientiert. Der runde Haupt-
turm im Osten ist bis zu einer Höhe von
20 Meter erhalten, dürfte aber doppelt
so hoch gewesen sein. Die oberen Stock-
werke beherbergten wohl die Gemächer
des Königs, der hier die Sicht bis nach
Jerusalem und in der Sommerhitze
frische Luft genießen konnte.

DAS HERODIUM

*Etwa 6 km südöstlich von Betlehem,
nahe der Stelle, wo er sich 40 v. Chr. auf
der Flucht vor Mattathias Antigonus
siegreich behauptet hatte, ließ Herodes
der Große 20 Jahre später eine singu-
läre Bergfestung errichten, die er auch
zu seiner Grabstätte bestimmte – das
einzige der vielen Bauprojekte des
Königs, das seinen Namen trug. Von
Josephus Flavius eingehend beschrieben, konnte der Ort schon 1838 durch
Edward Robinson identifiziert werden.
Die seit 1962 durchgeführten Ausgrabungen legten große Teile der Anlage
frei (oben Luftaufnahme von Osten,
unten Grundriss, rechts isometrische
Rekonstruktion).*

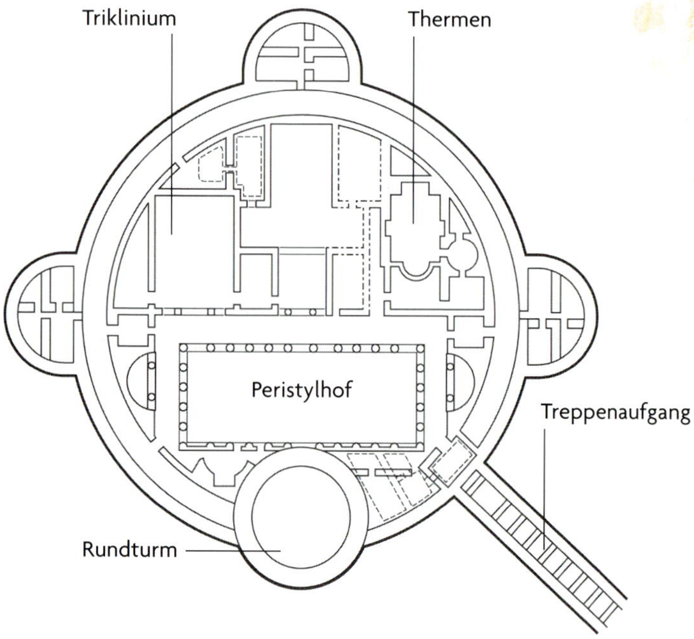

Zwei konzentrische Mauern, die eine
Höhe von etwa 30 Meter erreichten,
umschlossen die Palastfestung. Ihr
Zwischenraum war in sieben Galerien
unterteilt.

Um den Mauerzylinder von 63 Meter
(100 Ellen) Durchmesser wurde eine
gewaltige Menge Erde aufgeschüttet.
Die Anlage erhielt dadurch die Form
eines Kegelstumpfs.

Triklinium

Thermen

Peristylhof

Treppenaufgang

Rundturm

Im unteren Bereich der Erdaufschüttung zwischen dem Rundturm und der Treppe wurde im
Frühjahr 2007 das Grab des
Herodes entdeckt.

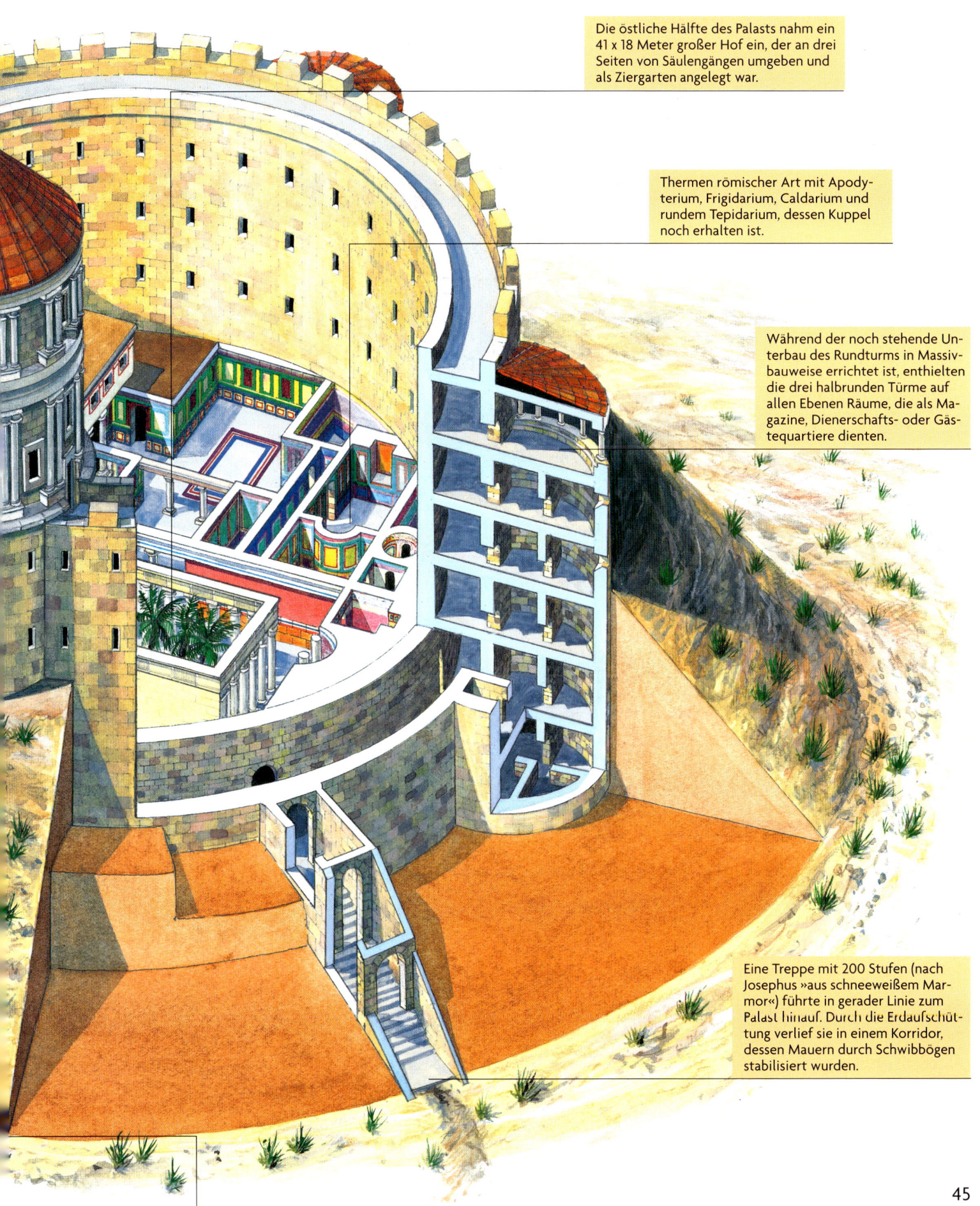

Die östliche Hälfte des Palasts nahm ein 41 x 18 Meter großer Hof ein, der an drei Seiten von Säulengängen umgeben und als Ziergarten angelegt war.

Thermen römischer Art mit Apodyterium, Frigidarium, Caldarium und rundem Tepidarium, dessen Kuppel noch erhalten ist.

Während der noch stehende Unterbau des Rundturms in Massivbauweise errichtet ist, enthielten die drei halbrunden Türme auf allen Ebenen Räume, die als Magazine, Dienerschafts- oder Gästequartiere dienten.

Eine Treppe mit 200 Stufen (nach Josephus »aus schneeweißem Marmor«) führte in gerader Linie zum Palast hinauf. Durch die Erdaufschüttung verlief sie in einem Korridor, dessen Mauern durch Schwibbögen stabilisiert wurden.

45

Unteres und Oberes Herodium
*Die von Herodes dem Großen in der
Nähe von Betlehem errichtete Palastanlage besteht aus zwei Teilen: dem einzig-
artigen runden Gebäude auf dem Gipfel
und einem weitläufigen Komplex am Fuß
des Hügels (linke Seite: Blick von Nordwesten aus der Vogelperspektive; unten:
Lageplan).*
*Die Bergfestung umschloss einen luxuriö-
sen Palast (rechts: Blick auf das Garten-
peristyl und den massiven Unterbau
des großen Turms). Josephus spricht von
dem »verschwenderischen Reichtum«, mit
dem Herodes diesen Palast »überschüt-
tet« habe. Geblieben sind nur karge Überreste von Wandmalerei, Stuckdekoration
und Bodenmosaiken. Mit einer einzigen
Ausnahme, dem Kopf eines bärtigen
Silens, der ein Marmorbecken in den
Thermen verzierte, wurde keine figürliche
Darstellung gefunden – am Königshof
befolgte man das jüdische Bilderverbot.
Unterhalb der Bergpalastfestung errichtete Herodes, so wiederum Josephus,
»noch andere Palastbauten, die für den
Bedarf der Hofhaltung und die Unter-
bringung der Freunde Raum hatten,
sodass die Feste ... den Eindruck einer
Stadt machte.«*

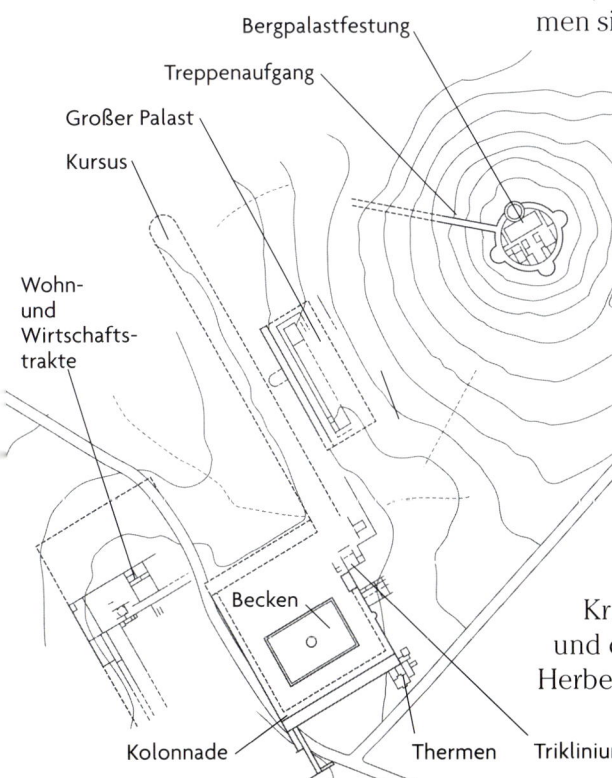

Bergpalastfestung
Treppenaufgang
Großer Palast
Kursus
Wohn-
und
Wirtschafts-
trakte
Becken
Kolonnade · Thermen · Triklinium

kollektive Psyche zutiefst geprägt hat,
nicht nur die dezidiert christliche.

Vielleicht waren Josef und Maria tatsächlich nicht besonders reich. Weder
dem Matthäus- noch dem Lukasevangelium ist aber zu entnehmen, dass sie
arme Leute gewesen seien. Nach Matthäus wohnten sie in Betlehem, nach
Lukas mussten sie aus Galiläa dorthin
reisen; ob zu Fuß oder auf Eseln reitend, wird nicht gesagt. Jedenfalls kamen sie so spät an, dass sie mit einer
Notunterkunft vorlieb-
nehmen mussten.
Dort legte Maria
ihren neugebore-
nen Sohn in eine
Futterkrippe. Von
der Krippe aber
schließt man auf
einen Stall; im apo-
kryphen Jakobus-
evangelium ist von
einer Höhle die Rede.
Die volkstümliche Aus-
deutung des lukanischen
»Weihnachtsevangeliums«
verknüpft mit dem Stall und der
Krippe die Vorstellung, dass Josef
und die schwangere Maria bei ihrer
Herbergssuche mitleidlos von allen

abgewiesen wurden. So kam es besonders in der Barockzeit zur Blüte herz-
bewegender katholischer Herbergssu-
che-Spiele. Sie wirken bis heute fort als
mahnende Anklage fremdenfeindli-
chen und unsolidarischen Verhaltens.

Bleibt man bei der Version Stall, so
muss man mit Tieren rechnen. Lukas
weiß nichts von Ochs und Esel. Diese
gehören aber seit jeher zu den Darstellungen der Geburt Jesu. Meist werden
mehrere Episoden in einem Szenarium
zusammengefasst: Maria im blauen
Gewand vor der Krippe mit dem Kind
beherrscht das Bild, Josef sitzt nachdenklich abseits, Engel verkünden den
Hirten die frohe Botschaft, und gleichzeitig erscheinen oft auch schon die
drei »Könige«. Ochs und Esel, die an-
dächtig das Kind anschauen, fehlen
nie, weitere ausschmückende Details
regen die Fantasie der Betrachter an.

Gemeinhin gilt Franz von Assisi als
der Urheber der vielfigurigen Krippen-
szenarien, da er in der Heiligen Nacht
des Jahres 1223 die Weihnachtsge-
schichte von Menschen und Tieren
darstellen ließ. Jedoch erst seit dem
16. Jahrhundert kennt man die Weih-
nachtskrippen in Kirchen und in
Privatwohnungen.

Wie aber kamen der Ochs und der Esel in den Stall von Betlehem? Einmal mehr beweist das Jesaja-Buch prophetischen Reichtum. Schon gleich zu Beginn (1,2 ff.) wendet sich der erste mit diesem Namen gekennzeichnete Prophet anklagend an sein Volk:

»Hört, ihr Himmel! Erde, horch auf! Denn der Herr spricht: Ich habe Söhne großgezogen und emporgebracht, doch sie sind von mir abgefallen. Der Ochse kennt seinen Besitzer und der Esel die Krippe seines Herrn; Israel aber hat keine Erkenntnis, mein Volk hat keine Einsicht ...«

Löst man diese Rede aus ihrem ursprünglichen Zusammenhang und bezieht sie auf die neue Messiaswirklichkeit, so repräsentieren die beiden Tiere nun diejenigen, die den Messias erkannt haben.

Der älteste bekannte Text, in dem Ochs und Esel an der Krippe auftauchen, sind die im 8./9. Jahrhundert in lateinischer Sprache, also in der westlichen Christenheit, niedergeschriebenen und höchst beliebten Kindheitslegenden des Pseudo-Matthäus. Dort liest man, gewissermaßen zur Ergänzung des weiter unten noch vorzustellenden Jakobustextes:

»Am dritten Tage nach der Geburt unseres Herrn Jesus Christus trat die seligste Maria aus der Höhle, ging in einen Stall hinein und legte ihren Knaben in eine Krippe, und Ochs und Esel beteten ihn an. Da erfüllte sich, was durch den Propheten Jesaja verkündet ist, der sagt: ›Der Ochse kennt seinen Besitzer und der Esel die Krippe seines Herrn.‹ So beteten sogar die Tiere, Ochs und Esel, ihn ständig an, während sie

ihn zwischen sich hatten. Da erfüllte sich, was durch den Propheten Habakuk verkündet ist, der sagt: ›Zwischen zwei Tieren wirst du erkannt.‹ Joseph aber blieb am gleichen Ort mit Maria drei Tage.«

Bemerkenswerterweise ist das Habakukzitat in der (griechischen) Septuaginta-Fassung der Prophetenschrift enthalten, nicht im kanonischen Text des Alten Testamentes.

Wie aber wurden die Magier zu »drei Königen«?

Matthäus gibt keine Zahl an, er sagt nur: »Es kamen Magier/Sterndeuter aus dem Osten.« Ein Wandbild in der römischen Domitilla-Katakombe zeigt vier Magier, andernorts sind es nur zwei, es gibt aber auch Darstellungen mit wesentlich mehr Magiern.

Der große Theologe Origenes (185 bis 254) soll als einer der Ersten die Dreizahl gewählt haben. Auch verbreitete sich in der spätantiken Christenheit die Meinung, nur Könige könnten die drei königlichen Geschenke Gold, Weihrauch und Myrrhe dargebracht haben. Überdies fand man im Alten Testament »Beweise« dafür, dass jene Magier Könige gewesen sein mussten. Im Psalm 72 wird vom »Friedenskönig« gesagt:

»Verleih dein Richteramt, o Gott, dem König, dem Königssohn gib dein gerechtes Walten! Er regiere dein Volk in Gerechtigkeit und deine Armen durch rechtes Urteil ... Die Könige von Tarschisch und von den Inseln bringen Geschenke, die Könige von Saba und Seba kommen mit Gaben. Alle Könige müssen ihm huldigen, alle Völker ihm dienen.«

Auch das Buch Jesaja (60, 1 ff.) hält eine Vision bereit, in der »die Herrlichkeit des Herrn leuchtend« aufgeht:

»Völker wandern zu deinem Licht und Könige zu deinem strahlenden Glanz ... Alle kommen von Saba, bringen Weihrauch und Gold und verkünden die ruhmreichen Taten des Herrn.«

Namen und Reliquien

Seit dem 6. Jahrhundert kennt man auch die Namen der »Könige«: Kaspar (Caspar), Melchior und Balthasar; mit ziemlicher Sicherheit wurden sie aus dem Segensspruch abgeleitet, den man über die Haustüren schrieb: »Christus mansionem benedicat« – »Christus segne dieses Haus«. Meist gebrauchte man dafür die Kurzform CMB, so wie sie die »Sternsinger« seit dem Mittelalter bis heute mit Kreide

Das Grab des Herodes

In der Erzählung vom Kindermord in Betlehem und von der Flucht nach Ägypten kehrt die Familie Josefs erst nach dem Tod des Herodes in ihre Heimat zurück. Von Josephus erfahren wir, dass der König in seinem Palast in Jericho starb und im Herodium beigesetzt wurde. Es bedurfte ausdauernder Suche, bis 2007 endlich sein Grab dort gefunden wurde. Nicht im Bereich des Unteren Herodiums, wie zunächst erwartet, sondern an der Hügelflanke der Palastfestung wurde der Archäologe Ehud Netzer fündig (oben, Mitte). Das Grabgebäude war bis auf die Grundmauern abgetragen (linke Seite, außen), der Sarkophag zertrümmert. Vom Leichnam fehlte jede Spur. Bruchstücke des Sarkophags (oben) zeigen, dass er mit Rosetten verziert war. Urnen (ganz oben), wie sie aus Petra bekannt sind, Friestrümmer und andere Fragmente erlauben möglicherweise eine Rekonstruktion des Grabgebäudes.

Flucht nach Ägypten und ein Kindermord in Betlehem

So weit man das aus den synoptischen Evangelien erschließen kann, scheint sich der erwachsene Jesus bei seinen öffentlichen Reden politisch klug und zurückhaltend geäußert zu haben; er trat nicht als eifernder Revoluzzer auf. Hingerichtet wurde er gleichwohl – ein Schicksal, das er mit anderen jüdischen »Propheten« seiner Zeit teilte. Sie alle galten der römischen Besatzungsmacht als gefährlich, so mancher musste in den Augen der Römer als »Volksverhetzer« erscheinen.

Matthäus will Jesus aber als Reformator Israels darstellen, der das Volk Jahwes auf den Weg der Gerechtigkeit zurückführt. Dieser Jesus muss im politischen Kontext des »heidnisch«-diktatorischen Regimes der Herodes-Könige verstanden werden, auch im Zusammenhang prekärer Auseinandersetzungen zwischen den verschiedenen Machtblöcken und Parteien in Jerusalem und im Land.

Jesu eindringliche Verkündigung eines Gottes, vor dem und durch den die Menschenrechte heilig sind, wie wir das heute in etwa formulieren würden, musste die gesellschaftlichen und ökonomischen Machteliten aufs Äußerste provozieren. Daher zeigt der Evangelist Jesus schon als Kind höchst gefährdet durch die Mächtigen.

Als Herodes von den Magiern hört, es sei ein neuer König der Juden geboren worden, so heißt es im Bericht des Matthäus, »erschrak er und mit ihm ganz Jerusalem«. Der Leser begreift sofort, dass Herodes nicht deshalb erkunden lässt, wo dieser Königsknabe zu finden sei, weil er den Magiern behilflich sein, sondern selbst den Aufenthaltsort dieses gefährlichen Rivalen erfahren und Maßnahmen treffen will. Argwöhnisch und listig bittet er:

»Geht und forscht sorgfältig nach, wo das Kind ist; und wenn ihr es gefunden habt, berichtet mir, damit auch ich hin-

über die Türen schreiben: Caspar, Melchior, Balthasar.

Kaum überschaubar sind die Drei-König-Legenden. Am meisten bekannt sind ihre Darstellungen gemäß den Lebensaltern und gemäß den drei im Mittelalter bekannten Erdteilen: Nur der junge Caspar ist eindeutig identifizierbar als Afrikaner, Melchior wird meist als Greis mit weißem Bart dargestellt und Balthasar mit dunklem Vollbart.

Immer wieder hat man versucht, aus dem Stern, der die Magier führte, ein astronomisches Ereignis zu rekonstruieren – vergebliches Bemühen, denn dieser Stern ist eindeutig als mesopotamisch-religiöses Symbol zu werten.

Schließlich noch diese Legende: Helena, die Mutter Konstantins des

Großen, fand nicht nur das »wahre« Kreuz Christi in Jerusalem, sondern »im Osten« auch die angeblichen Gebeine der drei Magier. Kaiser Konstantius II. schenkte sie dem Bischof Eustorgius von Mailand, der seine Grabkirche damit ausstattete.

Im Jahre 1164 erhielt Rainald von Dassel, Reichskanzler und Erzbischof von Köln, diese Reliquien als ein Geschenk Friedrich Barbarossas; der Kaiser zeigte sich damit für die Dienste seines Kanzlers bei der Eroberung Mailands erkenntlich. Die Reliquien der drei ersten »christlichen« Könige sollten den Glanz der staufischen Königsherrschaft mehren. Verwahrt in einem kostbaren Schrein, bewirkten sie, dass Scharen von Pilgern in den Dom zu Köln strömten.

Unter dem Bann fremder Formen
Herodes der Große wetteiferte als Bauherr mit hellenistischen Herrschern und übernahm die Architekturformen ihrer Welt. Bei der prunkvollen Ausstattung seiner Paläste scheint er jedoch das jüdische Bilderverbot eingehalten zu haben. Auch ein Bildnis seiner Person ließ er laut Josephus niemals anfertigen. Gleichwohl nimmt man an, ein in Ägypten gefundener Marmorkopf (unten) könnte ein Herodes-Porträt sein.
Ein im Unteren Herodium ausgegrabenes Monumentalgebäude deutet der Ausgräber als Triklinium für zeremonielle Mahlzeiten, den »Kursus«, der darauf zuläuft, als Plattform für die Begräbnisprozession des Königs. Das Gebäude glich den Triklinien der Nabatäer; das bekannteste ist der aus dem Fels gehauene Saal neben dem Grab des Römischen Soldaten in Petra (linke Seite).
Die beste Vorstellung von jüdischer Grabarchitektur in griechischen Formen zur Zeit der Hasmonäer- und Herodes-Könige geben die Felsgräber im Kidrontal östlich des Tempelbergs von Jerusalem (rechts). Sie tragen Fantasienamen wie »Grab Absaloms« (links im Bild), »Grab des Benei Hezir« (Bildmitte) und »Grab des Zacharias« (rechts im Bild).

gehe und ihm huldige … Weil ihnen aber im Traum geboten wurde, nicht zu Herodes zurückzukehren, zogen sie auf einem anderen Weg heim in ihr Land.«

Herodes erfährt also nichts, die Gefährdung Jesu scheint durch ein Eingreifen »von oben« abgewendet zu sein; zunächst wenigstens.

Diesem raffinierten Herodes ist aber nicht zu trauen, Jesus muss in Sicherheit gebracht werden. So wird Josef, ebenfalls in einem Traum, durch einen Engel vor der drohenden Gefahr gewarnt: »Herodes wird das Kind suchen, um es zu töten«; er solle das Kind und die Mutter sofort in Sicherheit bringen und mit ihnen nach Ägypten fliehen.

Der ob der Täuschung durch die Magier wütende Herodes lässt, um sicherzugehen, in der Region von Betlehem sämtliche Knaben im Alter bis zu zwei Jahren ermorden.

Erst als der Tyrann gestorben ist, kehrt die »Heilige Familie«, wie sie seit der Spätantike genannt wird, in die Heimat zurück. Da aber in Judäa nun der ebenso grausame Herodes Archelaus herrscht, bringt Josef, wiederum in einem Traum gewarnt, seine Familie nach Nazaret in Galiläa.

Noch einmal sei gesagt, dass all diese Erzählungen Legenden sind, »Kindheitsgeschichten«, genauer noch: erzählerische Projektionen der Bedeutung des Messias-Jesus schon in seinen Lebensbeginn hinein.

Herodes war, historisch einigermaßen korrekt gesehen, ein kluger und fähiger Potentat, in meist gutem Einvernehmen mit dem römischen Kaiser Augustus. Dass er in einem geradezu irrsinnigen Verfolgungswahn die meisten seiner Söhne umbringen ließ, erschien freilich nicht nur seinen Untertanen als monströs. Umso besser ist das Interesse des Evangelisten zu verstehen, die Messias-Erscheinung Jesu von Nazaret drastisch in Szene zu setzen: Dieser muss vom Tyrannen als höchst gefährlich erkannt und verfolgt werden. So wird seine überragende Bedeutung besonders deutlich.

Der Kindermord zu Betlehem ist ganz sicher eine Legende. Josephus Flavius, der die Herrschaft Herodes' des Großen intensiv diskutiert, hätte das Ereignis keinesfalls verschwiegen. Der Evangelist inszeniert fiktiv ein grausames Drama, um den Herrscher als gottlos und unmenschlich zu entlarven

»Da wurde erfüllt, was gesagt ist durch den
Propheten Jeremia, der da spricht: Ein Geschrei
war in Rama zu hören, lautes Weinen und Klagen:
Rahel weinte um ihre Kinder und wollte sich nicht
trösten lassen, denn sie waren dahin.«

Matthäus 2,17 f.

und die heilvolle, aber provokative
Gerechtigkeit des wahren Messias eindrucksvoll spüren zu lassen. Er stellt
das, was er fiktiv schildert, in den Kontext der Heilsgeschichte, indem er sich
auf ein Prophetenwort des Jeremia bezieht (31,15; Fassung des Matthäus):

*»Ein Geschrei war in Rama zu hören,
lautes Weinen und Klagen: Rahel weinte
um ihre Kinder und wollte sich nicht
trösten lassen, denn sie waren dahin.«*

Freveltaten und Ende des Herodes

*Um 1080 entstandene Wandmalereien
im ehemaligen Westchor der Stiftskirche
von Lambach (Oberösterreich) schildern
die Kindheitsgeschichte Jesu. Der Magier-
zyklus enthält seltene Szenen wie die
»Turbatio Herodis«, das Erschrecken des
Herodes bei der Ankündigung des »neugeborenen Königs der Juden«, Herodes
mit seinem Sohn Antipater, der ihm nach
dem Leben trachtet, und das Ende des
Herodes (rechts). Nach dem Bericht des
Josephus Flavius unternahm der tod-
kranke König einen Selbstmordversuch
mit einem Obstmesser, wurde aber von
seinem Vetter Achiab daran gehindert
(im Bild von links herzutretend). An den
Palastwänden erscheinen Dämonen.
Der seit frühchristlicher Zeit dargestellte
Betlehemitische Kindermord ist in Lambach zerstört. Als Schreckensbild zeigt
ihn die Miniatur des Codex Egberti, um
980, in der Trierer Stadtbibliothek (rechts
außen). Umringt von seiner Leibwache,
gibt Herodes den Befehl; Soldaten fallen
über die Kinder her, deren Mütter weh-
klagend vor den Mauern von Betlehem
verharren.*

Diese kurze Passage ist aus den Reden
des Propheten entnommen, in denen
er mitten in den Verwerfungen seines
Volkes um 600 v. Chr. den künftigen
Frieden für Israel verheißt. Auch dies
soll mitgehört werden.

Da Matthäus, anders als Lukas, seinen
Jesus in Betlehem geboren sein lässt,
muss er begründen, warum er dann
aber doch »Nazoräer« (an dieser Stelle
2,23 gleichbedeutend mit »Nazarener«)

genannt wird. Daher siedelt bei ihm
die Josefsfamilie nach Nazaret über.

Warum aber lässt Matthäus die »Heilige Familie« nach Ägypten fliehen?
Leicht ist hier der Bezug auf die Urge-
schichte der Juden zu erkennen: Rettung aus großer Not durch die Über-
siedlung nach Ägypten unter Jakobs
Sohn Josef, spätere Rettung der zwölf
Stämme aus der Verfolgung durch den
Pharao und Beheimatung im Gelobten
Land. Gegen Ende des 8. Jahrhunderts
v. Chr. stellt der Prophet Hosea den von
Jahwe entfremdeten Menschen des
Nordreiches Israel ihren wahren Gott
vor Augen, den Gott, der sein Volk liebt
und es aus Ägypten errettet hat:

*»Als Israel jung war, gewann ich ihn
lieb, ich rief meinen Sohn aus Ägypten.«
(11,1)*

Matthäus bezieht das Prophetenwort
auf Jesus (2,15):
*»Aus Ägypten habe ich meinen Sohn
gerufen.«*

Gerade in der Umdeutung auf Jesus hin wird der Sinn der programmatischen Ansage des Evangelisten deutlich: Der Messias-Jesus bringt das Heil, die Rettung.

Der zwölfjährige Jesus im Tempel

Eine letzte neutestamentliche Kindheitsgeschichte Jesu steuert Lukas bei (2,41 ff.), eigentlich eine Geschichte des Übergangs aus der Kindheit in das Erwachsenenalter, eine Darstellung der doppelten Identität Jesu.

Seine Eltern haben ihn zur jährlichen Pilgerreise nach Jerusalem mitgenommen. Noch untersteht er nicht dem religiösen Pflichtenkanon der Juden, der erst ab dem 13. Lebensjahr gilt. Er ist noch Kind; das aber scheint für das Verständnis der Episode wichtig zu sein. Auf dem Heimweg bemerken die Eltern, dass sie ihren Sohn unter den vielen Pilgern aus den Augen verloren

haben. Nach drei Tagen vergeblicher Suche finden sie ihn im Tempel, »mitten unter den Lehrern«, die über die Klugheit und die Weisheit des Knaben gehörig staunen. Die besorgten und wohl auch genervten Eltern verstehen die Situation nicht. Seine Mutter sagt:

»Kind, wie konntest du uns das antun? Dein Vater und ich haben dich voll Angst gesucht.«

Darauf entgegnet das einigermaßen selbstbewusste »Kind«:

»Warum habt ihr mich gesucht? Wusstet ihr nicht, dass ich in dem sein muss, was meinem Vater gehört?«

Natürlich verstehen die Eltern diese distanzierende Antwort nicht. Sie verstehen auch nicht, wieso ihr Sohn so altklug mit den angesehensten Theologen des Tempels diskutieren kann. Von Maria wird gesagt, ein wenig rätselhaft, dass sie »alles, was geschehen war, in ihrem Herzen« bewahrt. Sie versteht nicht, will der Evangelist andeuten, aber sie ahnt Großes. Im Übrigen aber schließt die Erzählung ganz pragmatisch und doch interessant:

»Dann kehrte er mit ihnen nach Nazaret zurück und war ihnen gehorsam.«

An dieser Stelle ist einmal mehr daran zu erinnern, dass der Evangelist seine Geschichten einer Christenschar vorträgt, die in didaktisch geschickter Weise zum Staunen und damit zu einer sozusagen inneren Erkenntnis gebracht werden soll: Jesus ist zwar noch ein Kind, der Sohn der Maria und des Josef. Mit diesen lebt er als Mensch zusammen, ihnen ist er »gehorsam«.

Der Evangelist gibt Verstehenshilfe: In ihm müsst ihr, die ihr jetzt mit mir über Jesus nachdenkt und redet, in Wahrheit aber den Sohn Gottes erkennen. Indem die Leser und Zuhörer die Sorge der Eltern sehr gut mitfühlen können, erleben sie auch die in unserer Geschichte abrupt ausgedrückte Mischung von Nähe und Distanz: gehorsamer Sohn von Maria und Josef, also einer von uns, und doch der überragende Sohn Gottes, der sich aus

Epiphanie – Erscheinung des Herrn
Da sich im 2. und 3. Jahrhundert die göttliche Verehrung Jesu immer mehr steigerte, schuf man in der östlichen Christenheit in Anlehnung an den Herrscherkult das am 6. Januar gefeierte Fest der Epiphanie Jesu Christi, seiner Erscheinung als göttlicher Herrscher in unserer Welt. Von jeher haben Herrscher ihre Auftritte pompös inszeniert mit dem Anspruch, ihr sonst verhülltes göttlich-erhabenes Wesen vor Augen zu führen. Man verstand dies als zwar theatralisch-fiktives, aber in einem höheren Sinn dennoch reales »Aufscheinen« überragender, ja überweltlicher Majestät. Hellenistische Herrscher legten sich den Titel eines Epiphanes zu, oft in Verbindung mit dem Titel eines Euergetes, eines »Wohltäters«.
Außerchristliche Vorstellungen von Gottesgeburt und von wunderbaren Erscheinungen Gottes gingen ebenso in dieses erste große Fest der Christenheit ein wie die von der göttlichen Würde der Kaiser und Könige. Gewiss bezeugte es auch den Widerspruch gegen eine Zurschaustellung der Macht. Galt es doch, in dem Kind in der Krippe den Weltenherrscher zu erkennen. Für die Gläubigen war in Jesus der gerechte und menschenliebende Gott unter uns Menschen erschienen. Die beste literarische Bebilderung der Epiphanie ist die Erzählung von der Verklärung Jesu. Dass man später, vor allem im Westen, diesem Fest das Auftreten der drei Könige aus dem Osten zuwies, ist nicht verwunderlich: Jesus Christus als König der Könige.

Gnade zu einem von uns gemacht hat. In der heutigen Begegnung mit den Berichten über Jesus von Nazaret geht es weniger darum, zu beweisen, dass er »Sohn Gottes« und »Messias« ist, es gilt zu verstehen, warum ihn Menschen so gesehen und geglaubt haben, das heißt aus welcher Situation, aus welcher Sehnsucht und Erfahrung heraus.

Ein gewisser Jakobus weiß mehr

Das sogenannte Protoevangelium (Erst- oder Früh-Evangelium) des Jakobus, das wie andere apokryphe Evangelien Fantasie und Kunst inspirierte, gehörte bis weit ins Mittelalter hinein zu den beliebtesten frühchristlichen Schriften. Die um 150 n.Chr. entstandene Textsammlung in griechischer Sprache wurde vor allem zum Lobpreis Marias geschrieben, gehört aber selbstverständlich zu den Kindheitsgeschichten Jesu. Der Verfasser bezeichnet sich pseudepigraphisch als Jakobus, als Bruder Jesu aus einer früheren Ehe des Josef. Es projiziert die Weissagungen und messianischen Zeichen der kanonischen Kindheitsgeschichten Jesu auf die Kindheit Marias, auch auf diejenige Johannes des Täufers. Dergleichen lässt sich schon im Lukasevangelium beobachten, wo die Geburtsgeschichten des Johannes und Jesu analog erzählt werden.

Schon bei der Geburt Mariens, und nicht erst bei der Geburt Jesu, erweist sich Gottes wunderbares Eingreifen. Nach langer Kinderlosigkeit wird nämlich durch göttliche Gnade Joachim und Anna eine Tochter geboren. Anna fragt die Hebamme: »Was habe ich geboren?« Antwort: »Ein Mädchen.« Die Reaktion Annas nimmt, wenn auch sehr kurz, Bezug auf das berühmte »Magnificat«-Lied Marias bei ihrem Zusammentreffen mit Elisabet: »Erhoben ist meine Seele an diesem Tage.«

Alles weist von nun an auf die erhabene Bedeutung Marias hin, die im Alter von sechs Monaten bereits gehen kann und von ihrer Mutter alsbald zum jungfräulichen Tempeldienst bestimmt und vorbereitet wird. Drei Jahre alt, wird sie von den Eltern in den Tempel gebracht, wo ein Priester verkündet:

»Der Herr hat deinen Namen groß gemacht unter allen Geschlechtern; an dir wird der Herr am Ende der Tage seine Erlösung für die Söhne Israels offenbaren!«

Sechs Jahre später beschließt der Priesterrat, dass Maria heiraten solle; auf einen heiligen Losentscheid hin nimmt sie der schon ältere Witwer Josef »in seine Obhut«, sie werden miteinander verlobt. Die Möglichkeit einer Heirat wird in dem Text überhaupt nicht erwogen, vielmehr lebt das zwölfjährige Mädchen im Haus des Josef auch weiterhin jungfräulich und webt, vom Rat der Priester beauftragt, einen kostbaren Vorhang für den Tempel.

Die Szene der Verkündigung des Engels an Maria gerät zu einer unterhaltsam dramatisierten Paraphrase des Lukas-Textes:

»Und sie nahm den Krug und ging hinaus, um Wasser zu schöpfen. Und siehe, eine Stimme sprach: ›Sei gegrüßt, du Begnadete! Der Herr sei mit dir, du Gepriesene unter den Frauen!‹ Und sie blickte sich um nach rechts und nach links, woher diese Stimme käme. Und es kam sie ein Zittern an. Da ging sie heim in ihr Haus und stellte den Krug ab.

Dann nahm sie den Purpur (ein Wollknäuel) und setzte sich auf ihren Sessel und zog ihn zu Fäden. Und siehe, ein Engel des Herrn trat vor sie hin und sprach: ›Fürchte dich nicht, Maria! Denn du hast Gnade gefunden vor dem Gebieter über alles, und du sollst empfangen aus seinem Wort.‹ Als sie das aber hörte, bekam sie bei sich selbst Zweifel und sagte: ›Soll ich empfangen vom lebendigen Gott her und gleichwohl gebären, wie jede Frau gebiert?‹ Und es sprach der Engel des Herrn: ›Nicht so, Maria! Denn Kraft des Herrn wird dich überschatten. Deswegen wird auch das, was von dir geboren wird, heilig, näm-

lich Sohn des Höchsten genannt werden. Und du sollst seinen Namen Jesus nennen; denn er wird sein Volk erretten von seinen Sünden!‹ Und Maria sprach: ›Siehe, des Herrn Magd will ich gerne sein vor ihm: mir geschehe, wie du gesagt hast!‹«

In ähnlicher Art erzählt der Autor sodann, wie Maria, nachdem sie den fertigen Vorhang im Tempel abgeliefert hat, ihre Verwandte Elisabet besucht und dort drei Monate bleibt und sich dafür schämt, schwanger zu sein. »Maria war aber 16 Jahre alt, als alle diese geheimnisvollen Dinge geschahen.« Sie geht zurück nach Hause und verbirgt sich.

Als Josef von längerer auswärtiger Montagearbeit heimkehrt, ist er zutiefst entsetzt: Klagen, Anklagen, Fragen, Vorwürfe. Schließlich erweist ein von den Priestern herbeigeführtes Gottesurteil, dass Maria unschuldig ist. Josef schickt Maria, anders als er plante, nicht weg, sondern nimmt sie wieder zu sich.

Sehr gut erkennt man an dem nun folgenden Betlehem-Text, wie sich frühe Christinnen und Christen mit dem Wunder der jungfräulichen Geburt Jesu auseinandersetzten. Josef überlegt umständlich, wie er sich wohl in die Steuerlisten eintragen könne, ohne sich zu blamieren:

»Ich werde meine Söhne eintragen lassen. Wie aber soll ich es mit diesem Mägdlein machen? Wie soll ich sie eintragen lassen? Als meine Ehefrau? Ich habe eine gewisse Scheu davor. Oder als Tochter? Aber es wissen doch alle Kinder Israel, dass sie nicht meine Tochter ist.«

Der zwölfjährige Jesus im Tempel
Nur selten ist der von Lukas geschilderte junge Jesus »mitten unter den Lehrern« so unmittelbar und sinnfällig veranschaulicht worden wie in dem 1259 datierten Wandbild der Bojana, einer kleinen byzantinischen Kirche bei Sofia (Bulgarien). Selbstbewusst diskutiert er mit den angesehensten Theologen des Tempels, und sie staunen über die Klugheit und Weisheit des Knaben.

Josef ergibt sich in seinem Dilemma schließlich der Weisheit Gottes:

»Der Tag des Herrn selbst wird es machen, wie der Herr will.«

Kurz vor der Ankunft in Betlehem bemerkt Maria, dass die Geburt nahe bevorsteht; sie sagt zu Josef:

»Nimm mich herab vom Esel! Denn was in mir ist, drückt mich und will hervorkommen.«

Eile ist geboten; es bleibt nichts anderes übrig, als Maria in eine Höhle zu bringen. Während »seine Söhne« auf sie achten, sucht Josef eine »hebräische Hebamme in der Gegend von Betlehem«.

An dieser Stelle übernimmt der Jakobus-Autor einen fremden Text. Denn unvermittelt spricht Josef nun in der Ichform:

»Und siehe, eine Frau kam vom Gebirge herab, die sagte zu mir: ›Mann, wohin bist du unterwegs?‹ Und ich

sagte zu ihr: ›Ich suche eine hebräische Hebamme.‹ Und sie gab zur Antwort und sagte zu mir: ›Bist du aus Israel?‹ Und ich sagte zu ihr: ›Ja.‹ Sie aber sagte: ›Und wer ist die, die in der Höhle gebären soll?‹ Und ich sagte: ›Meine Verlobte.‹ Da sagte sie zu mir: ›Dann ist sie also nicht dein Weib?‹ Und ich sagte zu ihr: ›Es ist Maria, die im Tempel des Herrn auferzogen worden ist; sie hatte ich mir zum Weibe erlost, und gleichwohl ist sie nicht mein Weib, sondern Empfängnis hat sie erhalten vom heiligen Geist.‹ Da sagte die Hebamme zu ihm: ›Das soll wahr sein?‹«

Hier meldet sich also der Jakobus-Autor zurück. Er lässt die Hebamme, kaum hat sie Maria erblickt, jeden Zweifel verlieren und in den Lobpreis Gottes dafür ausbrechen, dass sie so Großes erleben darf.

Ähnlich ergeht es ihrer Bekannten Salome. Auch sie ist Hebamme und

kann das Wunder einer Jungfrauengeburt zunächst nicht glauben. Wie später der Apostel Thomas einen handgreiflichen Beweis für die Auferstehung Jesu verlangt, so Salome für die jungfräuliche Geburt. Dafür wird sie bestraft:

»Wehe über mein Unrecht und meinen Unglauben! Denn ich habe den lebendigen Gott versucht. Siehe da, meine Hand fällt verbrannt von mir ab!«

Als sie demütig bereut und weiteren Dienst für Arme und Kranke verspricht, gewährt ihr ein Engel die Heilung. Sie solle ihre Hand auf das Kind legen.

»Und Salome trat heran und trug es und sagte dabei: ›Ich will meine Verehrung darbringen, denn als großer König für Israel ist es geboren worden.‹ Und siehe, sogleich war Salome geheilt, und sie verließ die Höhle gerechtfertigt.«

Eine Stimme befiehlt ihr, das Erlebte niemandem zu erzählen, »bis der

Der Mosaikzyklus der Chora-Kirche
Die Vorhallen der Klosterkirche in Istanbul wurden um 1320 mit Mosaiken geschmückt, Meisterwerken byzantinischer Kunst. Als Quellen für die Bildszenen dienten neben den kanonischen auch apokryphe Evangelien, das Protoevangelium des Jakobus, ein nach Maria benanntes Evangelium und das des Pseudo-Matthäus, die alle drei das Leben Marias bis zu ihrer Geburt zurückverfolgen. Im äußeren Narthex befinden sich die Szenen der Kindheitsgeschichte Jesu, beginnend mit Josefs Traum, der Reise nach Betlehem und der Volkszählung (links). Maria und Josef lassen sich in die Steuerliste eintragen. Neben dem Schreiber thront der römische Statthalter. Nach der Geburt Christi sieht man die Magier, vom Stern geleitet, auf der Reise und vor Herodes (rechts). Die Mosaiken im inneren Narthex erzählen das Marienleben. Ein Gewölbefeld (Abb. S. 59) zeigt, wie Joachim und Anna ihr Kind Maria liebkosen und die Priester das vom Vater dargebrachte Mädchen segnen. Das benachbarte Gewölbe (Abb. S. 58) stellt den Tempelgang dar: Im Alter von drei Jahren wird Maria in den Tempel gebracht, empfangen vom Hohepriester und Tempelfrauen.

Knabe nach Jerusalem hineinkommt«. Denn nun droht, wie der Leser und Zuhörer weiß, die Verfolgung durch den König Herodes.

Eine kurze Wiedergabe des Besuchs der Magier aus dem Osten und ein in den kanonischen Evangelien nicht enthaltener Bericht über die von Herodes befohlene Ermordung des Zacharias, des Vaters von Johannes dem Täufer, schließen den Jakobus-Text ab.

Spätere apokryphe Kindheitsevangelien, wie beispielsweise das arabische, das armenische und das des Pseudo-Matthäus, enthalten fantasiereiche Legenden über den Aufenthalt Jesu und seiner Eltern in Ägypten.

Der Kaiser und die Sibylle

Selma Lagerlöf gelang es mit ihren zu Beginn des 20. Jahrhunderts veröffentlichten »Christuslegenden« großartig, den Geist dieser Kindheitsgeschichten neu zu beleben. In der »Vision des Kaisers«, einer die Überlieferung von der Tiburtinischen Sibylle aufgreifenden Erzählung, erblickt die uralte Sibylle, die unantastbare und unbeirrbare Seherin, mitten aus der tief nächtlichen Reichshauptstadt Rom heraus den strahlenden Glanz der Geburt Jesu im fernen Land. Sie zwingt den großen Augustus, diese für ihn bestürzende Vision ebenfalls wahrzunehmen: Dies ist der »neue Gott«, der wahre Herrscher der Welt.

»Die Sibylle war erschreckend in ihrem Alter. Wirres Haar hing in spärlichen Zotteln um ihren Kopf, die Gelenke der Glieder waren vergrößert, und die gedunkelte Haut überzog den Körper hart wie Baumrinde, Runzel an Runzel. Aber gewaltig und ehrfurchtgebietend schritt sie auf den Kaiser zu. Mit der einen Hand umfasste sie sein Handgelenk, mit der anderen wies sie nach dem fernen

Osten. ›Sieh!‹ gebot sie ihm, und der Kaiser schlug die Augen auf und sah. Der Raum tat sich vor seinen Blicken auf, und sie drangen ins ferne Morgenland. Und er sah einen dürftigen Stall unter einer steilen Felswand, und in der offenen Tür einige kniende Hirten. Im Stalle sah er eine junge Mutter auf den Knien vor einem kleinen Kindlein, das auf einem Strohbündel am Boden lag.

Und die großen knochigen Finger der Sibylle wiesen auf dieses kleine Kind. ›Ave Caesar!‹ sagte die Sibylle mit einem Hohnlachen. ›Das ist der wahre Gott, der auf der Höhe des Kapitols angebetet werden wird!‹ Da prallte Augustus vor ihr zurück wie vor einer Wahnsinnigen.«

Der zukunftsträchtige Glanz des armseligen Stalles zu Betlehem – der mächtige, aber vergängliche Glanz des Kaisers: das ist die Botschaft der Kindheitslegenden um Jesus von Nazaret.

SCHÜLER JOHANNES' DES TÄUFERS

»Es gehört zu den Launen der Geschichte, dass der Mensch, dem Jesus vermutlich seine theologische Formation verdankt, in der christlichen Überlieferung in seinen Schatten getreten ist: Johannes der Täufer.« *Martin Ebner*

Bei aufmerksamer Lektüre der entsprechenden Evangelientexte des Neuen Testamentes lässt sich unschwer feststellen, dass jener Johannes, den man in der westlichen Christenheit meist den »Täufer« nennt, in der östlichen den »Vorläufer«, für Jesus, und nicht nur für ihn, eine noch viel größere Bedeutung hatte, als ohnehin schon deutlich gesagt wird.

Johannes, der »Vorläufer«

Die beiden genannten Beinamen entsprechen der in den kanonischen Evangelien offensichtlich verfolgten Absicht, Johannes als den höchst glaubwürdigen Zeugen der jüdischen Glaubenstradition und somit als mit großer Autorität begabten Propheten der Wende erscheinen zu lassen, dessen Bedeutung aber vor allem darin bestehe, den Jesus-Messias anzukündigen und zu legitimieren.

So beginnt Lukas sein Evangelium mit einer Kindheitsgeschichte über die Zeugung und die Geburt des Johannes aus Gottes Gnaden: Der fromme Priester Zacharias und seine Frau, beide schon hochbetagt, haben keine Kinder, denn Elisabet ist unfruchtbar. Als

Zacharias eines Tages seinen Priesterdienst im Tempel ausübt, erscheint ihm während des Räucheropfers ein Engel mit der Botschaft:

»Dein Gebet ist erhört worden: Deine Frau Elisabet wird dir einen Sohn gebären; dem sollst du den Namen Johannes geben. Große Freude wird dich erfüllen, und auch viele andere werden sich über seine Geburt freuen. Denn er

Spuren Johannes' des Täufers
Nach Josephus Flavius ließ Herodes Antipas den Wüstenpropheten Johannes auf der Bergfeste Machärus (rechts) einkerkern und hinrichten. Sie liegt 7 km östlich vom Toten Meer, in 1100 m Höhe. Bereits die Hasmonäer hatten dort einen Stützpunkt gegen die Nabatäer errichtet. Herodes der Große ließ ihn ausbauen und gründete eine Unterstadt. Sein Palast war laut Josephus »prächtig durch die Größe und Schönheit der Gebäude«. Die Thermen wurden 1979 freigelegt. Im Jüdischen Krieg in der Hand der Rebellen, wurde Machärus 72 n. Chr. durch die Römer bis auf die Grundmauern zerstört.
Bei der Begegnung mit Jesus nennt der Täufer ihn »Lamm Gottes.« Das »Agnus Dei« wurde zum Christussymbol. Ein Marmorrelief aus dem 5. Jahrhundert (oben) zeigt das Lamm mit Kreuznimbus und Kreuzstab, Attributen Christi.

wird groß sein vor dem Herrn ... Schon im Mutterleib wird er vom Heiligen Geist erfüllt sein. Viele Israeliten wird er zum Herrn, ihrem Gott, bekehren. Er wird mit dem Geist und mit der Kraft des Elija dem Herrn vorangehen, um ... so das Volk für den Herrn bereit zu machen.«

Wie dann auch in dem etwas später folgenden Bericht über die Geburt des Johannes zeigt sich hier sehr deutlich, dass die Intention des Evangelisten dahin geht, die Johannes-Gestalt in einer göttlichen Strategie anzusiedeln und sie ganz und gar auf den Jesus-Messias auszurichten.

Lukas deutet überdies eine verwandtschaftliche Beziehung zwischen Maria und Elisabet an (1,39 ff.), was dem historisch wohl allein zutreffenden Lehrer-Schüler-Verhältnis zwischen Johannes und Jesus eine familiäre Plausibilität geben soll.

Maria kommt zu ihrer »Verwandten« Elisabet »in eine Stadt im Bergland von Judäa« und bleibt drei Monate. Das vom Evangelisten konzipierte Begrüßungsritual beginnt bezeichnenderweise mit einer Art höfischer Verneigung und mit visionären Grußworten der doch älteren Elisabet:

»Wer bin ich, dass die Mutter meines Herrn zu mir kommt? In dem Augenblick, als ich deinen Gruß hörte, hüpfte das Kind vor Freude in meinem Leib.«

Elisabet erkennt also sofort die Situation; selbst der Johannesknabe in ihrem Leib bemerkt freudig erregt die Ankunft des »Herrn«. So ist die Rangordnung geklärt, immer im Blick auf jene Leser und Zuhörer, denen die Beziehung zwischen Johannes und Jesus offensichtlich bewusst war.

Dann lässt Lukas Maria jenen Lobpreis auf die Gnade Gottes sprechen, der die messianische Sendung des »Herrn« Jesus ungemein prägnant ausdrückt, berühmt geworden und vielfach in die abendländische Musikgeschichte eingegangen unter dem lateinischen Anfangswort »Magnificat«:

Meine Seele preist die Größe des Herrn,
und mein Geist jubelt über Gott, meinen Retter.
Denn auf die Niedrigkeit seiner Magd hat er geschaut.
Siehe, von nun an preisen mich selig alle Geschlechter.
Denn der Mächtige hat Großes an mir getan, und sein Name ist heilig.
Er erbarmt sich von Geschlecht zu Geschlecht über alle, die ihn fürchten.
Er vollbringt mit seinem Arm machtvolle Taten:
Er zerstreut, die im Herzen voll Hochmut sind;
Er stürzt die Mächtigen vom Thron und erhöht die Niedrigen.
Die Hungernden beschenkt er mit seinen Gaben
und lässt die Reichen leer ausgehen.
Er nimmt sich seines Knechtes Israel an und denkt an sein Erbarmen,
das er unseren Vätern verheißen hat,
Abraham und seinen Nachkommen auf ewig.

Der Kontext ist hier noch etwas stärker zu beleuchten, in welchem die Leser und Zuhörer des Evangelisten diese Begegnungsszene verstehen sollten. Johannes war hoch angesehen, er übte auf viele Menschen einen großen Einfluss aus, mit Sicherheit auch auf Jesus. Im Nachhinein scheinen sich aber zwischen den beiden Jüngerkreisen Rivalitäten ergeben zu haben; ob auch zwischen Jesus und Johannes selbst, sei zunächst dahingestellt.

Den frühesten christlichen Theologen musste es jedenfalls darauf ankommen, den Johannesjünger Jesus als den Wichtigeren, den »Größeren« von beiden darzustellen und gleichzeitig die Tatsache plausibel zu erklären, dass Jesus zu Johannes gekommen war, um sich von ihm taufen zu lassen und seinem Schülerkreis anzugehören. Dies war nur möglich, wenn man in den Geschehnissen eine übergreifende göttliche Heilsstrategie erkannte.

Nach der Geburt des Johannes spricht, so Lukas (1,67 ff.), sein Vater Zacharias ein großes Preislied auf Gottes Heilsplan, welches die Lebensaufgabe des Johannes so kennzeichnet:

»Und du, Kind, wirst Prophet des Höchsten heißen; denn du wirst dem Herrn vorangehen und ihm den Weg bereiten. Du wirst sein Volk mit der Erfahrung des Heils beschenken in der Vergebung der Sünden. Durch die barmherzige Liebe unseres Gottes wird uns
besuchen das aufstrahlende Licht aus der Höhe, um allen zu leuchten, die in Finsternis sitzen und im Schatten des Todes, und unsere Schritte lenken auf den Weg des Friedens.«

Dass hier prophetische »Textfragmente« aus dem Alten Testament aufgegriffen und in den neuen, den messianischen Deutungszusammenhang gebracht werden, soll wiederum zeigen, dass alle Geschehnisse zu einem umfassenden Heilsplan gehören. In diesem Sinne stellt auch der Johannes-Evangelist das Zeugnis des Johannes-Propheten an den Beginn seines Evangeliums, sofort nach dem »Prolog« (1,19 ff.).

Johannes der Täufer
Bilder des »Vorläufers« Jesu können der anschaulichen Schilderung seiner Erscheinung in den Evangelien folgen und stellen schon früh jenen Typus dar, den eine enkaustische Ikone aus dem 6. oder 7. Jahrhundert wiedergibt. Der Wüstenprophet trägt über einem langen Chiton das Himation, auf der Brust und der rechten Schulter ist das kennzeichnende Fellgewand sichtbar. Das ausdrucksvolle Gesicht, gerahmt von welligem Kopf- und Barthaar, wendet sich zur erhobenen Rechten, in der Linken hält er eine Schriftrolle, deren weitgehend zerstörter Text sich auf Johannes 1,29 bezieht. Den großen Nimbus flankieren Medaillons mit den Bildnissen Christi und Marias. (Kiew, Bogdan-und-Warwara-Chanenko-Museum der Künste)

Die Taufe im Jordan
Wo genau der Ort lag, an dem die Taufe Jesu stattfand, lässt sich den Evangelien nicht entnehmen. Manche lokalisieren sie nahe dem Ausfluss des Jordans aus dem See Gennesaret (links) in der Landschaft Batanäa; sie sei das »Betanien jenseits des Jordans«, wo nach Johannes 1,28 der Täufer wirkte.
Die Mosaikkarte von Madaba aus dem 6. Jahrhundert (links außen) zeigt die Taufstelle am Unterlauf des Jordans, in der Nähe einer Furt mit dem Namen Betabara, »Furthausen«. Die Karte folgt darin Eusebius, der wie schon Origines dieser Lesart anstatt Betanien den Vorzug gab. Der Name steht am diesseitigen westlichen Ufer, nahe der Mündung des Jordans ins Tote Meer. Darunter sieht man die Kirche der »Taufe des heiligen Johannes«, Vorgängerin des heutigen Johannesklosters der Griechen, sowie die Palmenstadt Jericho.
Im Wadi Charrar am Ostufer des Jordans (unten links) wurde der in alten Pilgerberichten erwähnte Taufort bei dem Elija-berg und der Elijaquelle ausgegraben. Auf der Madaba-Karte (linke Seite, außen) steht an dieser Stelle »Ainon – Quelle«. Eine frühe Darstellung der Taufe Jesu zeigt das Relief eines um 270 entstandenen Sarkophags aus Santa Maria Antiqua in Rom (unten rechts).

Als Johannes nämlich von Abgesandten aus Jerusalem gefragt wird, wer er denn sei, da »bekannte er und leugnete nicht«:

»Er bekannte: Ich bin nicht der Messias ... Ich bin die Stimme, die in der Wüste ruft: Ebnet den Weg für den Herrn!, wie der Prophet Jesaja gesagt hat.«

Wer war Johannes, was trieb Menschen zu ihm?

Dass Johannes als herausragende Gestalt mit charismatischer Ausstrahlung auftrat, belegt die Passage, mit der ihn der jüdische Geschichtsschreiber Josephus Flavius in seinen »Antiquitates« würdigt:

»Es tötete nämlich doch Herodes (gemeint ist Herodes Antipas, ein Sohn Herodes des Großen) diesen, einen guten Mann, der den Juden, die sich in Tugend übten, gegenseitig Gerechtigkeit, Gott

gegenüber Frömmigkeit praktizierten, befahl, zur Taufe zusammenzukommen. So nämlich schien ihm doch auch die Taufe annehmbar (für Gott), wenn sie nicht benutzt würde zur Abbitte für diverse Sünden, sondern zur Reinigung des Körpers, zumal wenn doch auch die Seele vorher durch Gerechtigkeit gereinigt worden ist.«

Die Predigt- und Tauftätigkeit des Johannes scheint nicht nur religiös motivierte Menschen angezogen zu haben, sondern auch viele politisch motivierte, die in der »Umkehr«, wie sie diese verstanden, den bestmöglichen Widerstand gegen eine opportunistische jüdische Obrigkeit und gegen das Joch der römischen Besatzung sahen. Jedenfalls ist Josephus der Meinung:

»Herodes begann zu fürchten, dass es bei einer so großen Überzeugungskraft, die er auf Menschen ausübte, zu einer

Art Aufstand kommen könnte, und hielt es deshalb für viel besser, bevor es auf seine Initiative hin zu einem Aufruhr käme, ihn prophylaktisch auszuschalten.«

Johannes stammte wohl aus einem Priestergeschlecht (Lukas 1,5), er scheint sich aber aus dem Tempel-Traditionalismus gelöst und mit ihm gebrochen zu haben.

Nach Lukas (3,1) tritt er im 15. Jahr der Regierung des Kaisers Tiberius auf, also etwa im Jahre 28 n. Chr., und zwar entsprechend der großen prophetisch-radikalen Tradition in der Wüste, aber auch in deutlichem Abstand vom Jerusalemer Tempel. Gemeint ist wohl die zum Herrschaftsbereich des Herodes Antipas gehörende Region Peräa östlich des Jordans (nach Johannes 1,28: Betanien jenseits des Jordans), weniger die von Matthäus genannte »Wüste von Judäa« (3,1).

> »Als Zacharias betend in der Kammer stand,
> riefen ihm die Engel zu: Allah verkündet dir den
> Johannes, der das Wort Gottes bestätigen wird.
> Er wird ein verehrungswürdiger und enthaltsamer
> Mann und ein frommer Prophet sein.«
>
> *Koran, Sure 3,41*

Matthäus charakterisiert den Täufer als einen harten, für sich persönlich äußerst genügsamen, auf das ihm Wesentliche konzentrierten Mann – in provozierendem Kontrast zum Leben im Überfluss, das Potentaten, reiche Kaufleute und Theologen führten:

»Johannes trug ein Gewand aus Kamelhaaren und einen ledernen Gürtel um seine Hüften; Heuschrecken und wilder Honig waren seine Nahrung.«

In der Spruchquelle Q 3,2b (entspricht Markus 1,4) heißt es:

»Er trat in der Wüste auf und verkündete eine Taufe der Umkehr zur Vergebung der Sünden.«

Erscheint diese Kurzfassung seiner Botschaft recht zurückhaltend und auch »fromm«, so redete, ja »wetterte« er in Wirklichkeit ziemlich rabiat:

»Schlangenbrut! Wer hat euch in Aussicht gestellt, dass ihr dem bevorstehenden Zorn(gericht) entkommt? Bringt darum Frucht, die der Umkehr entspricht, und bildet euch nicht ein, bei euch sagen (zu können): Wir haben Abraham zum Vater. Denn ich sage euch: Gott kann schon aus diesen Steinen dem Abraham Kinder erwecken. Aber schon ist die Axt an die Wurzel der Bäume gelegt; jeder Baum, der nicht gute Frucht bringt, wird daher herausgehauen und ins Feuer geworfen.« (Q 3,7 ff.; entspricht Matthäus 3, 7 ff.; Lukas 3,7 ff.)

Johannes kündigte also das nahe bevorstehende Endgericht Gottes an, aber nicht nur als erschreckende moralische Drohung, sondern als Herausforderung, zu einem nachweislich ernsthaften, redlichen und gerechten Leben umzukehren.

Überdies machte Johannes den Leuten, die ihm zahlreich zuliefen, unmissverständlich klar, dass es für sie keine entlastenden Heilsprivilegien gebe, dass sich niemand dünkelhaft darauf berufen dürfe, den von Jahwe ausgezeichneten Abraham zum Vater zu haben. Der ihnen entgegengeschleuderte Satz, Gott könne ja nach seinem Belieben auch aus den in der Wüste herumliegenden Steinen Kinder erwecken, war eine ebenso absichtliche wie massive Provokation jüdischen Selbstbewusstseins und Stolzes. Sie sollte dann ähnlich auch in der Verkündigung Jesu auftauchen und in den späteren Auseinandersetzungen um die Verflechtung des Christentums in die jüdische Tradition. Zugleich bedeutete die harsche Schimpfrede eine offene Kampfansage an die Tempelgläubigkeit und an den so erstarrten wie fruchtlosen Traditionalismus.

Für Johannes aber hieß umkehren bedingungslos Ernst zu machen im Angesicht Gottes. Wer sich dazu entschloss und sich öffnete, ging nicht zurück zur Tempelpriesterschaft, sondern ließ sich an Ort und Stelle taufen, hier im Jordan.

Auch wenn dies nicht ganz eindeutig nachzuweisen und daher umstritten ist, muss man doch unterstellen, dass Johannes seine Taufe nicht als Vergebung der Sünden verstand. Sie sollte vielmehr, so kann man es auch aus dem Bericht des Josephus Flavius erschließen, die Umkehr auf den wahren Heilsweg bezeugen und bestärken: Ausrichtung auf den Ernst des Zorngerichtes, eine ausdrücklich aktive Ausrichtung, die sich durch Taten erweist. Dies zeigt das zum Vergleich verwendete Bild: Jeder Baum, der nicht gute Frucht bringt, wird verbrannt.

Die scharfe apokalyptische Predigt, seine jenseits des Jordans, also gegen die herkömmlichen Tempelriten in Jerusalem an vielen Menschen vollzogene Taufe – das alles musste, wie schon angedeutet, die religiöse und staatliche Obrigkeit heftig provozieren.

Die Hinrichtung des Täufers

»Da der Täufer offensichtlich größeren öffentlichen Zulauf hat, wird die Predigttätigkeit des Täufers von seinem Landesherrn Herodes Antipas als politischer Affront interpretiert und mit seiner Liquidierung beantwortet.« (M. Ebner)

So jedenfalls deutet Josephus Flavius den Beweggrund für die Hinrichtung des Johannes an. Dieser Grund war wohl entscheidender als derjenige, welchen die Evangelisten Matthäus (14,3 ff.) und Markus (6,17 ff.) ausführlich darstellen, Lukas (3,19 f.) aber nur kurz erwähnt: die Verurteilung der Zweitehe des Herodes. Sie mag gleichwohl beim Todesurteil gegen Johannes eine Rolle gespielt haben. Johannes starb vermutlich noch vor dem Jahr 30 n. Chr. im Kerker der Festung Machärus.

Herodes Antipas

Der hier gemeinte Herodes (ca. 20 v. Chr. bis nach 39 n. Chr.) war einer der alle Mordaktionen überlebenden Söhne des großen Herodes; er war in Rom erzogen worden. Zur Unterscheidung gab man ihm den Beinamen Antipas, eine Kurzform des Namens seines Urgroßvaters Antipatros. Nach dem Tod seines Vaters im Jahre 4 v. Chr. fiel ihm

Verehrt als Heiliger und Prophet

Markus beschließt seinen Bericht über den Tod Johannes' des Täufers (6,29): »Als die Jünger des Johannes das hörten, kamen sie, holten seinen Leichnam und legten ihn in ein Grab.«

Seit frühchristlicher Zeit wird das Täufergrab in dem heutigen Dorf Sebastije, dem römischen Sebaste und alten Samaria, verehrt. Belege dafür finden sich bei Hieronymus und Rufus von Aquileia. Dieser berichtet von Mönchen, die unter Kaiser Julian Apostata (361–363) die Entweihung des Täufergrabes miterleben mussten; die Gebeine seien verbrannt, die Asche über die Felder verstreut worden.

Von der byzantinischen Johanneskirche in Samaria blieben nur einige Steinlagen übrig. Mehr steht noch von der Kreuzfahrerkirche (links oben), deren Chor jetzt als Moschee dient. Ein Kuppelbau im einstigen Schiff bezeichnet die unterirdische Grabkammer aus antiker Zeit.

1931 wurde nahe der Akropolis von Sebaste-Samaria eine weitere Johanneskirche freigelegt, die der »Auffindung des Hauptes« geweiht war. Im Mittelalter lokalisierte man hier die Hinrichtung des Täufers. Den Besitz seines Hauptes machten sich Konstantinopel, Emesa (Homs) und Damaskus streitig.

Die berühmte Omayadenmoschee in Damaskus ist Nachfolgerin einer Kirche, die Johannes dem Täufer geweiht war. Im Betraum steht ein Schrein (links unten), der das schon von den Christen hier verehrte Haupt des Täufers birgt. Unter dem Namen Yaya ibn Zakariya genießt er bei den Muslimen hohe Verehrung. Reliquien von ihm verwahrt auch das Schatzhaus der osmanischen Sultane im Topkapi Seray in Istanbul: ein goldenes Armreliquiar und ein Reliquiar mit einem perlenverzierten Schädelknochen, beides byzantinische Arbeiten um 1400 (oben).

Propheten – Klarsicht und Mahnung

Menschen möchten die Zukunft wissen und beeinflussen. Antike Religionen erkundeten und beschworen sie mit allen möglichen Ritualen. Orakeltempel erwiesen sich nicht nur als gute Geldquelle, sondern auch als politischer Machtfaktor, wie der des Apollon zu Delphi. In Rom genossen die Sibyllen hohes Ansehen. Könige hielten sich beamtete Hofpropheten. Auch Homers Unglücksprophetin Kassandra gehört hierher.

»Prophetes«, griechische Wiedergabe des gemein-semitischen »Nabi«, meint im Alten Testament jedoch den »Sprecher (Gottes)«, der hellsichtig die gefährlichen Zeichen der Zeit erkennt und freimütig ausspricht – vor allem die menschenfeindliche und ausbeuterische Ungerechtigkeit der Mächtigen. Er tritt ein für die strikte Beachtung der Gerechtigkeit, für den allein gültigen und heilvollen Gottesdienst. Nicht Wahrsagerei, sondern die schonungslose Enthüllung der Zustände und die Forderung des Notwendigen bilden den prophetischen Auftrag, zugleich die Verheißung der Rettung durch Bekehrung. Diese Befähigung gilt als Gottes Gabe und Auftrag. So erzählen die Propheten Jesaja, Jeremia und Ezechiel eindrucksvolle Berufungserlebnisse; vor eigensüchtigen falschen Propheten wird gewarnt. Die jüdische Geschichte kennt viele »große« und »kleine« Propheten, Elija und Daniel gehören dazu, aber auch die Richterin Debora, Abigail, eine der Frauen des David, und Ester, die die Rückkehr aus Babylon ermöglichte.

die Herrschaft über Galiläa und Peräa zu, er erhielt aber nicht den heiß begehrten Königstitel, sondern musste sich mit dem eines Tetrarchen (Vierfürst) begnügen. Die galiläische Stadt Sepphoris baute er zum Fürstensitz aus, er gründete aber auch Tiberias am See Gennesaret, benannt nach Kaiser Tiberius. Beide Städte waren hellenistisch-römisch, im streng jüdischen Sinne also heidnisch.

Seine erste Frau Phasaelis war eine Tochter des Nabatäerkönigs Aretas IV. (ca. 9 v. Chr. – 40 n. Chr.), unter dem das Reich von Petra seine größte Zeit erlebte. Doch verliebte sich Herodes in seine Nichte Herodias, die Gemahlin seines »Bruders Philippos« (so bei Markus und Matthäus). Es ist nicht sicher zu klären, ob damit sein Halbbruder

Herodes Boethos gemeint ist, der auch den Namen Philippos trug.

Die auf schäbige Weise verstoßene Phasaelis konnte zu ihrem Vater fliehen. Dieser hatte nun, nachdem es schon vorher zu Grenzstreitigkeiten gekommen war, einen zwingenden Kriegsgrund. Herodes Antipas erlitt eine schwere Niederlage. Josephus Flavius berichtet, im Volk habe man gemunkelt, dies sei Gottes Strafe für die Ermordung des Johannes gewesen.

Während Josephus angibt, die diktatorisch-prophylaktische Staatsräson des Herodes Antipas habe Johannes in den Kerker der Festung Machärus gebracht, berichten die Evangelisten, Johannes habe sich Herodes und Herodias durch sein lapidares Urteil zu Feinden gemacht:

Der Tod Johannes' des Täufers
Vom Tanz der Salome, so berichten die Evangelisten, lässt sich Herodes Antipas dazu hinreißen, der Tochter seiner zweiten Frau Herodias zu versprechen, er werde ihr jeden Wunsch erfüllen. Auf Geheiß ihrer Mutter verlangt Salome den Kopf des Johannes.
Im Evangeliar von Sinope, einem auf Purpurpergament geschriebenen Kodex aus dem 6. Jahrhundert in der Pariser Nationalbibliothek, ist eine Miniatur enthalten, die das schaurige Geschehen darstellt. Der Henker reicht der Prinzessin die Schale mit dem Haupt des Wüstenpropheten. Die Teilnehmer am Festmahl sind nach antiker Gepflogenheit bei Tische liegend wiedergegeben. Links im Bild sieht man den Kerker mit zwei Männern, die sich voller Entsetzen über den enthaupteten Körper beugen. Brustbilder von Propheten mit Schriftrollen rahmen seitlich die Szene.

»Du hattest nicht das Recht, die Frau deines Bruders zur Frau zu nehmen.«

Markus geht näher auf die zwiespältige Reaktion des Herrscherpaares ein:

»Herodias verzieh ihm das nicht und wollte ihn töten lassen. Sie konnte ihren Plan aber nicht durchsetzen, denn Herodes fürchtete sich vor Johannes, weil er wusste, dass dieser ein gerechter und heiliger Mann war. Darum schützte er ihn. Sooft er mit ihm sprach, wurde er unruhig und ratlos, und doch hörte er ihm gern zu.« (6,19 f.)

Dann geriet er aber doch in die Falle: Bei seiner Geburtstagsfeier gefiel dem Tetrarchen der Tanz Salomes, der Tochter der Herodias, so sehr, dass er versprach, ihr jeden Wunsch zu erfüllen. Die Gelegenheit nutzend, brachte Herodias ihre Tochter dazu, den Kopf des Johannes zu verlangen. Dem König, wie er vom Evangelisten tituliert wird, war das zwar nicht recht, er war »sehr traurig«, hatte sich aber vor Zeugen in seinem Versprechen verfangen. Also schickte er den Henker los, der alsbald den Kopf des Johannes auf einer Schale präsentierte.

Im Blick auf Jesus vermeidet es diese Erzählung, Johannes eine zu starke, gewissermaßen politische Eigenbedeutung zu geben, und sie zeichnet ihn stattdessen als standhaften prophetischen Zeugen. Sie ging in die große Mythengeschichte ein und reizte die Fantasie vieler Künstler bis hin zur »Salome« von Richard Strauss.

Herodes Antipas ersuchte im Jahr 39 Kaiser Caligula in Rom um die Königswürde, fiel aber den massiven Anklagen seines Neffen und Schwagers Herodes Agrippa I. zum Opfer. Der Kaiser verbannte ihn nach Lugdunum/Lyon, von wo er nicht mehr zurückkehrte; das Todesjahr ist unbekannt.

Herodes Agrippa I., auch er in Rom erzogen, hatte beste Beziehungen zum Kaiserhaus. Er starb 44 n. Chr. als König über ein Reich, in dem die ursprünglichen Herrschaftsregionen seines Großvaters Herodes des Großen durch die Kaiser Caligula und Claudius wieder vereinigt worden waren.

Die Wende im Leben des Jesus von Nazaret

Etwa 30 Jahre war Jesus alt, als er begann, predigend und heilend durch Galiläa zu ziehen. Ob dieses von Lukas (3,23) genannte Datum zutrifft, sei dahingestellt. Immerhin wird sich in den mündlichen Überlieferungen, welche der Autor ja aufnahm, eine einigermaßen sichere Auskunft erhalten haben. Vermutlich war es die Begegnung mit Johannes, die in Jesus den charismatischen Wanderprediger wachrief.

Wie sein Leben bis dahin verlaufen war, ist unbekannt. Wahrscheinlich arbeitete er auf den verschiedenen Baustellen Galiläas. Völlig unbekannt ist auch seine familiäre Situation. Die ab und zu geäußerte Vermutung, er sei mit der in den Evangelien des Öfteren genannten Maria aus Magdala (Maria Magdalena) verheiratet gewesen, wird noch zu besprechen sein. Immerhin wäre es nach den in seiner Gesellschaft geltenden Normen ungewöhnlich gewesen, nicht zu heiraten.

Jesus war jedenfalls ein bereits gereifter Mann, als er zu Johannes an den Jordan kam. Ob er die Reise dorthin zielstrebig unternahm oder ob er vielleicht die Gelegenheit einer Pilgerreise nach Jerusalem dazu nutzte, den zweifellos auch in Galiläa berühmten Wüstenpropheten zu hören, ist unklar; dass er nur rein zufällig dorthin kam, ist jedoch unwahrscheinlich.

Wie viele Menschen seiner Zeit war er nämlich, so muss man aus seiner eigenen Predigttätigkeit schließen, religiös sehr sensibel, ein Suchender, der sich unter den bedrängenden politischen und sozialen Lebensbedingungen mit den herkömmlichen Glaubenspraktiken nicht zufriedengeben wollte. Die Suche nach einer Einweisung in gerechtes, also von überheblicher Selbstgerechtigkeit freies Leben, das vor Gott Bestand hat, ist nicht ungewöhnlich. Nicht nur für einen antiken jüdischen Menschen bedeutet »Gott« die letzttragende Lebensbasis: Leben im Angesicht Gottes, so wird das im Alten Testament oft ausgedrückt.

Die Erkenntnis, dass der Einweisung des Johannes in ein vor Gott gerechtes Leben zu trauen sei, mag Jesus erst gekommen sein, als er ihn zusammen mit den vielen anderen Suchenden hörte. Dies muss aber eine überwältigende Erfahrung gewesen sein, die ihn davon überzeugte, dass er die richtige Weisung gefunden habe. So ließ er sich zur Bestätigung und Festigung seiner nun gewonnenen Lebensperspektive von Johannes taufen.

Die Taufe Jesu

Dass der historische Jesus die Taufe des Johannes bewusst empfangen wollte, bestätigen die drei synoptischen Evangelisten übereinstimmend. Doch begegnen wir hier sofort wieder deren Problem, wie sie gleichwohl die überlegene Stellung des von ihnen ja als Messias und Sohn Gottes verstandenen Jesus gegenüber Johannes wahren konnten. Den »bloßen« Menschen Jesus von Nazaret, der sich buß- und umkehrbereit in die Schar der Taufbewerber einreihte, konnten sie unmöglich akzeptieren. Ihren gläubigen Lesern und Zuhörern mussten sie ja erklären, wieso der von Sünden doch gänzlich freie Jesus die Taufe seines »Vorläufers« empfing. In diesem Sinne liest man bei Lukas (3,15 ff.; vgl. Markus 1,7 f.; Matthäus 3,11 f.):

»Das Volk war voll Erwartung, und alle überlegten im Stillen, ob Johannes nicht vielleicht selbst der Messias sei. Doch Johannes gab ihnen allen zur Antwort: Ich taufe euch nur mit Wasser. Es kommt aber einer, der stärker ist als ich, und ich bin es nicht wert, ihm die Schuhe aufzuschnüren. Er wird euch mit dem Heiligen Geist und mit Feuer taufen.«

Man muss hier, wie schon gesagt, voraussetzen, dass der historische Johannes seine Taufe als zwar sehr ernsthaftes, aber doch vorläufiges Zeichen der Umkehr verstand und für die endgültige Lebensberichtigung das baldige Gericht Gottes ankündigte: die Taufe mit dem Heiligen Geist und mit Feuer. Unsere Evangelisten beziehen diese Ankündigung des noch kommenden »Stärkeren« auf Jesus und machen Johannes damit zum Propheten Jesus;

so auch Johannes (1,26 f.). Matthäus (3,13 ff.) berichtet sogar von einem kurzen »Taufgespräch«:

»Zu dieser Zeit kam Jesus von Galiläa an den Jordan zu Johannes, um sich von ihm taufen zu lassen. Johannes aber wollte es nicht zulassen und sagte zu ihm: Ich müsste von dir getauft werden, und du kommst zu mir? Jesus antwortete ihm: Lass es nur zu! Denn nur so können wir die Gerechtigkeit (die Gott fordert) ganz erfüllen. Da gab Johannes nach.«

Das klingt etwas rätselhaft, doch ist deutlich zu erkennen, dass der Evangelist die Taufe Jesu in einen höheren Plan Gottes einordnet: Obwohl er es nicht nötig hätte, nimmt Jesus dennoch an allem teil, was Menschen betrifft. Damit den Lesern und Zuhörern indessen ganz deutlich wird, worin dieser göttliche Plan bestehe, wissen alle drei Evangelisten dies zu berichten (in der Fassung Matthäus 3,16 f.):

»Kaum war Jesus getauft und aus dem Wasser gestiegen, da öffnete sich der Himmel, und er sah den Geist Gottes wie eine Taube auf sich herabkommen. Und eine Stimme aus dem Himmel sprach: Das ist mein geliebter Sohn, an dem ich Gefallen gefunden habe.«

Bei Markus (1,11) und Lukas (3,22) sagt die Stimme aus dem Himmel ausdrücklich:

»Du bist mein geliebter Sohn, an dir habe ich Gefallen gefunden.«

Der Johannes-Evangelist, der stärker theologisch-spirituell formuliert als die

Zerwürfnis mit dem Nabatäerkönig
Das als »Schatzhaus des Pharao« bekannte Wahrzeichen von Petra könnte das Grabmal des Nabatäerkönigs Aretas IV. gewesen sein, dessen Tochter Herodes Antipas heiratete und dann verstieß, um Herodias zu heiraten. Aretas nahm die seiner Tochter Phasaelis zugefügte Schmach so übel, dass er Krieg gegen Antipas führte. Der Tetrarch erlitt eine schwere Niederlage, die Josephus Flavius zufolge viele als eine göttliche Vergeltung für die Ermordung Johannes' des Täufers ansahen.

drei Synoptiker, vermeidet es, von der Taufe Jesu durch Johannes zu berichten, hebt jedoch dessen visionäre Erkenntnis der wahren Identität Jesu hervor (1,29 ff.):

»Am Tag darauf sah er Jesus auf sich zukommen und sagte: Seht das Lamm Gottes, das die Sünde der Welt hinwegnimmt. Er ist es, von dem ich gesagt habe: Nach mir kommt ein Mann, der mir voraus ist, weil er vor mir war. Auch ich kannte ihn nicht; aber ich bin gekommen und taufe mit Wasser, um Israel mit ihm bekannt zu machen. Und Johannes bezeugte: Ich sah, dass der Geist vom Himmel herabkam wie eine Taube und auf ihm blieb. Auch ich kannte ihn nicht; aber der, der mich gesandt hat, mit Wasser zu taufen, er hat mir gesagt: Auf wen du den Geist herabkommen siehst und auf wem er bleibt, der ist es, der mit dem Heiligen Geist tauft. Das habe ich gesehen, und ich bezeuge: Er ist der Sohn Gottes.«

Spontane Erkenntnis! Zweimal lässt der Evangelist den Täufer betonen: Ich kannte ihn nicht. Umso klarer ist das Zeichen der Geisttaube, die göttliche Eingebung, auf die sich dieser Prophet beruft. Der »Mann«, der ihm nachfolgt, ist derjenige, auf den von Gott her alles ankommt. Er ist ihm in Wirklichkeit voraus, »weil er vor mir war«.

Hierbei verfolgt der Evangelist den bereits im Prolog seiner Schrift formulierten Gedanken der sogenannten Präexistenz des »Wortes« Gottes von allem Anfang an:

»Im Anfang war das Wort, und das Wort war bei Gott, und das Wort war Gott.«

»Lamm Gottes«

Für die antiken Leser und Zuhörer des Evangelisten gab es kein Problem, dieses göttlich beglaubigte Zeugnis des Täufers für die erhabene Stellung Jesu anzunehmen. Zum einen war wunderbares göttliches Eingreifen für sie kein ungewöhnlicher Gedanke. Zum anderen waren sie meist schon durch das Wissen um die göttliche Sendung Jesu

geprägt. Die hoch spekulative theologische Deutung Jesu durch den Johannes-Evangelisten zeigt ja sehr deutlich, wie sehr Jesus von Nazaret schon wenige Jahrzehnte nach seinem Tod zum Jesus des Glaubens geworden war.

Dem fügt sich die Bezeichnung »Lamm Gottes« bei, welche in der christlichen Frömmigkeitstradition große Wirkung erzeugte, zumal in den Liturgien, und für die Bebilderung Johannes' des Täufers zum charakteristischen Kennzeichen wurde, die ganze christliche Kunstgeschichte hindurch.

Zum Verständnis dieser Bezeichnung, an die später nochmals zu erinnern sein wird, sei auf den im Herbst gefeierten Jom Kippur verwiesen, den heiligsten Tag der Juden, den Versöhnungstag. Dem 16. Kapitel des Buches Levitikus (Drittes Buch Mose) folgend, beging man an diesem Tag einen feierlichen Entsühnungsritus, indem man einen »Sündenbock« in die Wüste trieb, wie einstmals Aaron auf Geheiß Gottes beim Zug durch die Wüste:

»Aaron soll seine beiden Hände auf den Kopf des lebenden Bockes legen und über ihm alle Sünden der Israeliten, alle ihre Frevel und alle ihre Fehler bekennen. Nachdem er sie so auf den Kopf des Bockes geladen hat, soll er ihn durch einen bereitstehenden Mann in die Wüste treiben lassen, und der Bock soll alle ihre Sünden mit sich in die Einöde tragen.« (Vers 21 f.)

Sofern dieser Bezug des Evangelisten auf das Buch Levitikus zutrifft, was ziemlich sicher der Fall ist, lässt er den Täufer also schon am Beginn seines Evangeliums auf die Hinrichtung Jesu verweisen; sie wird als erlösendes Opfer begriffen. Dieses gilt aber nun nicht mehr nur für die »Israeliten«, sondern für die »Welt«. Die Rede des Täufers gipfelt schließlich in dem Bekenntnis, welches die wahre Identität Jesu bekannt gibt: »Er ist der Sohn Gottes.«

Dieses Bekenntnis ist im Vergleich der vier neutestamentlichen Evangelien die stärkste und wohl auch erha-

Zum Opferlamm auserwählt

Das in der christlichen Kunst so häufig dargestellte Opfer Abrahams kommt auch in der jüdischen Ikonographie vor. Berühmt ist das Bodenmosaik der Synagoge von Bet Alfa aus dem 6. Jahrhundert (links oben). Auf Gottes Geheiß hat Abraham einen Esel mit Holz beladen, seinen Sohn Isaak und zwei Knechte mit nach Morija genommen, dort einen Altar errichtet und Isaak als Opfer daraufgelegt. Da gebietet eine Stimme Einhalt (im Bild durch die Hand Gottes symbolisiert). Abraham lässt das Opfermesser sinken, sieht einen Widder im Dorngesträuch hängen und opfert diesen an Isaaks statt. Auch über der Tora-Nische der Synagoge von Dura Europos in Syrien erscheint das Opfer Abrahams (oben); links davon der Tempel von Jerusalem und die Menora, der siebenarmige Leuchter. Die Wandbilder dieser auf 244/245 datierten Synagoge (im Nationalmuseum von Damaskus) schildern in über zwanzig großen Kompositionen Ereignisse aus der Geschichte des Volkes Israel. Ein Bildfeld (links unten) zeigt eine Opferszene. Aaron, der Bruder des Mose erscheint, im Priesterornat, seine Söhne und Opfertiere sind in der Stiftshütte versammelt. Diese ist wie ein antiker Tempel wiedergegeben, mit Säulen, Giebeln und Siegesgöttinnen als Akroteren. Im Buch Levitikus waren junge Stiere als »Sündopfer« vorgeschrieben, ein Widder als »Schuldopfer«.

»Eine Stadt im Bergland von Judäa«
Bis ins 6. Jahrhundert lässt sich eine Tradition zurückverfolgen, die das eine gute Wegstunde von der Jerusalemer Altstadt entfernte Dorf Ain Karim (rechts) für den Geburtsort Johannes' des Täufers hält. Eine Besiedlung in den Tagen Jesu ist durch Gräber und Keramikfunde erwiesen. Aus byzantinischer Zeit stammen Überreste einer Kirche, deren Platz heute die Kirche der Heimsuchung einnimmt (im Vordergrund). Jenseits der Talmulde liegt die 1672 im Bereich früherer Kapellen erbaute Johanneskirche mit einer Grotte, in der die Geburt des Täufers verehrt wird. Die Gräber seiner Eltern Zacharias und Elisabet hat das Mittelalter beim Täufergrab in Samaria gesucht; auch die Propheten Elischa und Obadja, so glaubte man, seien dort beigesetzt.
Ein Paneel der Tür von Santa Sabina in Rom, der ältesten mit Bildschnitzerei geschmückten Holztür (um 432), zeigt Zacharias beim Priesterdienst im Tempel und den Engel, der ihm die Geburt des Johannes ankündigt (links). Im benachbarten Bildfeld (links außen) sind Mosesszenen dargestellt: Während Moses die Herde seines Schwiegervaters hütet, erscheint ihm »der Engel des Herrn in einer feurigen Flamme aus dem Dornbusch« (2 Mose 3,2); dazu aufgefordert, zieht er die Schuhe von den Füßen und vernimmt seine Berufung. In der Szene am oberen Bildrand empfängt er auf dem Berg Sinai aus einer Wolke die Gesetzestafeln.

benste christliche »Instrumentalisierung« des Propheten Johannes für die »Sache Jesu«, wie man das christliche Glaubensprojekt auch nennen mag. Eine Demütigung? Jedenfalls eine Würdigung, die ihn auf die Vorläufer- und Hinweiser-Rolle einschränkt. In der Tat: Johannes geriet, historisch gesehen, in den »Schatten Jesu«.

Dennoch konnten die Spuren des großen Wüstenpropheten nicht restlos zurechtgedeutet werden. Wahrscheinlich hatte er für die Selbstfindung Jesu eine kaum zu übertreibende Bedeutung. Jesus hatte auch nach der Trennung eine hohe Meinung von ihm. So herrschte er ziemlich heftig und provozierend, darin Johannes sehr ähnlich, die »Volksmenge« an:

»Was seid ihr in die Wüste hinausgegangen zu sehen? Ein Schilfrohr, das vom Wind hin- und herbewegt wird? Doch was seid ihr hinausgegangen zu sehen? Einen Menschen – fein gekleidet? Siehe, die feine Sachen tragen, sind in den Palästen der Könige. Doch was seid ihr hinausgegangen zu sehen? Einen Propheten? Ja, ich sage euch, und mehr als einen Propheten ... Ich sage euch: Unter den von Frauen Geborenen ist kein größerer als Johannes aufgetreten.«
(Q 7,24 ff.; Bezug zu Matthäus 11,7 ff. und Lukas 7,24 ff.)

Man kann das auch so ausdrücken: Was habt ihr euch von Johannes erwartet? Etwa nur ein exotisches Erlebnis? Nein, seine wirkliche Bedeutung und Größe habt ihr nicht erkannt, ihr habt

euch von ihm nicht berühren lassen. Vermutlich zeigt sich hier zugleich Jesu eigene schroffe Abneigung gegen religiösen »Erlebnistourismus« und seine strikte Entschlossenheit für die Sache Gottes, wie er sie verstand.

Nach der Taufe verließ Jesus den Täufer nicht, sondern schloss sich dessen Jünger- und Schülerkreis an.

Was ihn an der Predigt des Johannes faszinierte, lässt sich im Kern erschließen: Es war die Ansage der Nähe Gottes und die Androhung des endgültigen Gerichtes. Johannes ging es um die Redlichkeit und Ernsthaftigkeit der Gesinnung, um die Disqualifikation von rücksichtsloser und ausbeuterischer Hartherzigkeit, die sich mit Wohlanständigkeit salbungsvoll maskiert. In

demselben Sinne predigte Jesus später gegen »pharisäische« Scheinheiligkeit an. Es ging beiden um die Tatsache, dass ein raffiniert-ungerechtes Leben solcher Art letztlich in einer Sackgasse enden muss.

Im jüdischen Verständnis ist das von Gott, von Jahwe gegebene Gesetz An-leitung zum richtigen Leben, zum ge-lingenden Leben. Vor ihm kann keine Maskierung nützen, die redliche und auch schonungslose Entscheidung ist unumgänglich.

Dabei versteht Johannes die Nähe Gottes nicht nur gleichsam ideell als eine ständig andrängende und heraus-fordernde Nähe, sondern auch konkret zeitlich: das Gericht und damit der Durchbruch der Gottesherrschaft

stehen unmittelbar bevor. Jetzt muss man sich entscheiden, jetzt ist Umkehr noch möglich.

Die Predigt des Johannes wurde keinesfalls nur »spirituell-fromm«, also unpolitisch verstanden, da sie ja die Lebensführung und damit auch das soziale, das »politische« Tun und Lassen betraf, vor allem aber eine enorme Sen-sibilität und Tatbereitschaft angesichts des Elends der Armen und Unterprivi-legierten forderte. Sein Auftreten ent-hielt politische Dynamik, sie war ja der Grund dafür, dass Herodes Antipas ihn hinrichten ließ.

Jesus blieb sicherlich einige Zeit bei Johannes, wahrscheinlich sah dieser in ihm einen ebenso hellhörigen wie begabten Schüler. Möglicherweise

machte er ihn zu seinem Assistenten. Aus dem Johannesevangelium (3,22 ff.) kann man schließen, dass er ab einem gewissen Zeitpunkt, vielleicht im Auf-trag des Johannes, predigte und taufte, und zwar noch in Judäa. Die in der neutestamentlichen Interpretations-wissenschaft diskutierte Frage, ob Jesus auch taufte, nachdem er sich selbst-ständig gemacht hatte, ist von den Quellen her nicht zu entscheiden.

Wenn aber der Johannes-Evangelist berichtet (4,1 f.), Jesus habe mehr Täuf-linge gehabt als Johannes, und dann in Parenthese die taktische Einschrän-kung macht: »Allerdings taufte nicht er selbst, sondern seine Jünger«, so deutet das eher darauf hin, dass er tatsächlich taufte. Das gilt erst recht hinsichtlich

75

der von Matthäus am Ende seines Evangeliums berichteten Aufforderung Jesu, zu allen Völkern zu gehen und sie zu taufen. Schließlich gehörte das Taufritual zur zentralen Praxis der ur- und frühchristlichen Gemeinden.

Trennung von dem Lehrer

Warum aber trennte sich Jesus von Johannes, warum ging er nach Galiläa? Es gibt einige Hinweise für eine Antwort auf diese Frage. Matthäus (11,16 ff.) und Lukas (7,31 ff.) berichten von einer Mahnrede Jesu gegen Sturheit und Einsichtslosigkeit, die in der Spruchquelle folgendermaßen lautet (Q 11,31 ff.):

»Wem soll ich diese Generation vergleichen, und wem ist sie gleich? Sie ist Kindern gleich, die auf den Marktplätzen sitzen. Sie rufen den andern zu und sagen: Wir spielten euch mit der Flöte auf, und ihr habt nicht getanzt, wir stimmten Klagelieder an, und ihr habt nicht geweint. Denn Johannes kam, er aß nicht und trank nicht, und ihr sagt: Er hat einen Dämon. Der Menschensohn kam, er aß und trank, und ihr sagt: Siehe, dieser Mensch, ein Fresser und Säufer, ein Freund von Zöllnern und Sündern.«

Gewiss redet Jesus hier nicht gegen Johannes. Gewiss wird Jesus nicht wirklich ein »Fresser und Säufer« gewesen sein. Deutlich wird aber ein Unterschied: hier der ziemlich harte Johannes, zu dem die Menschen in die Wüste kommen müssen, der sie auch noch hart anpackt und ihnen einen sehr strengen Gott zeigt; dort Jesus, den

es zu den Menschen hintreibt, der herzhaft und vital mit ihnen zusammenlebt und einen zwar auch strengen Gott verkündet, ihn aber vorrangig »Vater« nennt und auch so darstellt.

Jesus war offensichtlich zur Überzeugung gekommen, dass die Predigt des Johannes Gott und Mensch nicht hinreichend gerecht werde, damit auch zur Überzeugung, dass es an ihm, Jesus, liege, die Botschaft fassbarer und menschenfreundlicher zu überbringen.

Dies war die zweite und die entscheidende Wende im Leben Jesu von Nazaret. Wiederum trennte er sich, dieses Mal von seinem Lehrer, um eine neue Etappe seines Lebens zu beginnen, die letzte. Er ging zurück nach Galiläa, aber nicht zu seiner Familie. Vielmehr hatte er nun einen eigenen Jünger- und

»Bist du der Prophet?«

Von Abgesandten aus Jerusalem, Priestern und Leviten, wird Johannes der Täufer gefragt: »Bist du Elija? ... Bist du der Prophet?« Nachdem er jedes Mal verneint hat und sie weiterfragen: Wer bist du dann?«, antwortet er unter Berufung auf den Propheten Jesaja: »Ich bin die Stimme, die in der Wüste ruft: Ebnet den Weg für den Herrn!«

In Höhle Nr.1 von Qumran wurde eine Schriftrolle des Jesaja-Buches aus dem 2. Jahrhundert v.Chr. gefunden, die jetzt im »Buchschrein« des Israel-Museums in Jerusalem aufbewahrt wird. Aufgerollt beträgt ihre Länge 7,34 m, die größte Höhe 26 cm. Der Text ist in 54 Kolumnen angeordnet. Die nicht beschriebene Seite des Leders, die beim Aufrollen von den Fingern des Lesers berührt wurde, zeigt deutliche Gebrauchsspuren.

Elija war der erste große schicksalsverkündende Prophet Israels. Die »Himmelfahrt des Elija«, ein häufiges Thema der byzantinischen Kunst, ist bereits in der Katakombenmalerei und auf frühchristlichen Sarkophagen dargestellt, auch auf der Holztür von Santa Sabina in Rom (rechts). Vor den Augen seines Jüngers Elischa wird der Prophet auf »feurigem Wagen mit feurigen Rossen« gen Himmel entrückt, seinen Mantel Elischa hinterlassend, den er auf Geheiß des Herrn zum Nachfolger bestimmt hatte.

Schülerkreis; zu diesem gehörten auch bisherige Gefolgsleute des Johannes.

Letztlich muss ein visionäres Erweckungserlebnis Jesus dazu bewogen haben, seinen eigenen Weg zu gehen und die Botschaft des Johannes zu überbieten. Man kann das aus einem Satz des Lukas (10,18) erschließen:

»Ich sah den Satan wie einen Blitz vom Himmel fallen.«

In antik-mythischem Denken heißt das: Gott hat bereits den Sieg errungen und seine Herrschaft angetreten. Sie steht nicht noch bevor, wie in der Botschaft des Johannes. Demgemäß liest man ebenfalls bei Lukas (11,20):

»Wenn ich aber die Dämonen durch den Finger Gottes austreibe, dann ist doch das Reich Gottes schon zu euch gekommen.«

»Da trieb ihn der Geist in die Wüste«
Der Wüstenaufenthalt galt als Voraussetzung für die Anerkennung eines Propheten. Jesus, so berichten die Evangelien, nahm ihn nach der Taufe auf sich, und nachdem er vierzig Tage gefastet hatte, trat der Versucher an ihn heran. Ein Gewölbemosaik der Chora-Kirche (Kariye Camii) in Istanbul zeigt die Abfolge der Versuchungen Jesu. Im linken Zwickel sieht man die Steine am Boden liegen, die er in Brot verwandeln soll, im rechten steht er »oben auf dem Tempel«. Auf der Gegenseite ist die dem Rückzug in die Wüste vorangehende Begegnung mit Johannes dem Täufer dargestellt.

Folgende Doppelseite
Der Dschebel Qarantal, ein westlich von Jericho aus der Jordanebene aufragender kahler Bergkegel, gilt seit dem Mittelalter als »Berg der Versuchung«. Auf halber Höhe klebt wie ein Schwalbennest ein griechisch-orthodoxes Kloster an der steilen Felswand. Schon in spätantiker Zeit haben hier Einsiedler gelebt. Die Erinnerung an den Aufenthalt Jesu ließ die judäische Wüste zu einem Brennpunkt des frühchristlichen Mönchtums werden. Zeitweise soll es dort 130 Mönchssiedlungen gegeben haben. Nur noch das Kloster Mar Saba im Wadi Nar (links) kann sich rühmen, seit der Gründung im 5. Jahrhundert ständig bewohnt gewesen zu sein.

Im Unterschied zu Johannes, der sie ankündigte und androhte, verkündigte Jesus die Gegenwart der Gottesherrschaft. Das göttliche Zeugnis für den »geliebten Sohn« bei der Taufe am Jordan, von dem bereits die Rede war, gehört sicherlich zu den Glaubensdeutungen der frühen Christen. Es dürfte jedoch diesem Selbstverständnis Jesu von Nazaret nahekommen.

Versuchungen in der Wüste

In ähnlichem Sinne gilt dies auch für die eindrucksvolle und für die ur- und frühchristliche Mentalität sehr charakteristische Erzählung über die Versuchungen Jesu durch den Teufel in der Wüste. Sehr knapp berichtet hierüber der Markus-Evangelist im Anschluss an die Taufe (1,12 f.):

»Alsbald trieb der Geist Jesus in die Wüste. Dort blieb Jesus vierzig Tage lang und wurde vom Satan in Versuchung geführt. Er lebte bei den wilden Tieren, und die Engel dienten ihm.«

Damit verweist schon dieser Autor auf den für die Anerkennung eines Propheten ausschlaggebend wichtigen Wüstenaufenthalt. Die Rückführung aller Bedürfnisse, der Verzicht auf jede Annehmlichkeit und Zerstreuung, die nur so mögliche äußerste Konzentration auf Gottes Wort – das alles galt als Bedingung für die Glaubwürdigkeit.

Deshalb galt die Wüste aber auch als Ort der Versuchungen. Hier hatte sich der Jesus-Messias im Kampf gegen den Satan zu bewähren, der sozusagen noch ein letztes Mal seine Macht aufbot, den Sieg zu erringen. In diesem

Sinne erzählt Matthäus (4,2 ff.), ähnlich wie Lukas (4,1 ff.), wesentlich ausführlicher und anschaulicher:

»Als er vierzig Tage und vierzig Nächte gefastet hatte, bekam er Hunger. Da trat der Versucher an ihn heran und sagte: Wenn du Gottes Sohn bist, so befiehl, dass aus diesen Steinen Brot wird. Er aber antwortete: In der Schrift heißt es: Der Mensch lebt nicht nur von Brot, sondern von jedem Wort, das aus Gottes Mund kommt.

Darauf nahm ihn der Teufel mit sich in die Heilige Stadt, stellte ihn oben auf den Tempel und sagte zu ihm: Wenn du Gottes Sohn bist, so stürz dich hinab; denn es heißt in der Schrift: Seinen Engeln befiehlt er, dich auf ihren Händen zu tragen, damit dein Fuß nicht an einen Stein stößt. Jesus antwortete ihm:

In der Schrift heißt es auch: Du sollst den Herrn, deinen Gott, nicht auf die Probe stellen.

Wieder nahm ihn der Teufel mit sich und führte ihn auf einen sehr hohen Berg; er zeigte ihm die Reiche der Welt mit ihrer Pracht und sagte zu ihm: Das alles will ich dir geben, wenn du dich vor mir niederwirfst und mich anbetest. Da sagte Jesus zu ihm: Weg mit dir, Satan! Denn in der Schrift steht: Vor dem Herrn, deinem Gott, sollst du dich niederwerfen und ihm allein dienen. Darauf ließ der Teufel von ihm ab, und es kamen Engel und dienten ihm.«

Unabhängig von den vielen darin enthaltenen Anspielungen ist deutlich zu verstehen, dass es in dieser herrschafts- und machtkritischen urchristlichen Erzählung einerseits darum geht, die alles umfassende Herrschaft Gottes anzuzeigen, zum andern darum, drastisch zu veranschaulichen, was den Lesern und Zuhörern ja ohnehin klar war, dass nämlich Jesus über jede Machtanmaßung erhaben und dem Teufel ganz und gar überlegen ist.

»Er hat mich gesandt«

Wegen der Unschärfen in der Chronologie ist nicht zu klären, ob Johannes und Jesus tatsächlich eine gewisse Zeit lang gleichzeitig wirkten, wie das Matthäus (11,2 ff.) und Lukas (7,18 ff.) nahelegen. Doch ist das in ideeller Hinsicht nicht sehr wichtig, kommt es den Evangelisten doch darauf an, die Legitimität des Jesus-Messias zu dokumentieren. Als hätten die beiden Autoren ihre früheren Berichte über die Taufe Jesu und das Zeugnis des Täufers für ihn vergessen, sagen sie, Johannes habe (erst?) im Gefängnis von den »Taten Christi« gehört. Matthäus fährt fort:

»Da schickte er seine Jünger zu ihm und ließ ihn fragen: Bist du der, der kommen soll, oder müssen wir auf einen andern warten? Jesus antwortete ihnen: Geht und berichtet Johannes, was ihr hört und seht: Blinde sehen wieder, und Lahme gehen; Aussätzige werden rein, und Taube hören; Tote stehen auf, und den Armen wird das Evangelium verkündet.«

Der Evangelist lässt Jesus sich auf messianisch verstandene Verheißungen des Jesaja-Buches berufen, nur darauf kommt es ihm an, und dann lapidar erklären: Was da angekündigt wurde, ist jetzt Realität. Die Antwort an Johannes ist daher eindeutig: Ja, ich bin der, der kommen soll; genauer: Ich bin da.

Lukas erzählt ein hierin ähnliches Geschehnis (4,16 ff.). Jesus habe in Nazaret, »wo er aufgewachsen war«, eines Tages in der Synagoge aus dem Jesaja-Buch die folgende Stelle vorgelesen (u. a. 61,1 ff.):

»*Der Geist des Herrn ruht auf mir:
denn der Herr hat mich gesalbt. Er hat
mich gesandt, damit ich den Armen
eine gute Nachricht bringe; damit ich
den Gefangenen die Entlassung ver-
künde und den Blinden das Augenlicht;
damit ich die Zerschlagenen in Freiheit
setze und ein Gnadenjahr des Herrn
ausrufe.*

*Dann schloss er das Buch, gab es
dem Synagogendiener und setzte sich.
Die Augen aller in der Synagoge waren
auf ihn gerichtet. Da begann er ihnen
darzulegen:*

*Heute hat sich das Schriftwort, das ihr
eben gehört habt, erfüllt.*«

Ist der historische Jesus von Nazaret
tatsächlich mit einem solchen Messias-
Bewusstsein aufgetreten? Gewiss
schreiben die Evangelisten aus ihrer
Glaubensperspektive heraus, ihre Charakteristik Jesu dürfte dennoch grundsätzlich zutreffen.

Die Wüste Juda und der Jordangraben
Im Westen fast bis an die Tore Jerusalems
reichend, fällt die judäische Wüste mit
ihren tief eingeschnittenen Tälern rund
1000 Meter zum Jordangraben ab. Das
Wadi Qelt (rechts) hat als einziges dieser
Täler das ganze Jahr hindurch Wasser
führende Quellen.
Am Ausgang des Wadi Qelt westlich von
Jericho liegt der Dschebel Qarantal, der
»Berg der Versuchung«. Auf vorgelagerten
Anhöhen ließ Herodes der Große weitläufige Palastanlagen errichten. Im Blick
nach Osten über das Jordantal (links) ist
der eigentliche Flusslauf nicht zu erkennen, sondern nur die durch Baum- und
Strauchbewuchs dunkle Senke des Fluss-
betts, ez-Zor, »Dickicht« genannt.
Dahinter erstreckt sich der durch Erosion
zerfranste Rand einer Terrasse aus hellem
Senonkalk. Ganz im Hintergrund zeichnet
sich die steil ansteigende Hochfläche des
Ostjordanlandes ab.

DER CHARISMATISCHE WANDERPREDIGER

»Jesus ging hinab nach Kafarnaum, einer Stadt in Galiläa,
und lehrte die Menschen am Sabbat. Sie waren
sehr betroffen von seiner Lehre, denn er redete
mit (göttlicher) Vollmacht.«

Lukas 4,31 f.

Heimat prägt einen Menschen: die Geschichte, die Lebensart, die sozialen, die politischen und nicht zuletzt die religiösen Lebensbedingungen. Dass Jesus von Johannes dem Täufer aus der judäischen Wüste weg- und in seine Heimat Galiläa zurückging und dort von Dorf zu Dorf die Menschen aufsuchte, deren alltägliches Leben und deren Mentalität er gut kannte, ist bedeutsam für das Verständnis seines Auftretens und Wirkens.

Die Heimat Galiläa – ihre Geschichte

Das Hügelland Galiläa ist wasserreich und fruchtbar. Aus etwa 1000 Metern Höhe senkt sich das nördliche Obergaliläa zum südlichen Unterland hinab. Der See Gennesaret liegt 212 Meter unter dem Meeresspiegel; einst das »galiläische Meer« genannt, droht der See heute auszutrocknen.

Seit Urzeiten war das jetzt zum Staat Israel gehörende Gebiet in einen größeren kanaanäischen (für die Römer: syrischen) Zusammenhang eingebunden: Der südliche Libanon mit der wichtigen Hafenstadt Tyros gehörte dazu, aber auch das westliche Syrien.

Diese komplexe Situation prägte das Land kulturell und religiös; dadurch unterschied es sich vom südlichen Judäa. Nicht von ungefähr spricht der erste Jesaja-Prophet im 8. Jahrhundert v. Chr. vom »Gebiet der Heiden«. Damit kennzeichnet er aber mehr die auf Galiläa wirkenden Einflüsse als den jüdischen Grundcharakter der bäuerlichen Bevölkerung.

Zu seiner Zeit, im Jahre 722 v. Chr., wurde das nach König Salomos Tod entstandene separate Nordreich Israel, dessen Könige sich nicht immer religiös-orthodox verhalten hatten, mit seiner Hauptstadt Samaria von den assy-

Jesu Wirkungsbereich in Galiläa
Nach seinem Aufenthalt im Umkreis Johannes' des Täufers kehrte Jesus nach Galiläa zurück, jedoch nicht in seine Heimatstadt Nazaret. Als Mittelpunkt seines Wirkens wählte er Kafarnaum. Der Ort am See Gennesaret wurde »seine Stadt« (Matthäus 9,1). Das Luftbild (rechts) zeigt das Ufer des »galiläischen Meeres« bei Kafarnaum. Am landseitigen Rand der Baumgruppe sind die wieder aufgerichteten Säulen der antiken Synagoge zu erkennen. Von ihrem reichen Baudekor stammt das Fragment mit einer Amphore und Weinranken (oben).

Das Schloss des Hyrkanos

Seit seiner Wiederentdeckung im Jahre 1818 gilt das hellenistische Bauwerk »Iraq al-Amir« im Wadi Sir bei Amman als jenes Tyros, das Josephus Flavius als Zufluchtsort des Tobiaden Hyrkanos beschreibt (rechts: Ansicht von Südosten; rechte Seite, unten: Blick ins Innere des Palastes; oben: Relief einer Löwin mit Welpe). Die Familie der Tobiaden geht auf einen Tobias zurück, den das Nehemia-Buch wiederholt erwähnt, etwa in 2,19 als »Knecht von Ammon«. Gemeint ist der »Knecht« eines Königs, sei er nun Hofbeamter, Statthalter oder tributpflichtiger Fürst. Tobias war seinerzeit als Machthaber in Ammon dem Perserkönig Artaxerxes I. (464–425) untertan. Josephus liefert eine Chronik der letzten Tobiaden. Im Mittelpunkt steht ein gewisser Joseph, sein Aufstieg zum ptolemäischen Steuereintreiber in Phönizien und Palästina. Sein jüngster Sohn Hyrkanos habe sich nach Auseinandersetzungen mit den Brüdern und vor ihren Mordanschlägen über den Jordan zurückgezogen, sich dort eine eigene kleine Machtsphäre geschaffen und gegen die ansässigen Araber behauptet. Dort »erbaute er sich eine feste Burg, die er bis zum Dache aus weißem Marmor ausführte und rings mit Tiergestalten von ungeheurer Größe versah. Um dieselbe zog er einen breiten und tiefen Graben ... legte Höfe von großer Ausdehnung an und schmückte sie mit Gartenanlagen.« Offenbar blieb Hyrkanos ein Parteigänger der ägyptischen Ptolemäer. Als mit dem Seleukiden Antiochos IV. (175–264) ein König von »großer Macht« in Syrien zur Herrschaft gelangte, so berichtet Josephus, habe Hyrkanos keine Zukunft für seinen Kleinstaat gesehen und sich das Leben genommen.

rischen Königen Salmanassar V. und Sargon II. erobert. Während die israelitische Oberschicht ausgewiesen wurde und in der Fremde ihre Tradition und Identität weitgehend verlor, geriet die verbliebene bäuerliche Bevölkerung, vor allem im Hinterland der heidnischen Küstenstädte, in eine ziemliche Isolation. Dies führte schließlich zu einer gewissen Entfremdung zwischen Galiläa und Judäa, zumal die dazwischenliegende Region Samaria stark fremden Einflüssen unterlag. Noch

komplexer gestaltete sich die Situation Galiläas durch die babylonische Eroberung Judäas und Jerusalems im Jahre 587 v. Chr. Auch wenn Galiläa im großen politischen Geschehen des Vorderen Orients eine Nebenrolle spielte, ist es doch im Zusammenhang dieses Geschehens zu sehen.

Im Jahre 539 v. Chr. erlaubte der Perserkönig, der Achämenide Kyros II., der nach Babylon verschleppten judäischen Oberschicht die Rückkehr in die Heimat, wo der Priester Esra und

der frühere achämenidische Hofbeamte Nehemia energisch die Erneuerung der religiösen und nationalen Tradition betrieben. Von da an galten Jerusalem und Judäa als Hort des Jahwe-Glaubens.

Nach dem Tod Alexanders des Großen kam 323 v. Chr. die gesamte Region zunächst unter die Herrschaft der ägyptischen Ptolemäer, später unter die der Seleukiden, welche Kleinasien und Syrien beherrschten. Die zunehmende Hellenisierung wirkte sich

nicht nur kulturell globalisierend aus, sondern auch ökonomisch und machte auch vor Judäa nicht halt. Vor allem die Priesterfamilien, untereinander durchaus uneins, nahmen hellenistische Sitten an und begannen damit, Jerusalem in eine weltoffene Stadt zu verwandeln. Dort hat sich aus dieser frühen Zeit wenig erhalten. Eine gute Vorstellung vermittelt aber das von Hyrkanos, einem Mitglied der Tobiaden-Priesterfamilie erbaute Schloss »Iraq al-Amir« in der Nähe von Aman.

Hasmonäer

Als der Seleukidenkönig Antiochos IV. seit 175 v. Chr. eine gesetzlich verordnete Hellenisierungskampagne beginnt und beim Jerusalemer Tempel einen Zeus- und Baal-Shamain-Kult errichten lässt, kommt es zum heftigen Widerstand der Chassidim, jener »Frommen«, aus denen später die gesetzestreuen Pharisäer hervorgingen.

Im Zeichen dieser antiseleukidischen Erneuerung eroberten die Makkabäer, auch Hasmonäer genannt, im Jahre 164 v. Chr. Jerusalem, wo sie den Tempel neu weihten und einen reformorientierten Staat errichteten. Mitglieder dieser Familie waren Hohepriester und zugleich Könige bis in die römische Epoche hinein. Erst Gnaeus Pompeius, der die Herrschaftsverhältnisse 63 v. Chr. neu ordnete, schränkte sie auf ihre hohepriesterliche Würde ein. Die Hasmonäerzeit endete in großen Wirren, die bei der Eroberung Jerusalems durch die Parther im Jahre 240 v. Chr. ihrem Höhepunkt zustrebten.

Hebron und Jericho

Herodes der Große war ein Bauherr von beachtlichem Format. In Hebron umgab er die Grabstätten der Patriarchen in der Höhle von Machpela mit einer großartigen Mauer, die nahezu vollständig erhalten blieb (rechts oben). Ihre einzelnen Steinblöcke sind bis 7,5 Meter lang und 1,4 Meter hoch. Der Zinnenkranz ist eine spätere Zutat wie die beiden Minarette.

In der Oase von Jericho, wo bereits die Hasmonäer Paläste unterhielten, ließ Herodes eine Winterresidenz mit mehreren Palästen und ein Hippodrom anlegen (Lageplan rechte Seite außen).

Der erste Palast wurde südlich des Wadi Qelt errichtet, offenbar zu einer Zeit, als der benachbarte Palast der Hasmonäer noch in Funktion war.

Der zweite Palast entstand nördlich des Wadis, über den Ruinen des hasmonäischen Palastkomplexes, den das Erdbeben des Jahres 31 v. Chr. zerstört hatte.

Der dritte Palast erstreckte sich über beide Ufer des Wadis (rechts der Nordflügel; oben das »Laconicum« im Badehaus; auf dem Gipfel links im Hintergrund lag die nach Herodes' Mutter benannte Bergfestung Kypros).

Die Dynastie der Herodianer

Zuvor schon hatte G. Julius Caesar, der den Juden wegen ihrer Hilfe in seinem ägyptischen Krieg im Grunde wohlgesinnt war, König Hyrkanos II. im Interesse Roms dennoch einen Prokurator als Kontrollinstanz zur Seite gestellt, nämlich Antipater, den Sohn des Strategen von Idumäa. Von 37 bis 4 v. Chr. regierte der Sohn des Antipater als recht selbstherrlicher König, gleichwohl abhängig von der Gunst Roms: Herodes der Große. Staatsrechtlich galt auch er als Prokonsul. Gegen Ende seiner Regierungszeit wurde Jesus von Nazaret geboren.

Herodes I. (73–4 v. Chr.), ein Zeitgenosse des kommagenischen Königs Antiochos des Großen, stammte aus einer aristokratischen Sippe Idumäas. Dieses Land erstreckte sich von Betlehem bis zum südlichen Beersheba, vom Mittelmeer bis zum Toten Meer. Ob die Idumäer Araber waren, womöglich mit den Nabatäern verwandt, ist unklar. Josephus Flavius berichtet, sie seien unter dem Hasmonäerkönig Johannes Hyrkanos I. (135/4–104 v. Chr.) judaisiert worden. So war Herodes erst

in dritter Generation »Jude«. Da zudem seine Mutter aus Nabatäa stammte, galt er bei den jüdischen Untertanen nicht als »echt«. Sie misstrauten ihm, obwohl ihr Land unter diesem Herrscher seine letzte große Blüte erlebte. Und ihr Misstrauen nahm noch zu, als er nicht nur seine zweite Frau, die hasmonäische Prinzessin Mariamne, sondern auch die meisten seiner vielen Söhne hinrichten ließ. Kaiser Augustus soll, wie der Philosoph Macrobius im 5. Jahrhundert kolportierte, gesagt haben:

»Bei Herodes ist es besser, sein Schwein zu sein als sein Sohn.«

Herodes gebärdete sich als großer hellenistischer Bauherr und Sponsor. In Jerusalem ließ er ein Theater und ein Amphitheater errichten und die alte Königsburg prächtig ausbauen. Er nannte sie »Antonia«, nach seinem Gönner Marcus Antonius, dem römischen Herrscher des Orients. Politisch hellsichtig, wandte er sich kurz vor der Entscheidungsschlacht bei Actium im Jahre 31 v. Chr. von Antonius ab, was ihm die Gunst des Siegers Octavianus-Augustus sicherte, des ersten kaiserlichen Herrschers in Rom. Zu Ehren des Caesars Augustus nannte er die von

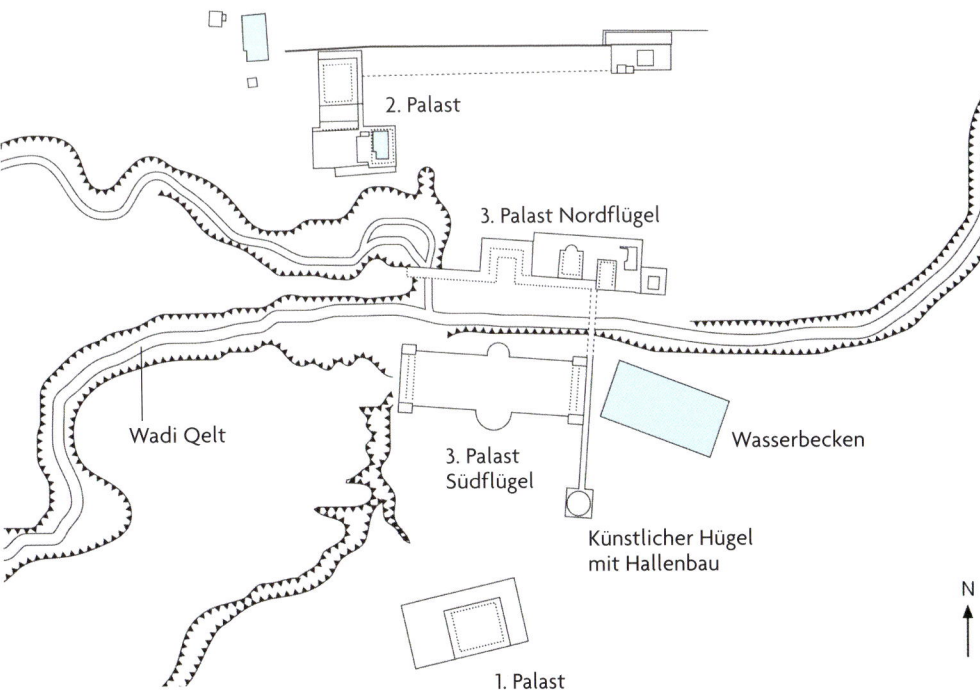

2. Palast

3. Palast Nordflügel

Wadi Qelt

3. Palast Südflügel

Wasserbecken

Künstlicher Hügel mit Hallenbau

1. Palast

N

89

CAESAREA

22 v. Chr. gründete Herodes der Große an der Mittelmeerküste eine Hafenstadt, die er zu Ehren seines kaiserlichen Gönners Caesarea nannte. Um sie von anderen Städten dieses Namens zu unterscheiden, erhielt sie den Zusatz »Maritima«. Die Anlage wurde nach dem Rastersystem geplant, das bei antiken Städten üblich war (unten Gesamtplan, rechts isometrische Rekonstruktion, oben der Aquädukt).

Die Hafenanlagen von Caesarea haben Josephus Flavius besonders beeindruckt. Zwei Wellenbrecher schützten das rund 15 Hektar große Becken, der nördliche war etwa 250 Meter lang, der südliche fast 600 Meter. Auf den Molen reihten sich Lagerhäuser aneinander, ein Leuchtturm markierte die Einfahrt.

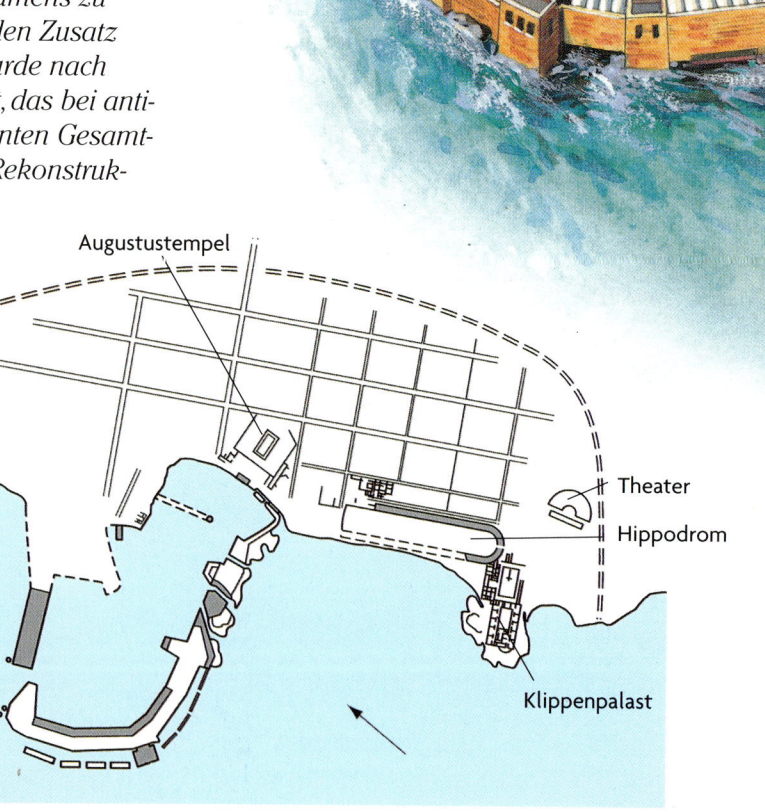

Aquädukt

Augustustempel

Theater

Hippodrom

Hafenmolen

Klippenpalast

Der Aquädukt führt Wasser aus Quellen an den Südhängen des Karmel heran. Die Leitung verlief 5 Kilometer auf Bogenkonstruktionen, weitere 7 Kilometer in Kanälen und Tunneln.

Das Hippodrom weist die typische Form eines lang gezogenen Hufeisens auf, von den Griechen »Sphendone – Schleuder« genannt.

Der Tempel, den Herodes dem Kaiser Augustus weihte, stand auf einem 15 Meter hohen Podium.

Die herodianische Stadtmauer lässt sich nur noch anhand spärlicher Überreste verfolgen. Die Stadt wuchs schon bald darüber hinaus, im 4. Jahrhundert war sie mehr als doppelt so groß.

Das Theater des Herodes war ein allseitig frei stehendes Bauwerk. Die Zuschauer saßen mit dem Gesicht zur See hin, den Blick verstellte jedoch ein hohes Bühnenhaus, an das später ein halbkreisförmiger Platz angebaut wurde.

Der Königspalast wurde auf einer etwa 100 Meter ins Meer vorspringenden Klippe errichtet. Den Kern der Anlage bildete ein Schwimmbecken, das in den Felsen gearbeitet und von einem Säulenhof umgeben war.

Caesarea Maritima

*Josephus Flavius hat die von Herodes gegründete Stadt eingehend geschildert. An erster Stelle, noch vor dem Hafen, den er als Ingenieurleistung bewundert, erwähnt er den königlichen Palast. Forschungen jüngerer Zeit zufolge lag dieser auf einer Klippe, die südlich vom Hafen ins Meer vorspringt (links oben). Das in den Felsen gearbeitete Becken hielt man zunächst für einen Fischteich. Die Ausgrabungen ergaben jedoch, dass es ein Schwimmbecken gewesen sein muss, das ein Säulenhof umgab. Die Aufbauten wurden von der Brandung weggespült, aber auf dem Grund des Beckens lagen noch viele herabgefallene Trommeln, Basen und Kapitelle. Im Triklinium an der Ostseite des Peristyls wurde ein Mosaikboden freigelegt, der jedoch erst bei späteren Umbaumaßnahmen entstand. Nach Josephus diente der Palast des Herodes seit 6 v. Chr. den römischen Prokuratoren als Praetorium. 1990 wurden zwei Säulenfragmente gefunden, jedes mit drei Inschriften, welche die Namen von vier römischen Statthaltern nennen, deren Amtszeit bis ins 4. Jahrhundert reicht. Hier könnte der Ort gewesen sein, wo der Apostel Paulus dem Statthalter Festus vorgeführt wurde.
Der Klippenpalast mit seiner »villa maritima« erstreckte sich bis aufs Festland. Von einem Peristylhof, der einen Ziergarten umschloss, wurden einige Säulen wieder aufgerichtet (links unten).
Nicht weit vom Königspalast steht das Theater (rechts). Herodes hat diese Errungenschaft der klassischen Antike in seinem Reich eingeführt. Vom Bühnenhaus und seiner Marmordekoration blieb nur wenig erhalten, die Sitzränge hat man restauriert.*

ihm gegründete Hafenstadt »Caesarea« (Maritima). Die alte Stadt Samaria wurde durch ihn in eine hellenistische Metropole mit dem Namen »Sebaste« (lateinisch »Augusta«) verwandelt.

Die als Ruinen eindrucksvoll erhaltenen Palastbauten, das Herodium bei Betlehem und die Festung Masada hoch über dem Westufer des Toten Meeres, lassen jeden Vergleich mit anderen Prachtbauten der Zeit zu. Auch im Ausland, in den Städten Phöniziens, von Damaskus bis Kleinasien stiftete

Herodes monumentale Zeugnisse seiner Bedeutung und Größe. All das half nichts: Nicht einmal der glanzvolle Neubau des im Jahre 63 v. Chr. zerstörten Tempels in Jerusalem konnte etwas gegen das Misstrauen seiner Untertanen ausrichten. Im Verlauf des Aufstands gegen die römische Besatzung in den Jahren 66 bis 70 n. Chr. wurde dieser dritte Tempelbau zerstört und niemals wieder aufgebaut. Erhalten blieb die Westmauer des Unterbaus der riesigen Tempelterrasse, die soge-

nannte »Klagemauer«, der heutige zentrale jüdische Gebetsort. Eine gewisse Vorstellung vom Jerusalemer Tempel kann das große Monument vermitteln, welches Herodes in Hebron über den Gräbern der Patriarchen erbauen ließ.

Herodes der Große, dessen enorme wirtschaftliche und politische Erfolge nicht zu bestreiten sind, starb in Jericho. Die Stadt mit ihrer fruchtbaren Oase hatte Marcus Antonius, der Herrscher über den römischen Orient, Königin Kleopatra geschenkt, die sie per

Pachtvertrag an den »König der Juden« weitergab. Nach Kleopatras Selbstmord im Jahre 30 v. Chr. blieb sie in seinem Besitz, und er ließ dort eine großartige Winterresidenz errichten.

Josephus Flavius berichtet, Herodes habe im Angesicht des nahen Todes 15 000 vornehme Juden im Hippodrom zu Jericho einsperren lassen und seiner Schwester Salome sowie ihrem Gatten Alexander erklärt:

»Ich weiß, dass die Juden meinen Tod festlich begehen werden. Aber es ist mir möglich, mich um anderer willen betrauern zu lassen und eine glänzende Leichenfeier zu erhalten, sofern ihr bereit seid, meinen Befehlen zu gehorchen. Sobald ich gestorben bin, sollen Soldaten die bewachten Männer umstellen und eiligst niedermetzeln, damit ganz Judäa und jedes Haus, ob es will oder nicht, meinetwegen weine.«

Salome und Alexander waren vernünftig genug, diesen monströsen Befehl nicht auszuführen.

Nach jahrzehntelanger Suche scheint der Archäologe Ehud Netzer von der Hebrew University Jerusalem kürzlich das Grab des Herodes entdeckt zu haben, und zwar bei dessen grandioser Festung Herodium südlich von Jerusalem. Der König hatte diesen Platz ausgewählt, weil er hoffte, hier vor der Wut seiner Untertanen sicher zu sein; vergeblich, wie sich herausgestellt hat. Das Grabgebäude war bis auf die Grundmauern abgetragen, den Sarkophag fand man in Trümmern.

Herodes' Macht reichte weit über das heutige Israel hinaus. Seine Herrschaft war ebenso glanzvoll wie geschickt, ebenso blutig wie raffiniert. Ihm folgten mit römischer Anerkennung, aber ohne Königstitel, drei nicht ermordete Nachkommen, unter ihnen der schon erwähnte Herodes Antipas. Er wurde von der römischen Regierung zum Herrscher über Galiläa und Peräa gemacht. Jesus war sein Untertan; Johannes der Täufer, dessen Heimat eigentlich Judäa war, wurde sein Opfer, weil

Caesarea Maritima
Im Küstenbereich zwischen dem Theater und dem Augustustempel förderten Ausgrabungen jüngerer Zeit ein Hippodrom zutage, das ebenfalls von Herodes erbaut wurde (oben). Die Sitzränge an der Ostseite sind noch gut erhalten, am Meer wurden sie weggespült. Von den Pferderennen in Caesarea sprach man später im ganzen Römerreich.
Der von Josephus Flavius erwähnte Augustustempel erhob sich auf einer von Menschenhand geschaffenen Anhöhe (rechts außen). Massive Substruktionen sowie eine Reihe überwölbter Räume von 20 Metern Länge und 7 Metern Breite trugen das gut 15 Meter hohe Podium des Tempels.
Zu den Prachtbauten von Caesarea gehörte auch ein Nymphäum (rechts innen). Solche Brunnenanlagen antiker Städte führten vor Augen, wie gut sie mit Wasser versorgt waren. Herodes ließ dafür einen Aquädukt bauen, der Wasser vom Gebirge Karmel in die Stadt leitete.

er in Peräa predigte und taufte. Um die Mitte des 1. Jahrhunderts n. Chr. wurde das herodianische Reich zur römischen Provinz.

Gnaeus Pompeius hatte im Jahre 63 v. Chr. den hasmonäischen Herrschaftsbereich auf die Gebiete mit vorwiegend jüdischer Bevölkerung begrenzt: Judäa, Galiläa und Peräa. Alle Stadtstaaten an der Mittelmeerküste, zu denen später auch das von Herodes gegründete Caesarea gehörte, unterstellte er der römischen Verwaltung für Syrien; desgleichen jene Städte im Binnenland, die er zur »Dekapolis« zusammenfasste. Dazu gehören beispielsweise die bekannten Ruinenstätten Gerasa in Jordanien und Skythopolis südlich des Sees Gennesaret im heutigen Israel, das jetzt wieder seinen biblischen Namen trägt: Bet Shean.

Verhältnisse in Galiläa

Das bäuerlich geprägte Binnenland Galiläa, wie es Josephus Flavius in seinem Buch über den Jüdischen Krieg beschreibt und wie es Jesus kannte, reichte also bis zur phönizischen Grenze (südlicher Libanon) im Norden und zur syrischen im Nordosten;

das Karmelgebirge im Westen gehörte schon zur Region Tyros. Skythopolis im Jordantal und Samaria-Sebaste im Süden rechneten nicht mehr zu Galiläa.

Bei den Judäern galten die Galiläer als gesetzestreu, tief religiös, auch als schlau, wenngleich etwas begriffsstutzig. Es dürfte ihnen, soweit sie Land besaßen, nicht schlecht gegangen sein, denn das Land war (und ist noch immer) fruchtbar. Außerdem führte die wichtige, dem Mittelmeer nahe, aber binnenländische Handelsstraße durch ihr Gebiet. Wie man aus den Evangelien sehr deutlich erfährt, gab es dennoch viele Besitzlose: dürftig bezahlte Tagelöhner.

Während Herodes der Große es vermieden hatte, innerhalb der jüdischen Kerngebiete heidnisch-hellenistische Megabauten zu errichten, von Jerusalem abgesehen, ließ sein Sohn Herodes Antipas, Herrscher über Galiläa und Peräa, die zur Residenz ausersehene Stadt Sepphoris prächtig ausbauen, ebenso zu Ehren des regierenden Kaisers die neue Stadt Tiberias am See Gennesaret.

Vermutlich wirkte sich die hier gepflegte hellenistische Alltagskultur nur

Städte der Dekapolis
Die Neuordnung der Herrschaftverhält-
nisse im Vorderen Orient nach dem Untergang des Seleukidenreiches war das
Werk des römischen Feldherrn Pompeius
(links außen sein Bildnis in der Ny Carlsberg Glyptotek in Kopenhagen).
Alle Stadtstaaten an der Mittelmeerküste
unterstellte Pompeius der römischen Verwaltung für Syrien, ebenso eine Reihe
hellenisierter Städte im Binnenland, die
er als »Dekapolis – Zehnstädte« zusammenfasste. Die meisten lagen östlich des
Jordans, westlich nur Skythopolis, das
biblische Bet Shean (links innen). Besonders die Ruinen von Gerasa im heutigen
Jordanien (unten) zeugen noch von der
städtebaulichen Pracht, die in den Städten der Dekapolis entfaltet wurde.

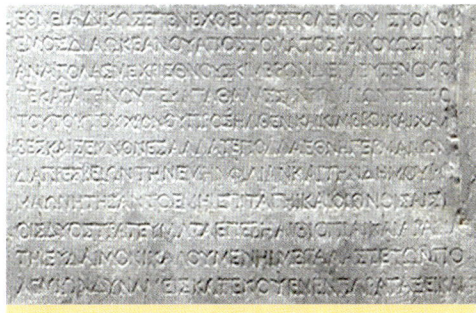

Die Statthalter Roms
Seit 63 v. Chr. war das Hasmonäerreich
ein von Rom abhängiger Vasallenstaat,
den Herodes der Große mehr als drei
Jahrzehnte lang regierte. Nach dessen
Tod (4 v. Chr.) wurde sein Königreich
unter drei Söhne aufgeteilt, wie er
im Testament verfügt hatte. Kaiser
Augustus gab sein Plazet, gestand den
Erben aber nicht den Königstitel zu;
sie mussten sich mit dem Rang von
Tetrarchen begnügen. Archelaus wurde
Regent von Judäa, Idumäa und Samaria. Da er seine Gebiete nicht unter
Kontrolle brachte, verbannte ihn Au-
gustus nach Gallien und übertrug die
Verwaltung einem Präfekten. Der in
Caesarea residierende und dem Lega-
ten von Syrien unterstellte Statthalter verfügte über Truppen, hatte das
Steuerwesen zu überwachen und in
wichtigen Fällen als Richter zu wirken.
Die beim Hohepriester und dem Hohen Rat verbliebene judäische Selbst-
verwaltung beschränkte sich auf politisch unbedenkliche Angelegenheiten.
Kaiser Claudius übergab 41 v. Chr.
Judäa wiederum einem Herodianer,
Agrippa I., aber schon vier Jahre später
kehrte der Statthalter zurück, nun als
Prokurator. Das Neue Testament verwendet den griechischen Titel »Hege-
mon«; drei von insgesamt 14 Amtsträ-
gern bis zum Ausbruch des Jüdischen
Krieges (66 n. Chr.) werden erwähnt: in
den Evangelien der Gerichtsherr beim
Prozess Jesus Pontius Pilatus (26–36),
in der Apostelgeschichte Felix (52–60)
und Festus (60–62).
Oben ein Teil des »Monumentum
Ancyranum« mit den »Res gestae«,
dem Tatenbericht des Augustus in
griechischer und lateinischer Sprache.

wenig auf das bäuerliche Umland aus, auch wenn Kaufleute, Handwerker und Tagelöhner sicherlich in erster Linie dort ihren Geschäften nachgingen und daher ein allerdings aufs Notwendigste beschränktes Griechisch sprachen. Ihre eigene Kultur allerdings war und blieb jüdisch-aramäisch.

So kann man annehmen, dass der Bauhandwerker Jesus von Nazaret diese Städte kannte und sich auch griechisch auszudrücken verstand, tatsächlich aber galiläisch geprägt war und blieb, zumal als Wanderprediger, der die sogenannten kleinen Leute in ihren Dörfern aufsuchte.

In welcher Sprache redete Jesus mit den Menschen? Nicht in der hebräischen, die zu jener Zeit nur noch als Sprache der Heiligen Schriften und des Gottesdienstes gebraucht wurde. Im Alltag bediente man sich der mit dem Hebräischen und dem Arabischen verwandten aramäischen Sprache, die im 1. Jahrtausend v. Chr. lange Zeit die Diplomaten- und Handelskommunikation des gesamten Vorderen Orients beherrscht hatte. Es gibt noch heute einige aramäische Sprachinseln, etwa in der Region der mehrheitlich christlichen Stadt Maalula in Syrien und auf dem nordmesopotami-

schen Tur Abdin, dem bis vor einigen Jahrzehnten hauptsächlich von syrischen Christen bewohnten »Berg der Knechte (Gottes)« in der Südosttürkei.

Die südlich vitale Atmosphäre dieses Landes, welche ja auch die des Galiläers Jesus war, den seine Kritiker einen »Fresser und Säufer« (Matthäus 11,19) nannten, spürt man deutlich aus der heute noch gültigen Schilderung des Josephus Flavius in seinem »Jüdischen Krieg« (3,516 ff.). Sichtlich angetan schreibt er:

»Wegen der Fettigkeit des Bodens gestattet (die Landschaft) jede Art von Pflanzenwuchs, und ihre Bewohner

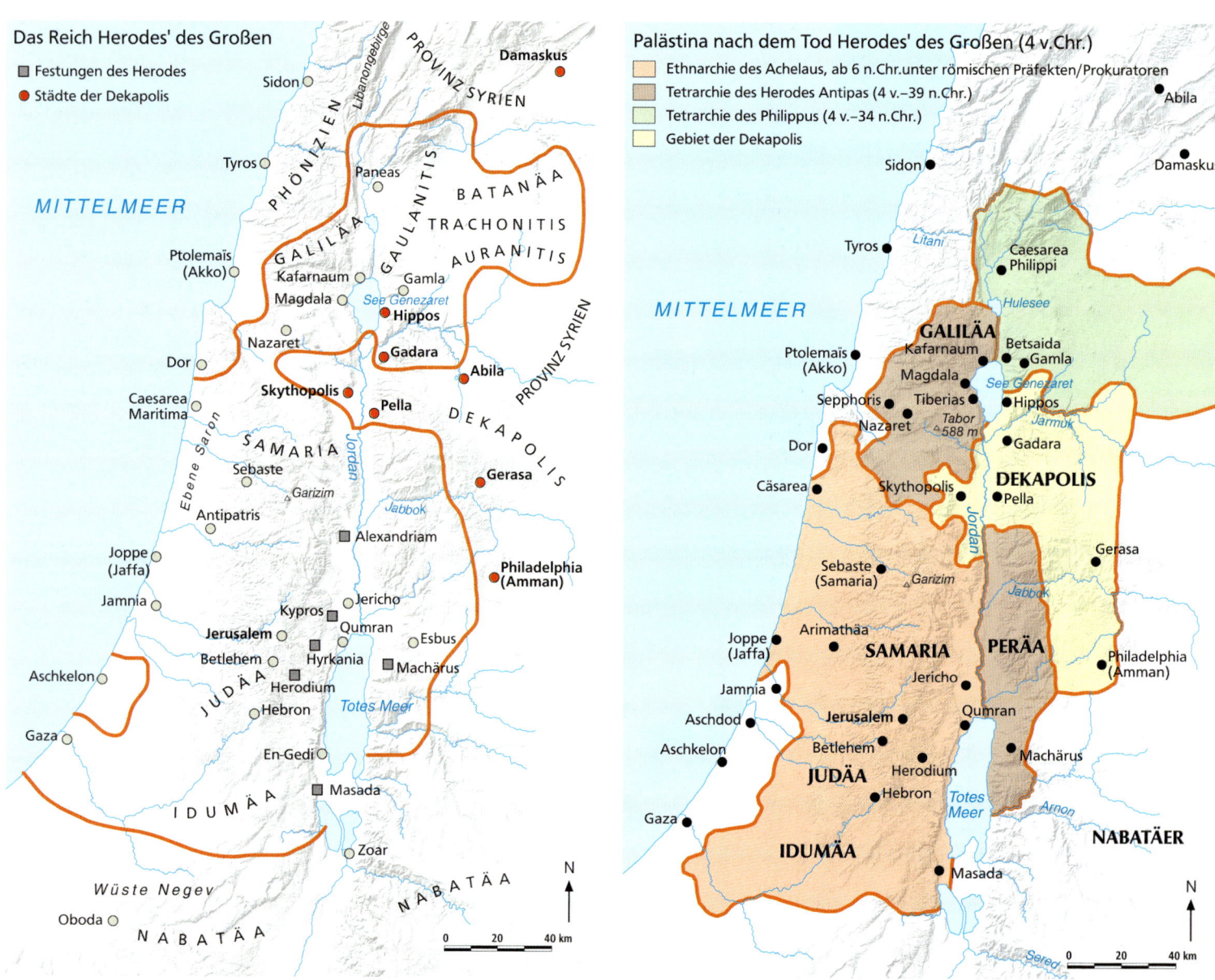

haben daher in der Tat alles angebaut; das ausgeglichene Klima passt auch für die verschiedenartigsten Gewächse. Nussbäume, die im Vergleich zu allen anderen Pflanzen eine besonders kühle Witterung brauchen, gedeihen dort prächtig in großer Zahl. Daneben stehen Palmen, die Hitze brauchen, ferner Feigen- und Ölbäume unmittelbar dabei, für die ein gemäßigteres Klima angezeigt ist. Man könnte von einem Wettstreit der Natur sprechen, die sich mächtig anstrengt, alle ihre Gegensätze an einem Ort zusammenzuführen, oder von einem edlen Kampf der Jahreszeiten, von denen jede sich um diese

Gegend wetteifernd bemüht. Der Boden bringt nicht nur das verschiedenste Obst hervor, das man sich kaum zusammen denken kann, sondern er sorgt auch lange Zeit hindurch für reife Früchte. Die Königlichen unter ihnen, Weintrauben und Feigen, beschert er zehn Monate lang ununterbrochen, die übrigen Früchte reifen nach und nach das ganze Jahr hindurch. Denn abgesehen von den milden Wintern trägt zur Fruchtbarkeit dieser Gegend auch die Bewässerung durch eine sehr kräftige Quelle bei ...«

Hinzu kam als weitere Erwerbs- und Nahrungsquelle der Fischfang im See

Gennesaret, der in den Evangelien eine beträchtliche Rolle spielt. Die Realität aber war zur Zeit der römischen Okkupation des Landes keineswegs so idyllisch, wie es nach dem bisher Gesagten erscheinen muss. Hatte sich schon der Vater gezwungen gesehen, der kaiserlichen Regierung so viele Abgaben zukommen zu lassen wie nur möglich, so galt das erst recht für die Söhne. Herodes Antipas war lediglich der Verwalter seines Herrschaftsgebietes von Roms Gnaden. Ihm unterstand eine aufwendige Hierarchie von Steuerpächtern; man denke an die Zachäus-Episode im 19. Kapitel des Lukasevangeliums.

Das Reich Herodes' des Großen

Als »König der Juden« und loyaler »Freund und Verbündeter« Roms herrschte Herodes über ein Gebiet, das vom Mittelmeer bis über den Jordan reichte, vom Hermon bis zum Toten Meer (Karte links außen). Als er 4 v. Chr. starb, wurde sein Königreich an drei seiner Söhne aufgeteilt: Judäa und Samaria fielen an Archelaus, Galiläa und Samaria an Antipas, die Gebiete im Nordosten an Philippus (Karte links innen).
Der Königstitel blieb den Nachfolgern jedoch versagt, sie mussten sich mit dem eines »Tetrarchen – Vierfürsten« begnügen, den die Römer jedem Herrscher über Teile einer Provinz im Orient gaben. Philippus machte Paneas zu seiner Residenz und gab ihr den Namen Caesarea (Philippi). Antipas baute zuerst Sepphoris zum Fürstensitz aus, verlegte ihn aber später nach Tiberias am See Gennesaret. Die gegen 20 n. Chr. gegründete und nach dem regierenden Kaiser benannte Stadt wurde ein architektonisches Prunkstück. Das antike Stadtareal ist heute überbaut, die Gelegenheit zu Ausgrabungen daher begrenzt. Freigelegt wurde ein Tor mit zwei Rundtürmen und dem Straßenpflaster im Durchgang (rechts).

Folgende Doppelseite

Der See Gennesaret wurde nach der neuen Stadt an seinem Westufer nun auch See von Tiberias genannt, etwa in Johannes 21,1. Matthäus und Markus sprechen vom »Meer in Galiläa« oder einfach vom »Meer«. Der vom Jordan und einigen Bächen gespeiste See ist 21 Kilometer lang und bis zu 12 Kilometer breit; die größte Tiefe beträgt etwa 50 Meter.

»Wie herrlich das Land ist, das andere an Fruchtbarkeit übertrifft, wird derjenige nicht mehr bestreiten, der es durchwandert und seine Städte und die Anmut der Gegend von Nord bis Süd mit eigenen Augen gesehen hat.« *Hieronymus*

Im eigenen Interesse pressten diese Leute den kleinen Bauern und Gewerbetreibenden mehr als den doppelten Steuersatz ab. Die Großgrundbesitzer bestritten ihre immense Steuerlast durch Hungerlöhne für die Arbeiter und durch einen enormen Druck auf ihre Pächter. Viele Familien verarmten und mussten ihren ohnehin kleinen Besitz aufgeben. Sie gerieten ins Elend und wurden rechtlos.

Dennoch und gerade deshalb blieb Jesus bis zu seinem Gang nach Jerusalem in seiner Heimat, als ein Mensch mit all der Vitalität, die ein Galiläer besitzen konnte. Dort die karge, strenge judäische Wüste, hier das fruchtbare galiläische Land, in dem »Milch und Honig fließen«: Jesus hatte es nicht lange bei Johannes dem Täufer ausgehalten. Er musste zurück in diese Heimat. Und er rief keinen rauen, strengen, bedrohlichen Gott aus, er nannte Jahwe vielmehr »Abba – Vater« und meinte damit einen zwar anspruchvollen, aber Verständnis zeigenden und vor allem liebenden Gott, offen für jeden, der sich an ihn wendet.

Eine solche Aussage müsste man heute, frei von allen seit fast 2000 Jahren eingeübten frommen Floskeln, aber auch antireligiösen Animositäten, wenigstens ungefähr so würdigen können, wie sie damals in der Antike zu verstehen war. Man müsste spüren können, was Menschen in Galiläa empfanden, wenn sie Jahwe, den Gott der Väter, als absolut stärkste Kraft ihres Lebens anriefen. Man müsste fühlen können, was es für sie tatsächlich bedeutete, ihn als »Vater«, aber auch als höchste Autorität einer zutiefst redlichen sozialen Gerechtigkeit ansprechen und in Anspruch nehmen zu können. Dieses Gottesbild in dieser Landschaft und für diese Menschen: die verarmten vor allem, aber auch für die anderen!

Die religiöse Situation

Seit dem Beginn der Makkabäer- oder Hasmonäerherrschaft waren religiöse Bewegungen von hoher politischer Bedeutung und Brisanz entstanden, die sich teilweise heftig befehdeten. Zur Zeit Jesu agierten sie hauptsächlich auf der dramatischen Bühne Jerusalem und in Judäa. Wie stark sie das nördliche Galiläa beeinflussten, lässt sich nicht sicher ausloten. Dass dies der Fall war, ist aber zu vermuten. Sonst fände man für das öffentliche Wirken Jesu keinen hinreichend plausiblen Hintergrund und Kontrast.

Sadduzäer

Aus jenen aristokratischen Priesterfamilien, welche die hellenistische Umformung der jüdischen Gesellschaft betrieben hatten, ging die »Partei« der Sadduzäer hervor. Ohne von Zadok, dem berühmten Priester des Königs David, tatsächlich abzustammen, beanspruchten sie mit ihrer Selbstbezeichnung doch, in der Nachfolge der auf ihn zurückgehenden, lange Zeit mächtigen Priesterfamilie der Zadokiden zu stehen.

Im Gegensatz zu den Pharisäern bestanden die Sadduzäer auf der alleinigen Gültigkeit der Tora, also der schriftlich fixierten Mose-Gesetze, und lehnten den Talmud ab, das heißt alle mündlichen und sonstigen theologischen Traditionen.

Ihre pragmatische Religiosität blendete die Überzeugung von Gottes gnädiger Hinwendung zu seinem Volk genauso aus wie die Erwartung der Auferstehung der Toten.

Die Sadduzäer waren zur Zeit der römischen Oberherrschaft meist die bestimmende Partei im Hohen Rat und

stellten auch mehrfach den Hohepriester. Mit den Römern hatten sie sich sehr gut arrangiert. Ihre religiöse und politische Macht hing von der Besatzungsmacht ab, innenpolitisch aber davon, dass sie die Priesterhierarchie des Tempels beherrschten.

Ihre Bewegung endete mit der Zerstörung des Tempels durch die Armee des Titus im Jahre 70 n. Chr. An ihnen lag es bis dahin, im Interesse der Römer und ihrem eigenen die Ruhe im Land zu wahren, wenn nötig, auch durchzusetzen. Sie bestimmten zur Zeit Jesu die sozialpolitische Situation, ein Umstand, der für das Verständnis der Gegnerschaft Johannes' des Täufers und auch Jesu gegen die etablierte Machtposition des »Tempels« wichtig ist.

Essener

Aus der schon erwähnten, während der hellenistischen Epoche entstandenen Reformbewegung der Chassidim, der »Frommen«, ging wahrscheinlich im 2. Jahrhundert v. Chr. jene Gruppe hervor, für die man die bei den Autoren Josephus Flavius und Philo von Alexandria belegte Bezeichnung »Essener« verwendet. Als ihr Gründer gilt der in den Qumran-Schriften häufig erwähnte »Lehrer der Gerechtigkeit«. Allgemein vermutet man, dass es sich um einen Hohepriester handelt, der von den hellenistischer Kultur zugeneigten Hasmonäern abgesetzt worden war.

Die Essener entzogen sich ihrer »heidnisch« kontaminierten Umwelt; selbstverständlich lehnten sie die

Im Land Galiläa
Blick über Tiberias und den See Genne-saret in einer Fotografie um 1875 (oben). Kafr Kenna (rechte Seite, unten) liegt an der Straße von Tiberias nach Nazaret. Das Palästinenserdorf zeigt die traditionelle Bauweise des Landes: enge Gassen, aus Bruchstein gebaute, fast fensterlose Häuser mit Flachdächern und kleinen Höfen. Als Baumaterial wird von jeher entweder der lokale Kalkstein verwendet oder dunkler vulkanischer Basalt, der beiderseits des Jordangrabens vorkommt. Wenn Jesus aus dem Bergland von Galiläa zum See Gennesaret hinabstieg, führte ihn der Weg durch das Wadi Hamam, das Taubental (rechte Seite, oben). Hier verlief der uralte Handelsweg vom Mittelmeer zum See Gennesaret und weiter nach Damaskus. Zwischen den Felswänden ist im Hintergrund eine Vulkanruine zu sehen, die Hörner von Hattin.

Die Höhlen von Qumran

Am Nordwestufer des Toten Meeres liegt die antike Siedlung Khirbet Qumran (oben rechts). Die Ruinenstätte war seit 1850 bekannt, wurde aber von den Gelehrten lange Zeit kaum zur Kenntnis genommen, denn sie war eine unter vielen. Im Jahr 1947 entdeckte ein Beduine in den Felsen jenseits des Wadi Qumran (links) eine Höhle und darin zehn Krüge. In einem befanden sich beschriebene Lederrollen, die er einem Schuster und Antiquitätenhändler in Betlehem verkaufte. Vier davon erwarb der syrisch-orthodoxe Metropolit von Jerusalem, die drei anderen Eliezer Sukenik, Archäologieprofessor an der Hebräischen Universität. Die Texte wurden entziffert und veröffentlicht und machten Qumran schlagartig bekannt. Neben biblischen Texten wie dem Jesaja-Buch enthielten die Rollen Schriften, die nach Sukeniks Ansicht von den Essenern stammen mussten.

In den folgenden Jahren wurden in Felsgrotten der Umgebung (oben Höhle Nr. 4) weitere Handschriften gefunden. Die Suchexpeditionen und die 1949 einsetzenden Ausgrabungen leitete Pater Roland de Vaux von der Ecole Biblique in Jerusalem. Er kam zu dem Schluss, dass die Rollen von den Bewohnern der Siedlung in den Höhlen deponiert wurden, Qumran also ein Essenerkloster war.

Tempelpriesterschaft und ihre Kultpraktiken vehement ab. Sie praktizierten eine streng biblisch-gesetzesgemäße Frömmigkeit und Reinheit und hielten sich für die einzigen wirklich Gläubigen der Endzeit. Sie lebten in Gütergemeinschaft, aber in hierarchischer Ordnung. Es gab die wie ein späterer Mönchsorden organisierte Gemeinschaft der Ehelosen, es gab zugleich die größere nicht zölibatäre Gruppe der vor allem jenseits des Jordans lebenden Familien.

Den Tagesablauf bestimmten regelmäßige Waschungen und das tägliche Kultmahl. Die Auferstehung der Toten gehörte zu ihren Überzeugungen, genauso wie die Ankunft zweier Messiasgestalten: einer priesterlichen aus dem Hause Aarons, des Bruders von Mose, und einer königlichen in der Nachfolge des David. Angesichts der politischen Wirrungen und Belastungen der Herodes- und Römerzeit erwarteten sie für die Endzeit den gewaltigen Kampf zwischen den letztlich siegreichen Mächten Gottes und den Mächten des Satans. Die Essenerbewegung endete

ebenfalls mit dem katastrophalen Ausgang des römisch-jüdischen Krieges im Jahre 70 n. Chr.

Im Neuen Testament werden die Essener nicht genannt. Ob sich die von Lukas (16,8) gebrauchte Bezeichnung »Kinder des Lichts« auf sie bezieht, sei dahingestellt. Dass sie die frühe Jesusbewegung maßgebend beeinflusst habe, wie manche populärwissenschaftlichen und esoterischen Schriften behauptet haben, ist bei genauer Beobachtung nicht zu beweisen. Das gilt auch für die im Sinne einer seriösen Spekulation interessanten Überlegung von Pinchas Lapide, Jesus und später auch Paulus könnten Qumran gekannt haben. Dies trifft freilich zu: für die Einsicht in die komplexe religiöse Situation der Zeit Jesu und der Entstehung des Christentums ist die Kenntnis der Essener äußerst wichtig.

Qumran

Lange Zeit hielt man die Siedlung Khirbet Qumran am Westufer des Toten Meeres, in deren Nähe am Ende der 1940er-Jahre die seitdem berühmten

Ein Essener ist verpflichtet, »Gott zu suchen, zu tun
was gut und recht ist vor ihm ... alles zu lieben, was er
erwählt, alles zu hassen, was er verworfen hat; fern von
allem Bösen zu bleiben und allen guten Werken anzu-
hangen; Wahrheit und Gerechtigkeit und Recht im
Land zu üben ...« *Manuale Disciplinae*

und viel diskutierten Schriftrollen zuerst von einem Hirten gefunden und
dann unter geradezu abenteuerlichen
Umständen geborgen und gesichert
wurden, für einen, wenn nicht den zentralen Ort der Essener bzw. einer ähnlich gearteten klösterlichen Gruppe.

Die vielen Wasserbecken in Qumran
bezog man auf die Vorschrift täglicher
kultischer Waschungen; man meinte
auch einen Raum für das tägliche Kultmahl ausgemacht zu haben. Überdies
ging man davon aus, in diesem »Kloster« habe es nicht nur Schreibstuben,
sondern auch eine Bibliothek gegeben, in welcher die aus der Zeit vom
3. bis zum 1. Jahrhundert v. Chr. stammenden Schriftrollen aufbewahrt wurden. Diese seien wahrscheinlich zur
Zeit der Kriegswirren 70 n. Chr. in den
nahen Höhlen versteckt worden.

Die Rollen enthalten alttestamentliche, aber auch andere Texte. Die meisten werden im »Buchschrein« zu Jerusalem aufbewahrt, als nationales
Zentrum des Staates Israel.

Inzwischen bezweifeln die meisten
der zuständigen Wissenschaftler die
herkömmliche Deutung von Khirbet
Qumran. Der Zusammenhang zwischen der Siedlung und den Schriften
ist nicht zwingend, eher zu bezweifeln.
Außerdem erscheint fraglich, ob es
sich um eine »essenische« oder um
eine Bibliothek anderer Art und Herkunft handelt.

Die Wasserbecken in Qumran müssen
keineswegs alle als Mikwes gedeutet
werden, viele lassen sich auch als an-
derweitig genutzte Vorrichtungen inter-
pretieren. Ein Skriptorium lässt sich
nicht wirklich nachweisen. Verschiedene Indizien sprechen dafür, dass die
antike Anlage keine Klostersiedlung,
sondern – vermutlich – ein Landgut
oder Dorf gewesen sei, das zeitweilig
bis zu hundert Bauern und Handwerker mit ihren Familien beherbergte.
Ein abgesonderter Ort war es jedenfalls nicht, denn Qumran liegt an
einem der wichtigsten antiken Reise-
und Handelswege der Region.

Pharisäer

Die Pharisäer, die »Abgesonderten«,
gehörten einer Laienbewegung an,
die im 2. Jahrhundert v. Chr. ebenfalls
in der Tradition der Chassidim entstanden war. Sie lehnten den Tempel nicht
ab, distanzierten sich aber von der
in ihren Augen höchst fragwürdigen
Theologie der sadduzäisch bestimmten Priesterschaft. Ihnen war es wichtig, das Gesetz, die Heilsgabe Gottes, im
Herzen zu tragen und tagtäglich genau
zu beachten. Weil sie deshalb die Gesetze genauestens kannten, nannte
man viele von ihnen »Schriftgelehrte«.
Von allen, die sich nicht streng an die
Tora hielten, sonderten sie sich zwar
ab, waren aber vermutlich auch in Galiläa weit verbreitet. Da ihre Frömmigkeit

Die Schriftrollen vom Toten Meer

In den Höhlen von Qumran wurden bis 1956 annähernd 800 mehr oder weniger fragmentarische Handschriften gefunden, großenteils auf Pergament, einige auf Papyrus, eine in Kupferblech graviert. Überwiegend handelt es sich um hebräische Texte, etwa ein Fünftel ist aramäisch, nur ein Bruchteil griechisch. In der Tempelrolle (oben), mit 8,75 m die längste von allen, verkündet der »Lehrer der Gerechtigkeit« seine Gesetzesauslegung und beschreibt den ihm offenbarten vollkommenen Tempel und dessen Kult.

Aus Tintenfässern (links), die in Qumran gefunden wurden, schloss man auf ein Skriptorium, der große Bestand an Tongeschirr (links außen) wurde mit einem Refektorium der dort ansässigen Gemeinschaft in Zusammenhang gebracht.

nicht wirklich an den Tempel gebunden war, überdauerte ihre Bewegung dessen Zerstörung durch die Römer.

Aus den Evangelien weiß man, dass sich Jesus vor allem mit den Pharisäern auseinandersetzte, und zwar vehement. Ganz offensichtlich ertrug er ihre pedantische Gesetzesbeachtung nicht und warf ihnen vor, Heuchler zu sein, die sich einbildeten, Gottes Heil kaufen zu können.

Zeloten, Messiasgestalten, Propheten

Mit dem Begriff Zeloten (Eiferer) bezeichnet man alle Gruppen, die sich gegen die römische Oberherrschaft wehrten und die Souveränität des wahren Jahwe-Volkes notfalls mit Gewalt wiedererlangen wollten. Daher verhielten sie sich gegenüber den Sadduzäern und den Pharisäern in gleicher Weise aggressiv und betrieben den antirömischen Widerstand bis hin zu dem großen Aufstand in den Jahren 66 bis 70 n. Chr.

Wie es in zugespitzten Situationen häufig der Fall ist, zumal bei einem von

seiner göttlichen Sendung überzeugten Volk, traten viele militante »Retter« auf, königlich-messianisch ausstaffiert und von glühenden Anhängerscharen vorangetrieben. Dass die römische Verwaltung wie auch die am Machterhalt interessierten Sadduzäer demagogisches Treiben solcher Art nicht dulden wollten, versteht sich. Es gab viele Hinrichtungen, viele Kreuzigungen.

Je gereizter die Aufstandsstimmung wurde, desto häufiger traten auch »Propheten« auf, die sich bei ihren Endzeitansagen und Aufrufen zur Bekehrung gegenseitig überboten.

All dies beleuchtet die religiös-innenpolitische Situation zur Zeit Jesu, die erregt und spannungsgeladen war. Vor diesem Hintergrund und inmitten dieser Auseinandersetzungen vollzog sich sein Wirken, das nun darzustellen und zu erörtern ist.

Nur ein Jahr?

Die synoptischen Evangelien lassen erkennen, dass das öffentliche Auftreten Jesu nicht sehr lange dauerte. Der Johannes-Evangelist berichtet zwar von

mehreren Pessachfesten, die Jesus in dieser Zeit erlebt haben soll, doch scheinen diese Zeitangaben in der literarischen Struktur seines Berichts begründet, also fiktiv zu sein. Die Synoptiker zeigen nach dem Urteil der meisten Fachleute einen Zeitrahmen von ungefähr einem Jahr an.

Demnach wirkte Jesus die meiste Zeit über unbehelligt in Galiläa und zog erst dann zur Feier des Pessachfestes mit den Frauen und Männern seines Jüngerkreises nach Jerusalem, wo er mit der jüdischen Obrigkeit in Konflikt geriet, verurteilt und mit Zustimmung der römischen Verwaltung hingerichtet wurde.

Der Verlauf seiner galiläischen Wanderschaft ist nicht genau zu klären. Immerhin sind einige Orte bekannt, die er ganz sicher besucht hat. So nennen die Evangelien die nördlich des Sees Gennesaret gelegenen Orte Kafarnaum, Magdala, Betsaida und Chorazin.

In Kafarnaum, vielleicht seinem hauptsächlichen »Standort«, wurden Relikte aus der Zeit Jesu entdeckt. Man zeigt das »Haus des Petrus«, in welchem

Khirbet Qumran
Luftaufnahme von Qumran (rechte Seite) und Plan der Ausgrabungen (rechts). Die blauen Partien im Grundriss markieren Wasserbecken und das Kanalsystem. Ein Damm fing das Wasser am Oberlauf des Wadis auf, ein Aquädukt leitete es in die Siedlung, und Kanäle verteilten es auf die über den ganzen Gebäudekomplex verstreuten Bassins.
Die in eines dieser Becken hinabführende Treppe (links) weist eine vermutlich durch das Erdbeben im Jahre 31 v. Chr. verursachte Spalte auf.
Die Deutung der Wüstensiedlung als Essenerkloster gilt unter Experten mittlerweile als überholt. Sie stellen die Verbindung zwischen den Qumran-Texten und den Ruinen infrage. Der Friedhof mit über 1200 Bestattungen weist auch Frauen- und Kindergräber auf, das aber wäre mit einer zölibatären Gemeinschaft schwer zu vereinbaren. Es dürfte sich vielmehr um ein jüdisches Landgut handeln, das um 100 v. Chr. gegründet und 67 n. Chr. zerstört wurde.

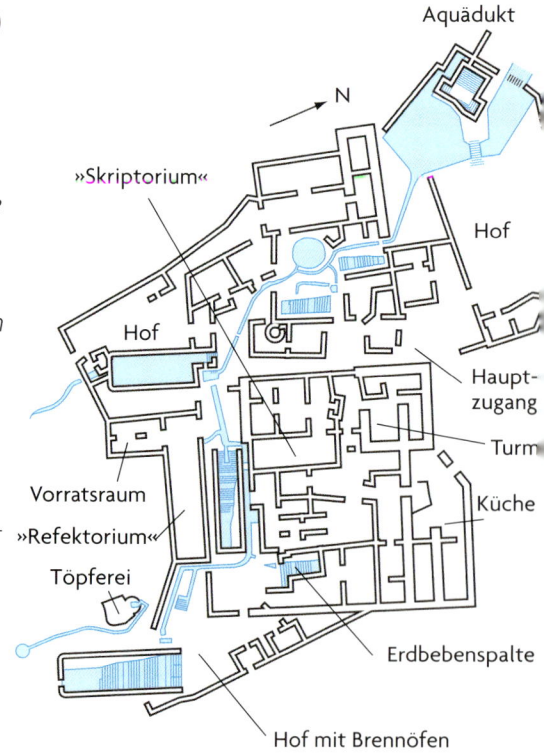

Caesarea Philippi

Philippus, jener Sohn Herodes' des Gro-
ßen, der von dessen Reich die Gebiete im
Nordwesten als Tetrarchie erbte, errich-
tete seine Residenz am Fuß des Hermon-
gebirges, nahe der Stelle, wo der östliche
der drei Quellflüsse des Jordans ent-
springt, der Nahr Banyas (rechte Seite,
oben). Damals trat das Quellwasser
noch aus der unter einer steilen Felswand
liegenden Grotte (rechte Seite, unten);
seismische Verwerfungen verschafften
ihm einen neuen Austritt im Vorfeld
der Höhle.

Mit der im 3. Jahrhundert v. Chr. einset-
zenden Hellenisierung wurden Pan und
die Nymphen zu Herren der Grotte, und
dort entstand ein Heiligtum namens
Paneas. Vom Zuspruch, den es fand,
zeugen in die Felswand gehauene Nischen
für Votivstatuen (rechts) und zahlreiche
Inschriften.

Josephus Flavius zufolge errichtete Hero-
des der Große in der Nähe des Pan-Altars
einen Tempel zu Ehren des Augustus, der
ihm 20 v. Chr. dieses Gebiet übereignet
hatte. Der Tetrarch Philippus gab dem
zur Hauptstadt bestimmten Ort den
Namen des Kaisers. Um diese Stadt von
dem älteren Caesarea »am Meer« zu
unterscheiden, sprechen die Evangelisten
ebenso wie Josephus vom »Caesarea des
Philippus«. Kaiser Nero zu Ehren legte
ihr Herodes Agrippa II. im Jahre 68 n. Chr.
den Namen Neronias bei. Doch die
Erinnerung an Pan lebt bis heute in dem
arabischen Ortsnamen Banyas weiter.

Jesus dessen Schwiegermutter geheilt
habe (Matthäus 8,14 f.; Markus 1,29 ff.;
Lukas 4,38 f.). Dass man dieses Haus
in byzantinischer Zeit mit einer Rund-
kirche überbaute, mag als Indiz für
eine schon früh einsetzende Verehrung
gelten.

Die eindrucksvolle Synagogenruine
nahebei stammt wie auch die in Chorazin erhaltene allerdings aus spätantiker Zeit, als Galiläa nach der Zerstörung des Tempels und der Vertreibung
der Juden aus Jerusalem zum religiösen Zentrum geworden war. Weitere
galiläische Orte, an denen Jesus sich
aufhielt, werden genannt: selbstverständlich Nazaret, aber auch Kana und Nain.

Höchstwahrscheinlich besuchte er
auch jüdische Dörfer im Gebiet der
südlibanesischen Städte Tyros und
Sidon sowie in der heute syrischen
Gerasaregion jenseits des Jordans.

Grenzen, welche die Bewegungsfreiheit
einschränkten, gab es nicht, und Galiläa war seit alters mit seinen Nachbar-
gebieten eng vernetzt.

Wie schon erwähnt, predigte Jesus
nicht in den »heidnischen« Städten
Galiläas, in Sepphoris, Tiberias und
Skythopolis. Sie galten als nicht jüdisch,
als »unrein«. Eine Stadt solcher Art war
auch die von dem Tetrarchen Philippus,
einem Sohn Herodes des Großen,

gegründete Fürstenresidenz Caesarea Philippi. Der Ort am Fuß des Hermongebirges und der Golanhöhen hieß zuvor »Paneas«, was im Arabischen später zu »Banyas« umgeformt wurde. In der Tat befand sich hier, am Ursprung eines der drei Quellflüsse des Jordans, ein Heiligtum des Pan.

Nicht in der »heidnischen« Stadt selbst, sondern in ihrer jüdischen Umgebung soll (nach Matthäus 16,13 ff.) der Apostel Simon Petrus das Bekenntnis ausgesprochen haben:

»Du bist der Messias, der Sohn des lebendigen Gottes!«

Die von Matthäus berichtete Antwort Jesu wirkt im Selbstverständnis der römischen Päpste bis heute nach:

»Du bist Petrus, und auf diesem Felsen werde ich meine Kirche bauen ...«

Nach Jerusalem im südlichen Judäa wanderten Jesus und seine Leute vielleicht durch das Jordantal, möglicherweise aber auch durch Samaria, und weiter über Jericho und Betanien. Da die Amtszeit des römischen Statthalters in Judäa, Pontius Pilatus, im Jahre 36 n. Chr. endete, muss Jesus spätestens im Jahre 35 hingerichtet worden sein, wahrscheinlich aber früher.

So sehr man auch versucht, seine Lebensdaten, seine Lebensgeschichte noch genauer zu bestimmen, so un-

111

möglich ist das. Für Jesus gilt auch hier, was der Lukas-Evangelist in seiner »Apostelgeschichte« kurz und lapidar formuliert (1,9):

Nach den letzten Worten für seine Apostel »wurde er vor ihren Augen emporgehoben, und eine Wolke nahm ihn auf und entzog ihn ihren Blicken.«

»Menschenfänger«

Die drei synoptischen Evangelien erzählen, wie Jesus die ersten Jünger gewann; besonders ausführlich lässt sich Lukas darüber aus (5,1 ff.): Der Fischer Simon, uns besser bekannt als Petrus, hat mit seinen Leuten die ganze Nacht über hart auf dem See Gennesaret gearbeitet, aber vergeblich. Am Morgen ermuntert ihn Jesus, es wider alle professionelle Erfahrung nochmals zu versuchen; bei Tag fischt man nicht. Und siehe da, die Ausbeute ist gewaltig und kaum zu bewältigen.

»Als Simon Petrus das sah, fiel er Jesus zu Füßen und sagte: Herr, geh weg von mir; ich bin ein Sünder. Denn er und alle seine Begleiter waren erstaunt und erschrocken … Da sagte Jesus zu Simon: Fürchte dich nicht! Von jetzt an wirst du Menschen fangen.«

Selbstverständlich lässt Lukas hier die spätere Bedeutung des Petrus als Anführer der Apostel anklingen. Doch ist es nicht falsch, Jesus selbst »Menschenfänger« zu nennen. Die faszinierende Wirkung, die er mit seinem Auftreten auf viele seiner Mitmenschen in Galiläa ausübte, wird in allen Evangelien klar bezeugt. Dies sicherlich nicht nur deswegen, weil man die Gestalt Jesu im Rückblick unbedingt strahlen lassen will. Der Mann aus Nazaret muss tatsächlich äußerst anziehend gewirkt haben, selbst auf diejenigen seiner Zeitgenossen, die ihn ablehnten.

Ein andermal weiß Lukas Folgendes zu erzählen (4,31 f.):

»Jesus ging hinab nach Kafarnaum … und lehrte die Menschen am Sabbat. Sie waren sehr betroffen von seiner Lehre, denn er redete mit (göttlicher) Vollmacht.«

> »Man versteht die griechischen Geschichtsschreiber besser, wenn man Athen gesehen hat; man erfasst die Heilige Schrift besser, wenn man Judäa mit eigenen Augen gesehen und die Ruinen seiner einstigen Städte betrachtet hat.«
>
> *Hieronymus*

Die Synagoge von Kafarnaum
In keiner anderen Stadt hat Jesus nach dem Bericht der Evangelisten mehr gepredigt, mehr Wunderzeichen gewirkt. In der Synagoge »lehrte er wie einer, der Vollmacht hat« (Markus 1,22), hier hielt er am Ufer des Sees die große Rede vom Brot des Lebens (Johannes 6,25 ff.). Die Synagoge, deren Ruine in Kafarnaum ausgegraben und teilweise rekonstruiert wurde, stammt freilich nicht aus der Zeit Jesu. Münzfunde legen ihren Bau an das Ende des 4. Jahrhunderts fest. Dafür spricht auch der Stil der Bauskulptur. Akanthusranken, Rosetten, Sterne, Granatäpfel und Trauben schmücken die Friese (links unten). Das Relief eines Wagens (links oben), dessen Aufbau Darstellungen des Toraschreins ähnelt, meint wohl die Bundeslade. Die dreischiffige Synagoge aus weißem Kalkstein ist auf den Mauern einer Synagoge aus Basaltstein erbaut. Ein noch älteres Pflaster unter dem Mittelschiff ist vielleicht ein Überrest jener Synagoge, die nach dem Lukasevangelium (7,5) der heidnische Centurio zur Zeit Jesu errichtete oder ausbaute.

Man muss unterstellen, dass der Evangelist bei seinen Lesern und Zuhörern die Überzeugung von der göttlichen Herkunft Jesu voraussetzt. Dass dieser »mit göttlicher Vollmacht« redete, gilt für sie als selbstverständliche Begründung seines Einflusses auf Menschen; nicht zuletzt auch deshalb, weil die antike Mentalität mit der göttlichen Begnadung bestimmter auserwählter Menschen rechnete, der Prophetinnen und Propheten, die es ja nicht nur in den jüdischen Landen gab.

Dennoch: die besondere Fähigkeit des historischen Jesus, auf Menschen zu- und auf sie einzugehen, kann nicht erst eine lediglich nachträgliche Verklärung sein.

Für einen Versuch, sich der historischen Persönlichkeit Jesu von Nazaret und ihrer Wirkung auf die Menschen zu nähern, ist es sinnvoll, das antike wie das heutige »Glaubenswissen« von Jesus zurückzustellen und die von ihm ausgehende Faszination »menschlich« zu deuten. Es geht hierbei freilich nicht darum, den Glauben zu bestreiten, vielmehr kommt es darauf an, diesen von seinem Ursprung her zu verstehen oder auch nachzuzeichnen, so gut dies möglich ist. Denn der Glaube an den »Sohn Gottes« entstand nicht zuletzt auch aus der Faszination, die er ausstrahlte.

Zurück in die Synagoge von Kafarnaum. Auch Markus berichtet von diesem Ereignis (1,21 f.):

»Und die Menschen waren sehr betroffen von seiner Lehre; denn er lehrte sie wie einer, der (göttliche) Vollmacht hat, nicht wie die Schriftgelehrten.«

Offensichtlich redete Jesus mitreißend, weil ungewohnt und nicht so trocken-orthodox wie die professionellen Theologen. Mehr noch: schaut man auf die gesamte Darstellung der Reden und Taten Jesu in den Evangelien, und zwar unabhängig von der Frage, was jeweils historisch »echt« sei oder nicht, so begegnet einem ein selbstsicherer Mensch, der den tradierten Jahwe-Glauben auf ebenso kreative wie kritische Weise in das Leben der galiläischen Menschen hineinbringt und dieses, salopp gesagt, neu aufmischt, ohne sich von rigiden Gesetzen und »klerikalen« Ritualen abhalten zu lassen.

Im Gegenteil! Er zeigt einen Gott, vor dem mehr als alles andere die Nöte und Hoffnungen der Menschen zählen, nicht die pedantisch-brave Erfüllung von Gesetzen.

Daher setzt er sich gegebenenfalls auch über das für Juden absolut sakrosankte Gebot der Sabbatruhe hinweg. So etwa in dem Bericht über eine Heilung am Sabbat (Matthäus 12,10 ff.):

»Dort (in der Synagoge) saß ein Mann, dessen Hand verdorrt war. Sie (die Pharisäer) fragten ihn: Ist es am Sabbat erlaubt zu heilen? ... Er antwortete: Wer von euch wird, wenn ihm am Sabbat sein Schaf in eine Grube fällt, es nicht sofort wieder herausziehen? Und

wie viel mehr ist ein Mensch wert als ein Schaf! Darum ist es am Sabbat erlaubt, Gutes zu tun. Dann sagte er zu dem Mann: Streck deine Hand aus! Er streckte sie aus, und die Hand war wieder ebenso gesund wie die andere.«

Souverän und schlagfertig! Das Plädoyer Jesu für den Vorrang des Menschen in der Werteskala erweist sich vor einer gewiss höchst interessierten Zuhörerschaft nicht bloß als sportiver Sieg im Streit mit den Pharisäern, sondern vor allem als ein die »einfachen« Menschen überzeugendes Eintreten für eine vernünftige Lebensordnung.

Die rechthaberischen Pharisäer hatten ihn auf die Probe stellen wollen, nun schweigen sie, sozusagen zähneknirschend. Sie wollen nicht begreifen, noch viel weniger dulden, dass ein theologischer Laie in einer Weise von Gott und Menschen redet, die überkommene »Standards« verabschiedet und gerade deshalb so viele Menschen anzieht. Der letzte Satz des Berichtes lautet:

»Die Pharisäer aber gingen hinaus und fassten den Beschluss, Jesus umzubringen.«

Sie sind wütend, weil dieser Galiläer sie öffentlich bloßgestellt hat und sie ihm nicht beikommen können. Weil er das Gesetz verletzt, ihre Autorität als Theologen und ihr gesellschaftliches Ansehen untergräbt und also großen Schaden bringt. Wie sie wohl meinen, muss er aus dem Verkehr gezogen werden! Matthäus formuliert das dramatisch, im Vorausblick auf die spätere Hinrichtung Jesu.

Ganz sicher war Jesus ein Anführer oder »Leader«, ein Mensch, der mit großer Autorität energisch und nachhaltig in seinen Bann schlug. Doch gab es zu jener Zeit auch andere Propheten und Rabbis, die über solche Qualitäten verfügten, man denke nur an Johannes den Täufer. Was Jesus wohl heraushob und besonders auszeichnete, war seine starke mitmenschliche Sensibilität, die zugleich ungemein pragmatische, aber

hoch differenzierte Wahrnehmung des Jahwe-Glaubens.

»Alle Leute versuchten, ihn zu berühren; denn es ging eine Kraft von ihm aus, die alle heilte« (Lukas 6,19).

In der neutestamentlichen Wissenschaft benutzt man zur Charakteristik der Wirkung Jesu sehr häufig den Begriff »Charisma« und beruft sich dabei vor allem auf die sozialwissenschaftliche Darstellung »charismatischer Herrschaft« durch Max Weber (»Wirtschaft und Gesellschaft. Grundriss der verstehenden Soziologie«, 1922).

Das griechische Wort »cháris« wird in der Regel mit unserem vorwiegend religiös verstandenen Wort Gnade übersetzt. Ein eher profanes Verständnis taucht nur noch in Redewendungen auf wie »begnadeter Künstler«, aber dahinter steht der ursprüngliche Sinn von »cháris – geschenkte Gabe«, im antiken Verständnis: »Gabe der Götter«. In der christlichen Tradition spricht man von der Gnade Gottes als heilsamer Zuwendung des Heiligen Geistes.

Auch im profanen Verständnis gilt »Charisma« grundsätzlich als eine »geschenkte« Mitgift, die man nicht erwerben, aber durchaus kultivieren kann. Welchen gewinnbringenden Wert charismatischer Charme in Politik, Wirtschaft, aber auch im Privatleben darstellt, wie viele »Charisma-Seminare« es daher für Manager gibt, braucht kaum erwähnt zu werden. Dass Charisma naturgemäß verführerisch-persuasiv eingesetzt wird, dass es auf Überredung und damit prinzipiell auf Einfluss, wenn nicht sogar auf Herrschaft zielt, ist den ausschnittweise zitierten, stilistisch etwas komplizierten Darlegungen Max Webers sehr gut zu entnehmen:

»›Charisma‹ soll eine als außeralltäglich … geltende Qualität einer Persönlichkeit heißen, um derentwillen sie als mit übernatürlichen oder übermenschlichen oder mindestens spezifisch außeralltäglichen, nicht jedem anderen zugänglichen Kräften oder Eigenschaften oder als gottgesandt oder als vorbild-

Wohnhäuser in Kafarnaum
Die Ausgrabungen in Kafarnaum legten rings um die Synagoge antike Wohnquartiere frei (links). Der Ort war ziemlich regelmäßig angelegt. Die auch für Wagen befahrbaren Hauptstraßen verlaufen alle in Nordsüdrichtung zum See und werden rechtwinklig von engen Gassen geschnitten. Auf diese Weise entstehen Wohninseln von annähernd gleicher Ausdehnung und ähnlichem Aussehen. Sie bestehen aus mehreren kleinen Häusern, die aus unbehauenen Basaltsteinen gemauert und um einen gepflasterten Innenhof gruppiert sind (unten links). Auf den Höfen spielte sich das tägliche Leben ab, wie Öfen, Getreidemühlen und Ölpressen zeigen. Die höchstens 3 Meter hohen Mauern trugen ein Flachdach aus einem Stangen- und Schilfgeflecht, das mit Lehm abgedichtet und oft über Treppen zugänglich war. Solche Wohninseln boten einer ganzen Großfamilie Platz. Getreidemühlen aus Basalt (unten) wurden in so großer Zahl gefunden, dass die Vermutung naheliegt, Kafarnaum sei ein Herstellungsort dafür gewesen.

Kafarnaum und »Jesus-Boot«
Die Luftaufnahme der Ausgrabungen
von Kafarnaum (links) zeigt oben die
Synagoge, unten die achteckigen Grund-
mauern der im 5. Jahrhundert über dem
»Haus des Petrus« erbauten Kirche. Zu
den Funden, die dort im Schutt zutage
kamen, gehörten Angelhaken und Graffiti
(rechts innen), eines mit dem Namen
Petrus, das andere mit einem Fischerboot.
1968, als der Wasserstand des Sees ex-
trem niedrig war, wurden bei Magdala
Überreste eines Bootes im Schlamm
entdeckt. Bauweise, Beifunde und ein
Radiokarbontest datieren das Wrack
um die Zeitenwende. Für die Planken des
8,30 Meter langen und 2,35 Meter breiten
Bootes wurden Zedernbretter verwendet,
für die Spanten Eichenholz. Nach auf-
wendiger Bergung und Konservierung ist
das »Jesus-Boot« nun in einer Halle des
Kibbuz Ginosar ausgestellt (rechts außen).

lich und deshalb als ›Führer‹ gewertet
wird ... Über die Geltung des Charisma
entscheidet die durch Bewährung – ur-
sprünglich stets: durch Wunder – gesi-
cherte freie, aus Hingabe an Offenba-
rung, Heldenverehrung, Vertrauen zum
Führer geborene, Anerkennung durch
die Beherrschten. Aber diese ist ... nicht
der Legitimitätsgrund, sondern sie ist
Pflicht der kraft Berufung und Bewäh-
rung zur Anerkennung dieser Qualität
Aufgerufenen. Diese ›Anerkennung‹ ist
psychologisch eine aus Begeisterung
oder Not und Hoffnung geborene gläu-
bige, ganz persönliche Hingabe.«

Wir wissen es: Die gesamte Mensch-
heitsgeschichte hindurch gab es grau-
envolle charismatische »Führer« und
»Verführer«, auch solche, die in religiösen Maskierungen auftraten und auftreten. Jesus selbst gehörte nicht dazu.
Man mag jedoch darüber streiten, ob
sich sein Charisma so stringent auswirkte, wie Max Weber die charismatische Faszination beschreibt.

Der Mann aus Nazaret scheint durch
seinen völlig unkonventionellen, ja
»exotischen« Lebensstil das gespannte
Interesse seiner Mitmenschen erregt
zu haben: seine völlig bedürfnislose
Wanderschaft zusammen mit seinen

Anhängerinnen und Anhängern, der Ausbruch aus den festen »Familienbanden«, seine heftige Kritik am religiösen und politischen Establishment, an der Ungerechtigkeit der herrschenden Verhältnisse.

Auch dadurch stellte er sich außerhalb der gewohnten, durch religiöse Gesetze und Gebräuche gefestigten Lebensordnung, dass er dem herrschenden Gottesbild und der damit drapierten religiös-politischen Herrschaft widersprach. So »sanft«, wie ihn beispielsweise nazarenische Gemälde präsentieren, war Jesus nicht.

Als Außenseiter erregte er Unwillen, aber sehr wohl auch Neugierde. Aus Neugierde entwickelte sich bei vielen Menschen die Erkenntnis der besseren Wahrheit des Außenseiters. Er trat mit Autorität auf, in der Kraft seiner Überzeugung, sicherlich so energisch, wie es die Durchsetzung der in seiner Sicht endgültigen Wahrheit über Gott und die Menschen verlangte.

Entscheidend ist, ob charismatische Kraft gerecht eingesetzt wird oder nicht. Es kommt daher darauf an, dass der charismatische Einsatz offen für Kritik bleibt. Ob sich der historische Jesus so verhielt, sei dahingestellt, sicherlich

geschah dies nicht im Sinne moderner Ideologiekritik. Dass sein Reden und Tun aber einen verantwortungsbewussten Widerstand gegen das bezeugen, was wir heute als fundamentalistische Ideologie bezeichnen, dass er vorurteilsfrei gerade auf die Menschen zugeht, die im bürgerlichen Sinne als »nicht salonfähig« gelten, dass er in der Bergpredigt im Namen Gottes gegen eine menschenfeindliche Privilegienordnung ankämpft, das jedenfalls ist offensichtlich. Wie seine Gleichnisreden erkennen lassen, leitete er Menschen didaktisch sehr geschickt dazu an, sich aus eigener Einsicht gegen zwanghafte religiöse und soziale Klischees zu wehren und sich von ihnen abzusetzen. Dies alles zeigt, dass Jesus seine charismatische Autorität bewusst freiheitlich einsetzte und nicht egoistisch nach Macht strebte.

Der Wanderprediger und seine Jünger

Nachdem Jesus sich von Johannes dem Täufer getrennt hatte, kehrte er zwar in seine Heimat Galiläa zurück, nicht aber in das frühere Leben mit der Familie und im erlernten Beruf. Stattdessen begann er seine große

Wanderung als Prophet und als Heiler. Aus der Sicht seiner Familie und sicherlich vieler anderer Leute, die auf ein ordentliches Leben in den gewohnten Bahnen Wert legten, war er ein Herumtreiber, deren es so manche gegeben haben mag.

Jesus wählte bewusst dieses von allem »Ballast« freie Leben, ein Leben ohne Besitz, ohne feste Bleibe, ohne Vorsorge, weder für das tägliche Brot noch für den Lebensunterhalt morgen und übermorgen. Nach der Logienquelle (Q 12,33 f.; vgl. Matthäus 6,19 ff. und Lukas 12,33 f.) sagte er:

»Sammelt euch nicht Vorräte auf der Erde, wo Motte und Fraß sie zerstören und wo Diebe einbrechen und sie stehlen, sammelt euch vielmehr Vorräte im Himmel, wo weder Motte noch Fraß sie zerstören und wo Diebe weder einbrechen noch stehlen. Denn wo dein Vorrat ist, dort wird auch dein Herz sein.«

Noch besser lässt sich Jesu sorglose, allein auf Gottes Güte vertrauende neue Lebenspraxis in einer längeren Rede erkennen (Q 22b ff.; vgl. Matthäus 6 und Lukas 12), welche zugleich ahnen lässt, wie anschaulich er predigte:

»Daher sage ich euch: Sorgt euch nicht um euer Leben, was ihr essen

Baram und Chorazin

Die Synagogen von Kafarnaum, Baram und Chorazin weisen zahlreiche Übereinstimmungen auf; sie repräsentieren offenbar einen Typus, der im Galiläa der Spätantike üblich war. In Baram (rechts) ist die Fassade mit Säulenvorhalle und drei monumentalen Portalen gut erhalten, in Chorazin ein Teil der Säulenstellungen im Innern (unten rechts). Hier ist schwarzer Basalt als Baumaterial verwendet, nicht der prächtige weiße Kalkstein wie in Baram und Kafarnaum (unten links ein Akanthuskapitell mit Menora, Schofar und Räucherpfanne).

Chorazin, eine knappe Wegstunde von Kafarnaum entfernt, gehörte zu den Städten, über die Jesus den Weheruf über ihre ausgebliebene Umkehr sprach (Matthäus 11,20 ff.; Lukas 10,12 ff.). In der dortigen Synagoge blieb der »Stuhl des Mose« erhalten (unten Mitte). Die Vorderseite trägt eine aramäische Inschrift, die den Stifter Judan ben Jischmael nennt. Matthäus (23,2) erwähnt einen solchen Sitz. Weitere Belege dafür gibt es in den Synagogenfunden von Delos, En-Gedi und Hammat-Tiberias. Es war vermutlich der Ehrenplatz für den Synagogenvorsteher; eine andere Deutung sieht darin einen freigehaltenen Sitz, der die Anwesenheit des Mose bei der Verlesung und Auslegung der Tora symbolisieren soll.

sollt, und nicht um euren Leib, womit ihr euch bekleiden sollt. Ist nicht das Leben mehr als die Nahrung und der Leib mehr als die Kleidung? Beobachtet die Raben: Sie säen nicht und ernten nicht und sammeln nicht in Scheunen, und Gott ernährt sie. Seid ihr nicht mehr wert als die Vögel? Wer von euch vermag mit seiner Sorge seiner Lebenszeit eine Spanne hinzuzufügen? ... Und was sorgt ihr euch um Kleidung? Lernt von den Lilien, wie sie wachsen: Sie mühen sich nicht ab, und sie spinnen nicht. Ich sage euch aber: Auch nicht Salomo in all seiner Pracht war angezogen wie eine von diesen. Wenn aber Gott das Gras auf dem Feld, das heute dasteht und morgen in den Ofen geworfen wird, so anzieht – um wie viel mehr nicht euch, ihr Kleingläubigen? Sorgt euch also nicht ... denn euer Vater weiß, dass ihr das alles braucht. Sucht hingegen seine Königsherrschaft, und dies alles wird euch dazugegeben werden.«

Es geht also darum, sich radikal von allem frei zu machen, was dem vertrauensvollen Sicheinfügen in Gottes Lebensordnung im Wege steht. Bei Lukas (14,26) liest man:

»Wenn jemand zu mir kommt und nicht Vater und Mutter, Frau und Kinder, Brüder und Schwestern, ja sogar sein Leben gering achtet, dann kann er nicht mein Jünger sein.«

Sanftmütig klingt das nicht, und keineswegs »familienfreundlich«. Vielleicht hat hier Jesus beziehungsweise sein Evangelist rhetorisch übertrieben; dennoch muss man sich Jesus wohl als letztlich genauso radikalen Forderer vorstellen wie Johannes den Täufer.

Als er seinen Jüngern den Missionsauftrag erteilt, befiehlt er ihnen konsequenterweise (Q 10,4; entspricht Matthäus 10,9 f. und Lukas 10,4):

»Tragt keinen Geldbeutel, keinen Proviantsack, keine Sandalen, auch keinen Stock, und grüßt niemanden unterwegs.«

Sie sollen also allein auf die Nahrung angewiesen sein, die sie unterwegs finden oder bekommen; sie sollen sich

gegen Räuber und Tiere nicht wehren können; sie sollen keine hinderlichen Bekanntschaften schließen.

Auch wenn Jesus weder in seinem Umkreis noch zu seiner Zeit der Einzige war, der eine so konsequent mittellose Wanderschaft betrieb, so fragt man sich dennoch unwillkürlich, ob seine Verwandten nicht recht hatten, als sie sagten, er sei verrückt. Aber er fand Gefolgsleute, die Jüngerinnen und Jünger, die seine Lehren hörten, ihn ganz nah erlebten und mit ihm ziehen wollten. Teilweise lud er sie ein, meist sehr spontan, teilweise schlossen sie sich aus eigenem Antrieb an.

Diejenigen aber, die später als Apostel ausersehen werden sollten, berief Jesus ausdrücklich, nur scheinbar zufällig. Von der Berufung des Simon Petrus wurde schon berichtet, und zwar nach dem Lukasevangelium. Matthäus erzählt die Szene so (4,18 ff.):

»Als Jesus am See von Galiläa entlangging, sah er zwei Brüder, Simon, genannt Petrus, und seinen Bruder Andreas; sie warfen gerade ihr Netz in den See, denn sie waren Fischer. Da sagte er zu ihnen: Kommt her, folgt mir nach! Ich werde euch zu Menschenfischern machen. Sofort ließen sie ihre Netze liegen und folgten ihm. Als er weiterging, sah er zwei andere Brüder, Jakobus, den Sohn des Zebedäus, und seinen Bruder Johannes; sie waren mit ihrem Vater Zebedäus im Boot und richteten ihre Netze her. Er rief sie, und sogleich verließen sie das Boot und ihren Vater und folgten Jesus.«

Das erscheint nicht gerade als realistisch. Die einfachen Fischer, die für den Lebensunterhalt ihrer Familien tagtäglich hart arbeiten müssen, wissen doch noch gar nichts vom Leben und von der Mission Jesu. Der Evangelist verdichtet und dramatisiert absichtlich: Jesus ruft – die Gerufenen lassen alles stehen und liegen, wie magisch bewegt laufen sie Jesus nach.

Was soll man nach der Intention des Evangelisten als Leser und Zuhörer

hieraus lernen? Die Botschaft Jesu hat in überkommenen, verkrusteten Bahnen keine Chance, sie braucht religiös unverbildete, erfahrungsfähige Menschen; sie folgen Jesus nicht nach eigenem Ermessen, sondern angeleitet von der Kraft Gottes, die durch Jesus wirkt. Entsprechend lapidar ereignet sich die Berufung des Matthäus (9,9):

»Als Jesus weiterging, sah er einen Mann namens Matthäus am Zoll sitzen und sagte zu ihm: Folge mir nach! Da stand Matthäus auf und folgte ihm.«

Es ist übrigens dieser kurze Text, der schon früh die Vermutung nahelegte,

Bilderschmuck einer Synagoge

In Hammat-Tiberias am See Gennesaret wurde eine Synagoge aus dem 4. Jahrhundert freigelegt, deren Boden wie in anderen antiken Synagogen mit Mosaiken geschmückt war (links). Im oberen Bildfeld ist in der Mitte der Toraschrein dargestellt, links und rechts davon die Menora sowie Palmzweig (Lulab) und Zitrusfrucht (Etrog), die beim Laubhüttenfest eine wichtige Rolle spielen, ferner das am Neujahrs- und Versöhnungstag geblasene Widderhorn (Schofar) und die Räucherpfanne.

Das untere, durch einen späteren Mauerzug geteilte Feld nimmt der Zodiakus mit den zwölf Tierkreiszeichen ein. Im inneren Kreis sieht man, von einem Nimbus und Strahlenkranz umgeben, das Haupt des Sonnengottes Helios, der mit erhobener Hand auf seinem von vier Rossen gezogenen Wagen einherfährt. In den Zwickeln Personifikationen der Jahreszeiten, wie sie auf antiken Mosaiken oft begegnen.

Die Deutung der beiden Bildfelder ergibt sich aus ihrer Kombination: Der in der heilvollen Tora verkündete und gegenwärtige Gott ist derselbe, der auch die Gestirne geschaffen hat und sich durch sie im kosmisch-kultischen Gesetz der Tage, Wochen, Jahreszeiten, Jahre, Feste und Festzeiten offenbart.

Die Beischriften der Tierkreiszeichen und Jahreszeiten sind hebräisch, die Inschriften in den Randstreifen, die einen Severus als Stifter nennen, teils griechisch, teils aramäisch.

Auch in der Bauskulptur der Synagogen erscheinen jüdische Symbole, wie die Steinmenora aus Hammat-Tiberias (rechts oben).

hier spreche der Evangelist von sich selber, das gesamte Evangelium stamme von Matthäus.

Wie viele Menschen Jesus um sich scharte, nach Lukas (10,1) mehr als 72, lässt sich nicht feststellen. Wichtiger ist die Tatsache, dass Jesus nicht »Schülerinnen« und »Schüler« um sich sammelte, dass er also von sich aus keine »Schultradition« initiierte, vielmehr als »charismatischer Führer« mit Menschen zusammenleben wollte, die sich mit ihm in die Gottesherrschaft hineinbegaben und in ihr lebten. Er war der »Rabbi«, der »Meister«, ohne den die Gruppe nicht zusammengekommen und nicht zusammengeblieben wäre. Sein Wort galt; und er verlangte von seinen Leuten die gleiche radikale Lebensart, die er selbst praktizierte:

»Einer sagte ihm: Ich will dir folgen, wohin du auch gehst. Und Jesus sagte zu ihm: Die Füchse haben Höhlen und die Vögel des Himmels Nester, der Menschensohn aber hat nichts, wohin er seinen Kopf legen kann. Ein anderer aber sagte ihm: Herr, gestatte mir, zuvor fortzugehen und meinen Vater zu begraben. Er aber sagte ihm: Folge mir, und lass die Toten ihre Toten begraben.« (Q 9, 57–60; Matthäus 8 und Lukas 9)

Wie gesagt, gehörten auch Frauen zu denen, die Jesus folgten. Das war sehr ungewöhnlich. Nach damaliger Anschauung sollten Frauen einer solchen Gruppe nicht angehören, zumal nicht in der Öffentlichkeit. Der Begriff »Jüngerin« ist daher formal nicht ganz korrekt, de facto aber sehr wohl.

Jesus würdigte Frauen derselben öffentlichen Aufmerksamkeit, die er den Männern erwies. An seinem gesamten Verhalten lässt sich ersehen, dass er im Namen der höchsten Autorität Gottes auf der gleichen Würde aller Menschen bestand, völlig unabhängig vom Geschlecht.

Sehr deutlich wird dies in seiner Stellungnahme zum nahezu alleinigen Scheidungsrecht der Männer. Diese konnten selbst aus banalen Gründen

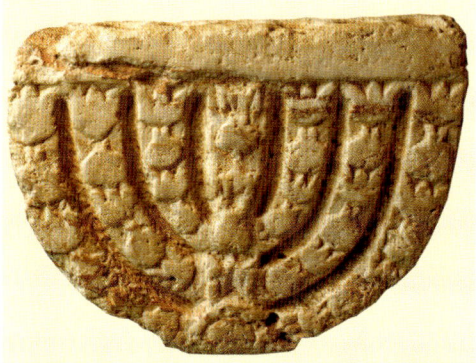

Synagoge

Im Neuen Testament kommt das Wort Synagoge mehr als fünfzigmal vor. Vom griechischen »synágo – versammeln« abgeleitet, bezeichnet es sowohl die sich versammelnde Gemeinde als auch ihre Versammlungsstätte, das jüdische Gottesdienstgebäude. In der Septuaginta wird das hebräische »edah – Vollversammlung (des Volkes Israel)« mit »synagogé« übersetzt, für »qahal«, ein Wort mit gleicher Bedeutung, steht teils »synagogé«, teils »ekklesía«. Eine semitische Bezeichnung für die Synagoge als Versammlungsraum ist aus biblischer Zeit nicht bekannt. In der späteren rabbinischen Literatur begegnen hebräisch »bejt ha-knesset« oder aramäisch »kenischta« (von der Wurzel »kns – versammeln«). Da in der Synagoge meist auch Unterricht stattfand, wurde sie im Jiddischen »Schul« genannt.

Der opferlose reine Wort- und Gebetsgottesdienst stellt eine Neuerung in der Religionsgeschichte dar. Entstanden ist diese Kultusform wohl im Babylonischen Exil (586–538 v. Chr.). Religiöse Versammlungsstätten in jüdischem Besitz sind für die Diaspora, Ägypten vor allem, früher bezeugt als in Palästina. In neutestamentlicher Zeit waren Synagogen wohl bereits über das ganze jüdische Siedlungsgebiet verbreitet. Aus der Zeit vor der Zerstörung des Tempels (70 n. Chr.) konnten bisher allerdings erst wenige archäologisch nachgewiesen werden (Gamla, Magdala, Herodium, Masada). Umso reicher ist der Bestand aus der spätrömisch-byzantinischen Epoche.

Betsaida-Julias

Der Herkunftsort der Apostel Petrus, Andreas und Philippus (Johannes 1,44; 12,21) war einer der Orte am Nordufer des Sees Gennesaret, auf die Jesus eine Zeitlang sein Wirken konzentrierte und über die er den Weheruf sprach (Matthäus 11,21; Lukas 10,13).

Nach Josephus Flavius lag Betsaida auf dem Ostufer des Jordans nahe seiner Einmündung in den See. Mit der Landschaft Gaulanitis kam das jüdische Dorf 4 v. Chr. an den Tetrarchen Philippus, der es einige Jahre später zur Stadt erhob und ihr zu Ehren der Tochter des Kaisers Augustus den Namen Julias gab. Die Evangelisten sprechen jedoch weiterhin von Betsaida. Lange Zeit war die genaue Ortslage ungewiss. Das änderte sich mit den Ausgrabungen auf einem Ruinenhügel im Mündungsgebiet des Jordans, die ab 1987 unter Rami Arav durchgeführt wurden. Im gepflasterten Innenhof eines Hauses aus der Zeit Jesu (rechte Seite, unten) fand man Netzgewichte und Angelhaken. Auch eine Synagoge gleichen Alters glauben die Ausgräber entdeckt zu haben, ebenso den Tetrarchenpalast und das Grab des Philippus. Außerdem kamen Überreste eines Palasts zutage, der wie das Stadttor (rechts) mit dem biblischen König Talmai von Gschur (2 Samuel 3,3) in Zusammenhang gebracht wird.

Die Ruinenstätte liegt 2 Kilometer vom See entfernt, aber nicht nur die Uferlinie, auch der Flusslauf dürfte sich seit der Antike verändert haben. Das von einer Anhöhe westlich des Jordans aufgenommene Foto (rechte Seite, oben) zeigt im Vordergrund die Flussschleifen vor der Mündung, dahinter die Ebene el-Ebteha mit den Ruinenhügeln el-Aradsch und et-Tell , jenseits der Lagune im Hintergrund die Golanhöhen.

und fragwürdigen Motiven ihren rechtlich wehrlosen Frauen den sogenannten Scheidebrief ausstellen. In aller Schärfe widersprach Jesus diesem Scheidungsrecht (Q 16,18; vgl. Matthäus 5,32 und Lukas 16,18) und forderte eine uneingeschränkte rechtliche Anerkennung der Frauen:

»Jeder, der seine Frau entlässt (und eine andere heiratet), begeht Ehebruch, und wer eine Entlassene heiratet, begeht Ehebruch.«

Für die Frauen in seiner Gemeinschaft konnte es Ungleichheit nicht geben: für Maria aus Magdala, für die Schwestern des Lazarus Maria und Martha und die vielen anderen. Es gibt übrigens keinerlei Hinweis dafür, dass Jesus mit Maria Magdalena verheiratet war, wie immer wieder vermutet wird, oder dass er überhaupt verheiratet war. Maria, die in der späteren Auslegungsgeschichte fälschlicherweise als ehemalige Hure bezeichnet wurde, gehörte nach Lukas (8,1 ff.) zu einer Gruppe von Frauen, die Jesus folgten und die ihn und seine Leute mit dem unterstützten, »was sie besaßen«. Außer Maria Magdalena waren dies:

»Johanna, die Frau des Chuzas, eines Beamten des Herodes (Antipas), Susanna und viele andere«.

Wahrscheinlich waren die Frauen und Männer nicht ständig, sondern nur zeitweise mit Jesus zusammen; sie hatten ihre Familien sicher nicht so total

verlassen, wie es aus der zitierten Forderung Jesu zu erwarten wäre. Dass sie aber eine besondere Gemeinschaft bildeten, ist nicht zu bezweifeln.

»Die Zwölf«

Jesus berief schließlich eine Gruppe von zwölf Jüngern, denen er sich in besonderer Weise mitteilte, die Gruppe der Apostel, der »Boten«. Die Namenslisten der drei synoptischen Evangelien (Matthäus 10,2 ff.; Markus 3,18 ff.;

Lukas 6,13 ff.) stimmen fast gänzlich überein, hier sei beispielhaft der Markustext zitiert:

»Jesus stieg auf einen Berg und rief die zu sich, die er erwählt hatte, und sie kamen zu ihm. Und er setzte zwölf ein, die er bei sich haben und die er dann aussenden wollte, damit sie predigten und mit seiner Vollmacht Dämonen austrieben. Die Zwölf, die er einsetzte, waren: Petrus – diesen Beinamen gab er dem Simon –, Jakobus, der Sohn des

Zebedäus, und Johannes, der Bruder des Jakobus – ihnen gab er den Beinamen Boanerges, das heißt Donnersöhne –, dazu Andreas, Philippus, Bartholomäus, Matthäus, Thomas, Jakobus, der Sohn des Alphäus, Thaddäus, Simon Kananäus und Judas Iskariot, der ihn dann verraten hat.«

Von der Berufung »der Zwölf«, wie die Gruppe der Apostel kurz genannt wurde, erfährt man nur in den drei genannten Evangelien. Die Darstellung

erscheint als stark stilisiert, historisch ist sie nicht weiter zu klären. Wahrscheinlich bezieht sich die Symbolzahl »der Zwölf« auf die geheiligte Tradition der von den Söhnen des Patriarchen Jakob abgeleiteten zwölf jüdischen Stämme, die man zur Zeit Jesu schon seit Langem nicht mehr ausmachen und lokalisieren konnte. Dies bedeutet, dass Jesus im Rückgriff auf die mythischen Anfänge die religiöse Erneuerung ganz Israels beabsichtigte. Allen zwölf Stämmen sollte seine Botschaft verkündet werden.

Die in der christlichen Tradition entwickelte Auffassung, dass er die Apos-

Samaria-Sebaste
Herodes der Große richtete seine verschwenderische Bauleidenschaft auch auf die einstige Hauptstadt des Nordreiches Israel. Er machte sie zu einer der schönsten Städte seines Reiches, benannte sie zu Ehren des Kaiser in Sebaste (Augusta) um und siedelte dort 5000 Veteranen an.
Die seit 1908 in mehreren Kampagnen durchgeführten Ausgrabungen brachten imposante Überreste zutage: das Forum mit einer Basilika, Säulenstraßen (linke Seite, oben), ein Theater (linke Seite, Mitte) sowie die großartige Freitreppe des Augustus geweihten Tempels, der auf der Akropolis über den Palästen der Könige von Israel errichtet wurde (linke Seite, unten).
Die kürzeste Pilgerroute von Galiläa nach Jerusalem führte durch das Bergland von Samaria (links). Sie wurde auch von Jesus benutzt (Lukas 17,11; Johannes 4,3 ff.), obwohl Juden dort nicht gerade willkommen waren; Lukas (9,51 ff.) berichtet davon. Die als »heidnisch« geltende Stadt Sebaste selbst hat Jesus wahrscheinlich nicht aufgesucht.

tel gewissermaßen als die ersten Bischöfe der Kirche ernannt habe, muss als eine Umdeutung verstanden werden, die ihre Berechtigung aus der geschichtlichen Entwicklung der Jesusbewegung bezieht. Die zwölf jüdischen Urstämme verwandelten sich zum Symbol der ganzen Menschheit.

Die Gründe dafür, dass der Evangelist Johannes die Berufung »der Zwölf« nicht erwähnt, obwohl man sie in seinen Texten erspüren kann, sind in seiner speziellen »Theologie« zu suchen. Seine eindrucksvolle, theologisch sehr »gefüllte« Erzählung von der Berufung der Jünger (Johannes 1,35 ff.) darf als

seine Art gewertet werden, die »Apostel« zu präsentieren. Die Darstellung lässt überdies in der wie eine Kettenreaktion aufgebauten Handlungsabfolge und in den »Nebenbemerkungen« die für den Autor typische gewitzte Schreibart erkennen, mit der er lehrreich verblüffen will. Auch erfährt man hier, dass Jünger Johannes des Täufers zu Jesus wechselten, vielleicht sogar überliefen. Das Frage- und Antwortspiel zwischen Jesus und den beiden sich an ihn heranpirschenden Johannesjüngern gerät geradezu humorvoll.

»Am Tag darauf stand Johannes wieder dort, und zwei seiner Jünger

standen bei ihm. Als Jesus vorüberging, richtete Johannes seinen Blick auf ihn und sagte: Seht, das Lamm Gottes! Die beiden Jünger hörten, was er sagte, und folgten Jesus. Jesus aber wandte sich um, und als er sah, dass sie ihm folgten, fragte er sie: Was wollt ihr? Sie sagten zu ihm: Rabbi – das heißt übersetzt: Meister –, wo wohnst du? Er antwortete: Kommt und seht!

Da gingen sie mit und sahen, wo er wohnte, und blieben jenen Tag bei ihm; es war um die zehnte Stunde. Andreas, der Bruder des Simon Petrus, war einer von den beiden ...Dieser traf zuerst seinen Bruder Simon und sagte zu ihm:

*Wir haben den Messias gefunden ...
Er führte ihn zu Jesus. Jesus blickte ihn
an und sagte: Du bist Simon, der Sohn
des Johannes, du sollst Kephas heißen.
Kephas bedeutet Fels (Petrus).*

*Am Tag darauf wollte Jesus nach
Galiläa aufbrechen; da traf er Philippus.
Und Jesus sagte zu ihm: Folge mir nach!
Philippus war aus Betsaida, dem Heimatort des Andreas und des Petrus. Philippus traf Natanaël und sagte zu ihm:
Wir haben den gefunden, über den Mose
im Gesetz und auch die Propheten
geschrieben haben: Jesus von Nazaret,
den Sohn des Josef. Da sagte Natanaël
zu ihm: Aus Nazaret? Kann von dort
etwas Gutes kommen? Philippus antwortete: Komm und sieh! Jesus sah
Natanaël auf sich zukommen und sagte
über ihn: Da kommt ein echter Israelit,
ein Mann ohne Falschheit. Natanaël
fragte ihn: Woher kennst du mich?
Jesus antwortete ihm: Schon bevor dich
Philippus rief, habe ich dich unter dem
Feigenbaum gesehen. Natanaël antwortete ihm: Rabbi, du bist der Sohn Gottes,
du bist der König von Israel! ...«*

Dieser Natanaël wird in den drei synoptischen Evangelien nicht genannt.
Es gab verschiedene Traditionen.

»Das Reich Gottes ist nahe«

Nach einem nur knappen Bericht über
Johannes den Täufer und die Taufe
Jesu am Jordan versetzt der Evangelist
Markus (1,14 f.) seine Leser und Zuhö-
rer stracks nach Galiläa, wo Jesus seine
zentrale Botschaft verkündet:

*»Die Zeit ist erfüllt, das Reich Gottes
ist nahe. Kehrt um und glaubt an das
Evangelium!«*

Gewiss steckt in dem Begriff des
»Reiches Gottes« die altorientalische
Idee der Theokratie. Sie ließ allerdings
einen irdisch-königlichen Vertreter immer weniger zu, je klarer sich die jüdische Gottesvorstellung herausbildete:
Jahwe allein ist König, er herrscht über
alle und alles. Auch Könige und Fürsten müssen sich vor ihm beugen, sich
seinem Urteil aussetzen und fügen.

Den Propheten fiel die Aufgabe zu,
dies immer wieder zu verkünden,
wenn es sein musste, herausfordernd
und mit aller Schärfe. Gemeint ist jener
Gott, der die Kinder Israels aus dem
»Sklavenhaus« Ägypten in die Freiheit
führte (Exodus 20,2), jener Gott, dem
die ganze Schöpfung zu verdanken ist.
So sang man im Psalm 99:

*»Der Herr ist König:
Es zittern die Völker.
Er thront auf den Kerubim:
Es wankt die Erde.
Groß ist der Herr auf Zion,
über alle Völker erhaben.
Preisen sollen sie deinen großen,
majestätischen Namen.
Denn er ist heilig.
Stark ist der König, er liebt das Recht ...
Rühmt den Herrn, unsern Gott,
werft euch nieder
an seinem heiligen Berge!
Denn heilig ist der Herr unser Gott.«*

Jesus hat die jüdische Idee des Reiches Gottes nicht erfunden, sie war ein
Leitgedanke bei allen Propheten seiner
Zeit, nicht zuletzt in der Predigt des
Johannes in der Wüste. Hatte dieser
vom baldigen Zorngericht Gottes gesprochen, so fehlte in der Predigt Jesu
die Ansage des Gerichts zwar keineswegs, ihm ging es aber vor allem darum, Gottes gnädige Zuwendung zu
verkünden und dazu herauszufordern,
sich davon betreffen zu lassen.

Im Unterschied zu Johannes verkündigt Jesus, die Gottesherrschaft sei jetzt
schon da, im Anfangsstadium zwar, aber
doch wirksam. Daher die drängende
Feststellung: »Die Zeit ist erfüllt«, das
heißt: Jetzt ist der entscheidende Zeitpunkt. Daher auch die Aufforderung:
»Kehrt um!«, gemeint ist: Sofort! Denn
das Reich Gottes kommt unabhängig
vom Willen der Menschen. An ihnen
liegt es, das »Jetzt!« zu erkennen und
sich ohne Zögern darauf einzulassen.

Eine der Gleichnisreden Jesu im
Matthäusevangelium (25,1 ff.) verdeutlicht dies sehr plastisch und didaktisch
geschickt: das im Mittelalter ungemein

populäre Gleichnis von den klugen
und den törichten Jungfrauen, gemeint
sind wohl Brautjungfern.

*»Dann wird es mit dem Himmelreich
sein wie mit zehn Jungfrauen, die ihre
Lampen nahmen und dem Bräutigam
entgegengingen. Fünf von ihnen waren
töricht, und fünf waren klug. Die törichten nahmen ihre Lampen mit, aber kein
Öl, die klugen aber nahmen außer den
Lampen noch Öl in Krügen mit. Als nun
der Bräutigam lange nicht kam, wurden
sie alle müde und schliefen ein.*

*Mitten in der Nacht aber hörte man
plötzlich laute Rufe: Der Bräutigam
kommt! Geht ihm entgegen! Da standen die Jungfrauen alle auf und machten ihre Lampen zurecht. Die törichten
aber sagten zu den klugen: Gebt uns
von eurem Öl, sonst gehen unsere Lampen aus. Die klugen erwiderten ihnen:
Dann reicht es weder für uns noch für
euch; geht doch zu den Händlern und
kauft, was ihr braucht.*

*Während sie noch unterwegs waren,
um das Öl zu kaufen, kam der Bräutigam; die Jungfrauen, die bereit waren,
gingen mit ihm in den Hochzeitssaal,
und die Tür wurde zugeschlossen. Später kamen auch die anderen Jungfrauen
und riefen: Herr, Herr, mach uns auf! Er
aber antwortete ihnen: Amen, ich sage
euch: Ich kenne euch nicht.«*

Diese Parabel soll nicht, wie man
vielleicht annehmen mag, eine erbar-

*»Er redete in Gleichnissen«
Das Evangeliar von Rossano, ein »Codex
purpureus« aus dem 6. Jahrhundert im
Diözesanmuseum der kalabrischen Stadt,
enthält eine Miniatur, die das Gleichnis
von den klugen und törichten Jungfrauen
darstellt. Die Brautjungfern tragen in der
rechten Hand Fackeln, in der linken Öl-
krüge, um damit die Fackeln am Brennen
zu halten. Dem Miniaturisten war dieser
antike Usus noch geläufig, während
Künstler späterer Zeit Öllampen anstelle
von Fackeln wiedergeben. Hinter der
verschlossenen Tür steht Christus als
»Bräutigam«, der Hochzeitssaal, das
»Himmelreich«, ist zum Paradiesgarten
mit den vier Paradiesströmen geworden.*

mungslose und bedrohliche Härte des Bräutigams anzeigen, auch nicht eine unsolidarische Haltung der klugen Jungfrauen. Es geht einzig und allein um die Richtigkeit des altbekannten Diktums: »Wer zu spät kommt, den bestraft das Leben.«

Die fahrlässige Schläue der törichten Jungfrauen führt ins Desaster, die tätige Bereitschaft der klugen zum Erfolg. Letztlich geht es um eine Klugheit, die mit dem »point of no return« rechnet und weiß, dass man sich da, wo eine Entscheidung aus eigener Kraft fällig

und möglich ist, diese Kraft (das Öl) nicht auf dreiste Weise von anderen erhoffen darf, weil nämlich der eigene Einsatz durch nichts zu ersetzen ist. Die Parabel schließt mit den Worten:

»Seid also wachsam! Denn ihr wisst weder den Tag noch die Stunde.«

Das von den synoptischen Evangelisten gebrauchte griechische Wort »Basileia« bedeutet »Königreich – Königsherrschaft«. Während Markus und Lukas von der Basileia Gottes sprechen, vermeidet Matthäus den Gottesnamen, sicherlich mit Rücksicht

auf jüdische Leser und Zuhörer; nach jüdischer Überzeugung ist der Name Gottes buchstäblich unsagbar. Matthäus spricht vom »Himmelreich«. Im Johannestext, dem spätesten der vier kanonischen Evangelien, spielt der Begriff interessanterweise keine besondere Rolle mehr; vor allem wohl deshalb, weil er sich stärker an nicht jüdische Menschen richtet, denen die jüdische Apokalyptik mit ihrer Endzeitvision fremd gewesen ist.

Wenn uns bei dem Wort »Königreich« heute mehr oder weniger kitschig-pom-

pöse Historienfilme oder Berichte der Klatschpresse über königliche Hoheiten in den Sinn kommen, so führt das zu einem völlig irrigen Verständnis der Predigt Jesu. Denn hier dient der Begriff zur Bezeichnung von – modern ausgedrückt – sozialer Lebensordnung, von tatsächlicher sozialer Gerechtigkeit.

Die entscheidende Frage ist: Wie sieht diese Herrschaft aus? Die Antwort im Sinne Jesu lautet: Diese Herrschaft ist menschenwürdig, sie schließt jede Art von menschen- und schöpfungsfeindlicher Gewalt und Unterdrückung aus.

Für das antike Bewusstsein steht das Wort »Gott« generell, für das antike jüdische Bewusstsein steht im Besonderen der unaussprechliche Name Jahwe für die letztgültige Lebensbasis, für die unbedingte, durch absolut nichts zu irritierende Autorität.

Gewiss gab es auch in der Antike Menschen, die agnostisch oder auch atheistisch dachten, zu denken wagten. Aber nicht viele; die allermeisten konnten ihr Leben unmöglich anders wahrnehmen und bedenken als im Bannkreis göttlicher Macht oder Mächte.

In eine moderne, existenzialphilosophisch bestimmte Sprache übersetzt, heißt das: Es geht uns von Ungesichertheit und Daseinsangst betroffenen Menschen darum, nach Letztgültigem zu fragen, vor allem danach, ob und wie umfassende Gerechtigkeit, daher ungefährdetes, »belastbares« Glück und Gelingen möglich seien. Was ist das Letztgültige?

Die antik-jüdische Rede von der Gottesherrschaft ist in diesem Sinne zugleich Rede vom Menschen und seiner Welt. Fällt sie autoritär, drohend

Tyros und Sidon

Wie die Evangelien berichten, weilte Jesus auch im Gebiet der Phönizierstädte Tyros und Sidon, unterwies dort die Menschen (Markus 3,6; Lukas 6,17; 10,13 f.) und wirkte Zeichen (Matthäus 15,21 ff.; Markus 7,24 ff.). Tyros, die Mutterstadt von Karthago, lag unmittelbar im Norden von Galiläa. Die ausgegrabenen Ruinen sind überwiegend Relikte aus der römischen Kaiserzeit. Ein wiederhergestelltes Monumentaltor (rechts) markiert die östliche Stadtgrenze, dahinter verläuft die gepflasterte Straße durch die weitläufige Nekropole. In der Nähe des Hafens wurden Kolonnadenstraßen freigelegt und die Säulen teilweise wieder aufgerichtet (rechte Seite, oben). Jesus erwähnt Tyros als eine jener heidnischen Städte, denen es beim Gericht besser ergehen würde als den galiläischen, die sein Lehren und Handeln miterlebten und doch nicht zur Umkehr bereit waren (Matthäus 11,21 f.; Lukas 10,12 f.). Das antike Sidon, 40 Kilometer nördlich von Tyros, ist vom heutigen Saida überbaut. Bisher konnte nur das außerhalb der Stadt gelegene Eschmun-Heiligtum ausgegraben werden. Ans Licht kam ein 25 Meter hohes Tempelpodium aus der Perserzeit (rechte Seite, unten). Als Gott der Heilkunst wurde Eschmun mit dem griechischen Asklepios, dem Äskulap der Römer, gleichgesetzt.
Auf seinem Weg nach Rom machte Paulus in Sidon halt und besuchte dort Freunde (Apostelgeschichte 27,3).

und gewalttätig aus, ängstigt und brutalisiert sie. Wie kann Gott so erkannt werden, dass diese Erkenntnis Hoffnung macht, stärkt und befreit?

Jesus war sich seines Gotteswissens sehr sicher. Dieses Wissen trieb ihn, es mit anderen zu teilen, und gab ihm deshalb Autorität, weil es als ein Wissen erkannt wurde, das ein menschenwürdiges Leben zum Ziel hatte. Man erinnere sich: Er redete in der Synagoge »wie einer, der (göttliche) Vollmacht hat«, und unterschied sich dabei völlig von den Schriftgelehrten.

Wenn man diesen antiken Wanderprediger und Wunderheiler, aber auch die Menschen, die ihm vertrauten, einigermaßen verstehen will, muss man sich auf die Berichte von seinen Worten und Taten einlassen. Einer Erkenntnis ist dabei nicht auszuweichen: Antike Schriftsteller berichten von einem antiken Menschen. Auch wenn vielen heutigen Menschen biblische Texte immer noch vertraut sind, werden diese bei genauer Betrachtung trotzdem auch fremd, ja sogar befremdlich erscheinen. Man wird ihnen aber nicht gerecht, wenn man sie nur als eine Art Märchen fürs kindliche Gemüt ansieht, als anrührend erbauliche Sonntagsreden oder gar als absonderlichen antiken Aberglauben. Man muss nicht »gläubig«

sein, um die zutiefst humane Qualität dieser Texte zu erkennen, geht man nur einigermaßen auf sie ein.

Das Reich Gottes ist da – die Dämonen weichen

»Am Abend, als die Sonne untergegangen war, brachte man alle Kranken und Besessenen zu Jesus. Die ganze Stadt war vor der Haustür versammelt, und er heilte viele, die an allen möglichen Krankheiten litten, und trieb viele Dämonen aus. Und er verbot den Dämonen zu reden; denn sie wussten, wer er war.« (Markus 1,32 ff.)

Die Überzeugung, dass alles Lebensfeindliche durch böse Mächte verursacht werde, ist charakteristisch für eine antike Weltsicht, in der alles von göttlichen und widergöttlichen Mächten bewegt wurde. Schlimme körperliche und seelische Krankheiten, schreck-

liche Demenz, aber auch Bösartigkeit und boshafte Verblendung galten als Werk von gott- und menschenfeindlichen Dämonen. Wie sollte man sich den grässlichen Irrsinn auch anders erklären? Wie sollte man mit der Hilflosigkeit gegenüber den furchtbaren Lebensbelastungen anders umgehen?

Durch die gesamte nahöstliche Religionsgeschichte zieht sich wie ein roter Faden die Frage, wie man sich

den immerwährenden Kampf zwischen Gut und Böse, zwischen den guten und den bösen Mächten erklären könne. Sie wird angetrieben von der Sehnsucht nach der Macht, der man vertrauen, deren Güte man beschwören könne. Einige religiöse Bewegungen kamen zu dem Schluss, da werde wohl ein »ewiger« Kampf zwischen einer guten und einer feindlichen Gottheit zu Lasten der Menschen ausgetragen.

Die jüdische Religion verweigerte sich einem solchen »Dualismus«, weil er die Frage, ob das Vertrauen möglich sei, nur noch verschärfte. Sie hielt fest an der letztlich siegreichen Übermacht

Gadara
Die Dekapolis-Stadt Gadara liegt auf
einem Plateau hoch über dem See Gennesaret und dem Yarmuk, einem ganz-
jährig Wasser führenden Nebenfluss des
Jordans. Sie war ein Zentrum griechischer
Bildung, nahmhafte Dichter, Rhetoren
und Philosophen stammten von dort, darunter der Satiriker Menippos. Gadarener
war auch ein Freigelassener des Pompeius
namens Demetrius, der dafür sorgte, dass
seine Vaterstadt die Gunst des römischen
Feldherrn genoss.
Seit 1976 führt das Deutsche Evangelische
Institut für Altertumskunde des Heiligen
Landes Ausgrabungen in Gadara durch.
Freigelegt wurden Teile der Hauptstraße,
die fast 14 Meter breit war und die ganze
Stadt von der Agora im Osten bis hin
zum Hippodrom im Westen erschloss. An
ihrer Südseite erhob sich eine Kirche aus
dem frühen 6. Jahrhundert, deren Säulen
wieder aufgerichtet wurden (links). Dem
oktogonalen Kirchenraum war ein quer-
rechteckiges Atrium vorgelagert.
Unterhalb der Kirchenterrasse verläuft
eine Ladenstraße (linke Seite, oben und
Mitte), an der das »Westtheater« liegt
(linke Seite, unten). Mit etwa 3000 Plätzen war es kleiner, blieb aber besser
erhalten als sein östliches Gegenstück,
das seiner Sitzstufen beraubt wurde, als
die alte Akropolis gegen 1900 von dem
Dorf Umm Queis besiedelt wurde.
Wie andere Städte der Region wurde Gadara durch das Erdbeben des Jahres 747
zerstört. Ins Neue Testament gelangte der
Name der Stadt durch Matthäus, der die
Heilung zweier Besessener ins »Land der
Gadarener« verlegt (8,28 ff.).

des allein guten Gottes, der die Welt und
die Menschen erschuf, der sein Volk
Israel aus dem Sklavenhaus Ägypten
herausführte.

Aber auch die jüdische Weltdeutung
enthielt den Kampf zwischen den guten
und den bösen Mächten. Der Mythos
von dem durch einen bösen Schlangen-
dämon verursachten Sündenfall der
Ureltern Adam und Eva (1. Buch Mose,
Genesis 3,1 ff.) erzählt vom Beginn
der Unheilsgeschichte, ohne jedoch
die Frage letztlich klären zu können
(was ja tatsächlich nicht möglich ist),
welches die Ursache allen Übels sei.
Zudem wird die Frage, wie denn die

Existenz der boshaften Verführer-
Schlange zu erklären sei, genauso
wenig gestellt, wie die nach der Logik
des Verbots, von dem Baum in der
Mitte des Paradieses zu essen.

In der volkstümlichen Weltdeutung
spielten die Unheilsmächte, die Dämonen und die »unreinen Geister«, eine
wesentliche Rolle. Man glaubte, sie besetzten einen Menschen wie ein Haus
und missbrauchten ihn. Daher griff
man, um einen besessenen Menschen
zu befreien, zum Mittel der Dämonen-
austreibung, des Exorzismus.

In den synoptischen Berichten über
die Austreibung von Dämonen durch

Jesus geht es nur vordergründig um
exorzistische Wundertaten. Das zentrale Interesse ist, die Tatsache zu be-
kräftigen, dass die Herrschaft Gottes
jetzt schon begonnen habe, dass damit
den lebensfeindlichen Mächten das
böse Handwerk gelegt werde. Auf die
wahrscheinliche Primärvision Jesu
(Lukas 10,18) wurde schon verwiesen:

*»Ich sah den Satan wie einen Blitz
vom Himmel fallen.«*

Anders als in der alttestamentlichen
Tradition wird »Satan« als die böse
Macht verstanden. Ein weiterer Aus-
spruch Jesu ist hier einzubringen
(Q 11,20; vgl. Matthäus 12,28 und 11,20):

URBIS GERASENOR

PASTORIS

APLI IHC ATG

GREX PORCOR

»Wenn ich aber mit dem Finger Gottes die Dämonen austreibe, so ist die Königsherrschaft Gottes schon bei euch da.«

Dies ist die Absicht Jesu: Er verwirklicht und demonstriert mit seinem heilenden Handeln den Anbruch, also die schon wirksame Gegenwart von Gottes Herrschaft.

Dabei hat sich Jesus mit denen auseinanderzusetzen, die ihm böse Täuschungsabsichten unterstellen und behaupten, »Beelzebul« (eigentlich der phönizische Gott »Herr der Fliegen«, hier aber als Satan zu verstehen) helfe ihm heimtückischerweise, die Dämonen auszutreiben, um so die Herrschaft des Bösen durchzusetzen (Matthäus 12,24 ff.; Markus 3,22 ff.; Lukas 11,15 ff.). Gutes könne unmöglich durch Schlechtes bewirkt werden, so lautet letztlich die Antwort Jesu; genauer: der Anführer der Dämonen würde seine eigene Herrschaft zerstören, ließe er die Dämonen vertreiben.

Im Gegenteil: Die Dämonen weichen, weil sie »wissen, wer er ist«, wie das oben wiedergegebene Markuszitat (1,32 ff.) besagt. Markus lässt zwar seinen Jesus das sogenannte Messiasgeheimnis verschweigen, aber die neue, von Gottes Herrschaft bestimmte Wirklichkeit ist nicht aufzuhalten.

Die Befreiung eines Besessenen
Eine Miniatur des Codex Egberti (um 970; Stadtbibliothek Trier) stellt die Geschichte der Heilung des Besessenen von Gerasa dar. In Ketten steht er vor Jesus und den Aposteln, aus seinem Mund entweichen in kleiner, schwarzer, geflügelter Gestalt die Dämonen und fahren in die Schweine, die sich in den See stürzen, während die Hirten entsetzt in die Stadt Gerasa eilen. Im »Gebiet der Gerasener« lassen Markus (5,1 ff.) und Lukas (8,26 ff.) das Geschehen stattfinden, Matthäus (8,28 ff.) verlegt es nach Gadara, ebenfalls eine Stadt der Dekapolis jenseits des Jordans. Gerasa liegt freilich weit weg vom See, von Gadara aus ist er wenigstens noch zu sehen. An den zum See abfallenden Hängen hätte es auch Steineichenhaine gegeben, in denen Schweineherden weiden konnten.

Nur einmal wagt es ein »unreiner Geist« die wahre Identität Jesu von Nazaret offen auszusprechen, nämlich in der eigenartigen, aber für die Leser und Zuhörer spannenden Erzählung von der Befreiung eines Besessenen in Gerasa, die Markus (5, 1 ff.) und Lukas (8,26 ff.) wiedergeben.

Gerasa, die große, in römischer Zeit prächtig ausgebaute Stadt, liegt im Dekapolis-Gebiet jenseits des Jordans. In dieser heidnischen Region bestand nicht das Risiko, dass Juden den wahren Jesus vor der Zeit entdeckten. Matthäus (8,28 ff.) verlegt das Geschehnis leicht verändert in die Dekapolis-Stadt Gadara; beide Städte lagen aber nicht direkt am See Gennesaret, wie in den Evangelien unterstellt wird. Die sehr anschaulich präsentierte Geschichte dürfte vor allem deshalb in die Evangelien gelangt sein, weil der Dämon ausruft:

»Was habe ich mit dir zu tun, Jesus, Sohn des höchsten Gottes? Ich beschwöre dich bei Gott, quäle mich nicht!«

In heidnischer Weise spricht der Dämon vom »höchsten Gott«. Auf die Frage Jesu, wie er heiße, antwortet er:

»Mein Name ist Legion; denn wir sind viele.«

Er fleht Jesus an, ihn nicht aus der Gegend zu vertreiben. Da »er« aus vielen Dämonen besteht, richten sie an Jesus die Bitte, in eine Schweineherde übersiedeln zu dürfen, die in der Nähe weidet. Jesus stimmt zu, die »etwa zweitausend Tiere« rasen in den See und ertrinken.

Der Besessene ist geheilt, die Schweinehirten aber sind entsetzt über das allzu kostspielige Heilverfahren. Jesus wird von den Gerasenern dringend gebeten, ihr Gebiet zu verlassen. In der Erzählstrategie des Evangelisten bedeutet diese Aufforderung eine Bestätigung dafür, dass Jesus nur zu seinem jüdischen Volk gesandt sei. Die Heiden sind (noch) nicht fähig, den heilsamen Anbruch der Königsherrschaft Gottes zu erkennen.

»Bist du der Kommende?«
Zuhörer werden Jesus gefragt haben, wie denn die gerechte Königsherrschaft Gottes mitten in all den nach wie vor andauernden sozialen und politischen Turbulenzen zu erfahren sei. Didaktisch wiederum sehr klug antwortet er, jetzt sei sie noch mit einer ganz kleinen Pflanzung zu vergleichen, deren Wachstum aber unaufhaltsam vorangehe. Sie werde sich durchsetzen und eine neue Lebenswirklichkeit schenken. Noch bleibe sie in all die Unwägbarkeiten des Lebens vermischt wie Weizen in das Unkraut (vgl. Lukas 8,1 ff.).

Aber in einer anderen Gleichnisrede heißt es:

»Wem ist die Königsherrschaft Gottes gleich, und wem soll ich sie vergleichen? Sie ist einem Senfkorn gleich, das ein Mensch nahm und in seinen Garten warf. Und es wuchs und wurde zu einem Baum, und die Vögel des Himmels nisteten in seinen Zweigen.« (Q 13,18 ff.; vgl. Matthäus 13,31 f. und Lukas 13,18 f.)

Der Mann aus Nazaret war davon überzeugt, dass er das Reich Gottes nicht erst anzukündigen habe, so wie der Täufer dessen Nähe ansagte, seine Aufgabe sei es vielmehr, dessen jetzige Wirklichkeit und Kraft zu verkünden und zu erweisen.

Die Logienquelle (Q 7,18; vgl. Matthäus 11,2 ff.; Lukas 7,18 ff.) bietet eine Geschichte, die Johannes mit Jesus genau an dieser Nahtstelle verbinden sollte. Nachdem der Täufer, »Kronzeuge« der Aussicht auf die gottgewollte Wende, von Jesu Wirken gehört hatte, habe er aus dem Kerker heraus durch seine Jünger Jesus fragen lassen:

»Bist du der Kommende oder sollen wir auf einen anderen warten?«

Realgeschichtlich, wenn denn diese Anfrage tatsächlich erging, war dies eine gezielte Herausforderung: Sage uns, wer du bist, damit wir Bescheid wissen! Für die, die im Nachhinein diese Geschichte hörten, zählte die hohe Autorität des Johannes, da er als

Einziger zu dieser Frage befugt war. Sie gab Jesus die Möglichkeit zu einer eindeutigen Antwort. Er stellt sich in die Tradition jüdischer Heilserwartung, indem er nicht einfach »Ja, ich bin es« sagt, sondern die unbestrittene Autorität des Buches Jesaja in Anspruch nimmt, und zwar mit einer für das Messianische Zeitalter als programmatisch geltenden Verheißung:

»Geht und berichtet Johannes, was ihr hört und seht: Blinde sehen wieder, und Lahme gehen umher, Aussätzige werden rein, und Taube hören, und Tote werden erweckt, und Arme bekommen eine gute Botschaft.«

Die Verheißung des Jesaja ist also erfüllt. Eine Antwort des Täufers wird in den biblischen Texten nicht mitgeteilt, so interessant sie auch wäre. Aber die Tatsachen sprechen für sich. Lukas berichtet (4,16 ff.), wie oben schon dargelegt, dass sich Jesus auch in der Synagoge von Nazaret ausdrücklich auf diese Jesaja-Verheißung berufen habe, um dann lapidar zu erklären: Sie hat sich »heute« erfüllt.

Auch Matthäus kennzeichnet das heilvolle Wirken Jesu nach dem Jesajabuch, indem er das sogenannte erste Knecht-Gottes-Lied (42,1 ff.) auf Jesus bezieht, wiederum mit der Erklärung,

diese Verheißung des Friedens und der fürsorglichen Gerechtigkeit sei jetzt verwirklicht. Es handelt sich um einen der wohl »stärksten« Texte des Alten Testamentes. Der im Evangelium als Messias gedeutete »Knecht Gottes« tritt leise auf, ohne imperiales Getöse, behutsam und fürsorglich – eine bewegende Absage an jede Art von Unterdrückung und Gewalt, zugleich das Dokument eines zutiefst humanen Gottesverständnisses (Zitat in der Fassung des Matthäus):

»Seht, das ist mein Knecht, den ich erwählt habe, mein Geliebter, an dem ich Wohlgefallen gefunden habe.

Naïn und Kana
Nach Lukas (7,11 ff.) hat Jesus in Naïn den
Sohn einer Witwe, der gerade zum Begräbnis aus dem Stadttor herausgetragen
wurde, zum Leben erweckt. Naïn, zu
Deutsch »die Liebliche«, liegt am Rand
der Ebene Jesreel, etwa 35 Kilometer von
Kafarnaum entfernt. Im 19. Jahrhundert
waren in dem Trümmerfeld noch zwei
Kirchenruinen zu erkennen, die eine bei
einer Quelle, zu der vielleicht das westliche Stadttor hinausführte, die andere
höher am Abhang, mitten im Gelände der
einstigen Stadt. Die Franziskaner erwar-
ben die Ruine an der Quelle und errichteten dort eine Kapelle (links Aufnahme
von Félix Bonfils, um 1857; im Hintergrund
der Berg Tabor).
In Kana vollbrachte Jesus, wie das Johannesevangelium berichtet (2,1 ff.), sein
erstes Zeichen, indem er Wasser in Wein
verwandelte. Erst im 16. Jahrhundert
wurde das Andenken an die Hochzeit
zu Kana nach Kafr Kenna verlegt, einem
arabischen Dorf 6 Kilometer nördlich von
Nazaret (linke Seite, oben). Die Orthodoxen errichteten dort eine Kirche, später
auch die Franziskaner. In früheren Zeiten
hatte man die Pilger nach Chirbet Kana
geführt, einem weiter nordöstlich gelegenen Ruinenhügel. Auch in der Gegend
von Tyros, im heutigen Libanon, gibt es
einen Ort namens Kana, der für sich in
Anspruch nimmt, Schauplatz des Weinwunders gewesen zu sein.
Das Dorf Buqeia (linke Seite, unten)
gehört zu den wenigen Orten in Galiläa,
die ununterbrochen seit der Zeit Jesu bis
in unsere Tage bewohnt gewesen sind.

»Zeichen, Wunder und machtvolle Taten«

Im zweiten Brief an seine Gemeinde in
Korinth (12,12) nennt Paulus die Kriterien eines Apostels: »Zeichen, Wunder
und machtvolle Taten«. Gerade bei Paulus, der mit seinen großen Gemeinde-
briefen die bedeutendsten unter den
sehr frühen christlich-theologischen
Schriften verfasst hat, ist zu betonen,
dass es nicht darum geht, den Menschen durch »Jahrmarktzauberei« etwas
vorzumachen.

Zeichen und Wunder zeigen vielmehr
die Realität des geheilten Lebens an.
Sie sind nur dadurch »machtvoll«, dass

Ich werde meinen Geist auf ihn legen,
und er wird den Völkern das Recht
verkünden.
Er wird nicht zanken und nicht
schreien, und man wird seine Stimme
nicht auf den Straßen hören.
Das geknickte Rohr wird er nicht
zerbrechen und den glimmenden Docht
nicht auslöschen, bis er dem Recht zum
Sieg verholfen hat.
Und auf seinen Namen werden die
Völker ihre Hoffnung setzen.«

Dies sind ergreifende Sinnbilder der
Behutsamkeit und der Fürsorge für das
Schwache: Was nach realer Erfahrung
gänzlich chancenlos ist, das geknickte

Schilfrohr und das erlöschende Licht,
soll bewahrt werden in der Aussicht
auf das »Recht«, nämlich auf endgül-
tiges Heil.

Nichts wäre falscher, auch im Sinne
Jesu, als zu unterstellen, dies sei eine
fromm-betuliche, also folgenlose Vertröstung auf das Jenseits. Denn was
sein wird, soll jetzt schon gelten, als
von Gott gewollter Maßstab der Gesinnung und des Handelns! Bei der Erörterung der berühmten »Bergpredigt«
Jesu wird dies erst recht zu bedenken
sein, aber auch schon bei der Stellungnahme zu den Berichten über seine
heilenden Wundertaten.

Wunderszenen am Reliquienkasten
Die Lipsanothek von Brescia, ein Reli-
quienkasten im dortigen Museo Civico
Santa Giulia, ist mit Elfenbeinreliefs aus
dem 4. Jahrhundert verkleidet, die alt-
und neutestamentliche Szenen wieder-
geben. Das Hauptfeld der Vorderseite
(rechts) zeigt in der Mitte ein Gebäude,
in dem Christus, eine Schriftrolle ausbrei-
tend, im Kreis der Apostel steht und sie
lehrt; links davon die Heilung der an Blu-
tungen leidenden Frau (Matthäus 9,20 ff.;
Markus 5,21 ff.; Lukas 8,40 ff.), rechts
unter einer Arkade Jesus als guter Hirte,
während der Mietling den Wolf kommen
sieht und flieht (Johannes 10,11 ff.).
Die beiden Felder neben dem Schloss
stellen die Geschichte des Propheten
Jona dar, der von den Schiffsleuten ins
Meer geworfen, vom Fisch verschlungen
und nach drei Tagen an Land gespien
wird. Der untere Streifen enthält Daniel-
szenen: Die beiden Alten lauern Susanna
auf, sie werden von Daniel vor dem Rich-
ter überführt, und Daniel in der Löwen-
grube – wie die Jonageschichte eine auf
frühchristlichen Sarkophagen und in der
Katakombenmalerei häufig vorkom-
mende Errettungsszene.
Das Hauptfeld der einen Schmalseite
(rechte Seite, oben) kombiniert die Blin-
denheilung (Matthäus 12,22 ff.; Markus
8,22 ff.; Lukas 18,35 ff.) mit der Erweckung
des Lazarus (Johannes 11,1 ff.). Sein Gegen-
stück (rechte Seite, unten) zeigt die Erwe-
ckung der Tochter des Synagogenvor-
stehers Jaïrus (Matthäus 9,18 ff.; Markus
5,21 ff.; Lukas 8,40 ff.).

sich durch sie die Wirklichkeit eines Gottes erschließt, der den Menschen nicht zum Spielball seiner Launen macht, sondern sein Lebensrecht garantiert. »Machtvolle Taten« sind die Zeichen und Wunder gewiss, aber nur im unauflöslichen Verbund mit der durch Jesus präsenten Königsherrschaft Gottes.

Die Menschen der Antike waren den Lebensrisiken und -belastungen nahezu schutzlos ausgesetzt, die Armen ganz besonders. Das war und blieb so bis weit in die Neuzeit hinein, in großen Bereichen unserer Welt bis heute. Trotz der enormen Erfolgsgeschichte der ärztlichen Kunst, trotz der sozialen

Sicherungen verbinden aber auch diejenigen, die heute in relativ guter Absicherung leben, mit den Menschen der Antike und des Mittelalters letztlich dieselben schicksalhaften Gegebenheiten: die Sehnsucht nach sicherem Glück, die Erfahrung der Risikobelastung und der unausweichlichen Wirrungen des Lebens, die Zumutung der Krankheit, des Sterbens und des Todes.

So kann es nicht verwundern, dass sich bis heute die Hoffnungen vieler Verzweifelter an den Jesus des Glaubens anklammern. Es kann aber auch nicht verwundern, dass man ihn stets zugleich als spektakulären Wundertäter ansah, als den »Vollbringer ganz

unglaublicher Taten«, wie schon Josephus Flavius erfahren hatte.

Als ein »Wunder« galt und gilt jedes Ereignis, das sich weder mit dem »gesunden Menschenverstand« noch mit exakten naturwissenschaftlichen Methoden erklären lässt. Gott aber, so lernte man es im Religionsunterricht vergangener Zeiten, habe als Herr seiner Schöpfung stets die Macht, den Naturgesetzen entgegen zu handeln, beispielsweise also das Wasser bergauf fließen, die Sonne sich drehen zu lassen, wenn er nur wolle.

Solch naiver und banaler Wunderglaube ist unserer Zeit durchaus nicht fremd, esoterische Mutmaßungen ha-

ben eine starke kollektive Konjunktur. Begründet ist das vermutlich nicht nur in der Neugier für das Spektakuläre, sondern viel stärker, wenn auch unbewusst, in der Hoffnung, den unabweisbaren Zwängen und Belastungen des Daseins in der Kraft jenes Gottes entgehen zu können, der diesen nicht nur nicht unterworfen, sondern über sie Herr ist. Goethes berühmte »Faust«-Sentenz: »Das Wunder ist des Glaubens liebstes Kind« könnte auch so lauten: »Das Wunder ist der Hoffnung liebstes Kind«; dabei sei gewiss nicht vergessen, dass solche oft verzweifelte Hoffnung vielmals ausgebeutet wurde und wird, nicht nur religiös.

Freilich, auch auf »höherer« theologischer Ebene galten, gelten oftmals auch heute noch die in den Evangelien berichteten Wundertaten Jesu als unbestreitbar realgeschichtlich. Bei reflektierter Betrachtung wird man allerdings feststellen, dass die Frage, ob Jesus tatsächlich Tote auferweckt und Spontanheilungen herbeigeführt habe, ob er wirklich ohne Hilfsmittel über die Wellen des Sees Gennesaret gegangen sei, so wie sie gestellt ist, nicht beantwortet werden kann. Jedenfalls nicht im Sinne eines »Glaubst du oder glaubst du nicht«.

Reduziert man die Mission Jesu auf die Wundertaten, sieht man ihn nur als

»Wundermann«, wird man ihn banalisieren und gänzlich verkennen.

Nach dem Zeugnis der synoptischen Evangelien lehnte es Jesus selbst vehement ab, die Echtheit seiner Mission durch spektakuläre, aufsehenerregende Wundertaten zu beweisen. Die drei synoptischen Evangelisten erzählen eine hierfür bezeichnende Episode, in der Fassung des Markus (8,11 ff.):

»Da kamen die Pharisäer und begannen ein Streitgespräch mit ihm; sie forderten von ihm ein Zeichen vom Himmel, um ihn auf die Probe zu stellen. Da seufzte er tief auf und sagte: Was fordert diese Generation ein Zeichen? Amen, das sage ich euch:

»Geht und berichtet Johannes, was ihr hört und seht:
Blinde sehen wieder, und Lahme gehen umher,
Aussätzige werden rein, und Taube hören,
und Tote werden erweckt, und Arme bekommen
eine gute Botschaft.«

Logienquelle Q 7,18

Dieser Generation wird niemals ein Zeichen gegeben werden.«

Mit anderen Worten: Wenn ihr euch nicht aus eigener Einsicht der heilvollen Gerechtigkeit Gottes jetzt öffnet, wird euch ein »Zeichen vom Himmel« nicht helfen können. Überzeugung ist nicht durch Wunderzeichen, sondern nur durch Einsicht zu gewinnen. Matthäus (12,38 ff.) und Lukas (11,29 ff.) ergänzen noch durch einen Hinweis auf die alttestamentliche Jona-Erzählung, hier in der Fassung des Lukas:

»Diese Generation ist böse. Sie fordert ein Zeichen, aber es wird ihr kein anderes gegeben werden als das Zeichen des Jona. Denn wie Jona für die Einwohner von Ninive ein Zeichen war, so wird es auch der Menschensohn für diese Generation sein ... Die Männer von Ninive werden beim Gericht gegen diese Generation auftreten und sie verurteilen; denn sie haben sich auf die Predigt des Jona bekehrt. Hier aber ist einer, der mehr ist als Jona.«

Jesus versteht sich in der Sicht der Evangelisten also selbst als Zeichen, das erkannt werden muss; ein anderes Zeichen, eine andere Chance, zur Erkentnis zu kommen, kann es nicht geben (vgl. auch Q 11, 16 ff.).

Was aber ist dann der Sinn der Wundertaten Jesu?

In den synoptischen Evangelien beansprucht die Darstellung der Wunderereignisse fast genauso viel Platz wie der Bericht über seine Lehrreden. Das unterstreicht ihre Bedeutung für das Verständnis Jesu. Einige Beispiele sollen das verdeutlichen.

Als wäre sie ganz selbstverständlich, erzählt Markus von der Heilung der Schwiegermutter des Petrus in Kafarnaum (1,29 ff.; vgl. Matthäus 8,14 f.; Lukas 4,38 f.):

»Sie verließen die Synagoge und gingen zusammen mit Jakobus und Johannes in das Haus des Simon (Petrus) und Andreas. Die Schwiegermutter des Simon lag mit Fieber im Bett. Sie sprachen mit Jesus über sie, und er ging zu ihr, fasste sie an der Hand und richtete sie auf. Da wich das Fieber von ihr, und sie sorgte für sie.«

Möglicherweise beruht dieser Bericht auf einem tatsächlichen Ereignis. Er zeigt den Lesern und Zuhörern des Evangelisten, wie sich Jesus um die Belange seiner Freunde und ihrer Angehörigen kümmert; er zeigt ihn zugleich als den das alltägliche Leben souverän überragenden Heiland.

Anschaulicher und dramatischer als Matthäus (9,1 ff.) berichten Markus (2,1 ff.) und Lukas (5,17 ff.) über die Heilung eines Gelähmten, um zu zeigen, wie die Menschen in der Hoffnung auf Heilung zu Jesus strömten, wie Familien und Freunde ihre Kranken anschleppten. Nach Markus:

»Als er einige Tage später nach Kafarnaum zurückkam, wurde bekannt, dass er (wieder) zu Hause war. Und es versammelten sich so viele Menschen, dass nicht einmal mehr vor der Tür Platz war; und er verkündete ihnen das Wort.

Da brachte man einen Gelähmten zu ihm; er wurde von vier Männern getragen. Weil sie ihn aber wegen der vielen Leute nicht bis zu Jesus bringen konnten, deckten sie dort, wo Jesus war, das Dach ab, schlugen (die Decke) durch und ließen den Gelähmten auf seiner Tragbahre durch die Öffnung hinab. Als Jesus ihren Glauben sah, sagte er zu dem Gelähmten: Mein Sohn, deine Sünden sind dir vergeben!

Einige Schriftgelehrte aber, die dort saßen, dachten im Stillen: Wie kann dieser Mensch so reden? Er lästert Gott. Wer kann Sünden vergeben außer dem einen Gott? Jesus erkannte sofort, was sie dachten, und sagte zu ihnen: Was für Gedanken habt ihr im Herzen? Ist es leichter, zu dem Gelähmten zu sagen: Deine Sünden sind dir vergeben, oder zu sagen: Steh auf, nimm deine Tragbahre, und geh umher? Ihr sollt aber erkennen, dass der Menschensohn die Vollmacht hat, hier auf der Erde Sünden zu vergeben. Und er sagte zu dem Gelähmten: Ich sage dir: Steh auf, nimm deine Tragbahre und geh nach Hause! Der Mann stand sofort auf, nahm seine Tragbahre und ging vor aller Augen weg. Da gerieten alle außer sich; sie priesen Gott und sagten: So etwas haben wir noch nie gesehen.«

Nicht alle derartigen Geschichten werden so detailreich erzählt. Oftmals

Die Heilung der Haimorrhousa
Nach dem Bericht des Markus (5,21 ff.) drängte sich die seit zwölf Jahren an Blutungen leidende Frau »in der Menge von hinten an Jesus heran und berührte sein Gewand«. Frühe Darstellungen verzichten auf die Wiedergabe des Gedränges, ja überhaupt auf Assistenzfiguren. Das Fresko in den römischen Petrus- und Marcellinus-Katakomben zeigt nur Jesus und die Frau. »Zitternd vor Furcht« und sich niederkauernd, ergreift sie zaghaft einen Mantelzipfel und wird von dem sich umwendenden Heiland durch Wort und Gebärde geheilt.

Ein Mosaikzyklus der Wundertaten Jesu
Der Mosaikschmuck der Kirche des ehemaligen Chora-Klosters in Istanbul, den Theodoros Metochites, Träger hoher Ämter am Kaiserhof, gegen 1320 stiftete, ist der ausgedehnteste in Byzanz erhaltene Zyklus der Wundertaten Jesu wie seiner Kindheitsgeschichte. Ein Hängezwickel im südlichen Kuppeljoch der inneren Vorhalle (links oben) zeigt die Heilung der beiden Blinden, die am Wege saßen, als Jesus von Jericho fortging (Matthäus 20,29 ff.). Am gegenüberliegenden Pendentif (links unten) folgt die Heilung der an Blutungen leidenden Frau (Matthäus 9,20 ff.; Markus 5,21 ff.; Lukas 8,43 ff.). Am nördlichen Gurtbogen dieses Jochs ist neben der nur fragmentarisch erhaltenen Heilung des Aussätzigen (Matthäus 8,1 ff.; Markus 1,40 ff.) die Heilung des Mannes mit der verdorrten Hand dargestellt (rechte Seite), von der alle drei Synoptiker ausführlich und mit der Begründung der Heilung am Sabbat erzählen (Matthäus 12,10 ff.; Markus 3,1 ff.; Lukas 6,6 ff.). Der Aufforderung Jesu folgend, streckt der Mann seine Hand aus, und sie wird gesund wie die andere, mit der er den ausgestreckten Arm stützt.
Im westlichen Bogenfeld des Kuppeljochs (folgende Doppelseite) tritt Jesus, von seinen Jüngern begleitet, mit der segnenden oder weisenden Gebärde, wie sie für Heilungsszenen kennzeichnend ist, vor eine Gruppe von Kranken, die sich Hilfe suchend an ihn wenden. Sie sitzen am Boden, einer steht auf einen Stock gestützt, eine Mutter hält dem Heiland ihr Kind entgegen.

begnügen sich die synoptischen Evangelisten mit summarischen Hinweisen auf die vielen Menschen, die Jesus hören wollen, die mit ihren Krankheiten zu ihm kommen. Hier aber erweist sich Markus ähnlich wie auch Lukas als geschickter Erzähler, der die Fantasie seiner Leser und Zuhörer beansprucht: die vielen Menschen, die sich vor dem Haus zusammendrängen und den Eingang versperren; die vier Männer, die

den Gelähmten anschleppen und kurzerhand das Dach öffnen (von einer unwilligen Reaktion der Hausbesitzer kein Wort) und den Kranken Jesus genau vor die Füße legen. Der aber enttäuscht zunächst die Hoffnung auf sofortige Heilung, vielmehr spricht er das Wort der Vergebung.

Auch die Leser und Zuhörer des Evangelisten, die sicherlich schon oft gehört hatten, dass Jesus den Kranken

zuerst die Sünden vergab, waren wohl immer wieder verblüfft: Deswegen hatte man den gelähmten Mann doch nicht herbeigeschleppt.

Absichtlich unterbricht der Evangelist mit diesem Verblüffungseffekt den Fortgang der Erzählung, um auf das Wesentliche aufmerksam zu machen: Jesus ist kein Wunderdoktor, sondern Verkündiger und Vollstrecker des Heils für den ganzen Menschen.

Genau hier liegt auch die mit Bedacht ironisch zugespitzte Pointe des Streitgesprächs mit den Schriftgelehrten. Besserwisserisch in ihrer Theologie befangen, begreifen sie nichts. Sie müssen sich aber den Beweis der Heilkraft Jesu gefallen lassen. Der Evangelist zielt dabei auf das Verständnis derer, die ihm zuhören und seine Erzählung lesen. Sie sollen begreifen: Durch Jesus handelt Gott »auf der Erde«, erweist sich die von ihm gegebene menschenwürdige Lebenschance.

Wie auch bei den Berichten über die Austreibung von Dämonen betonen die drei synoptischen Evangelien Jesu Verkündigung, die Königsherrschaft Gottes stehe nicht erst noch bevor, sie habe jetzt schon begonnen. Es komme nur darauf an, sich vorbehaltlos auf sie einzulassen. Wer auf Jesu Zeugnis eingeht und sich ihm öffnet und anver-

traut, wird geheilt. Daher wertet er die Hoffnung des Gelähmten und seiner Freunde als »Glauben«, als Vertrauen.

Es ist bezeichnend, dass von Johannes dem Täufer heilendes Handeln nicht berichtet wird. Er verkündete die nah bevorstehende Königsherrschaft Gottes. Jesus ging indes sehr bewusst den entscheidenden Schritt weiter: Gottes Reich ist da, im Anbruch zwar, aber wirksam.

In diesem Sinne ist auch die Erzählung von der Heilung eines Blinden zu verstehen, hier in der anschaulichen Fassung des Lukas (18,35 ff.):

»Als Jesus in die Nähe von Jericho kam, saß ein Blinder an der Straße und bettelte. Er hörte, dass viele Menschen vorbeigingen, und fragte: Was hat das zu bedeuten? Man sagte ihm: Jesus von Nazaret geht vorüber. Da rief er: Jesus, Sohn Davids, hab Erbarmen mit mir! Die Leute, die vorausgingen, wurden ärgerlich und befahlen ihm zu schweigen. Er aber schrie noch viel lauter: Sohn Davids, hab Erbarmen mit mir! Jesus blieb stehen und ließ ihn zu sich herführen.

Als der Mann vor ihm stand, fragte ihn Jesus: Was soll ich dir tun? Er antwortete: Herr, ich möchte wieder sehen können. Da sagte Jesus zu ihm: Du sollst wieder sehen. Dein Glaube hat dir geholfen. Im gleichen Augenblick konnte er wieder sehen. Da pries er Gott und folgte Jesus. Und alle Leute, die das gesehen hatten, lobten Gott.«

Diese Erzählung ist wie eine kleine Theaterszene aufgebaut: Sein beharrlicher Schrei nach dem »Sohn Davids« macht den zunächst »unwichtigen« Blinden am Straßenrand zu einem in den Mittelpunkt tretenden Protagonisten. Das Wechselgespräch mit Jesus ist

kurz und offenbart doch die ganze Not dieses Menschen, zugleich das Erbarmen des Heilers. Sein Dank an Gott, in den alle einstimmen, die ihn vorher ärgerlich zurückhalten wollten, klingt wie ein »Schlusschoral«, der kundtut: Hier und jetzt wirkte Gottes Gnade.

Offenbar ohne zu zögern – ganz im Gegenteil – näherte sich Jesus bedenkenlos auch jenen Kranken, die man wegen der hochgradigen Ansteckungsgefahr angstvoll aus der Gesellschaft ausgesperrt und in die Wüste geschickt hatte. Aussatz, worin auch immer er konkret bestand, bedeutete den sozialen Tod; Aussätzige mussten, kamen ihnen

Ein Mosaikzyklus der Wundertaten Jesu
Alle vier Hängezwickel des südlichen Kuppelraums im inneren Narthex der Chora-Kirche in Istanbul zeigen Heilungsszenen. Eine davon ist die Heilung der Schwiegermutter des Petrus (linke Seite), von der die Synoptiker berichten (Matthäus 8,14 f.; Markus 1,29 ff.; Lukas 4,38 f.). Markus erzählt, wie Jesus von der Synagoge in Kafarnaum mit Jakobus und Johannes in das Haus des Andreas und Simon (Petrus) kam, wo dessen Schwiegermutter mit Fieber im Bett lag, »und er ging zu ihr, fasste sie an der Hand und richtete sie auf. Da wich das Fieber von ihr, und sie sorgte für sie.«
Nur Matthäus (12,22) erwähnt die im gegenüberliegenden Pendentif dargestellte Heilung eines Besessenen, der blind und stumm war (rechts). Im Anschluss daran berichtet er vom Vorwurf der Pharisäer, Jesus treibe die bösen Geister durch Beelzebul aus, den Anführer der Dämonen, und von Jesu Erwiderung auf diese Anschuldigung (vgl. Markus 3,22 ff.; Lukas 11,15 ff.).

Gesunde zu nahe, Zeichen geben: »unrein, unrein!« Markus erzählt (1,40 ff.):

»Ein Aussätziger kam zu Jesus und bat ihn um Hilfe; er fiel vor ihm auf die Knie und sagte: Wenn du willst, kannst du machen, dass ich rein werde. Jesus hatte Mitleid mit ihm; er streckte die Hand aus, berührte ihn und sagte: Ich will es – werde rein! Im gleichen Augenblick verschwand der Aussatz, und der Mann war rein.

Jesus schickte ihn weg und schärfte ihm ein: Nimm dich in Acht! Erzähle niemand etwas davon, sondern geh und zeige dich dem Priester und bring das Reinigungsopfer dar, das Moses

angeordnet hat. Das soll für sie ein Beweis (meiner Gesetzestreue) sein.« (vgl. Matthäus 8, 2 ff.; Lukas 5.12 ff.)

Hauptsächlich diese zwei Botschaften sind Markus wichtig: Jesu solidarisches Mitleid mit dem Aussätzigen, er berührt ihn; er verweist auf die gesetzlich vorgeschriebene Bestätigung der Heilung, womit der Evangelist betont, dass Jesus sich an die Gesetze hielt und kein pseudoärztlicher Scharlatan war.

Bezeichnend für all diese Heilungstaten ist, dass Jesus nicht als Arzt auftritt, der irgendwelche besonderen Behandlungsmethoden verwendet. Sein gebietendes Wort genügt.

Antiken Schilderungen ärztlichen Handelns ist die Vorstellung, Heilung sei allein durch gebietendes Wort und bloße Berührung zu erreichen, ziemlich fremd. Sie berichten meist von einer Mischung aus kompetenter therapeutischer Praxis und irgendwelchen spektakulären Praktiken. Interessanterweise mitten in der »griechischen« Dekapolis-Region, also außerhalb des engeren jüdischen Bereichs, soll Jesus ähnlich gehandelt haben. Jedenfalls erzählt Markus (7,31 ff.):

»Dort brachte man einen Taubstummen zu Jesus und bat ihn, er möge ihn berühren. Er nahm ihn beiseite, von der

Tora – Pentateuch

Tora bedeutet Weisung, Lehre, auch Gesetz. So bezeichnet man die fünf Bücher des Mose, griechisch »Pentateuch« genannt. Sie sollen die Gebote und Weisungen enthalten, die Mose während der Wanderung der Israeliten durch die Sinaiwüste von Gott erhielt. Der Text der Tora darf nicht verändert werden. Von Fachleuten geschrieben, wird er in den Synagogen in einem verschlossenen Schrein aufbewahrt. Während der Gottesdienste liest man daraus in einem singenden Tonfall. Unbrauchbar gewordene Torarollen werden ehrfurchtsvoll bestattet. Zwar enthalten die fünf Bücher eine gewaltige Zahl von Gesetzen, relevant aber sind letztlich genau 613: Ritual-, Reinheitsverpflichtungen, allgemeinmenschliche, geradezu sozialpolitische Verhaltensregeln, vor allem auch Speisevorschriften. Außer der fest formulierten Tora soll Mose noch eine Tora erhalten haben, die von Generation zu Generation mündlich tradiert wurde. Als die Kontinuität der Jerusalemer Glaubenstradition durch die Repressalien, die Rom nach den Aufständen verhängte, abzubrechen drohte, schrieb man die »Mischna« auf, eine Sammlung von Interpretationen der Tora-Gesetze, die ihrerseits schon seit langer Zeit im »Talmud« zitiert und kommentiert worden waren.

Betanien und das Lazarusgrab

Allein der Evangelist Johannes (11,1 ff.) erzählt die Geschichte der Auferweckung des Jesusfreundes Lazarus. Er nennt auch den Ort des Geschehens: Betanien, und um eine Verwechslung mit dem Betanien jenseits des Jordans auszuschließen, fügt er hinzu: »das Dorf der Maria und ihrer Schwester Marta« und nennt als Entfernung von Jerusalem 15 Meilen – das sind etwa 3 Kilometer. Mit dieser Angabe stimmt die Lage des arabischen Dorfes Azarije überein, in dessen Namen sich das byzantinische »Lazarium – Lazarus(ort)« erhalten hat. Das heutige Dorf (rechts in einer Aufnahme um 1875) ist um das traditionelle Lazarusgrab herum erbaut worden. Wie in den Jahren 1949–1953 durchgeführte Ausgrabungen ergaben, lag der vom 6. Jahrhundert v. Chr. bis ins 14. Jahrhundert n. Chr. besiedelte alte Ort etwas weiter bergan nach Westen. Die als Grab des Lazarus verehrte Stätte (rechte Seite, unten) befindet sich in einem Gräberfeld der neutestamentlichen Zeit und wurde schon im 4. Jahrhundert durch eine Kirche bezeichnet. Sie wurde ebenso zerstört wie die an gleicher Stelle errichtete Kirche der Kreuzfahrerzeit.

Heute liegt die Grabkammer unter einer Moschee. Der alte Zugang wurde vermauert und ein anderer außerhalb des Moscheebezirks angelegt (rechte Seite, oben: der Eingang in einer Aufnahme von 1864). Über der Ostpartie der früheren Basilika errichteten die Franziskaner eine neue Lazaruskirche.

Menge weg, legte ihm die Finger in die Ohren und berührte dann die Zunge des Mannes mit Speichel; danach blickte er zum Himmel auf, seufzte und sagte zu dem Taubstummen: Effata!, das heißt: Öffne dich! Sogleich öffneten sich seine Ohren, seine Zunge wurde von ihrer Fessel befreit, und er konnte richtig reden.«

Die Evangelien enthalten mehrere andere Zeugnisse dafür, dass Jesus auch Nichtjuden beistand, obwohl er durchaus darauf beharrte, vorrangig zu den Juden gesandt zu sein. Den Evangelisten kam es in der Zeit nach Jesus freilich darauf an, zu zeigen, dass seine Mission letztlich alle Menschen anging. Beispielhaft sei auf eine Geschichte verwiesen, die neben Markus (7,24 ff.) auch Matthäus erzählt (15,21 ff.):

Jesus zog sich »in das Gebiet von Tyros und Sidon zurück. Da kam eine kanaanäische Frau aus jener Gegend zu ihm und rief: Hab Erbarmen mit mir, Herr, du Sohn Davids! Meine Tochter wird von einem Dämon gequält. Jesus aber gab ihr keine Antwort. Da traten seine Jünger zu ihm und baten: Befrei sie (von ihrer Sorge), denn sie schreit hinter uns her. Er antwortete: Ich bin nur

zu den verlorenen Schafen des Hauses Israel gesandt. Doch die Frau kam, fiel vor ihm nieder und sagte: Herr, hilf mir! Er erwiderte: Es ist nicht recht, das Brot den Kindern wegzunehmen und den Hunden vorzuwerfen. Da entgegnete sie: Ja, du hast recht, Herr! Aber selbst die Hunde bekommen von den Brotresten, die vom Tisch ihrer Herren fallen. Darauf antwortete Jesus: Frau, dein Glaube ist groß. Was du willst, soll geschehen. Und von dieser Stunde an war ihre Tochter geheilt.«

Die geradezu erniedrigende Behandlung der von ihrer Sorge gepeinigten

Frau scheint die Unbeirrbarkeit ihres Glaubens und Vertrauens erproben zu sollen. Ihre Schlagfertigkeit besiegt den massiven Vorbehalt Jesu. Worauf die Erzählung des Evangelisten hinzielt, ist dabei klar: Seine Zuhörer und Leser sollen erkennen, dass alle, die sich Jesus und seiner Mission anvertrauen, mit Gottes Zuwendung rechnen dürfen.

All diese hier beispielhaft vorgestellten Heilungserzählungen bekunden durchaus die Fabulierlust antiker Autoren und die Begeisterung ihrer Zuhörer und Leser für das Wunderbare. Doch gehen sie nicht darauf aus, nur durch die Schilderung von Zauberkunststücken zu beeindrucken, sondern wollen die heilende Solidarität Jesu mit gepeinigten Menschen aufzeigen und in seinem Handeln Gottes Solidarität erkennen lassen.

Die Wundererzählungen entsprechen antiken Erkenntnisbedingungen, nicht den unseren. Für antike Menschen war es wichtig, dass Jesus so gehandelt haben könnte, weil er tatsächlich so war, wie er da geschildert wird. Und genau hier kommt es darauf an, die Berichte über seine Taten mit den Berichten über seine Reden zu vernetzen.

Ganz gewiss erwies sich die mitmenschlich solidarische Nähe Jesu als heilsam. Auch wenn wir nicht wissen, wie sie sich real darstellte und auswirkte: Worum es ging, war auf jeden Fall, zu erfahren, dass Gott als die tragende Lebensbasis keine pedantischen Gesetze auferlegt und nicht harte Bedingungen für seine Gnade stellt, sondern sich dem Vertrauen eines Menschen öffnet.

Diese befreiende Erfahrung zu vermitteln, war offensichtlich das zentrale Anliegen des Mannes aus Nazaret. Die Frage, ob und wie seine Wundertaten tatsächlich stattfanden, kann dahinter zurücktreten. Denn man muss sich »klarmachen, dass die Evangelisten in den Wundergeschichten keine Tatsachenberichte sehen, die sie für unantastbar gehalten hätten, sondern Bedeutungsgeschichten über Jesus, die sie recht frei und selbstständig ihrem je eigenen Gemeindebedürfnis anpassten.« (Rudolf Hoppe)

Des Jaïrus Tochter und eine kranke Frau

Dass eine tiefere Bedeutung beabsichtigt ist, wird deutlich erkennbar an den ineinander verschränkten Berichten über die Auferweckung der Tochter des Synagogenvorstehers Jaïrus und über die Heilung einer an Blutungen leidenden Frau, die hier in der erzählerisch starken Fassung des Markus (5,21 ff.; vgl. Matthäus 9,18 ff. und Lukas 8,40 ff.) vorgestellt werden.

Bemerkenswert ist der spannende Aufbau der Erzählung und der Zugriff auf die (heute noch genauso möglichen) Krankheits- und Angsterfahrungen der Leser und Zuhörer. Beachtlich auch, wie Jesus die Frau aus ihrer Anonymität herausholt, und wie der Evangelist die Umstände der eigentlich doch unmöglichen Totenerweckung charakterisiert – nicht ohne Witz.

»Jesus fuhr im Boot wieder ans andere Ufer hinüber, und eine große Menschenmenge versammelte sich um ihn. Während er noch am See war, kam ein Synagogenvorsteher namens Jaïrus zu ihm. Als er Jesus sah, fiel er ihm zu Füßen und flehte ihn um Hilfe an; er sagte: Meine Tochter liegt im Sterben. Komm und leg ihr die Hände auf, damit sie wieder gesund wird und am Leben bleibt. Da ging Jesus mit ihm.

Viele Menschen folgten ihm und drängten sich um ihn. Darunter war eine Frau, die schon zwölf Jahre an Blutungen litt. Sie war von vielen Ärzten behandelt worden und hatte dabei sehr zu leiden; ihr ganzes Vermögen hatte sie ausgegeben, aber es hatte ihr nichts genutzt, sondern ihr Zustand war im-

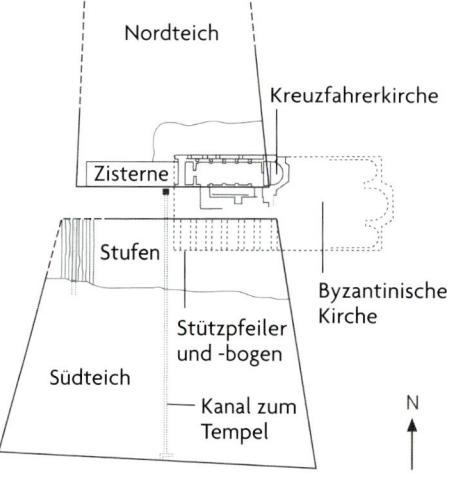

Betesda und Schiloach in Jerusalem
Das Johannesevangelium (5,2 ff.) berichtet von der Heilung eines Gelähmten am Teich Betesda beim Schaftor. Ausgrabungen legten im Norden des Tempelplatzes zwei Wasserbecken frei, Heilbäder, ein Asklepios-Heiligtums, eine Basilika, die über der Trennwand und Substruktionen errichtet worden war, sowie eine Kreuzfahrerkirche (links Lageplan, oben Blick auf die Trennwand und die Stützpfeiler im Südteich). Zum Teich Schiloach (rechte Seite) wurde der Blindgeborene geschickt, nachdem ihm Jesus die Augen mit Brei bestrichen hatte. Er wusch sich und kam sehend zurück (Johannes 6,1 ff.).

150

mer schlimmer geworden. Sie hatte von Jesus gehört. Nun drängte sie sich in der Menge von hinten an ihn heran und berührte sein Gewand. Denn sie sagte sich: Wenn ich auch nur sein Gewand berühre, werde ich geheilt. Sofort hörte die Blutung auf, und sie spürte deutlich, dass sie von ihrem Leiden geheilt war.

Im selben Augenblick fühlte Jesus, dass eine Kraft von ihm ausströmte, und er wandte sich in dem Gedränge um und fragte: Wer hat mein Gewand berührt? Seine Jünger sagten zu ihm: Du siehst doch, wie sich die Leute um dich drängen, und da fragst du: Wer hat mich berührt? Er blickte umher, um zu sehen, wer es getan hatte. Da kam die Frau, zitternd vor Furcht, weil sie wusste, was mit ihr geschehen war; sie fiel vor ihm nieder und sagte ihm die ganze Wahrheit. Er aber sagte zu ihr: Meine Tochter, dein Glaube hat dir geholfen. Geh in Frieden! Du sollst von deinem Leiden geheilt sein.

Während Jesus noch redete, kamen Leute, die zum Haus des Synagogenvorstehers gehörten, und sagten (zu Jaïrus): Deine Tochter ist gestorben. Warum bemühst du den Meister noch länger? Jesus, der diese Worte gehört hatte, sagte zu dem Synagogenvorsteher: Sei ohne Furcht; glaube nur! ... Sie gingen zum Haus des Synagogenvorstehers. Als Jesus den Lärm bemerkte und hörte, wie die Leute laut weinten und jammerten, trat er ein und sagte zu ihnen: Warum schreit und weint ihr? Das Kind ist nicht gestorben, es schläft nur. Da lachten sie ihn aus. Er aber schickte alle hinaus und nahm außer seinen Begleitern nur die Eltern mit in den Raum, in dem das Kind lag. Er fasste sie bei der Hand und sagte: Talita kum!, das heißt übersetzt: Mädchen, ich sage dir, steh auf! Sofort stand das Mädchen auf und ging umher. Es war zwölf Jahre alt. Die Leute gerieten außer sich vor Entsetzen ...«

Die ungeheure Sehnsucht, es möge bei der Trauer um den Tod eines Menschen, schon gar um den allzu frühen Tod eines Kindes, nicht bleiben, erzeugt die Hoffnung auf ein von solchem Leid freies Dasein. Erweckungswunder werden daher in der antiken Literatur häufig erzählt. Das Neue Testament bildet da keine Ausnahme. Gleichwohl halten sich die Evangelisten sehr zurück und vermeiden es, »ihren« Jesus als Totenwecker gewissermaßen herauszuputzen. Über die hier zitierte Geschichte hinaus finden sich nur noch zwei weitere: bei Lukas (7,11 ff.) die über das Wunder am »jungen Mann von Naïn«, bei Johannes (11,1 ff.) die sehr bewegende über die Auferweckung des Jesusfreundes Lazarus.

Wie schon bei den sogenannten Kindheitserzählungen ist auch im Hinblick auf die »Machttaten« Jesu zu beachten, dass die Evangelien die in seinem Reden und Handeln präsente »eigentliche« Wirklichkeit darstellen wollen. Dazu müssen sie sich jener Mittel erzählerisch-literarischer Verdichtung bedienen, die den Gewohnheiten, der Fantasie und dem Verständnis ihrer antiken Leser und Zuhörer entsprechen.

Im Rückblick von heute: Es wäre schlicht naiv und geradezu dumm, sich an der Wunderoberfläche dieser Berichte gewissermaßen festzukrallen. Jenseits der Frage, ob man an Jesus glaubt oder nicht, geht es um ein Tiefenverständnis der mit Jesus einsetzenden Würdigung jedes Menschen und seines Schicksals, sei er dem Anschein nach auch noch so einfach und unbedeutend. Die Wunderberichte sind literarische Darstellungsmittel, keine Tatsachenbehauptungen.

Die Bergpredigt

Die »machtvollen Taten« allein mochten denen genügen, die Heilung erfuhren. Doch ging es dem historischen Jesus bei allem, was er tat, einzig darum, die Herrschaft Gottes auszurufen und ihre menschenfreundliche Gerechtigkeit durchzusetzen. Für ihn war sie Gegenwart und herausfordernde Zukunft zugleich. Die Menschen sollten eben dies

Die Kirche der Brotvermehrung

Die wenigen Angaben der Evangelisten (Matthäus 14,15 ff.; Markus 6,38 ff.; Lukas 9,12 ff.) legen zwar nahe, den Ort der wunderbaren Brotvermehrung am Ostufer des Sees Gennesaret zu suchen, doch schon früh verlagerte sich das Andenken daran an den Siebenquell in der Nähe von Kafarnaum, dessen griechischer Name Heptapegon im arabischen Ain et-Tabgha erhalten blieb. So schreibt die Pilgerin Egeria, die in den Jahren 381–384 Palästina bereiste: »Dort am Meere (von Galiläa) ist eine Ebene mit viel Gras und Palmen und daneben sieben Quellen, die reichlich Wasser liefern. In dieser Ebene hat der Herr mit fünf Broten und zwei Fischen das Volk gespeist.« Ausgrabungen legten eine Basilika aus dem 5. Jahrhundert frei, deren Bodenmosaiken weitgehend erhalten blieben. In der Mitte des Presbyteriums befindet sich der von Aetheria erwähnte Stein, zur Apsis hin ein Mosaik, das einen von zwei Fischen flankierten Korb mit Broten darstellt (rechte Seite, unten). Während das Hauptschiff mit einem Netz aus Rauten und Kreuzrosetten teppichartig ausgelegt ist, geben die Mosaiken in den Querhausarmen die Tier- und Pflanzenwelt am See wieder (rechts). Reiher, Kormorane, Höckerschwäne, Ringelgänse, Wasserhühner, Wildenten tummeln sich zwischen Schilf- und Papyrusstengeln. Im Randstreifen erscheinen Pfauen, die an Blüten picken (rechte Seite, oben). Die Mosaiken schmücken jetzt die in den Abmessungen der byzantinischen Basilika errichtete neue Brotvermehrungskirche.

begreifen und ihr Leben völlig von ihr bestimmen lassen.

Zentrale »Thesen« und Sprüche aus seinen Reden gaben die Frauen und Männer, die zu seinem Jüngerkreis gehört hatten, nach seiner Hinrichtung zunächst mündlich weiter. Schon bald trug man sie schriftlich zusammen, zum Beispiel in jener Spruchsammlung (Logienquelle Q), die man aus den Evangelien des Matthäus und des Lukas erschließen und rekonstruieren konnte. Sie ist zeitlich dem historischen Jesus also ziemlich nahe.

Aus programmatischen Kurzsätzen (Q 6,20 ff.), die als besonders charakteristisch und wichtig bewahrt wurden,

komponierten Matthäus (5,1 ff.) und Lukas (6,17 ff.) je für sich eine große Rede: die »Bergpredigt« beziehungsweise die »Feldrede«.

Matthäus lässt die Bergpredigt so beginnen:

»Als Jesus die vielen Menschen sah, stieg er auf einen Berg. Er setzte sich, und seine Jünger traten zu ihm. Dann begann er zu reden und lehrte sie.«

Schaut man vom heutigen Kloster auf dem »Berg der Seligpreisungen« nach Süden über die großartige Landschaft am See Gennesaret, so möchte man sich unbedingt vorstellen, genau hier habe Jesus gesprochen. Aber dieser Ort ist ebenso fiktiv wie die Form

der Rede selbst oder auch die in spätantiker Zeit verehrte »Grotte der Seligpreisungen«, die weiter unterhalb am Hang liegt, wo der »Siebenquell« entspringt und die Uferstraße nach Kafarnaum vorbeiführt.

Nach Lukas hielt Jesus die »Feldrede« in einer Ebene. Anders als Matthäus inszeniert er, um deren Bedeutung gebührend zu illustrieren, einen gewaltigen Zustrom von Menschen nicht nur aus Galiläa, sondern auch von weit her:

»Jesus stieg mit ihnen den Berg hinab. In der Ebene blieb er mit einer großen Schar seiner Jünger stehen, und viele Menschen aus ganz Judäa und Jerusa-

lem und dem Küstengebiet von Tyrus und Sidon strömten herbei.«

Wie und wo aber auch immer: Durch diese Landschaft ist Jesus mit seinen Leuten gezogen, hier hat er gepredigt und geheilt. Bei den einfachen Menschen dieser strahlenden See- und Gebirgsregion hatte seine Rede über Gott und Mensch ihren rechten Ort.

Besonders berühmt und am häufigsten missverstanden waren und sind die am Beginn beider Reden aufbewahrten »Seligpreisungen«. In der Logienquelle lauten sie lapidar:

»Selig ihr Armen, denn euer ist das Königreich Gottes. Selig ihr Hungernden, denn ihr werdet gesättigt werden.

Selig ihr Trauernden, denn ihr werdet getröstet werden.«

Lukas formuliert die »Seligpreisungen« folgendermaßen:

»Selig, ihr Armen, denn euch gehört das Reich Gottes. Selig, die ihr jetzt hungert, denn ihr werdet satt werden. Selig, die ihr jetzt weint, denn ihr werdet lachen.«

Die Version des Matthäus wiederum lautet:

»Selig, die arm sind vor Gott; denn ihnen gehört das Himmelreich. Selig die Trauernden; denn sie werden getröstet werden ... Selig, die hungern und dürsten nach der Gerechtigkeit; denn sie werden satt werden.«

In allen drei Versionen sind den Preisungen erläuternde »Denn«-Begründungen beigefügt. Zuhörer und Leser werden die Evangelisten ja gefragt haben: »Was meinte Jesus, wen meinte er?« Es ist nicht sicher auszumachen, wie Jesus selbst diese Preisungen erklärte und begründete. Man darf aber unterstellen, dass er ohne jede relativierende Einschränkung die tatsächlich in die Armut, den Hunger, in die Trauer getriebenen Menschen meinte: Selig sind die Armen, selig sind die Hungernden, selig sind die Trauernden.

Im Blick auf die Gesamttendenz seines Wirkens wird es wohl diese Interpretation der Seligpreisungen sein, Jesus am meisten entspricht: Wo die Herrschaft Gottes angebrochen ist, kann und darf keine gesellschaftliche Ordnung gelten und geduldet werden, in der Menschen arm gehalten werden, mindere oder gar keine Rechte und Chancen haben.

Die tradierte gesellschaftliche Sozial- und Werteordnung der Juden kannte zwar die massive Gegnerschaft Jahwes gegen die Geringschätzung und Ausbeutung der Armen, doch das soziale Macht-, Prestige- und Privilegiengefüge erzeugte und benachteiligte zu allen Zeiten und überall Schwache und Chancenlose. Jesus sagte diesen Menschen Gottes entschlossene Zuwendung zu, jedoch – das ist entscheidend wichtig – nicht als pure Vertröstung und Mahnung zum geduldigen Aushalten. Was nämlich bei Gott grundsätzlich gilt, muss jetzt gelten und verwirklicht werden!

Die Seligpreisungen sind als rigorose Forderung zu verstehen, das Recht der Armen, Hungernden und Trauernden bedingungslos anzuerkennen und durchzusetzen, dass sie alle als gleich »würdige« und gleichberechtigte Mitmenschen respektiert werden. Die sogenannten Makarismen (von griechisch »makários – selig«) stellen nämlich keine irgendwie geartete Heiligsprechung dar, sondern eine heftige Provokation. Armut und Chancenlosigkeit werden öffentlich als Skandal apostrophiert, und zwar im Namen jenes Gottes, von dem die Mächtigen die Legitimität der sie begünstigenden Gesellschaftsordnung ableiteten. Jesus verlangte dagegen Einsicht und radikale Änderung:

»Eher geht ein Kamel durch ein Nadelöhr, als dass ein Reicher in das Reich Gottes gelangt.« (Markus 10,25; vgl. Matthäus 19,24 und Lukas 18,25)

Bloße Almosen genügen nicht. Ohne eine soziale Werteordnung, ohne eine »Sozialpolitik«, die ausdrücklich der Würde, den Rechten und Chancen ausnahmslos aller Rechnung trägt, werden

nämlich Reiche und Mächtige immer nur reicher und mächtiger, Arme und Machtlose immer ärmer und schwächer. Jesu Botschaft ist nicht misszuverstehen: Unter Gottes Herrschaft sind das Lebensrecht und die Entfaltungschance jedes einzelnen Menschen die allein gültigen sozialpolitischen Kriterien. Hier ist an das »Magnificat« zu erinnern, an den Lobgesang im Lukasevangelium, den Maria bei ihrer Cousine Elisabet spricht (1,49 ff.):

Der Mächtige »vollbringt mit seinem Arm machtvolle Taten: Er zerstreut, die im Herzen voll Hochmut sind; er stürzt die Mächtigen vom Thron und erhöht die Niedrigen. Die Hungernden beschenkt er mit seinen Gaben und lässt die Reichen leer ausgehen.«

Würde und Recht der Armen

Wenn man auch nicht ausmachen kann, wie energisch Jesus von Nazaret insgesamt als Sozialreformer aufgetreten ist, so kann man doch nicht übersehen, dass die »Option für die Armen«, wie man im Gefolge der in der zweiten Hälfte des 20. Jahrhunderts kreierten lateinamerikanischen Befreiungstheologie sehr richtig formuliert, einen zentralen Kern der Mission Jesu bildete. Sie verband ihn mit den großen jüdischen Propheten, wie diese war auch er wegen seiner herausfordernden Sozialkritik gefährdet, verlangte er de facto doch nicht weniger als eine Umkehrung der sozialen Werteordnung zugunsten aller.

Es wäre falsch, in Jesus einen religiös maskierten Politiker zu sehen, der nur auf raffinierte Weise Macht gewinnen wollte. Seine Leidenschaft galt den einfachen, weitgehend chancenlosen Menschen seiner galiläischen Heimat, ihrem Lebensschicksal.

Die Achtung der Würde und des sozialen Wertes jedes einzelnen Menschen so entschieden eingefordert zu haben, und zwar mit der Berufung auf die (damals) unbedingt gültige und verpflichtende Instanz, also Gott, war

Berg der Seligpreisungen, Siebenquell
Die wasserreichste der sieben Quellen von Heptapegon oder Ain et-Tabgha wurde in byzantinischer Zeit mit einer achtseitigen Mauer umgeben (rechts). Die Quelle entspringt östlich der Brotvermehrungskirche, diesseits der Straße nach Kafarnaum. An der anderen Straßenseite liegt die Grotte der Seligpreisungen. Auf der Anhöhe im Norden des Siebenquells steht die 1937 von den Franziskanern erbaute Kirche der Seligpreisungen (oben).

eine Großtat des Mannes aus Nazaret am Beginn des freilich sehr langen, komplizierten und meist schmerzhaften Prozesses der Wende zum Subjekt und der Anerkennung des Lebens- und Entfaltungsrechtes jedes Menschen. Dies gilt auch unabhängig vom Glauben an Jesu Göttlichkeit. Für die Menschen, die sich von dem Galiläer anstecken ließen, war dieser neue Blick auf Mensch und Gott aber eine »Offenbarung«, die sie unter allen Umständen weitergeben »mussten«.

Der antipharisäische »Affekt«

Jesus beanspruchte selbstbewusst, die religiöse und politische Tradition der Juden authentisch zu vertreten, ja sie besser zu verstehen und zu leben als die Schriftgelehrten und die Pharisäer. In der »Bergpredigt« sagt er (nur Matthäus berichtet das in 5,17 ff.):

»Denkt nicht, ich sei gekommen, um das Gesetz und die Propheten aufzuheben ... Wer auch nur eines von den kleinsten Geboten aufhebt und die Menschen so lehrt, der wird im Himmelreich der Kleinste sein ... Wenn eure Gerechtigkeit nicht weit größer ist als die der Schriftgelehrten und der Pharisäer, werdet ihr nicht in das Himmelreich kommen.«

So ganz einfach ist der antipharisäische »Affekt« Jesu auf den ersten Blick nicht zu verstehen. Bemühten sich, wie oben schon gesagt, diese schriftgelehrten Menschen doch darum, ihr Leben ganz und gar gesetzestreu und im besten Sinne fromm zu gestalten. Niemand kannte und beachtete die vielen und komplizierten jüdischen Lebensregeln und -gesetze so pedantisch genau wie sie. Wegen ihrer Gelehrsamkeit und Frömmigkeit waren sie angesehen und einflussreich. Vielleicht sah Jesus in ihnen gerade deswegen seine wichtigsten Antipoden und Gegner, die er für unfähig hielt, ihr starres religiöses und soziales Ordnungsdenken selbstkritisch zu prüfen und zu ändern.

Pharisäer und Zöllner

Theoderich der Große ließ um 500 die Hochschiffwände der ursprünglich dem Erlöser geweihten Kirche Sant' Apollinare Nuovo in Ravenna mit berühmten Mosaiken schmücken. Eine Serie von Bildfeldern über der Fensterzone stellt Szenen aus dem Leben Jesu dar, darunter die Parabel von dem Pharisäer und dem Zöllner, die zum Tempel hinaufgingen, um zu beten (rechts). Ein Gebäude mit vier Säulen, Giebel und Vorhang gibt den Tempel wieder. Rechts steht der Pharisäer, mit stolz erhobenem Haupt die Hände zum Gebet ausbreitend, während der Zöllner den Blick senkt, sich an die Brust schlägt und betet: »Gott, sei mir Sünder gnädig!« (Lukas 18,9 ff.)

Ein anderes Bildfeld (rechte Seite) zeigt die Heilung des Gelähmten in Kafarnaum, von der die Synoptiker berichten (Matthäus 9,1 ff.; Markus 2,1 ff.; Lukas 5,17 ff.). Dass Jesus dem Kranken zuerst die Sünden vergab, erschien den Pharisäern und Schriftgelehrten als Anmaßung und Gotteslästerung. Er fragte sie daher: »Ist es leichter, zu dem Gelähmten zu sagen: Deine Sünden sind dir vergeben, oder zu sagen: Steh auf, nimm deine Tragbahre und geh umher?« Und er richtet an ihn die Worte: »Steh auf, nimm dein Bett und geh nach Hause!« Der Mann stand sofort auf, nahm seine Tragbahre und ging vor aller Augen weg.

In der Logienquelle und in den Evangelien stellen die Pharisäer jedenfalls den Typ des prestigesüchtigen, scheinheiligen Menschen dar, dessen Gesinnung seinem veräußerlichten Handeln nicht entspricht. Selbstherrlich sein Ungenügen und seine Fehler verleugnend, stellt er sich eitel vor Gott hin:

»Einigen, die von ihrer eigenen Gerechtigkeit überzeugt waren und die anderen verachteten, erzählte Jesus dieses Beispiel: Zwei Männer gingen zum Tempel hinauf, um zu beten; der eine war ein Pharisäer, der andere ein Zöllner. Der Pharisäer stellte sich hin und sprach leise dieses Gebet: Gott, ich danke dir, dass ich nicht wie die anderen Menschen bin, die Räuber, Betrüger, Ehebrecher oder auch wie dieser Zöllner dort. Ich faste zweimal in der Woche und gebe dem Tempel den zehnten Teil meines ganzen Einkommens. Der Zöllner aber blieb ganz hinten stehen und wagte nicht einmal, seine Augen zum Himmel zu erheben, sondern schlug sich an die Brust und betete: Gott, sei mir Sünder gnädig! Ich sage euch: Dieser kehrte als Gerechter nach Hause zurück, der andere nicht.« (Lukas 18,9 ff.)

Diese Parabel über Heuchelei und Überheblichkeit, in welcher Lukas einen schneidend ironischen Jesus zeigt, bedarf keiner weiteren Erläuterung. Will man sie in vollem Umfang verstehen, ist aber zu beachten: Die »Zöllner«

waren im römischen Kolonialreich keine Zollbeamten nach heutigem Verständnis, sondern meist einheimische Steuerpächter, die auf eigene Rechnung die von der kaiserlichen Verwaltung festgesetzten Steuern einzutreiben und abzuliefern hatten. Weil sie dabei ihren eigenen Verdienst aufschlugen, meistens maßlos, trieben sie nicht wenige Leute in den wirtschaftlichen und sozialen Ruin. Der »Zöllner« war ein verhasster, »gottloser« Mensch.

Überaus drastisch fällt die Pharisäerschelte in einer von Matthäus (23,1 ff.) und Lukas (11,37 ff.; 16,14 ff.) zwar verschieden, aber mit gleicher Tendenz konzipierten Rede aus, die verdeutlicht, wie häufig und aggressiv Jesus das Thema »Pharisäer« ansprach. Matthäus schreibt:

»Darauf wandte sich Jesus an das Volk und sagte: Die Schriftgelehrten und die Pharisäer haben sich auf den Stuhl des Mose gesetzt. Tut und befolgt alles,

was sie euch sagen, aber richtet euch nicht nach dem, was sie tun; denn sie reden nur, tun selbst aber nicht, was sie sagen ... Alles, was sie tun, tun sie nur, damit die Menschen es sehen: Sie machen ihre Gebetsriemen breit und die Quasten an ihren Gewändern lang, bei jedem Festmahl möchten sie den Ehrenplatz und in der Synagoge die vordersten Sitze haben, und auf den Straßen und Plätzen lassen sie sich gern grüßen und von den Leuten Rabbi nennen ...

Weh euch, ihr Schriftgelehrten und Pharisäer, ihr Heuchler! Ihr haltet Becher und Schüsseln außen sauber, innen aber sind sie voll von dem, was ihr in eurer Maßlosigkeit zusammengeraubt habt ...

Weh euch, ihr Schriftgelehrten und Pharisäer, ihr Heuchler! Ihr seid wie die Gräber, die außen weiß angestrichen sind und schön aussehen; innen aber sind sie voll Knochen, Schmutz und Verwesung. So erscheint auch ihr von außen den Menschen gerecht, innen aber seid ihr voll Heuchelei und Ungehorsam gegen Gottes Gesetz ...« (vgl. auch Q 11)

Die rechte Rangordnung

Was soeben schon anklang, scheint ein weiterer Schwerpunkt in Jesu kritischen Reden gewesen zu sein: die Ehrsucht.

»Es werden die Letzten die Ersten sein und die Ersten die Letzten.«

So lautet einer der Kernsprüche aus der Logienquelle (Q 13,30). Matthäus zitiert ihn in der gerade präsentierten Rede (23,12):

»Denn wer sich selbst erhöht, wird erniedrigt werden.«

Dazu gibt Lukas eine Lehrgeschichte wieder (14,7 ff.), mit der Jesus »Leuten eine Lehre erteilen« wollte, die stracks auf die Ehrenplätze zusteuerten:

»Wenn du zu einer Hochzeit eingeladen bist, such dir nicht den Ehrenplatz aus. Denn es könnte ein anderer eingeladen sein, der vornehmer ist als du, und dann würde der Gastgeber, der dich und ihn eingeladen hat, kommen und zu dir sagen: Mach diesem hier Platz! Du aber wärst beschämt und müsstest den untersten Platz einnehmen. Wenn du also eingeladen bist, setz dich lieber, wenn du hinkommst, auf den untersten Platz; dann wird der Gastgeber zu dir

Streitgespräche
Im Codex Egberti (um 970; Stadtbibliothek Trier) sind nicht nur Jesu Wundertaten illustriert, sondern auch seine Auseinandersetzungen mit Pharisäern und Schriftgelehrten. Beim Mahl im Haus des Zöllners Levi-Matthäus weist er ihren Vorwurf zurück, er esse »mit Zöllnern und Sündern« (Matthäus 9,9 ff.; Markus 2,14 ff.; Lukas 5,22 ff.). In der vorangehenden Berufungsszene (links) sitzt Matthäus als »Telonearius« an der Zollstätte, um mit der Waage das Steuergeld zu wiegen. Auch der Tempelreinigung, die alle vier Evangelien schildern (Matthäus 21,12 ff.; Markus 11,15 ff.; Lukas 19,45 ff.; Johannes 2,13 ff.), folgt ein Streitgespräch. Mit der Geißel in der erhobenen Rechten treibt Jesus die Händler und Wechsler zum Tempel hinaus (Mitte) und wird daraufhin zur Rede gestellt (rechts): »Woran können wir erkennen, dass du so etwas tun darfst? Gib uns ein Wunderzeichen als Beweis!«

kommen und sagen: *Mein Freund, rück weiter hinauf! Das wird für dich eine Ehre sein vor allen anderen Gästen.«*

Diese Geschichte zeugt von Witz, Ironie und Spottlust, vor allem aber von der Fähigkeit, treffsicher und pragmatisch zu beobachten und zu reden. Letztlich hielt Jesus, wenn er ihn denn so erzählt hat, seinen »schlauen« Ratschlag sozusagen interpretationsoffen. Was wäre nämlich mit der Redlichkeit derer, die in lediglich vorgetäuschter Bescheidenheit den letzten Platz in der Absicht einnähmen, durch die Ehrung erst recht aufzuleuchten? Was ist das für ein merkwürdiger Rat, den Jesus da gibt? Und wie frustrierend wäre die Situation, wenn der Gastgeber nicht käme und seine nervös wartenden Gäste buchstäblich auf den letzten Plätzen sitzen ließe? All das erörtert der Jesus des Lukas nicht, er über-

springt es listig. Lukas fügt aber einen in der Sache eindeutigen »Lehrsatz« hinzu, der sicherlich einen wesentlichen Grundsatz des historischen Jesus darstellt:

»Denn wer sich selbst erhöht, wird erniedrigt, und wer sich selbst erniedrigt, wird erhöht werden.«

Wie das genauer zu verstehen ist, wird aus einem weiteren »Lehrsatz« deutlich, mit dem Jesus auf einen Prestigestreit seiner Apostel sehr eindringlich reagierte (Markus 10,35 ff.; vgl. Matthäus 20,20 ff. und Lukas 22,24 ff.):

»Ihr wisst, dass die, die als Herrscher gelten, ihre Völker unterdrücken und die Mächtigen ihre Macht über die Menschen missbrauchen. Bei euch soll es nicht so sein, sondern wer bei euch groß sein will, der soll euer Diener sein, und wer bei euch der Erste sein will, soll der Sklave aller sein.«

Dies ist die einzige Stelle der neutestamentlichen Charakteristik Jesu, die eine politische Kritik dokumentiert und die vermuten lässt, dass sich Jesus öfter in solcher Weise geäußert hat. Hellenistische Könige und Fürsten liebten es wie alle Gewaltherrscher der Weltgeschichte, als »Euergéteis« verherrlicht zu werden, als »Wohltäter« der von ihnen geschundenen Untertanen. Den Einspruch Jesu präsentiert der Evangelist selbstverständlich im Blick auf seine Leser und Zuhörer als Grundsatz der von der Gerechtigkeit Gottes geprägten allein richtigen Sozialgesinnung: »Bei euch aber soll es nicht so sein!«

Das wichtigste Gebot

Seit jeher gilt das sogenannte »Gebot der Gottes- und Nächstenliebe« als Kernstück der Botschaft Jesu von Nazaret, zumal es durch die Aufforderung,

159

auch den Feind zu lieben, sogar verschärft wird. Man hat immer wieder von einer radikal moralischen Herausforderung gesprochen, die letztlich nur von »heilig-sanftmütigen«, nicht aber von normalen Alltagsmenschen zu erfüllen sei. Denn sie erweise sich angesichts der niemals konfliktfreien Lebenswirklichkeit als unrealistisch und naiv, sogar als kontraproduktiv.

Alle drei synoptischen Evangelien zitieren das Gebot der Gottes- und Nächstenliebe. Es dürfte schon früher als Kernsatz einer zentralen Lehre Jesu formuliert worden sein. Markus (12,28 ff.) und Matthäus (22,34 ff.) stellen es in den Kontext eines Streitgesprächs Jesu mit einem »Schriftgelehrten«, der Jesus mit der Frage provozieren will, welches das wichtigste aller Gebote sei. Nach Markus lautet die lapidare, keinen Zweifel an seiner jüdischen Rechtgläubigkeit zulassende Antwort Jesu:

»Das erste ist: Höre, Israel, der Herr, unser Gott, ist der einzige Herr. Darum sollst du den Herrn, deinen Gott, lieben mit ganzem Herzen und ganzer Seele, mit all deinen Gedanken und all deiner Kraft. Als zweites kommt hinzu: Du sollst deinen Nächsten lieben wie dich selbst. Kein anderes Gebot ist größer als diese beiden.«

Markus lässt den Schriftgelehrten Jesu Antwort zustimmend wiederholen, und zwar mit der für die Leser und Hörer des Evangelisten wichtigen Feststellung, diese Gottes- und Nächstenliebe sei »weit mehr (wert) als alle Brandopfer und anderen Opfer«. Hier tritt gegenüber dem jüdischen Tempel-Opferdienst, erst recht gegenüber den heidnischen Opferriten das in der Gefolgschaft Jesu gelebte neue religiöse Grundaxiom deutlich hervor: Auf die dem Gerechtigkeitsanspruch Gottes gemäße Gesinnung und das entsprechende Verhalten kommt es an, durch »Opferzauber« lässt sich Gottes Gnade nicht kaufen oder gar erzwingen. Angesichts der kaum überschaubaren

Der heilige Berg Garizim
Die Samariter hatten ihr Heiligtum auf dem Berg Garizim südlich von Nablus. Nach dem Bar-Kochba-Aufstand ließ Kaiser Hadrian dort einen Zeustempel errichten. Drei Jahrhunderte später trat an dessen Stelle eine Marienkirche, ein oktogonaler Bau, den Kaiser Justinian mit einer Festung umgab (oben die freigelegten Grundmauern). Am Fuß des Berges liegen die Ruinen des alten Sichem, wo die Tradition das Grab Josefs, eines der Söhne Jakobs, (rechts) und den Jakobsbrunnen (rechte Seite) verehrt. Der Patriarch Jakob soll diesen Brunnen nach seiner Rückkehr aus Mesopotamien gegraben haben, hier fand das Gespräch Jesu mit der Samariterin statt (Johannes 4,5 ff.).

Geschichte der Interpretation des »Doppelgebotes« seien einige wichtige Aspekte hervorgehoben. Es handelt sich zunächst um das zentrale Bekenntnisgebet zu jenem einzig wahren Gott, der das Volk aus der ägyptischen Sklaverei befreit und in das Land der Verheißung geführt hat: »Schma, Israel! – Höre, Israel!« Ihn mit aller Kraft zu lieben, ist keine Frage der Moral, sondern existenzprägende Reaktion auf die tagtäglich erinnerte Befreiungstat Jahwes.

Im Zentrum des Gottesbekenntnisses verankert Jesus jene mitmenschliche »Liebe«, die in der existenzsichernden Zuwendung Gottes zu jedem Menschen gründet und als grundsätzlicher Respekt gegenüber jedem »Nächsten« in Gesinnung und Tat zu erweisen ist. Niemand darf das Bekenntnisgebet sprechen und die Zuwendung Gottes für sich in Anspruch nehmen, der diese Anteilnahme nicht mitmenschlich zu realisieren bereit ist.

»Liebe deinen Nächsten wie dich selbst«: Du sollst dich selbst lieben, dich selbst respektieren, genauso stark aber auch deinen Nächsten. Hier lässt sich einmal mehr erkennen, wie intensiv die Anhänger Jesu sein Beharren auf der konsequenten Verwirklichung der Gerechtigkeit Gottes verstanden: Es geht nicht um betulich sentimentale Liebe, sondern um jenen mitmenschlichen Respekt, auf den sich jeder Mensch verlassen können muss. Denn jeder ist ein Nächster, jeder ist auf »Nächste« angewiesen.

Ein barmherziger Samariter

Vermutlich sprach der historische Jesus so häufig und eindringlich über dieses Thema, dass die Frage nicht ausbleiben konnte: »Und wer ist mein Nächster?« Lukas lässt sie nach dem Zitat des Gebotes der Gottes- und Nächstenliebe durch einen »Gesetzeslehrer« stellen (10,25 ff.).

»Darauf antwortete ihm Jesus: Ein Mann ging von Jerusalem nach Jericho hinab und wurde von Räubern überfal-

Samaria und die Samaritaner

Nach dem Tod Salomos zerfiel das davidische Königreich in zwei Staaten. Jerusalem, nunmehr Hauptstadt nur von Judäa, blieb zwar die für alle religiös verbindliche Tempelstadt, doch umfasste das größere Nordreich Israel mit seiner Hauptstadt Samaria (zuvor Sichem) das Gebiet von zehn der zwölf Stämme und reichte bis hinauf nach Hazor und Dan. Die Nachbarschaft kanaanäischer Städte brachte eine für jüdisches Verständnis verderbliche Annäherung an fremde Götter und Kulte. 722 v. Chr. eroberte der assyrische König Salmanasser das Nordreich und ließ einen großen Teil der Bevölkerung nach Osten umsiedeln, wo die jüdische Herkunft im Laufe der Zeit vergessen wurde. Im Gegenzug wurden Fremdvölker angesiedelt. Man sprach seither von den zehn »verlorenen Stämmen«.

Das Südreich geriet 586 v. Chr. unter babylonische Herrschaft, die Oberschicht wurde ins Exil verschleppt. Nach der Rückkehr verwehrte man den Leuten von Samaria, sich am Wiederaufbau des Tempels zu beteiligen. Sie errichteten seit 450 v. Chr. auf dem Berg Garizim (oben) ihren eigenen Tempel. Die Entfremdung ging so weit, dass Manasseh, ein Angehöriger der Hohepriesterkaste, ausgewiesen wurde, weil er die Tochter des Satrapen von Samaria heiratete. Er ging auf den Garizim und wurde Mitbegründer der Religions- und Kulttradition der Samaritaner, die sich als »Bewahrer« des Jahweglaubens der Tora verstanden. In Judäa misstraute man ihnen aufs Äußerste, man verachtete sie.

Der barmherzige Samariter

Eine Miniatur des Codex Rossanensis aus dem 6. Jahrhundert stellt das Gleichnis vom barmherzigen Samariter dar (Lukas 10,25 ff.). Aus einem ausführlicheren Bildbericht, wie er in anderen Evangeliaren zu finden ist, hat der Künstler nur die Phasen ausgewählt, in denen der Samariter im Mittelpunkt steht, nicht der von Räubern überfallene Mann, und ihn als Christus selbst wiedergegeben. In der Mittelszene beugt er sich über den wie tot daliegenden Mann, um seine Wunden zu verbinden, assistiert von einem Engel, der mit verhüllten Händen eine Schale trägt.
In der zweiten Szene steht der Samariter, gefolgt von dem Verwundeten auf einem Esel, vor dem Gastwirt und bezahlt ihn. Am linken Bildrand ist die Stadt Jericho zu sehen.

len. Sie plünderten ihn aus und schlugen ihn nieder; dann gingen sie weg und ließen ihn halb tot liegen. Zufällig kam ein Priester denselben Weg herab; er sah ihn und ging weiter. Auch ein Levit kam zu der Stelle; er sah ihn und ging weiter. Dann kam ein Mann aus Samarien, der auf der Reise war. Als er ihn sah, hatte er Mitleid, ging zu ihm hin, goss Öl und Wein auf seine Wunden und verband sie. Dann hob er ihn auf sein Reittier, brachte ihn zu einer Herberge und sorgte für ihn. Am andern Morgen holte er zwei Denare hervor, gab sie dem Wirt und sagte: Sorge für ihn, und wenn du mehr brauchst, werde ich es dir bezahlen, wenn ich wiederkomme.

Was meinst du: Wer von diesen drei hat sich als der Nächste dessen erwiesen, der von den Räubern überfallen wurde? Der Gesetzeslehrer antwortete:

Der, der barmherzig an ihm gehandelt hat. Da sagte Jesus zu ihm: Dann geh und handle genauso!«

Sicherlich bemerkt man sofort den durchaus raffinierten Paradigmenwechsel in der Frage, wer sich unter den dreien den Ehrentitel eines »Nächsten« erworben habe. Es geht nicht darum, wen ich gnädigerweise als Nächsten an mich heranlasse und warum, sondern darum, dass ich jeden Menschen, wer er auch sei und in welcher Situation auch immer ich auf ihn treffe, als Nächsten anerkenne.

Nicht Sympathie oder Antipathie sind gültige Kriterien; auch die Verschiedenheit der Religion oder Konfession, der Nationalität oder der Rasse dürfen den grundlegenden Respekt füreinander nicht verhindern. Denn Jahwe ist der Gott aller Menschen. Egozentrische Privilegien und über-

hebliche Vorurteile gelten überhaupt nichts vor ihm; daher die in der Parabel vom barmherzigen Samariter enthaltene deutlich »antiklerikale« Kritik. Jesus zwingt den jüdischen Gesetzeslehrer, anzuerkennen, dass der Mann aus dem nach dem Urteil orthodoxer Juden nicht rechtgläubigen und daher verachteten Samarien die beiden unbarmherzigen jüdischen Kleriker zutiefst beschämt, indem er ebenso nüchtern wie solidarisch das für den Überfallenen Notwendige tut. »Dann geh und handle genauso!«

»Handeln« meint hier Tat und Gesinnung. Dabei ist aber auch dies zu beachten: Respekt und Solidarität schließen Konflikte und unumgänglichen Streit nicht aus, sondern ein. Ein bloß »sanftmütiges« Verständnis des Gebotes der Gottes- und Nächstenliebe wäre völlig unrealistisch und würde dem

oben geschilderten sozialkritischen Einsatz Jesu und seinen streitbaren Auseinandersetzungen mit den Pharisäern völlig widersprechen.

»Liebt eure Feinde!«

Anscheinend sah Jesus die Feindschaft als eine besonders herausfordernde Situation unter »Nächsten« an, die nicht einfach hingenommen und womöglich verschärft werden darf, der man sich vielmehr unbedingt stellen muss. Die allzu einfache, allzu selbstverständlich akzeptierte »Faust«-Regel darf nicht gelten: Deinen Nächsten sollst du lieben, deinen Feind hassen. Matthäus lässt Jesus in der Bergpredigt daher unverblümt dies fordern (5,43 ff.; vgl. Lukas 6,27 ff.):

»Ihr habt gehört, dass gesagt worden ist: Du sollst deinen Nächsten lieben und deinen Feind hassen. Ich aber sage

euch: Liebt eure Feinde und betet für die, die euch verfolgen, damit ihr Söhne eures Vaters im Himmel werdet; denn er lässt seine Sonne aufgehen über Bösen und Guten, und er lässt regnen über Gerechte und Ungerechte. Wenn ihr nämlich nur die liebt, die euch lieben, welchen Lohn könnt ihr dafür erwarten? Tun das nicht auch die Zöllner? Und wenn ihr nur eure Brüder grüßt, was tut ihr damit Besonderes? Tun das nicht auch die Heiden? Ihr sollt also vollkommen sein, wie es auch euer himmlischer Vater ist.«

Hier vernimmt man keinerlei präzisierende Erörterung etwa über die ja doch sehr verschiedenartigen Ursachen, Begleitumstände und Formen von Feindschaft. Es wird einfach vorausgesetzt, dass die Zuhörer Jesu, und natürlich die Leser des Evangeliums, an ihre dörflichen und familiären

Feindschaften ebenso wie an die feindlichen Aktionen ihrer Fürsten und die der römischen Besatzungsmacht denken. Auch würde man gerne wissen, wie sich Jesus die Feindesliebe konkret und praktisch gedacht hat.

Hassgefühle, feindselige Emotionen lassen sich ja nicht einfach in Liebe umwandeln, allenfalls in heuchlerischem Selbstbetrug. Freilich sollte man Jesus nicht für so naiv halten, nicht zu wissen, wie sehr Menschen einander boshaft und ausbeuterisch schädigen und verletzen, wie sehr es gegebenenfalls notwendig ist, kritisch und aggressiv gegen jedwede Bosheit und kriminelle Aktion vorzugehen.

Feindesliebe als Umarmungsstrategie? Im alttestamentlichen Buch der Sprichwörter, einer Sammlung praktischer Lebensweisheiten, findet man die oft zitierte Anweisung:

»Hat dein Feind Hunger, gib ihm zu essen, hat er Durst, gib ihm zu trinken; so sammelst du glühende Kohlen auf

sein Haupt, und der Herr wird es dir vergelten.« (25, 22 f.)

Dass aus der paradox guten Tat das Gefühl »glühender« Genugtuung entsteht, tut gut! So könnte man die kluge Anweisung im Sinne einer in der Tat subtil-raffinierten Umarmungsstrategie verstehen. Doch zielt der Ratschlag in Wahrheit nicht auf subtile Rache, sondern auf eine Feindschaft tilgende Paradoxie, nämlich auf eine kontrastive Neubestimmung des mitmenschlichen Denkens und Handelns. Auch der Nächste soll so dazu bewegt werden, aus der Feinseligkeit auszusteigen; daher die »glühenden Kohlen«.

Vermutlich muss man auch in der Anweisung Jesu die bewusst provozierende Paradoxie wahrnehmen, um zu verstehen, dass er eine selbstkritische Reflexion der Feindschaft verlangt. »Liebe« meint hier einen Respekt, der tiefer wurzelt und noch viel aktiver ist als jede Feindseligkeit und so die Basis abgibt für die Möglichkeit gerechter

Versöhnung. Er ist die elementare Bedingung für die Chance einer vorurteilskritischen Erkundung der Feindschaftsursachen und für die Bereitschaft zur Richtigstellung und zum Kompromiss. Letztlich geht es darum, Feindschaft nicht als Dauerzustand gelten zu lassen und selbst unüberwindliche Konflikte auf ein respektvolles Maß zurückzustufen. Andernfalls erleidet das Leben aller Beteiligten gefährliche Dauerlasten. So liest man in der Bergpredigt (5,23 f.) auch dies:

»Wenn du deine Opfergabe zum Altar bringst und dir dabei einfällt, dass dein Bruder etwas gegen dich hat, so lass deine Gabe dort vor dem Altar liegen; geh und versöhne dich zuerst mit deinem Bruder, dann komm und opfere deine Gabe.«

Vermutlich bleibt hier absichtlich offen, wer den Konflikt verschuldet hat. Ausschlaggebend ist es, die Versöhnung entschlossen zu betreiben, unabhängig von der Frage, wer »schuld« ist.

Die Samariterin und die Ehebrecherin
Der Freskenschmuck von Sant' Angelo in Formis (Kampanien) gehört zu den umfangreichsten alt- und neutestamentlichen Bildzyklen aus dem Hochmittelalter (um 1080). Zwei Szenen stellen Begegnungen Jesu mit »Sünderinnen« dar, sein Gespräch mit der Samariterin (Johannes 4,5 ff.) und die von Pharisäern, die ihm eine Falle stellen wollten, herbeigeführte Konfrontation mit einer Ehebrecherin (Johannes 8,3 ff.). In beiden Bildern ist er wie in den Schöpfungsszenen als Christus auf der Weltkugel sitzend dargestellt. Die Samariterin (rechts) ist mit einem Krug in den Händen an den Jakobsbrunnen getreten, und die Jünger hinter Jesus sind erstaunt darüber, dass er von einer »Fremden« zu trinken genommen und sich mit ihr in ein Gespräch eingelassen hat. Die beim Ehebruch ertappte Frau (links) steht mit vor Angst schlotternden Knien vor Jesus. Die Gruppe von Pharisäern wendet sich empört ab: »Wer von euch noch nie eine Sünde begangen hat, soll den ersten Stein werfen!«

Jedenfalls kann vor Gott auch der nicht als »unschuldig« gelten, der sagt: Mein Bruder ist schuld; er muss auf mich zugehen und um Verzeihung bitten, nicht umgekehrt.

Zur Wehrlosigkeit verurteilt?

Es ist schwer auszumachen, ob Jesus bei all dem nur das private, unmittelbar mitmenschliche Verhalten im Blick hatte. Dass das Gebot der Feindesliebe in der christlichen Tradition jedenfalls auch politisch verstanden und ausgelegt wurde, ist bekannt: für die einen eine verpflichtende Aufforderung zur Gewaltlosigkeit, für sehr viele andere kein Hindernis, dennoch Krieg und Zerstörung zu legitimieren. Freilich bleibt neben der aggressiv motivierten Missinterpretation des Gebotes der Feindesliebe stets die Frage virulent, wie ein lebensgefährlicher Angreifer anders als mit Gewalt abgewehrt werden könne. Und ob es nicht reichlich naiv sei, Wehrlosigkeit als unbedingtes

Grundprinzip einzufordern und aufzuerlegen.

Max Weber hat in seinem 1919 erschienenen Essay »Politik als Beruf« die seither viel diskutierte Unterscheidung zwischen Verantwortungs- und Gesinnungsethik eingeführt. Die Forderungen der Bergpredigt und der Feldrede weist er der Gesinnungsethik zu. Sie seien in einer zum Handeln zwingenden komplexen Situation nicht naiv wie ein Rezept anzuwenden. In der Diskussion der Weber'schen Thesen hat man daher häufig behauptet, die Gesinnungsethik sei eine eher private, für konkrete Verantwortung nicht unbedingt geeignete Motivation, sie müsse im Ernstfall hinter die Verantwortungsethik zurücktreten.

Diese Deutung entspricht allerdings nicht der Intention Webers, zu zeigen, dass die gerechte Gesinnung als grundlegende sozialpolitische Verantwortung unverzichtbar sei und dass es auf eine selbstkritisch kluge Umsetzung der

Gesinnungswerte in verantwortliches praktisches Handeln ankomme. Die Intervention Webers dürfte für das praktische Verständnis der Bergpredigt und der Feldrede sehr dienlich sein. In diesem Sinne lassen sich nämlich die folgenden Forderungen Jesu durchaus verstehen (Matthäus 5,38 ff.; vgl. Lukas 6,29 f.):

»Ihr habt gehört, dass gesagt worden ist: Auge um Auge und Zahn für Zahn. Ich aber sage euch: Leistet dem, der euch etwas Böses antut, keinen Widerstand, sondern wenn dich einer auf die rechte Wange schlägt, dann halt ihm auch die andere hin. Und wenn dich einer vor Gericht bringen will, um dir das Hemd wegzunehmen, dann lass ihm auch den Mantel. Und wenn dich einer zwingen will, eine Meile mit ihm zu gehen, dann geh zwei mit ihm.«

Das im alttestamentlichen Buch »Exodus« (Bundesbuch Kapitel 21 ff., hier vor allem 21,23) enthaltene, aber schon im 3. Jahrtausend v. Chr. dokumentierte vorderorientalische »ius talionis«, das Gesetz des gerechten Ausgleichs, zielte auf eine sinnvolle, dem sozialen Frieden dienliche, weil maßlose Rache verbietende Strafregelung und war nicht von jener gnadenlosen Härte motiviert, die man ihm heute unterstellt – die ihm vielleicht auch Jesus unterstellte. Jesus lehnt es ab und fordert, der ungerechten Zumutung keine gleichartige Reaktion entgegenzusetzen. Ganz sicher ging es ihm nicht um fromm-naive Duldung, sondern um die kluge Verhinderung des Circulus vitiosus der Gewalt. »Der Klügere gibt nach«: Das paradoxe Verhalten des Angegriffenen soll den Angreifer sozusagen ins Leere laufen lassen und so jede Eskalation verhindern. Die Frage bleibt dennoch: Was ist zu sagen und zu tun, wenn der Angreifer das paradoxe Verhalten als Schwäche ansieht und nun erst recht zuschlägt?

Zum geforderten Hemd auch noch den Mantel hergeben: Wäre ein Mensch damals dem dringenden Rat Jesu gefolgt, hätte er völlig nackt dagestanden.

»Nimmst du von einem Mitbürger den Mantel zum Pfand, dann sollst du ihn bis Sonnenuntergang zurückgeben; denn es ist seine einzige Decke, der Mantel, mit dem er seinen bloßen Leib bedeckt.« (Exodus 22,25 f.)

Dagegen rät Jesus, es gar nicht erst auf einen Richterspruch ankommen zu lassen, sondern freiwillig gleich alles herzugeben.

Ähnlich verhält es sich mit dem dritten Rat. Paul Hoffmann deutet ihn so: Es geht um den von Besatzungssoldaten verlangten Gespanndienst. Wird ein Transport für eine Meile verlangt, dann verweigere dich nicht nur nicht, sondern gehe gleich zwei Meilen mit.

Man mag hinsichtlich der Praktikabilität dieser »entwaffnenden« Ratschläge und (vielleicht) Vorschriften Jesu durchaus berechtigte Zweifel haben und sich fragen, ob ihre Befolgung aggressiv ausgetragene Konflikte nicht doch eher verschärft als beruhigt. Man

muss sich auch fragen, wie sich solche Wehrlosigkeit mit dem Eintreten Jesu für das Recht der Armen und Benachteiligten verträgt. Will man zudem nicht zulassen, dass derartige Ratschläge auf eine nur private, demütige Duldung zielen und somit im wirklichen Leben keinerlei praktische Bedeutung und Kraft besitzen, dann bleibt nur diese starke Schlussfolgerung:

»Es geht Jesus gewiss nicht um eine Demutshaltung, die ›um des lieben Friedens willen‹ alles erträgt und dabei faktisch alle notwendigen Konflikte unter den Teppich kehrt, gesellschaftlich gesehen dann (ungewollt) alle ungerechten Strukturen letztlich stabilisiert, sondern es geht um die Praxis des Paradoxen, des ›Ver-rückten‹, das den vermeintlich Stärkeren entlarvt und provoziert.« (Rudolf Hoppe)

Und nochmals mit Blick auf Max Weber: Nicht freiwillige Ohnmacht ist das erklärte Ziel, sondern die grundsätzliche Entschlossenheit (Gesinnung), auf jede Art maßloser Gewalt zu verzichten und Gegenwehrstrategien auszudenken und anzuwenden, die den Angreifer ins Leere laufen lassen.

»Es bleibt indes immer noch die Frage, ob Jesus ... nicht doch letztlich ein ›realitätsfremder‹ Utopist bleibt oder bleiben muss. Die Geschichte bzw. sein eigenes Geschick scheinen diesem Urteil recht zu geben, aber dann historisch nur vordergründig, weil sich letztlich die Geschichte des vermeintlich Ohnmächtigen gegen die Mächtigen durchsetzen sollte.« (Rudolf Hoppe)

Versöhnung – die Freude des Zachäus

Nur bei Lukas (19,1 ff.) findet sich die Geschichte der Begegnung zwischen dem Chefzöllner Zachäus und Jesus, eine der eindrucksvollsten Erzählungen in der gesamten Jesus-Überlieferung.

»Dann kam er nach Jericho und ging durch die Stadt. Dort wohnte ein Mann namens Zachäus; er war der erste Zollpächter und war sehr reich. Er wollte

gern sehen, wer dieser Jesus sei, doch die Menschenmenge versperrte ihm die Sicht; denn er war klein. Darum lief er voraus und stieg auf einen Maulbeerfeigenbaum, um Jesus zu sehen, der dort vorbeikommen musste. Als Jesus an die Stelle kam, schaute er hinauf und sagte zu ihm: Zachäus, komm schnell herunter! Denn ich muss heute in deinem Haus zu Gast sein. Da stieg er schnell herunter und nahm Jesus freudig bei sich auf.

Als die Leute das sahen, empörten sie sich und sagten: Er ist bei einem Sünder eingekehrt. Zachäus aber wandte sich an den Herrn und sagte: Herr, die Hälfte meines Vermögens will ich den Armen geben, und wenn ich von jemand zu viel gefordert habe, gebe ich ihm das Vierfache zurück. Da sagte Jesus zu ihm: Heute ist diesem Haus das Heil geschenkt worden, weil auch dieser Mann ein Sohn Abrahams ist. Denn der Menschensohn ist gekommen, um zu suchen und zu retten, was verloren ist.«

Zollpächter waren, wie schon früher berichtet, von der römischen Kolonialverwaltung angeheuerte Leute, welche die amtlich festgelegten Steuern einzutreiben hatten. Dass sie dabei ihre eigenen Geldinteressen exzessiv verfolgten, war allgemein bekannt. Trieben sie doch mit ihren wucherischen Zwangsmaßnahmen viele Familien in den finanziellen Ruin. Nicht von ungefähr verspricht Zachäus, den Geschädigten eine enorm hohe Summe zurückzugeben. So kann es nicht wundern, dass diese Zoll- oder Steuerpächter von ihren Landsleuten verachtet und gehasst wurden, dass sie als Kollaborateure der Römer und als verbrecherische Aus-

Der Zöllner Zachäus
Eine ausdrucksstarke Darstellung der Begegnung Jesu mit Zachäus und ihres Gesprächs enthält das Perikopenbuch Heinrichs II., ein Werk des Reichenauer Skriptoriums (um 1010), das der Kaiser nach Bamberg geschenkt hat und das jetzt in der Bayerischen Staatsbibliothek München verwahrt wird.

beuter galten. Mit ihnen wollte man nichts zu tun haben, man schnitt sie und grenzte sie im Alltag völlig aus. Jeder, der sich mit ihnen abgab, womöglich sogar mit ihnen Tischgemeinschaft pflegte, wurde gesellschaftlich ebenfalls sofort disqualifiziert.

Zachäus möchte unbedingt diesen Jesus sehen, von dem so viele interessante Geschichten im Umlauf sind. Seine Neugier treibt ihn auf den Baum. Nur seine Neugier? Weil er klein von Gestalt ist, klettert er hinauf, wird erklärend gesagt. Gewiss, er will Jesus sehen – will er nicht doch auch (und das vor allem) von ihm gesehen werden?

Zachäus auf dem Baum: eine Art Ausrufezeichen, ein Appell. Als wäre auf einer Bühne plötzlich alles andere in Schatten getaucht, gibt es nur noch die beiden: Zachäus und Jesus. Denn Jesus bleibt unvermittelt stehen, spricht den Steuerpächter sogleich mit seinem Namen an und überrascht ihn damit, dass er sich ohne Umschweife bei ihm einlädt. Denn er hat Zachäus sofort durchschaut und verstanden. Dass dieser sich ihm vom Baum herab präsentiert,

ist ja weit mehr als nur eine Einladung. Jesus sagt: »Ich muss heute in deinem Haus zu Gast sein.« Dieses »ich muss« verstehen die Leser und Zuhörer des Lukas erst durch den letzten Satz der Erzählung:

»Der Menschensohn ist gekommen, um zu suchen und zu retten, was verloren ist.«

Sie sollen vor allem dies sehen und verstehen: Jesu Selbsteinladung bedeutet für Zachäus die Chance der Befreiung, nämlich von der Last der Selbstverachtung wegen des begangenen Unrechts, von der schmerzvoll erlittenen sozialen Verachtung und Ausgrenzung. Daher nimmt er Jesus »freudig« bei sich auf. Die Freude des Zachäus – das Schlüsselwort der Erzählung!

Dann aber melden sich einige von den um Jesus versammelten Leuten zu Wort. Sie sind ja gekommen, um dem berühmten Gottesmann zu begegnen, nicht um zu erleben, wie dieser sich mit einem Volksverräter gemein macht. Sie fühlen sich frustriert und provoziert: »Er ist bei einem Sünder eingekehrt!« Vielen von ihnen haben Za-

Wundertäter und Lehrer

Die romanische Bilderdecke der Martinskirche in Zillis (Graubünden) enthält 153 Bildfelder, zwei Drittel sind dem Leben Jesu gewidmet. Ausführlich wird die Kindheitsgeschichte wiedergegeben, auch Wundertaten und Lehrtätigkeit nehmen breiten Raum ein, während die Passionsszenen mit der Dornenkrönung enden. Keines der Wunder Jesu wird in der mittelalterlichen Kunst so häufig dargestellt wie die Auferweckung des Lazarus (Johannes 11,1 ff.). In Zillis ist die Szene auf zwei Felder verteilt (oben). Ein Bild zeigt Jesus, von einem Apostel begleitet, und die beiden Schwestern, die sich vor ihm niederwerfen, das andere den Verstorbenen; in Leichentücher gewickelt, kommt er aus einem Kastensarkophag heraus, dessen Deckel von zwei Männern hochgehoben wird.
Ebenfalls zwei Felder umfasst der von Markus (6,2 ff.) geschilderte Auftritt Jesu in der Synagoge von Nazaret (rechte Seite). Unter einem Säulenbau mit flacher Kuppel steht er lehrend vor einer Gruppe von Zuhörern, die gestenreich ihrer Verwunderung Ausdruck geben.

chäus und seine Kollegen Schaden zugefügt. Nichts wird indessen darüber gesagt, wie diese Menschen dann auf das Bekenntnis und das Versprechen des Zachäus reagieren, das begangene Unrecht wiedergutzumachen.

Es bleibt den Lesern und Zuhörern des Lukas überlassen, die im Sinne Jesu richtige Konsequenz zu ziehen und dies zu erwägen: Nicht nur Zachäus, auch die von ihm Geschädigten waren in einem lähmenden Teufelskreis von Unrecht, Hass und Sprachlosigkeit verfangen. Allein die Sehnsucht des Zachäus nach Befreiung und der forsche, die konventionellen sozialen Zwänge sprengende Zugriff Jesu beseitigen die unüberwindlich erscheinenden Hindernisse und öffnen den Weg zu neuen Lebenschancen für alle. Die gemeinsame Basis, von der aus Versöhnung, wird sie denn gesucht, immer möglich sein muss: Auch er ist ein Sohn Abrahams. Das könnte in gleicher Weise so lauten: Auch ihm gilt die bedingungslose Zuwendung Gottes.

Eine Geschichte wie diese, habe sie sich tatsächlich zugetragen oder auch nicht, bezeugt die als befreiend erlebte Kraft des historischen Jesus, Wege zu einem versöhnten Leben und Zusammenleben zu öffnen, und zwar ohne irgendeine frömmlerische oder betulich moralisierende Geste – im Gegenteil.

Die Geschichte braucht Gott gar nicht ausdrücklich zu nennen, sie macht dennoch mehr als deutlich, dass Jesus ganz und gar im Sinne dieser höchsten Autorität handelt. Genau das sollten die Leser und Zuhörer des Evangelisten erkennen.

Jesu einfache und konkrete Rede von Gott

Religion, in welcher Form sie sich auch zeigt, entspricht dem Bedürfnis, das abgründig und prekär erfahrene Leben zu deuten und zu sichern. Menschen sprechen von »Gott« wie von einem »Fixpunkt« ihrer ungewissen Existenz, sie glauben an »Gott« als eine absolut überlegene Autorität, sie beschwören »Gott« und »Götter« in der Hoffnung auf ein letztendlich heiles Leben. Menschen müssen wohl immer von »Gott« sprechen, in welcher direkten oder indirekten Weise das auch geschehen mag – einfach weil sie über ihre Lebenschancen und genauso von den Grundüberzeugungen sprechen müssen, die ihr Leben leiten sollen.

Wie aber ist eine jeweilige Gottesvorstellung beschaffen, und wie wirkt sie sich auf die Selbstwahrnehmung und die Einstellung zu den Mitmenschen und zur Umwelt aus? Hier geht es ja nicht um die im Grunde banale Frage, ob es Gott gibt oder nicht, sondern um die Frage, auf welchen »Gott« sich ein Mensch als den »Fixpunkt« seiner Existenz festlegt: einen rechthaberischen und gewalttätigen oder einen befreiend gerechten.

Wie begriff also Jesus von Nazaret Gott, welchen Gott zeigte er? Ganz gewiss lebte, handelte und predigte er in der Glaubenstradition seines Volkes. Doch konnte er sich ganz offensichtlich mit der allzu verfestigten, allzu starr verrechtlichten und rechthaberischen Glaubenspraxis seiner Zeit nicht anfreunden.

Als »einfach und konkret« kennzeichnet der Exeget Paul Hoffmann Jesu

Jahwe – Elohim – Adonai

Als Mose in der Wüste zum Anführer seines Volkes berufen wird und den im brennenden Dornbusch verhüllten Gott fragt, wie er ihn denn vor dem Volk nennen solle, erhält er die Antwort: »Ich bin der ›Ich-bin-da‹ ... So sollst du zu den Israeliten sagen: Der ›Ich-bin-da‹ hat mich zu euch gesandt ... Jahwe, der Gott eurer Väter, der Gott Abrahams, der Gott Isaaks und der Gott Jakobs, hat mich zu euch gesandt. Das ist mein Name für immer ...« (Exodus 3)

Die Urväter oder Patriarchen stehen, historisch gesehen, wohl für verschiedene Stämme, ihre Verwandtschaft (Großvater, Vater, Sohn) ist als spätere Rekonstruktion der Einigung zu verstehen. Sie nannten Gott vermutlich »El – Mächtiger, Starker«. Dieser ursprünglich kanaanäische, dann gemeinsemitische Gottesname, islamisch »Allah«, blieb im Alten Testament neben »Jahwe« erhalten, und zwar im majestätischen Plural »Elohim«. »Jahwe« war, im Unterschied zu den Nachbarvölkern, der wahre und einzige Gott der Juden: Er rettete sein Volk aus Ägypten, er schloss mit ihm einen ewigen Bund, ihn erkannte es als Schöpfer und Bewahrer der Welt, als den schlechthin Gerechten.

Die Schreibweise des Gottesnamens wurde in der jüdischen Theologie lange diskutiert. Am bekanntesten ist das Tetragramm JHWH, früher »Jehova«, heute »Jahwe« ausgesprochen. Die Kenntnis der ursprünglichen Artikulation war verloren gegangen, seit das Gebot der »Heiligung des Gottesnamens« ihn auszusprechen verbot. Bei der Bibellesung behalf man sich mit »Adonai–Mein (unser) Herr« (Majestätsplural von »Adon«) oder »Adonai Elohim«. Daher taucht »Jahwe« im Neuen Testament nicht auf, meist wird Gott »Kyrios–Herr« genannt (griechisch für »Adonai«). Überdies weitet Jesus das herkömmliche Gottesverständnis wesentlich aus, indem er ihn »Abba–Vater« nennt.

Der Meister und seine Jünger

In der Taufkapelle Sant'Aquilino bei San Lorenzo Maggiore in Mailand haben sich die Mosaiken der Apsisdekorationen erhalten, die zu den ältesten ihrer Art gehören. Das gegen 400 erbaute Kuppeloktogon ist von einem Kranz alternierend rechteckiger und halbrunder Nischen umgeben – ein bei Baptisterien dieser Zeit häufiger Grundrisstyp. Das abgebildete Mosaik auf Goldgrund schmückt die Kalotte einer der Apsiden an den Diagonalseiten.

Inmitten der zwölf Apostel thront der lehrende Christus, eine halb geöffnete Buchrolle in der Linken, die Rechte im Redegestus erhoben. Sein Nimbus trägt das Christogramm und die Buchstaben Alpha und Omega. Gemäß frühchristlicher Tradition ist er als bartloser Jüngling wiedergegeben, während die von Petrus und Paulus angeführten Apostel wie eine Versammlung antiker Philosophen ihren Meister umgeben. Mehrere von ihnen haben ebenfalls Schriftrollen in der Hand. Zu Füßen Christi steht ein »scrinium«, der im Altertum übliche zylindrische Behälter für Schriften.

Rede von Gott, und er führt weiter aus (Text gekürzt):

Wie Jesus vor seiner Taufe durch Johannes »den Gott seiner Väter erlebt, wie er von ihm gesprochen hat, ob er durch Frömmigkeit oder sonst wie besonders auffiel, ist aufgrund der Quellenlage nicht mehr auszumachen. Die Botschaft des Täufers vom unmittelbar bevorstehenden Zorngericht Gottes riss ihn aus seiner Familie und seinem Beruf heraus und veranlasste ihn, aus Galiläa wegzugehen. Dieser Gott ist ein verzehrendes Feuer. Vor seinem Gericht schwinden alle Heilsprivilegien Israels und jegliche Standesvorrechte. Bestehen kann nur der, der sich der Forderung einer radikalen Änderung seiner Lebenseinstellung unterwirft. Diese Gotteserfahrung bestimmte offenbar auch Jesus; sie blieb im Kern für ihn zeitlebens bestehen, auch als er sich vom Täufer abwandte und eigene Wege ging. Sie erlaubt es nicht, den Gott Jesu und seinen Anspruch zu verharmlosen. Vor diesem Gott gibt es kein Ausweichen. Der Mensch wird in die Krise geführt; es geht um eine Entscheidung, in der er

sein Leben endgültig finden oder verlieren kann.« Der eigene Weg führt Jesus »aus der Wüste zurück nach Galiläa. Schon der Wechsel der Landschaften ist bezeichnend. Aus einem Leben am Rande der Existenzmöglichkeiten kehrt er in ein blühendes, dicht besiedeltes Land zurück ... Er verlässt den Ort, wohin sich viele Fromme Israels immer wieder zurückgezogen haben, um jenseits von Raum und Zeit die Nähe Gottes zu erfahren, und sucht die Nähe der kleinen Leute in den Dörfern Galiläas. Mit ihnen redet er, mit ihnen feiert er.

Zugleich mit dieser neuen Einstellung Jesu zu seiner Umwelt ändern sich auch die Bilder, mit denen er die gegenwärtige Zeit deutet. Der Täufer sprach von der ›Axt, die schon an die Wurzeln des Baumes gelegt ist‹, von der ›Worfschaufel, die der Bauer auf seiner Tenne in die Hand nimmt‹, um mit der ›Scheidung von Spreu und Weizen zu beginnen. Auch für Jesus ist die Gegenwart die Zeit der letzten Entscheidung – doch geht es ihm um die Entscheidung für einen Gott, der menschenfreundlich ist und dessen Nähe wohltut. So vergleicht

Jesus die anbrechende Zeit mit der Stunde der Hochzeit, die den Bräutigam und die ›Söhne des Brautgemachs‹ zu fröhlichem Gelage zusammenführt; Fasten hat in dieser Zeit keinen Sinn mehr (Markus 2,19). Es ist die Stunde des Festes, das Mastkalb wird geschlachtet, und alle sind eingeladen, die Freude des Vaters zu teilen (Lukas 15; Erzählung vom ›verlorenen Sohn‹). Jesus spricht von der Freude des Hirten, der das verlorene Schaf findet (Lukas 15), von der Freude des Landarbeiters über den Schatz im Acker (Matthäus 13). Er sieht

> »Können denn die Hochzeitsgäste fasten,
> solange der Bräutigam bei ihnen ist?
> Solange der Bräutigam bei ihnen ist, können sie
> nicht fasten. Es werden aber Tage kommen,
> da wird ihnen der Bräutigam genommen sein;
> an jenem Tage werden sie fasten.«

Markus 2,19 f.

die Stunde kommen, die alle Völker mit den Vätern Israels beim endzeitlichen Festmahl vereinen wird (Matthäus 8,11; Lukas 13,29), und verheißt angesichts seines Todes seinen Jüngern, dass er mit ihnen von der Frucht des Weinstockes wieder trinken wird im Reiche Gottes (Markus 14,25).«

Aus all dem lässt sich ein derart vitaler Jesus erspüren, dass man ihm auch den Zorn über jede rechthaberische, unerbittlich bedrohende Besserwisserei genauso zutraut wie die entschiedene Ablehnung jeder Art von pharisäischer Scheinheiligkeit.

Dass dieser Jesus ausbeuterische und betrügerische Machenschaften schroff verurteilte, daran gibt es keinen Zweifel. Die durch alle Irritationen

Die Hochzeit zu Kana
Die Verwandlung von Wasser in Wein bei der Hochzeit zu Kana war das erste von Jesus gewirkte Wunder (Johannes 2,1 ff.). Seine Darstellung gehört bereits zum Szenenrepertoire frühchristlicher Sarkophage, ist aber noch aufs Wesentliche beschränkt: Jesus, der die Krüge segnet, und ein Diener, der sie mit Wasser füllt. Später wird das Gespräch Jesu mit seiner Mutter hervorgehoben, schließlich immer ausführlicher die Tafel mit den am Festmahl Beteiligten. Die Reliefplatte der Bronzetür des Doms von Benevent (Kampanien) aus dem 12. Jahrhundert zeigt auch den Mundschenk und einen Harfenspieler. Jesus, im Gespräch mit seiner Mutter, sitzt am »linken Eck«, im Altertum der Ehrenplatz.

durchgehaltene jüdische Grundüberzeugung, dass Gott gütig und menschenfreundlich sei, bereit zu Gnade und Versöhnung, trieb ihn dazu, den harten und unversöhnlichen Vorurteilen und Praktiken seiner Zeit und Umwelt die Stirn zu bieten, indem er auf »Zöllner und Sünder« unbefangen und freundlich zuging.

»In der Sicht Jesu kommt Gott dem Menschen entgegen und nimmt ihn an, so wie er ist. Der Gott Jesu nimmt dem Menschen die Angst vor sich, vor seiner Vergangenheit und seiner Zukunft. Dadurch ermöglicht er es ihm, sich so zu sehen und anzunehmen, wie er ist, und eröffnet ihm gerade damit die Chance zu leben.«

Gemeint ist auch die Chance – man erinnere sich an den Oberzöllner Zachäus –, angstfrei und »freudig« das bisherige Leben zu ändern. Vor allem aber darin besteht eine menschenfreundliche Großtat Jesu von Nazaret, dass er Gott »Vater« nennt, und zwar in der kindlichen Form »Abba«.

»Um Gottes Zuwendung zum Menschen zu beschreiben, greift Jesus auf eine menschliche Ersterfahrung zurück, von der das Gelingen menschlichen Lebens entscheidend abhängt. Gott nimmt den Menschen ganz an und sucht von Grund auf das Verhältnis des Menschen zu sich und zum andern zu regenerieren, indem er ihn jene Bejahung erfahren lässt, die er braucht, um sich und andere bejahen zu können. Diese Beja-

hung trifft den Menschen in der Tiefe seines Wesens, wo dessen Einheit und Zwiespalt ihren Grund haben. Daher fragt dieser Gott nicht nach Gelingen und Misslingen, er legt nicht den Maßstab der Leistung an, sondern ist in seiner Güte einfach da.«

Eine derartig freie und befreiende Präsentation Gottes musste diejenigen provozieren, die für ihre rigorose Law-and-Order-Mentalität selbstgerecht Gott als höchste Autorität beanspruchten. Stellte sie doch die überkommene Macht- und Privilegienordnung radikal infrage und prangerte sie an. Dass Jesu Gottesverständnis zugleich sehr viele Menschen faszinierte, in kürzester Zeit auch weit über die jüdische Welt hinaus, ist nicht verwunderlich.

Die Rückbesinnung auf den historischen Jesus aus diesem Blickwinkel führt unausweichlich zu einer kritischen Auseinandersetzung mit all jenen ausbeuterischen und unterdrückerischen Machenschaften, die sich seit 2000 Jahren christlich maskierten. Dostojewskis Legende vom Großinquisitor (»Die Brüder Karamasow«, 5. Kapitel) bringt die machtbesessenen Verfälschungen Jesu ins Bewusstsein, unüberbietbar bissig und zugleich mit abgründiger Trauer.

Ein Vater und seine Söhne
Nur bei Lukas (15,11 ff.) findet man diese meisterlich knapp formulierte Gleichniserzählung:

»Ein Mann hatte zwei Söhne. Der jüngere von ihnen sagte zu seinem Vater: Vater, gib mir das Erbteil, das mir zusteht. Da teilte der Vater das Vermögen auf.«

Schon stockt man: Warum der jüngere Sohn? Vielleicht deshalb, weil er nur wenig Aussicht auf den Hauptteil des Erbes hat oder weil er der lebensgierigere ist? Und warum weigert sich der Vater nicht, warum zahlt er den Sohn wortlos aus?

Die einfache Antwort lautet: Weil es dem Erzähler in seiner Parabel auf das ankommt, was nun folgt.

Schaftträger und Hirtenidyll

Der Marmorsarkophag aus dem letzten Drittel des 4. Jahrhunderts in den Vatikanischen Museen zeigt drei symmetrisch verteilte Hirten, der mittlere bärtig, die Eckfiguren bartlos. Sie stehen auf Podesten wie Statuen in einem Garten. Hinter ihnen breiten sich Weinranken aus, in denen nackte Menschlein Trauben ernten. Rechts sieht man eine Kelterszene, links einen Hirten beim Melken, daneben einen mit einem Lamm in den Armen und hinter ihm eine Syrinx, die Hirtenflöte, am Weinstock hängen.

Die Weinlese kommt bereits auf älteren heidnischen Sarkophagen vor, aber auch auf dem Porphyrsarkophag der Costanza, der als Heilige verehrten Kaisertochter, und auf den Gewölbemosaiken ihres Mausoleums. Andere Sarkophage dieser Zeit zeigen anstelle der Weinranken Landschaften mit bukolischen Szenen – die arme, unschuldig-heitere Welt des Landlebens als Sinnbild des Paradieses. Neben dem Schaftträger erscheint oft eine zweite frühchristliche Symbolgestalt, die Orantin mit betend erhobenen Händen.

»Nach wenigen Tagen packte der jüngere Sohn alles zusammen und zog in ein fernes Land. Dort führte er ein zügelloses Leben und verschleuderte sein Vermögen.«

Schon wieder reizt eine Frage: Ist der Vater so übermächtig, dass es den Jungen in die Fremde treibt, möglichst weit weg von zu Hause, und dass er jetzt hemmungslos ausflippt und sofort ins Elend gerät? Der Erzähler fährt ungerührt fort, fast kalt:

»Als er alles durchgebracht hatte, kam eine große Hungersnot über das Land, und es ging ihm sehr schlecht. Da ging er zu einem Bürger des Landes und drängte sich ihm auf; der schickte ihn aufs Feld zum Schweinehüten.«

Nun wissen es die Leser und Zuhörer genauer: Der leichtsinnige Sohn ist in heidnischem Land gestrandet, er muss Schweine hüten – die tiefste Erniedrigung! Noch schlimmer, er wird zum Futterneider dieser unreinen Tiere:

»Er hätte gern seinen Hunger mit den Futterschoten gestillt, die die Schweine fraßen; aber niemand gab ihm davon.«

Der junge Mann liegt im Dreck. Aus eigener Schuld, gewiss; doch lässt der Erzähler jetzt, da das Elend an Bitterkeit nicht mehr zu überbieten ist, Mitgefühl aufleuchten: »Er hätte gerne …« Aber er befindet sich jetzt genau da, wo ihn die Intention der Erzählung haben will. In der äußersten Erniedrigung und Not geschieht die Wende.

»Da ging er in sich und sagte: Wie viele Tagelöhner meines Vaters haben mehr als genug zu essen, und ich komme hier vor Hunger um. Ich will aufbrechen und zu meinem Vater gehen und zu ihm sagen: Vater, ich habe mich gegen den Himmel und gegen dich versündigt. Ich bin nicht mehr wert, dein Sohn zu sein; mach mich zu einem deiner Tagelöhner.«

Vielleicht ist es ja wirklich nur die von der Hungerqual erzeugte Erinnerung an zu Hause, die das Umdenken bewirkt. Doch zeugt die Rede, die sich der junge Mann für die Begegnung mit dem Vater zurechtlegt, von tief gefühlter Einsicht in das selbst verschuldete Elend, von Reue. Der wichtigste Satz: »Ich bin nicht mehr wert, dein Sohn zu sein.«

Leser und Zuhörer mögen in ihrer Reaktion auf diesen Satz schwanken zwischen Zustimmung und dem mitleidsvollen Einwand: Er ist aber doch tatsächlich sein Sohn! Und sie werden gespannt darauf warten, ob es ein Happy End gibt. Tatsächlich:

»Der Vater sah ihn schon von Weitem kommen, und er hatte Mitleid mit ihm. Er lief dem Sohn entgegen, fiel ihm um den Hals und küsste ihn.«

Vielleicht war sich der Vater, der seinen Sohn kannte, dessen gewiss: Er wird zurückkommen und wird mich brauchen. Vielleicht hielt er jeden Tag Ausschau nach ihm. Ausschau und

Sehnsucht des Vaters: die in die Ferne hinein wirksame Kraft der Ermunterung. Vermutlich deutet der Erzähler an, dass der Vater den Sohn sieht, bevor dieser ihn wahrnehmen kann. Aus dem Vater, der so gelassen das Vermögen aufteilte, bricht jetzt die volle Emotion heraus, er fällt dem Sohn um den Hals und küsst ihn. Das bedeutet weit mehr als Vergebung und Verzeihung, diese Geste zeigt das überschwängliche Glück des Vaters, der seinen Sohn zurück hat. Noch deutlicher: Der Vater erfährt die Umkehr und Rückkehr des Sohnes als tiefe Beglückung für sich selbst, er hat Freude am Sohn.

Dieser sagt, was er sich vorgenommen hat. Der Vater antwortet darauf weder beschwichtigend noch mahnend: »Lerne daraus und bessere dich!« Er antwortet überhaupt nicht, sondern befiehlt seinen Knechten:

»Holt schnell das beste Gewand und zieht es ihm an, steckt ihm einen Ring

an die Hand und zieht ihm Schuhe an. Bringt das Mastkalb her und schlachtet es; wir wollen essen und fröhlich sein. Denn mein Sohn lebt wieder; er war verloren und ist wiedergefunden worden. Und sie begannen, ein fröhliches Fest zu feiern.«

Das wiedergefundene Leben: die neue Kleidung und das fröhliche Fest.

Bei dieser grandiosen Erzählung hebt der Erzähler den moralisch belehrenden Drohfinger überhaupt nicht, die Verwahrlosungs- und Elendsgeschichte des jüngeren Sohnes wirkt auch so. Er zeigt sie als ein Faktum, das sich in dieser oder anderer Weise in jedem Leben ereignen kann. Das Elend erscheint auch nicht als wohlverdiente Strafe, sondern schlicht und klar als das, was es ist: als Elend.

Die allein bewegende Frage ist, wie der Mann aus dem Elend herauskommen kann – nicht wie er in sein altes, sondern wie er in ein erneuertes Le-

ben zurückkehren kann. Es wird die Erzählung sicherlich nicht überstrapazieren, wenn man unterstellt, dass dem jungen Mann in seinem Hunger klar wird, dass er sich auf seinen Vater verlassen kann. Auch wenn er sich dessen nicht ganz sicher ist, wagt er doch die Umkehr. Nur auf diese Verlässlichkeit des Vaters kommt es dem von Lukas gezeigten Jesus an – und darauf, dass dieser nicht unversöhnlich beleidigt ist und den Sohn verurteilt, dass er dem Sohn ein neues Leben ermöglicht, durch ein »fröhliches Fest«.

Direkt vor der Parabel vom verlorenen Sohn berichtet Lukas von einem Verlorenen in einem anderen Gleichnis Jesu, das all das noch verdeutlicht (15,4 ff.; vgl. Matthäus 18,12 ff.):

»Wenn einer von euch hundert Schafe hat und eins davon verliert, lässt er dann nicht die neunundneunzig in der Steppe zurück und geht dem verlorenen nach, bis er es findet? Und wenn er es gefun-

den hat, nimmt er es voll Freude auf die Schultern, und wenn er nach Hause kommt, ruft er seine Freunde und Nachbarn zusammen und sagt zu ihnen: Freut euch mit mir; ich habe mein Schaf wiedergefunden, das verloren war.«

Die Suche nach dem einen bedeutet nicht etwa Unrecht oder Nachlässigkeit gegenüber den vielen anderen. Jeder Mensch kann gegebenenfalls das verlorene Schaf sein. Jeder darf mit der Achtsamkeit und der Fürsorge des Hirten rechnen. Das Gleichnis endet in einer Weise, die dem Verständnis auch der Parabel vom verlorenen Sohn gewissermaßen die Sinnspitze gibt:

»Ebenso wird im Himmel mehr Freude herrschen über einen einzigen Sünder, der umkehrt, als über neunundneunzig Gerechte, die es nicht nötig haben, umzukehren.«

Der Schlüssel zum Verständnis auch dieser »These« Jesu liegt wiederum darin, dass jeder Mensch dieser »Sünder« sein kann und dass nicht nur die »Gerechten« bei Gott eine Chance haben. Denn niemand ist durch und durch gerecht. Unterschiedslos alle brauchen diese Chance, und zwar dann am meisten, wenn sie sich ganz weit von ihren Lebensmöglichkeiten entfernt haben, wie auch immer.

Kehren wir an dieser Stelle zur Erzählung vom verlorenen Sohn zurück. Was ist, so fragt man sich unweigerlich, aus dem offensichtlich anständigen älteren Sohn inzwischen geworden? Der arbeitet auf dem Feld, als der Bruder eintrifft, und wird von den Geschehnissen völlig überrascht und auch überfordert.

»Als er heimging und in die Nähe des Hauses kam, hörte er Musik und Tanz.« Von den Knechten über die Ereignisse informiert, *»wurde er zornig und wollte nicht hineingehen. Sein Vater aber kam heraus und redete ihm gut zu. Doch er erwiderte dem Vater: So viele Jahre schon diene ich dir, und nie habe ich gegen deinen Willen gehandelt; mir aber hast du nie auch nur einen Ziegenbock geschenkt, damit ich mit meinen Freunden ein Fest feiern konnte. Kaum aber ist der hier gekommen, dein Sohn, der dein Vermögen mit Dirnen durchgebracht hat, da hast du für ihn das Mastkalb geschlachtet.«*

Der Bruder, in dem sich die Wut darüber massiv aufgestaut hat, dass der Vater dem Nichtsnutz (nicht »mein Bruder« sagt er, sondern distanzierend »dein Sohn«) willfährig und völlig unvernünftig das Erbe ausgezahlt hat, ohne dass dafür die Zeit schon gekommen war, macht seinem Ärger nun endlich Luft. Er protestiert heftig gegen das so empfundene väterliche Unrecht und die schmerzlich erlittene Vernachlässigung. Der Vater aber antwortet nicht mit lang ausgebreiteten Argumenten, sondern sagt einfach nur das, was jetzt notwendig ist:

»Mein Kind, du bist immer bei mir, und alles, was mein ist, ist auch dein. Aber jetzt müssen wir uns doch freuen und ein Fest feiern; denn dein Bruder war tot

Der Gute Hirte

Jesu Gleichnis vom verlorenen Schaf (Matthäus 18,12 ff.; Lukas 15,4 ff.) und sein Wort: »Ich bin der gute Hirte« (Johannes 10,11) gaben den Anstoß für die Gestalt frühchristlicher Kunst schlechthin. Zur Zeit der Christenverfolgungen wurde sie zum Symbol der Hoffnung auf den rettenden Gott, der als guter Hirte die Seele in das Paradies heimholt, in sein Reich, das nicht von dieser Welt ist.

In der Katakombe an der Via Anapo ist dem Guten Hirten (links) die Auferweckung des Lazarus gegenübergestellt. Sein Schaf mit beiden Händen tragend, steht er in der geschürzten ärmellosen Tunika zwischen zwei Bäumen, Schafe zu seinen Füßen deuten die Herde an.

Das Mosaik im »Mausoleum der Galla Placidia« (um 430; rechte Seite) lässt den Wandel erkennen, der sich seit Konstantin dem Großen vollzogen hat. Der Hirte ist nicht mehr kryptisches Symbol, sondern Christus selbst. Den Mantel cäsarenhaft drapiert und in der Haltung thronender Imperatoren, trägt er das Kreuz wie ein Zepter. Die bukolische Idylle als Sinnbild paradiesischen Friedens wird in eine herrscherliche Sphäre versetzt.

und lebt wieder; er war verloren und ist wieder gefunden worden.«

Er sagt liebevoll werbend »mein Kind«. Denn der ältere Sohn genießt die gleiche väterliche Liebe wie sein Bruder; der Vater verdeutlicht ihm auch, dass er jederzeit mit seinen Freunden hätte ein Fest feiern können, und nicht nur mit einem Ziegenbock. Doch jetzt »müssen wir« die Rückkehr des Bruders feiern. Der Vater nimmt diesen Sohn in die gemeinsame Freude hinein. Denn die glückliche Rückkehr geht nicht nur den Vater und den jüngeren Sohn an, sondern auch ihn.

Die Frage, warum nicht auch die Mutter in dieser Geschichte auftaucht, erübrigt sich angesichts der Tatsache, dass sich ein Parabeltext stets auf die für die beabsichtigte Aussage wichtigen Personen und Beziehungen beschränkt. Allerdings müssen die Leser und Zuhörer als Adressaten und Mitwirkende der Erzählung beachtet werden. Sie reagieren vielleicht wie der

ältere Bruder und geben ihm recht. Deshalb sollen sie erkennen, dass es für jeden Menschen höchst gefährlich ist, im Unrecht und im Elend von den anderen erbarmungslos und auch rachgierig fixiert zu werden, dass es für jeden wichtig ist, als gefährdeter Mensch wahrgenommen und zur Begradigung des Lebens solidarisch ermuntert zu werden. Freilich geht das nicht ohne jene selbstkritische Einsicht, die den jungen Mann dazu bewegt, die Umkehr zu wagen.

Im sechsten Kapitel seines Evangeliums überliefert Matthäus (vgl. Lukas 11) jenes Gebet, welches zum christlichen Hauptgebet wurde:

»Wenn ihr betet, sollt ihr nicht plappern wie die Heiden, die meinen, sie werden nur erhört, wenn sie viele Worte machen. Macht es nicht wie sie; denn euer Vater weiß, was ihr braucht, noch ehe ihr ihn bittet. So sollt ihr beten:
Unser Vater im Himmel,
dein Name werde geheiligt,

dein Reich komme,
dein Wille geschehe wie im Himmel,
so auf der Erde.
Gib uns heute das Brot,
das wir brauchen.
Und erlass uns unsere Schulden,
wie auch wir sie unseren Schuldnern erlassen haben.
Und führe uns nicht in Versuchung,
sondern rette uns vor dem Bösen.«

Prophet der Endzeit – der Menschensohn

Die bei Johannes dem Täufer erworbene Überzeugung davon, dass die Gottesherrschaft sehr bald anbrechen werde, bestimmte Jesus zutiefst. Im Gegensatz zum Täufer begriff er, wie bereits dargelegt, ihre Heraufkunft nicht als plötzlich hereinbrechendes »Zorngericht«, vielmehr bestand er darauf, dass die Gottesherrschaft jetzt schon begonnen habe, wenn auch vorerst so unmerklich wie eine junge Pflanze, der man noch nicht ansieht,

177

Der Tempel von Jerusalem

Der von Salomo als Aufbewahrungsort der Bundeslade und Heiligtum des Volkes Israel erbaute Tempel wurde 587 v. Chr. durch die Truppen Nebukadnezars zerstört. 538 v. Chr. gestattete das »Kyros-Edikt« den Wiederaufbau. Die geraubten Kultgeräte wurden Rückkehrern aus dem Babylonischen Exil mitgegeben. 515 v. Chr. fand die Weihe des am alten Platz errichteten zweiten Tempels statt. Das »Allerheiligste« blieb leer, denn die mit der Zerstörung verloren gegangene Bundeslade wurde nicht ersetzt. Im »Heiligen« stand anstelle der zehn Leuchter des salomonischen Tempels ein goldener siebenarmiger Leuchter neben dem Schaubrottisch und dem Räucheraltar.

Um die Juden für sich einzunehmen, ließ Herodes der Große den zweiten Tempel verschönern und enorm vergrößern. Der herodianische Prachtbau ging 70 n. Chr. beim Angriff der Römer in Flammen auf. Kaiser Hadrian ließ an der Ruinenstätte einen Jupitertempel errichten.

Geblieben sind die Mauern, mit denen Herodes das Tempelplateau umgab. Das abfallende Gelände ließ er durch Aufschüttungen und Substruktionen ebnen (unten ein Gewölbe am Westrand). Der nördliche Abschnitt der Westmauer ist als »Klagemauer« bekannt, im südlichen Bereich liegen Ausgrabungen frei (rechts). Nichtjuden war das Betreten des inneren Tempelbezirks unter Androhung der Todesstrafe verboten, wie eine Warntafel in griechischer Sprache verkündet (unten, Mitte). Ein hebräisch beschrifteter Stein bezeichnete die Stelle an der Brüstung des Tempelbergs, wo Beginn und Ende des Sabbats durch Trompetenblasen verkündet wurden.

dass sie dabei ist, sich unaufhaltsam zu einem großen Baum zu entwickeln.

»Das Reich Gottes kommt nicht so, dass man es an äußeren Zeichen erkennen könnte. Man kann auch nicht sagen: Seht, hier ist es!, oder: Dort ist es! Denn: Das Reich Gottes ist (schon) mitten unter euch.« (Lukas 17, 20 f.)

Dennoch gibt es ein Zeichen, das zu beachten ist: Jesu Auftreten unter den Menschen. Nach Lukas (12,54 ff.) weist er mit einem Appell an die alltägliche Lebenserfahrung in Galiläa zwar bildhaft und indirekt, aber sehr drastisch darauf hin:

»Sobald ihr im Westen Wolken aufsteigen seht, sagt ihr: Es gibt Regen. Und es kommt so. Und wenn der Südwind weht, dann sagt ihr: Es wird heiß. Und es trifft ein. Ihr Heuchler! Das Aussehen der Erde und des Himmels könnt ihr deuten. Warum könnt ihr dann die Zeichen dieser Zeit nicht deuten? Warum findet ihr nicht schon von selbst das rechte Urteil?«

In all seinen Reden und Handlungen wollte Jesus von Nazaret gleichwohl zeigen, wie das auf die Gottesherrschaft ausgerichtete Leben beschaffen sei, wie es beschaffen sein solle. Es komme entscheidend darauf an, sich von der größeren, das heißt besseren Gerechtigkeit (Matthäus 5,20) dieses Lebens bestimmen zu lassen.

Wer das aber nicht tue und sich stattdessen weiterhin in die üblichen Ungerechtigkeiten hineinziehen lasse, werde zu gegebener Zeit erkennen müssen, dass die Chance unwiderruflich vertan sei, an jener Gottesherrschaft beteiligt zu werden, die Jesus wie ein großes Fest, wie ein riesiges Hochzeitsmahl beschreibt.

Eine rigide moralische Drohrede ist Jesu Sache nicht, ebenso wenig eine »pharisäische« Mahnrede, doch gehorsam die Gesetze zu erfüllen, um so die Gnade Gottes zu gewinnen. Es geht ihm um ein redliches, gerechtes und dem Mitmenschen hilfreiches Leben, wie man es angesichts der menschen-

freundlichen Gerechtigkeit Gottes nur leben kann. Er setzt auch nicht auf eine gütig-autoritäre Allmacht Gottes, die jede menschliche Bemühung überflüssig machen würde. Gestaltung und Durchsetzung der Gottesherrschaft sind zwar allein die Sache Gottes, es liegt aber am Menschen, sich bewusst auf sie einzulassen und sich an ihr auszurichten.

Diese Entscheidung ist jetzt zu fällen, es gibt keine Alternative. Ziemlich drastisch scheint Jesus dargestellt zu haben, wie sehr es darauf ankomme, höchst aufmerksam wahrzunehmen, was die Stunde geschlagen hat. Ein Beispiel dafür ist die bereits besprochene Parabel von den klugen und den törichten Jungfrauen (Matthäus 25, 1 ff.). Aber auch ein so anschaulicher Hinweis wie der folgende gehörte wohl zum Redevorrat Jesu:

»Jenes aber erkennt: Wenn der Hausherr gewusst hätte, zu welcher Nachtwache der Dieb kommt, hätte er nicht zugelassen, dass in sein Haus eingebrochen wird. Seid auch ihr bereit, denn der Menschensohn kommt zu einer Stunde, in der ihr nicht damit rechnet.« (Logienquelle Q 12,39 f.; vgl. Matthäus 24,43 f. und Lukas 12,39 f.)

Nicht der Überraschungseffekt als solcher ist hier das entscheidend Wichtige, es kommt vielmehr darauf an, sich jetzt bereit zu machen und es dann auch zu bleiben.

Diese Jesus zugeschriebene Mahnung zeigt zugleich, dass er sich selbst als »Menschensohn« bezeichnete, was nach jüdischer Überlieferung zunächst einmal schlicht »Mensch« bedeutete. Schon in der frühesten christlichen Tradition scheint aber dieser »Titel« spezifisch auf ihn allein bezogen worden zu sein, wobei man vielleicht Jesu eigener Praxis am Ende seines Wirkens folgte. Damit hätte er ausgedrückt, dass er nicht mehr damit rechnete, den vollendeten Anbruch der Gottesherrschaft noch zu erleben. Sein Blick hätte sich damit auf eine Zukunft gerichtet, in

JERUSALEM

Zur Zeit Jesu bot Jerusalem das prachtvolle Aussehen, das Herodes der Große der Hauptstadt seines Königreiches verliehen hatte (unten: Stadtplan; rechts: Rekonstruktion des Stadtbildes). Der Tempelbezirk war von ihm um das Doppelte vergrößert worden; imposante Mauern und Säulenhallen umgaben das Plateau. Die beiden Paläste des Königs, die »Antonia« nördlich des Tempelbergs und sein Hauptpalast am Westrand der Stadt, sind bis auf geringe Überreste verschwunden, doch gibt Josephus Flavius recht detaillierte Beschreibungen davon. Im »Davidsturm« beim Jaffator (oben) blieb der massive Unterbau eines der drei Türme erhalten, die Herodes neben seinem Palast errichten ließ.

Auf dem damals höchsten Punkt der Stadt errichtete Herodes drei Türme, die er nach seinem Freund Hippicus, seinem Bruder Phasael und seiner Frau Mariamme benannte. Die Aufbauten enthielten luxuriöse Gemächer.

Der Hauptpalast Herodes' des Großen wurde um 25 v. Chr. erbaut. Er bedeckte ein Areal von etwa 200 mal 80 Metern. Josephus Flavius beschreibt die Pracht dieses Fürstensitzes.

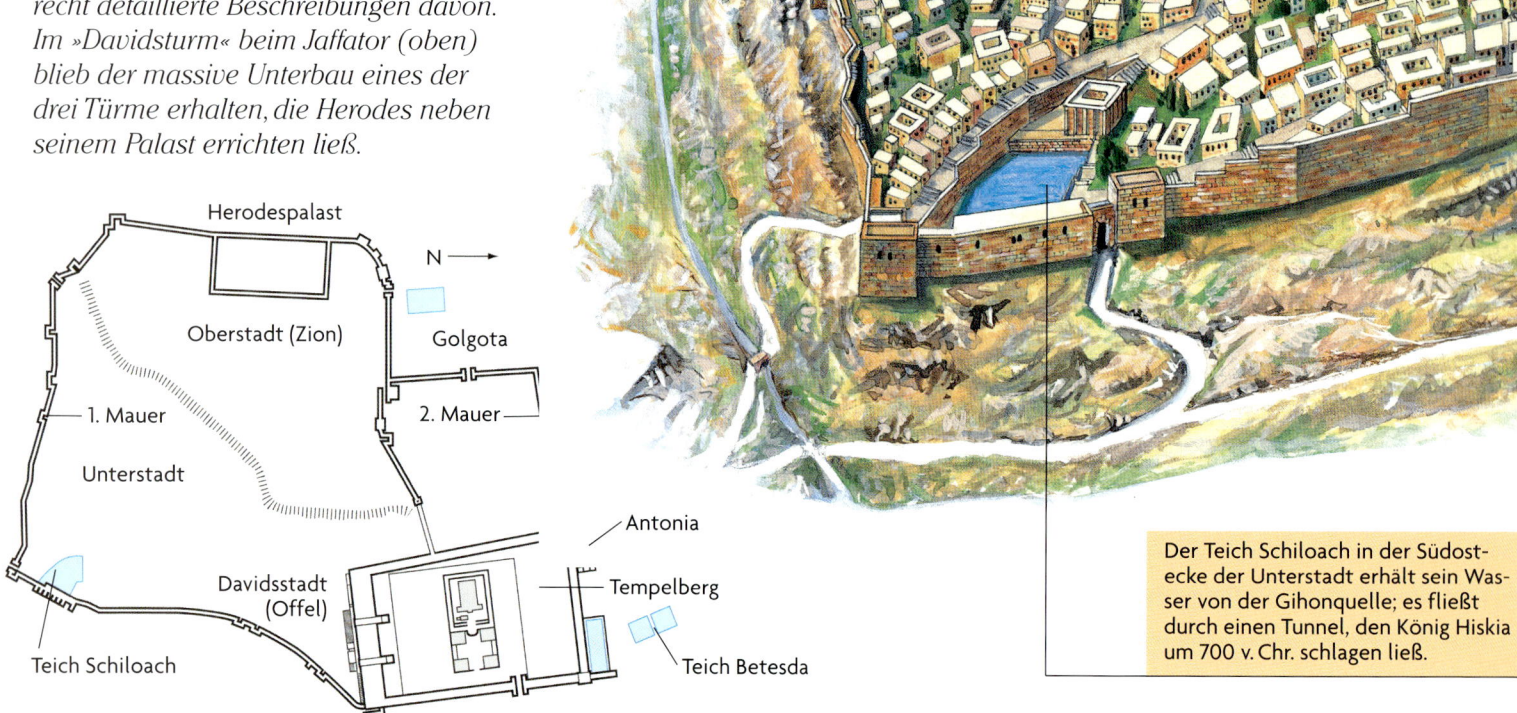

Der Teich Schiloach in der Südostecke der Unterstadt erhält sein Wasser von der Gihonquelle; es fließt durch einen Tunnel, den König Hiskia um 700 v. Chr. schlagen ließ.

Herodespalast

N →

Oberstadt (Zion)

Golgota

1. Mauer

2. Mauer

Unterstadt

Antonia

Davidsstadt (Offel)

Tempelberg

Teich Schiloach

Teich Betesda

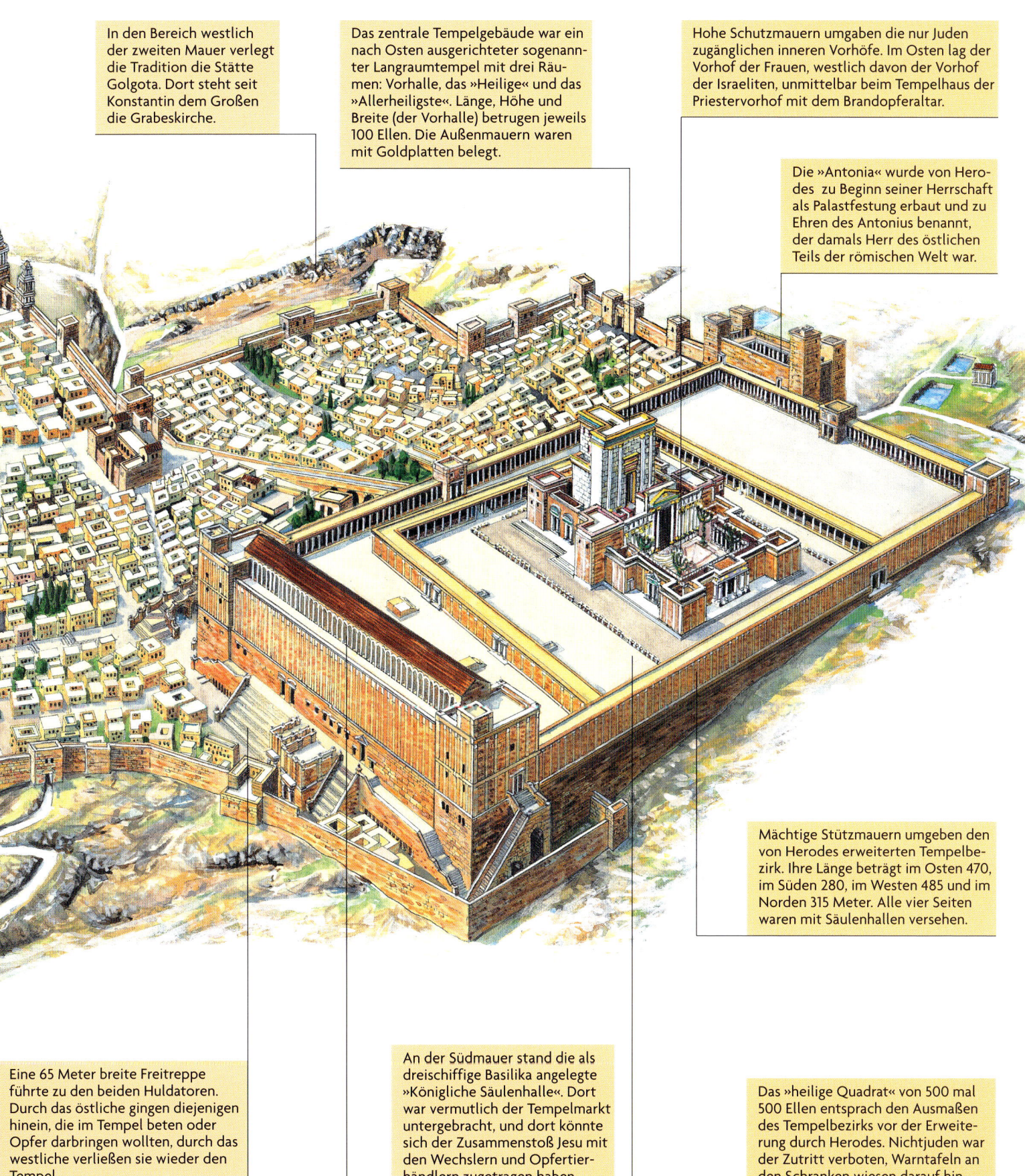

In den Bereich westlich der zweiten Mauer verlegt die Tradition die Stätte Golgota. Dort steht seit Konstantin dem Großen die Grabeskirche.

Das zentrale Tempelgebäude war ein nach Osten ausgerichteter sogenannter Langraumtempel mit drei Räumen: Vorhalle, das »Heilige« und das »Allerheiligste«. Länge, Höhe und Breite (der Vorhalle) betrugen jeweils 100 Ellen. Die Außenmauern waren mit Goldplatten belegt.

Hohe Schutzmauern umgaben die nur Juden zugänglichen inneren Vorhöfe. Im Osten lag der Vorhof der Frauen, westlich davon der Vorhof der Israeliten, unmittelbar beim Tempelhaus der Priestervorhof mit dem Brandopferaltar.

Die »Antonia« wurde von Herodes zu Beginn seiner Herrschaft als Palastfestung erbaut und zu Ehren des Antonius benannt, der damals Herr des östlichen Teils der römischen Welt war.

Mächtige Stützmauern umgeben den von Herodes erweiterten Tempelbezirk. Ihre Länge beträgt im Osten 470, im Süden 280, im Westen 485 und im Norden 315 Meter. Alle vier Seiten waren mit Säulenhallen versehen.

Eine 65 Meter breite Freitreppe führte zu den beiden Huldatoren. Durch das östliche gingen diejenigen hinein, die im Tempel beten oder Opfer darbringen wollten, durch das westliche verließen sie wieder den Tempel.

An der Südmauer stand die als dreischiffige Basilika angelegte »Königliche Säulenhalle«. Dort war vermutlich der Tempelmarkt untergebracht, und dort könnte sich der Zusammenstoß Jesu mit den Wechslern und Opfertierhändlern zugetragen haben.

Das »heilige Quadrat« von 500 mal 500 Ellen entsprach den Ausmaßen des Tempelbezirks vor der Erweiterung durch Herodes. Nichtjuden war der Zutritt verboten, Warntafeln an den Schranken wiesen darauf hin.

Jerusalem in alten Ansichten

Das um 1875 aufgenommene Foto (oben) zeigt das Panorama der Stadt vom Öl-berg aus. Über dem Kidrontal im Vorder-grund ragt die Ostmauer des Tempelbergs auf. Im Tempelbezirk befindet sich das muslimische Heiligtum Haram ash-Sharif mit dem Felsendom und der al-Aqsa-Moschee (links im Bild). Ausgrabungen waren dort bisher nicht möglich. Die Re-konstruktion der einstigen Tempelanlage stützt sich auf die Angaben in biblischen und anderen Texten sowie auf archäolo-gische Erkenntnisse, die an verwandten Tempelbauten gewonnen wurden.

Aus dem Jahr 1864 stammen zwei Auf-nahmen von Jakob August Lorent. Die eine (rechts oben) zeigt eine in den Felsen gehauene Treppe, die im Südosten der Stadt ins Hinnomtal hinabführt, die zweite (rechts unten) eine Gasse, die am Helenahospital und dem Kuppelbau eines muslimischen Mausoleums ent-langführt und am Horizont ein Stück des Ölbergs sehen lässt.

Die »Zitadelle« beim Jaffator (rechts außen in einem Foto von Félix Bonfils, um 1875) wurde im frühen 14. Jahrhundert errichtet. Einer ihrer Türme, der soge-nannte »Davidsturm« (rechts im Bild), weist in den unteren Lagen die für Bauten Herodes' des Großen typischen Bossen-quader auf und geht vermutlich auf dessen Phasaelturm zurück.

der er zur Vollendung seines irdischen Lebensweges vom Himmel her wiederkäme, am »Tag des Menschensohns«. So enthält die Logienquelle (Q 17,26 ff.; vgl. Matthäus 24,37 ff.; Lukas 17,26 ff.) folgenden Ausspruch, den man dem historischen Jesus sehr wohl zutrauen kann:

»Wie es geschah in den Tagen Noachs, so wird es auch am Tag des Menschensohns sein. Denn wie sie in jenen Tagen aßen und tranken, heirateten und verheirateten bis zu dem Tag, an dem Noach in die Arche hineinging und die Flut kam und alle wegraffte, so wird es auch an dem Tag sein, an der Menschensohn offenbar wird.«

Um die Epiphanie, die Enthüllung seiner wahren Identität, Bedeutung und Macht – darum geht es hier. Der eindringliche Verweis auf die traumatisch erinnerte Urkatastrophe der Großen Flut erscheint wie die Grundidee eines apokalyptischen Dramas: Noch geht alles den gewohnten Gang; plötzlich kippt aber die harmlos-alltägliche Atmosphäre um und offenbart ihre Abgründe: ein plötzliches Erdbeben, eine Flutkatastrophe ...

Die Mahnreden, sich nicht auf die Sicherheit des Gewohnten zu verlassen, wachsam zu sein, Zeit und Stunde zu erkennen und sich bei der Ausrichtung auf den allein richtigen Heilsweg durch keinen als Prophet auftretenden Scharlatan irritieren zu lassen, scheinen im Reden Jesu dann immer intensiver geworden zu sein:

»Wenn sie euch sagen: Siehe, er ist in der Wüste, geht nicht hinaus; siehe, er ist in den Kammern, lauf ihnen nicht nach. Denn wie der Blitz vom Osten ausgeht und bis zum Westen leuchtet, so wird der Menschensohn an seinem Tag sein.« (Logienquelle Q 17,23 f.; vgl. Matthäus 24,26 f.; Lukas 17,23 f.)

Diese Mahnrede wurde in der frühesten christlichen Verkündigung selbstverständlich auch auf alle Auseinandersetzungen darüber bezogen, wer die »echte« Jesus-Tradition vertrete und wer nicht.

Der »Tag des Menschensohns« – das Weltgericht

Es ist nicht auszumachen, ob und wie genau der historische Jesus jene Endzeitreden gehalten hat, die in allen drei synoptischen Evangelien, vor allem aber in dem des Matthäus wiedergegeben werden (Matthäus 24; Markus 13; Lukas 21). Da diese Texte unverkennbar den Hinrichtungstod Jesu und die Zerstörung Jerusalems im Jahr 70 voraussetzen, dürften sie einerseits die Intention verfolgen, den nachgeborenen Christinnen und Christen zu erklären, dass Jesus wider seine eigene Erwartung zwar den vollen Anbruch der Gottesherrschaft nicht erlebt habe, dass aber seine Ankündigung nach wie vor und jetzt erst recht gültig sei.

Der Zusammenbruch des antirömischen Widerstandes sowie die katastrophale Zertrümmerung des unter Herodes dem Großen in heute kaum vorstellbarer Pracht ausgebauten Tempels wurden als Anzeichen des nahen Zusammenbruchs der bisherigen Weltordnung gedeutet. Denn man kam um die Frage nicht herum, wie sich das alles mit der Gottesverkündigung Jesu vereinbaren lasse. So ließen die Evangelisten Jesus selbst das Ende des Tempelkultes voraussagen, genauso auch die Verfolgungen seiner Anhänger.

»Als Jesus den Tempel verlassen hatte, wandten sich seine Jünger an ihn und wiesen ihn auf die gewaltigen Bauten des Tempels hin. Er sagte zu ihnen: Seht ihr das alles? Amen, ich sage euch: Kein Stein wird hier auf dem andern bleiben; alles wird niedergerissen werden.« (Matthäus 24,1 f.)

Historisch recht realistisch fallen die knappen Worte aus, die Lukas (19,41 ff.) Jesus bei dessen Ankunft in Jerusalem als Prophezeiung sprechen lässt, um so die Vernichtung der Stadt in das gesamte Schicksal Jesu einzuordnen – mit der Behauptung, Jerusalem müsse büßen, weil es die Botschaft des Galiläers nicht annehmen wollte:
»Als er näher kam und die Stadt sah, weinte er über sie und sagte: Wenn doch auch du an diesem Tag erkannt hättest, was dir Frieden bringt. Jetzt aber bleibt es vor deinen Augen verborgen. Es wird eine Zeit für dich kommen, in der deine Feinde rings um dich einen Wall aufwerfen, dich einschließen und von allen Seiten bedrängen. Sie werden dich und deine Kinder zerschmettern und keinen Stein auf dem andern lassen; denn du hast die Zeit der Gnade nicht erkannt.«

Diese vom Evangelisten eingebrachte, historisch gewiss nicht akzeptable Erklärung fügt sich ideell einerseits in die Mahnreden Jesu ein, wer sich nicht jetzt bekehre, müsse schlimme Folgen tragen. Sie blendet jedoch die politischen Umstände des antirömischen Widerstands aus und markiert so den Beginn des unheilvollen, bis heute folgenreichen antijüdischen Erklärungsmusters, »die« Juden hätten die Bedeutung Jesu nicht erkennen und anerkennen wollen und müssten dafür schrecklich büßen.

In offensichtlichem Kontrast zu dieser Weissagung fällt die apokalyptische Schilderung des zum Endgericht wiederkehrenden »Menschensohns« umso dramatischer und majestätischer aus (Matthäus 24,29 ff.; vgl. Markus 13,24 ff. und Lukas 21,35 ff.), wobei Matthäus alttestamentliche Zitate in die Jesus zugewiesenen Worte einfügt:

»Sofort nach den Tagen der großen Not wird sich die Sonne verfinstern, und der Mond wird nicht mehr scheinen; die Sterne werden vom Himmel fallen, und die Kräfte des Himmels werden erschüttert werden. Danach wird das Zeichen des Menschensohnes am Himmel erscheinen; dann werden alle Völker der Erde jammern und klagen, und sie werden den Menschensohn mit großer Macht und Herrlichkeit auf den Wolken des Himmels kommen sehen. Er wird seine Engel unter lautem Posaunenschall aussenden, und sie werden die von ihm Auserwählten aus allen vier Windrichtungen zusammenführen, von einem Ende des Himmels bis zum andern.«

Dass sich dieser Text in seinem Duktus, seiner universellen Ausrichtung und Bilderwahl von der früheren Darstellung des galiläischen Wanderpredigers bei den Synoptikern durchaus unterscheidet, fällt sofort auf. Sehr deutlich zeigt er dem heutigen Leser, dass sich die Evangelisten nunmehr, im Rahmen der sogenannten Passionsberichte, einer Tradition angeschlossen haben, welche die Jesusgestalt bereits enorm erhöht. Dadurch nämlich, dass sie den »Menschensohn« Jesus als den von Gott her erscheinenden Weltenherrscher begreift, dessen gnädige Macht sich überdies nicht mehr nur auf das Volk Israel beschränkt, sondern auf die ganze Welt bezieht. Demgemäß setzt Matthäus eine gewaltige kosmische Thronszene in Gang (25,31 ff.):

»Wenn der Menschensohn in seiner Herrlichkeit kommt und alle Engel mit ihm, dann wird er sich auf den Thron seiner Herrlichkeit setzen. Und alle Völker werden vor ihm zusammengerufen werden, und er wird sie voneinander scheiden, wie der Hirt die Schafe von den Böcken scheidet. Er wird die Schafe zu seiner Rechten versammeln, die Böcke aber zur Linken.«

Gewiss, diese Vision ist zu sehr bekannt, als dass sie in jeder Hinsicht ausführlich kommentiert werden müsste. Dass der Evangelist übrigens einen hinkenden Vergleich wählt, ist schwer zu übersehen: Warum sollten die »Böcke« prinzipiell die »Bösen« sein, die »Schafe« aber die grundsätzlich »Guten«? Ungeachtet dieser sprachlichen Frage ist die

Jesus weint über Jerusalem
Das Lukasevangelium (19,41 ff.) erzählt, wie Jesus sich der Stadt nähert und über sie weint. Ihre Feinde würden sie belagern und samt den Bewohnern vernichten. Ein Blatt aus dem Evangeliar Ottos III. stellt die Szene dar: oben Jesus, der, von seinen Jüngern gefolgt, Jerusalem erblickt und in Tränen ausbricht, unten die von ihm vorausgesagte Belagerung der Stadt. Die gegen 1000 auf der Reichenau entstandene Prachthandschrift gelangte als Geschenk Heinrichs II. in den Bamberger Domschatz und von dort in die Bayerische Staatsbibliothek München.

Situation aber klar. Oder doch nicht so ganz? Denn gleich anschließend spricht der Evangelist nicht mehr vom »Menschensohn«, sondern vom »König«, der dann seinerseits von »meinem Vater« spricht. Sollte das auf eine ursprünglich andere, vielleicht »einfachere« Fassung dieser Parabel schließen lassen? Es heißt da:

»Dann wird der König denen auf der rechten Seite sagen: Kommt her, die ihr von meinem Vater gesegnet seid, nehmt das Reich in Besitz, das seit der Erschaffung der Welt für euch bestimmt ist. Denn ich war hungrig, und ihr habt mir zu essen gegeben; ich war durstig, und

ihr habt mir zu trinken gegeben; ich war fremd und obdachlos, und ihr habt mich aufgenommen; ich war nackt, und ihr habt mir Kleidung gegeben; ich war krank, und ihr habt mich besucht; ich war im Gefängnis, und ihr seid zu mir gekommen. Dann werden ihm die Gerechten antworten: Herr, wann haben wir dich hungrig gesehen und dir zu essen gegeben, oder durstig und dir zu trinken gegeben …? Darauf wird der König ihnen antworten: Was ihr für einen meiner geringsten Brüder getan habt, das habt ihr mir getan.«

Es ist ohne Weiteres klar, dass es um diesen Satz geht. Er behauptet die

Selbstidentifikation des Königs (des Menschensohnes, letztlich Gottes?) mit dem Nächsten und lobt die mitmenschliche Gesinnung und praktisch gelebte Solidarität der »Gerechten«.

Entsprechend fällt das Urteil des Königs gegen die auf der linken Seite Versammelten aus:

»Weg von mir, ihr Verfluchten, in das ewige Feuer, das für den Teufel und seine Engel bestimmt ist! Denn ich war hungrig, und ihr habt mir nichts zu essen gegeben …Dann werden auch sie antworten: Herr, wann haben wir dich hungrig oder durstig oder obdachlos oder nackt oder krank oder im Gefäng-

Das Jüngste Gericht

Die Bogenfelder der Portale mittelalterlicher Kirchen stellen häufig die Parusie dar, das seit frühchristlicher Zeit erwartete Wiedererscheinen Christi am Ende der Tage. Bilder des Jüngsten Gerichts können die ganze Eingangswand eines Kirchenschiffs bedecken, vor allem im byzantinischen Kunstkreis und in Italien.

Das Tympanon der Abtei- und Pilgerkirche von Conques (Rouergue), ein Hauptwerk romanischer Skulptur, verbildlicht ausführlich die Worte der Schrift und erläutert die Einzelheiten durch lateinische Inschriften. Im Zentrum der Menschensohn (rechts), der »mit großer Macht und Herrlichkeit auf den Wolken des Himmels« herabkommt. Über ihm erscheint sein Zeichen, das Kreuz. Mit der erhobenen Rechten ruft er die Gesegneten in das für sie bestimmte Reich, die gesenkte Linke verweist die Verdammten in das ewige Feuer.

Auf der Seite der Gerechten (links) naht, von Maria und Petrus geleitet, ein Zug von Männern in weltlicher und geistlicher Tracht. Voran geht Dadon, der Gründer des Klosters; ihm folgt Abt Oldoric, Karl den Großen an der Hand führend, dessen Freigebigkeit den Bau der ersten Kirche von Conques ermöglichte. Von Engeln gehaltene Schriftbänder verkünden die zur ewigen Seligkeit verhelfenden Tugenden.

nis gesehen und haben dir nicht geholfen? Darauf wird er ihnen antworten: Amen, ich sage euch: Was ihr für einen dieser Geringsten nicht getan habt, das habt ihr auch mir nicht getan. Und sie werden weggehen und die ewige Strafe erhalten, die Gerechten aber das ewige Leben.«

Der rhetorische »Trick« ist mehr als raffiniert. Den Lesern, die man sich ja als gespannt lauschende Zuhörer denken muss, geht durch den dramatischen Perspektivenwechsel ein Licht auf, ihnen wird die Erkenntnis vermittelt, dass vor Gott allein die redliche Gesinnung und Lebenspraxis zählen.

Man möchte vermuten, dass es sich bei diesem Text ursprünglich um eine Predigt handelt, sehr nahe bei den Intentionen Jesu. Es geht nicht um die buchstäbliche Erfüllung von Gesetzen, mögen diese an sich noch so richtig sein; es geht vielmehr um mitmenschliche Aufmerksamkeit und aus Überzeugung gelebte Solidarität. Nicht auf die majestätische Autorität zu schielen, ist wichtig (die »Linken« sagen: »Ja, wenn wir gewusst hätten, dass du es bist ...«), sondern empfindlich zu sein für das unmittelbar Notwendige.

Selbstverständlich redet der Prediger von Moral, aber nicht von einer puren, kalkulierenden Leistungsmoral, die sich auch noch emsig mit Sündenkatalogen beschäftig, sondern von einer Moral, die weit mehr ist als moralisierende Kasuistik. Dass die Erfordernisse der Mitmenschlichkeit in einen kosmischen Bezug gestellt werden, ist fast schon grandios. Vor dieser eindringlichen, zutiefst humanen Gerichtsvision verblasst die Frage, wie, wann und wo ein solches Gericht denn je stattfinden könnte. Sie ist keine autoritäre Drohung, sondern ein heftiges Plädoyer für eine gerechte Mitmenschlichkeit, die vor dem Gott, den Jesus von Nazaret nahebringen will, bestehen kann.

DER HINRICHTUNGSTOD

»Er wurde für uns gekreuzigt unter Pontius Pilatus,
hat gelitten und ist begraben worden,
ist am dritten Tage auferstanden nach der Schrift
und aufgefahren in den Himmel.«

Glaubensbekenntnis des Konzils von Nizäa

Die drei synoptischen Evangelien
lassen vermuten, dass das öffentliche Engagement Jesu von Nazaret nur
etwa ein Jahr dauerte und dass er im
Anschluss daran zusammen mit einigen seiner Anhänger nach Jerusalem
pilgerte, wohl um dort das Pessachfest
zu feiern. Besonders Matthäus hat die
gesamte Darstellung Jesu programmatisch auf den Einzug des messianischen Friedenskönigs in die Stadt des
Tempels hin ausgerichtet, offensichtlich mit der Absicht, die dann folgende
Hinrichtung Jesu nicht als katastrophales Scheitern, sondern als heilsgeschichtlich unausweichliche Konsequenz erscheinen zu lassen.

Unter diesem Leitgedanken berichtet
Matthäus (21,1 ff.; vgl. Markus 11,1 ff.
und Lukas 19,28 ff.; auch Johannes
12,12 ff.):

*»Als sich Jesus mit seinen Begleitern
Jerusalem näherte und nach Betfage
am Ölberg kam, schickte er zwei Jünger
voraus und sagte zu ihnen: Geht in das
Dorf, das vor euch liegt; dort werdet ihr
eine Eselin angebunden finden und ein
Fohlen bei ihr. Bindet sie los, und bringt
sie zu mir!*

Der Tod am Kreuz

*Die Christen hatten zunächst eine
gewisse Scheu vor Bildern der schmachvollen Kreuzigung. Zu den frühesten Darstellungen gehört ein Paneel der Holztür
von Santa Sabina in Rom (um 432; oben).
Erst im Mittelalter wurde der Gekreuzigte
zum Hauptthema christlicher Kunst.
Einmalig in seiner Art ist das monumentale Relief der Kreuzabnahme an einer
Wand der Externsteine (rechts). Diese
Felsen im Teutoburger Wald, einst vielleicht ein heidnischer Kultplatz, dann
Refugium von Eremiten, verwandelte
man im 12. Jahrhundert in einen Ort,
der die Gedenkstätten der Grabeskirche
in Jerusalem nachbildete.
An den Enden des Kreuzbalkens erscheinen, in Trauer verhüllt, Sonne und Mond
als Hinweis auf die kosmische Bedeutung
des Heilsgeschehens. Auf einem Baum
stehend, hat Nikodemus die Nägel
herausgezogen, der Leichnam fällt über
die Schulter des Josef von Arimathäa
der Mutter entgegen, die das Haupt mit
den erhobenen Händen empfängt. Am
rechten Bildrand steht mit schmerzvoller
Gebärde der Lieblingsjünger Johannes.
Oben in der himmlischen Region erscheint Gottvater, die weisende Hand
auf das Haupt des Gekreuzigten gerichtet, der linke Arm hält seine Seele in
Gestalt eines Kindes und die Siegesfahne
des Auferstandenen.*

Und wenn euch jemand zur Rede stellt, dann sagt: Der Herr braucht sie, er lässt sie aber bald zurückbringen.

Das ist geschehen, damit sich erfüllte, was durch den Propheten gesagt worden ist: ›Sagt der Tochter Zion: Siehe, dein König kommt zu dir. Er ist friedfertig, und er reitet auf einer Eselin und auf einem Fohlen, dem Jungen eines Lasttiers.‹

Die Jünger gingen und taten, was Jesus ihnen aufgetragen hatte. Sie brachten die Eselin und das Fohlen, legten ihre Kleider auf sie, und er setzte sich darauf. Viele Menschen breiteten ihre Kleider auf der Straße aus, andere schnitten Zweige von den Bäumen und streuten sie auf den Weg. Die Leute aber, die vor ihm hergingen und die ihm folgten, riefen: Hosanna dem Sohn Davids! Gesegnet sei er, der kommt im Namen des Herrn. Hosanna in der Höhe!
Als er in Jerusalem einzog, geriet die ganze Stadt in Aufregung, und man fragte: Wer ist das? Die Leute sagten: Das ist der Prophet Jesus von Nazaret in Galiläa.«

Dass der Bericht über den Einzug in Jerusalem auf ein tatsächliches Ereignis schließen lässt, daran ist wohl zu zweifeln. Zu eindeutig stellt die von Matthäus präsentierte Szenerie eine theologische Interpretation für die an den Messias Jesus Glaubenden dar, als dass die Frage nach ihrer Geschichtlichkeit überhaupt wichtig wäre.

Der Einzug in Jerusalem

Vom Ölberg kommend, ist Jesus mit seinen Jüngern am Stadttor angelangt. Er reitet auf einer Eselin, der ihr Füllen nachtrabt, so wie es Sacharja prophezeit hatte. Eine Volksmenge ist ihm entgegengeeilt, schwenkt Zweige und breitet Kleidungsstücke auf den Weg.
An dieses Ereignis erinnern die Palmsonntagsprozessionen, früher mit holzgeschnitzten Palmeseln auf Rädern. In den Passionszyklen erscheint es meist als erstes Bild, wie die Tafel, die Duccio di Buoninsegna um 1310 für den Hauptaltar des Sieneser Doms gemalt hat.

>»Juble laut, Tochter Zion! Jauchze, Tochter Jerusalem!
Siehe, dein König kommt zu dir.
Er ist gerecht und hilft; er ist demütig und
reitet auf einem Esel, auf einem Fohlen,
dem Jungen einer Eselin.«

Buch Sacharja 9,9

Bezeichnenderweise stellt der Evangelist das Ereignis in einen messianisch-alttestamentlichen Kontext, so wie er und Lukas dies schon am Beginn ihrer Evangelien in den Kindheitsgeschichten getan haben. Er verweist auf die Worte, mit denen im Prophetenbuch des Sacharja (9,9) der ersehnte Friedenskönig angekündigt wird. Es geht also auch hier nicht um eine historische, sondern um eine Bedeutungswahrheit.

Hosanna dem Sohn Davids!

Zu allen Zeiten inszenierten Potentaten säkularer wie sakraler Provenienz ihre öffentlichen Auftritte als aufwendige Umzüge und Prozessionen, prunkvoll aufgemacht und mit Symbolik beladen. Denn »das Volk« braucht solche Showeffekte – wozu und warum auch immer. Deshalb scheinen sogar die modernen Demokratien ohne symbolträchtige Rituale nicht auskommen zu können. Von jeher gilt freilich: Autoritäre Regime gleichgültig welcher Art inszenieren sich besonders exzessiv, mit Vorliebe als hehre Wohltäter und Heilbringer. Die »Führer« lassen sich preisen und bejubeln. Auch die Repräsentanten der römischen Staatsmacht feierten zu gegebener Zeit ihren »Introitus«, um so den erhabenen Kaiser zu vergegenwärtigen.

Ganz anders der Auftritt des Friedenskönigs bei Matthäus: Unbewaffnet zieht er ein, nicht auf einem edlen Pferd reitend, sondern auf einem Esel, ohne den blenderischen Pomp der Potentaten – ein »Introitus«, der durch den Kontrast wirken soll.

Aber auch für ihn erschallen Lobeshymnen. Menschen rufen »Hosanna« (»Hoscha-na! – Hilf doch!«), so wie man einem Herrscher zuzurufen pflegt. Vor allem aber nennen sie ihn »Sohn Davids«. Der Evangelist will vor dem Bericht über die Hinrichtung energisch klarstellen, wer Jesus von Nazaret in Wahrheit ist: der verheißene und ersehnte messianische Friedenskönig aus dem Hause Davids, der nun seine Stadt in Besitz nimmt.

Und er handelt königlich: Der in seinen persönlichen Bedürfnissen völlig anspruchslose Mann aus Galiläa erweist sich als selbstbewusster Regisseur der Aktion. Er schickt Jünger ins nahe Dorf, wahrscheinlich nach Betfage vor den Toren Jerusalems, um die Eselin zu besorgen. Als König hat er das Recht, das Reittier ohne jede Begründung und Bezahlung zu beschlagnahmen; die Jünger sollen schlicht und einfach sagen: »Der Herr braucht sie.« Er setzt sich auf die Eselin und reitet in die Stadt. Menschen – wohlverstanden: keine für den obligaten Jubel bestellten Statisten – huldigen ihm spontan.

Wenn diese Begebenheit tatsächlich stattgefunden hat, ist freilich zu fragen: Wie viele Jerusalemer haben diesen Galiläer überhaupt gekannt? Und wer wusste schon, um wen es sich da handelte? Auch die Behauptung, die ganze Stadt sei in Aufregung geraten, gehört zur dramatischen Szenerie. In Wahrheit findet dieser Einzug Jesu nur in den Evangelien statt. Hier erzeugt er Wirkung. Real hätte er sich als marginales, leicht groteskes und deshalb von den Jerusalemer Großstadtmenschen allenfalls belächeltes Ereignis abgespielt. Der Evangelist braucht dagegen die Vision eines triumphalen Einzugs, eines Einzugs freilich der anderen Art.

Irgendwie scheint er dann mittendrin zu einer realistischen Sichtweise zurückzukehren. Er lässt andere »Leute« neugierig fragen, wer denn der Mensch auf der Eselin sei. Abrupt endet hier die Vision, als sei plötzlich ein Theatervorhang herabgelassen worden. Nun ist keine Rede mehr vom »König« oder »Messias«. Die Antwort, wohl jener, die Jesus zugejubelt haben, lautet vielmehr: »Der Prophet Jesus von Nazaret in Galiläa.« Der »bürgerliche« Name des Messias wird genannt, freilich mit dem Zusatz »Prophet«. Doch das hat nicht allzu viel zu besagen, denn es gab viele Propheten in Judäa und Galiläa. Die besondere Bedeutung gerade dieses Propheten war nur wenigen bewusst. Aber die wahren Adressaten der Botschaft in der Vision des Evangelisten waren und sind seine Leser und Hörer. Sie sollen diese Bedeutung wahrnehmen und verstehen.

Dass der historische Jesus mit der Absicht nach Jerusalem gegangen sei, die Macht zu ergreifen und die Gottesherrschaft über Israel in aller Form zu errichten, ist auch dann zu bezweifeln, wenn man annimmt, dass er zu dieser Zeit stärker noch als früher von seiner messianischen Sendung überzeugt war. Er war aber nicht verrückt, die politischen Schwierigkeiten und Gefahren waren ihm sehr wohl bewusst. Hatte er doch immer vermieden, die römische Besatzungsmacht öffentlich infrage zu stellen und zu provozieren.

Eher noch mag es sein, dass er seine galiläische Aufgabe im Wesentlichen

Residenzen der Priesteraristokratie
Die seit 1969 im jüdischen Viertel der Altstadt von Jerusalem durchgeführten Ausgrabungen legten Überreste von großzügig angelegten und luxuriös ausgestatteten Wohnhäusern frei. Von Josephus Flavius wissen wir, dass im Bereich westlich des Tempels vornehme Priesterfamilien ihre Wohnsitze hatten. In den Felsen gehauene Zisternen sicherten die Wasserversorgung, und alle bisher ausgegrabenen Häuser besaßen neben gewöhnlichen Badezimmern auch Räume für rituelle Bäder, zu denen Stufen hinabführten. Die Wohnräume lagen um einen mit Steinplatten ausgelegten Innenhof (rechts) und waren mit Fußbodenmosaiken und Fresken geschmückt. In lebhaften Farben bemalte Putzfragmente (rechte Seite, oben) zeigen Architekturelemente, Steinmaserungen und Naturmotive, wie sie für den Dekorationsstil der frühen römischen Kaiserzeit typisch sind. Auch Steinmetzarbeiten wie das perfekte korinthische Kapitell (rechte Seite, unten links) oder eine Sonnenuhr (rechte Seite, unten rechts), kostbare Keramik und sonstiges Hausgerät zeugen vom Wohlstand, der in diesen Häusern herrschte. Sie gingen bei der Eroberung Jerusalems im Jahre 70 n. Chr. in Flammen auf.

als abgeschlossen ansah und nun in der Hauptstadt Israels sein Verkündigungswerk fortsetzen und zur vollen Entfaltung bringen wollte.

Aufschlussreich für das messianische Selbstbewusstsein ist eine Schlüsselszene, welche die synoptischen Evangelisten in das heidnische Gebiet von Caesarea Philippi verlegen. Noch vor der Wanderung nach Jerusalem fragt Jesus die Jünger, so berichtet Markus (8,27; vgl. Matthäus 16,13 ff. und Lukas 9,18 ff.) mit knappen Worten:

»Für wen halten mich die Menschen? Sie sagten zu ihm: Einige für Johannes den Täufer, andere für Elija, wieder andere für sonst einen von den Propheten. Da fragte er sie: Ihr aber, für wen haltet ihr mich? Simon Petrus antwortete ihm: Du bist der Messias! Doch er verbot ihnen, mit jemand darüber zu sprechen.«

Vielleicht hat Jesus bemerkt, dass er inzwischen zu einer Art Guru und Wunderheiler geworden ist, dessen Auftritte das Sensationsbedürfnis vieler Galiläer befriedigen, aber keine tiefere Wirkung im Sinne seines Aufrufs zur Umkehr herbeiführen. Sie halten ihn für die Wiedergeburt eines der großen Propheten und rechnen mit seiner spektakulären Wunderkraft. Die Frage, für wen man ihn halte, besagt: Haben diese Menschen begriffen, wofür ich einstehe, was meine Botschaft für sie bedeutet? Die vage Antwort der Jünger, die einen meinten dies, die anderen jenes, signalisiert

unmissverständlich: Die meisten haben nichts verstanden. »Ihr aber«, fragt Jesus diejenigen, die ihm am nächsten sind, was habt ihr begriffen?

Das deutlich und bedingungslos ausgesprochene Messiasbekenntnis des Petrus stellt zweifellos das in das Evangelium eingegangene Bekenntnis der späteren christlichen Gemeinde dar. Realhistorisch mag man aber doch vermuten, dass es nach Monaten öffentlichen Wirkens zu einer Krise kam, die Jesus vor die Frage stellte, ob er von den Menschen verstanden werde oder nicht, und die ihn vielleicht veranlasste, sich nunmehr noch stärker mit seiner messianischen Sendung zu identifizieren als ohnehin schon.

Das vom Evangelisten Markus besonders stark artikulierte Messiasgeheimnis (das Verbot, irgendjemandem zu sagen, wer Jesus eigentlich sei) ist in zweifacher Hinsicht zu deuten: Innerhalb des Geschehensablaufs soll jede spektakuläre und damit ungute Sensation, wie sie das Auftreten als Messias hervorgerufen hätte, vermieden werden. Andererseits geht es auch hier um die späteren Christinnen und Christen: Sie, die schon »wissen«, dass Jesus der Messias war oder ist, sollen begreifen, dass erst Kreuzigung und Auferstehung ihn endgültig offenbaren konnten und dass jedes vorzeitige Triumphgetöse die Sendung Jesu verfälscht, ja geradezu zerstört hätte.

Ob dem historischen Jesus bewusst war, welches Risiko sein Aufenthalt in Jerusalem bedeuten konnte, ist schwer zu sagen. Die in den Evangelien strategisch eingestreuten Voraussagen seines Todes und seiner Auferstehung stellen ja eine postume theologische Reaktion auf die Frage dar, wieso denn der Mann Gottes diesen bitteren Hinrichtungstod erleiden musste: Alles geschah in einem höheren Sinn.

Nicht um ebenso pompöse wie gleichzeitig poröse Macht ging es, sondern um das entschlossene Erleiden eines ungerechten und schmachvollen Todes, um Standhaftigkeit im größten Elend und um den Erweis der unverlierbaren Lebenskraft in der Auferstehung. In sol-

chem Sinne mag man eine dieser fiktiven »Ankündigungen« lesen und verstehen (Markus 8,31 ff.; vgl. Matthäus 16,21 ff. und Lukas 9,22):

»Dann begann er, sie (die Jünger) darüber zu belehren, der Menschensohn müsse vieles erleiden und von den Ältesten, den Hohepriestern und den Schriftgelehrten verworfen werden; er werde getötet, aber nach drei Tagen werde er wiederauferstehen.

Und er redete ganz offen darüber. Da nahm ihn Petrus beiseite und machte ihm Vorwürfe.

Jesus wandte sich um, sah seine Jünger an und wies Petrus mit den Worten zurecht: Weg mit dir, Satan, geh mir aus den Augen! Denn du hast nicht das im

Sinn, was Gott will, sondern was die Menschen wollen.«

Der »Satan«, der aus Petrus spricht, ist als der Dämon zu verstehen, der vom Heilsweg abbringen und so die Pläne Gottes vereiteln will – man erinnere sich an die Verführungsversuche in der Wüste. Der spätere Leser und Zuhörer des Evangelisten soll zur Kenntnis nehmen, dass Jesu Weg in den Tod und hin zur Auferstehung Gottes Planung entspricht. Freilich muss er das einfach so hinnehmen, Nachfragen ist überflüssig.

»Versteht ihr immer noch nicht?« Mit dieser Frage Jesu an seine Jünger lässt Markus die Szene zu Ende gehen; sie gilt in gleicher Weise den späteren Lesern des Evangeliums.

Letzte Tage in Jerusalem

Warum ging Jesus nach Jerusalem? Die schon vorweggenommene einfache Antwort lautet: Er pilgerte dorthin, um am Hauptort jüdischen Glaubens das Pessachfest zu feiern, das Fest der Befreiung Israels aus der ägyptischen Knechtschaft. Tatsächlich mag er beabsichtigt haben, nunmehr auch in Judäa die nahe Gottesherrschaft zu verkünden und für seine von aller Starrheit freie Gotteserkenntnis einzutreten. In diesem Fall war der Konflikt mit der Tempelpriesterschaft unausweichlich, aber auch das Eingreifen der römischen Provinzregierung.

Für die Großstadt Jerusalem war der »Prophet Jesus« aus dem bäuerlichen Oberland Galiläa freilich keine relevante »Größe«, die besondere Aufmerksamkeit genossen hätte, wie die hernach stark überhöhende Darstellung der Evangelien dies suggeriert. Das Gerichtsverfahren gegen ihn war vielleicht nur eines von vielen und in der öffentlichen Wahrnehmung kein spek-

takuläres, epochales Ereignis. Nicht von ungefähr berichten die synoptischen Evangelien, er sei zusammen mit zwei Räubern hingerichtet worden. Erst in der Glaubensperspektive seiner Anhängerinnen und Anhänger verwandelte sich die Kreuzigung Jesu zum »Weltereignis«. Gleichwohl muss der historische Jesus im Laufe seines Aufenthalts in Jerusalem so viel öffentliches Aufsehen erregt haben, dass die jüdischen und römischen Behörden eingriffen und ihn schließlich beseitigten.

Zum Pessachfest kamen viele Menschen nach Jerusalem, ein von irgendwelchen Scharfmachern angezettelter Aufstand war nicht auszuschließen, das römische Militär stand in Alarmbereitschaft. In der Burg Antonia, von Herodes dem Großen an der Nordwestseite des Tempels errichtet, hielt sich vermutlich der Statthalter Pontius Pilatus auf, um nahe beim Brennpunkt des Geschehens die Situation zu kontrollieren. Im fünften Buch des »Jüdischen Krieges« berichtet Josephus Flavius:

»Wo aber die Antonia eine Verbindung mit den Säulengängen des Tempelhofs hatte, dort konnten die Wachen auf Stufen zu den zwei Hallen hinuntergelangen. Die Feste war nämlich ständig von einer römischen Kohorte besetzt, und die einzelnen Soldaten mussten sich an Festtagen in voller Rüstung über die Säulengänge verteilen und das Volk bewachen, um jegliche Aufstandsbewegung unmöglich zu machen.«

Den ältesten erhaltenen »Passionsbericht« verdanken wir Markus. Ob er dafür einen noch älteren Text benutzte oder sich auf eine gefestigte mündliche Tradition stützte, sei dahingestellt. Jedenfalls nimmt sein Bericht im Ganzen des Evangeliums eine besondere Stellung ein, denn er ist erheblich stärker

Der Hohe Rat – Sanhedrin

Den Namen des höchsten Gremiums in religiösen und Rechtsfragen leitet man vom griechischen »Synhedrion – gemeinsames Sitzen« ab, das tatsächlich die Institution und Funktion eines Rates meint. In jeder Stadt gab es einen Kleinen Sanhedrin aus 23 Richtern. Der Große Sanhedrin zu Jerusalem, der Hohe Rat, war unter dem Vorsitz des Hohepriesters die höchste geistliche und weltliche Instanz der Juden, allerdings abhängig von den herrschenden politischen Verhältnissen. Er umfasste 71 Mitglieder: Priester, Schriftgelehrte und »Älteste«, erfahrene, aufgrund redlicher Gesinnung angesehene Männer. Beherrscht wurde der Sanhedrin bis zur Zerstörung Jerusalems (70 n. Chr.) von der »Adelspartei« der Sadduzäer. Die Gruppierung der Pharisäer war durch Schriftgelehrte und Älteste vertreten. Während der Wüstenwanderung hatte Mose die Weisung Jahwes erhalten: »Versammle siebzig von den Ältesten Israels vor mir ... Ich nehme etwas von dem Geist, der auf dir ruht, und lege ihn auf sie. So können sie mit dir zusammen an der Last des Volkes tragen.« (Buch Numeri, 4. Mose 11,16 ff.) Nach dem Schicksalsjahr 70 blieb die Institution des Hohen Rates außerhalb von Jerusalem weiter bestehen. Der nun pharisäisch bestimmte Rat unterstand einem Patriarchen, der seit dem Bar-Kochba-Aufstand in Galiläa, zuletzt in Tiberias residierte. Im Jahre 429 schaffte Kaiser Theodosius II. das auch in der jüdischen Diaspora einflussreiche Amt des Patriarchen ab.

theologisch formuliert und ordnet die tatsächlichen Ereignisse so sehr einer heilsgeschichtlichen Deutung zu, dass sie nur schwer auszumachen sind. Matthäus und Lukas folgen ihm darin im Wesentlichen, wenn auch mit einigen Ergänzungen. Für die Frage, wieso Jesus hingerichtet wurde, erscheinen zwei Ereignisse als relevant: die sogenannte Tempelreinigung und das Verhör vor dem Hohen Rat der Juden.

»Jesus ging in den Tempel und begann, die Händler und Käufer aus dem Tempel hinauszutreiben; er stieß die Tische der Geldwechsler und die Stände der Taubenhändler um und ließ nicht zu, dass jemand irgendetwas durch den Tempelbezirk trug. Er belehrte sie und sagte: Heißt es nicht in der Schrift: Mein Haus soll ein Haus des Gebetes für alle Völker sein? Ihr aber habt daraus eine Räuberhöhle gemacht.« (Markus 11,15 ff.; vgl. Matthäus 21,12 ff. und Lukas 19,45 ff.)

Auch der Johannes-Evangelist kennt die Nachricht von dieser »Tempelreinigung«. Er schreibt noch anschaulicher (2,13 ff.):

»Im Tempel fand er die Verkäufer von Rindern, Schafen und Tauben und die Geldwechsler, die dort saßen. Er machte sich eine Geißel aus Stricken und trieb sie alle aus dem Tempel hinaus, dazu die Schafe und Rinder; das Geld der Wechsler schüttete er aus, und ihre Tische stieß er um. Zu den Taubenhändlern sagte er: Schafft das hier weg, macht das Haus meines Vaters nicht zu einer Markthalle. Seine Jünger erinnerten sich an das Wort: Der Eifer für dein Haus verzehrt mich.«

Ein zorniger und energisch zupackender Jesus verursacht eine gewaltige Störung der Tempelordnung. Er wirft die Tische der Geldleute um, welche die für die Opferleistungen bestimmten, aber mit dem Kaiserbild gezierten und deshalb im Tempelbereich verbo-

Ossuarium des Josef Kajaphas

Im November 1990 wurde bei Bauarbeiten in Talpiot, einem südlichen Vorort von Jerusalem, eine Grabhöhle entdeckt und darin zwölf Knochenkästen aus Kalkstein, die meisten mit eingemeißelten Namen. Die Höhle diente offensichtlich als Familiengrab des Kajaphas-Clans, einer der prominentesten Priesterfamilien aus der Zeit des Zweiten Tempels.

Das prunkvollste der Ossuarien (rechts) ist zweimal beschriftet, an einer Längsseite mit »Yehosef, Sohn des Capha« und an einer Schmalseite mit »Yehosef, Sohn des Cajapha«. Es könnte sehr wohl das Ossuarium jenes Hohepriesters sein, den man von seiner Beteiligung an der Verurteilung Jesu her kennt (Matthäus 26,57 ff.; Johannes 18,12 ff.). Er wurde 18 n. Chr. durch den Prokonsul Valerius eingesetzt und 36 n. Chr. von dem Legaten Vitellius seines Amtes enthoben – im selben Jahr wie Pontius Pilatus.

Ein unverziertes Ossuarium aus Giwat Hamiwtar in Jerusalem (links) trägt zweimal die aramäische Inschrift »Simon, Baumeister des Tempels«. Simon war vermutlich einer der Architekten, die an dem riesigen Tempelbauprojekt Herodes' des Großen beteiligt waren.

tenen römischen Münzen gegen kultisch zugelassene umtauschten. Und er verjagt die Händler, welche die Tag für Tag benötigten Opfertiere zum Kauf anbieten. Die Szene gerät in der Darstellung der Evangelisten fast schon gigantisch: Der zornige Messias geht in der Vollmacht Gottes gegen die zur Geschäftemacherei verkommenen Zustände im Tempel vor.

In Wirklichkeit wird Jesus wohl eher zeichenhaft gehandelt haben, aber auch eine nur symbolische Aktion konnte dazu veranlassen, ihn genauer zu beobachten, denn es herrschte Alarmstimmung.

Bei der späteren gerichtlichen Befragung Jesu durch den Hohen Rat und den Hohepriester spielte dieses Ereignis dem Bericht der Evangelien zufolge allerdings keine Rolle, jedenfalls nicht ausdrücklich. Man bot zwei Zeugen für folgende Behauptung Jesu auf (Markus 14,57 f.; vgl. Matthäus 26,60 f.):

»Ich werde diesen von Menschen erbauten Tempel niederreißen und in drei Tagen einen anderen errichten, der nicht von Menschenhand gemacht ist.«

Zwar bezeichnet der Evangelist diese Zeugen als »falsch«, doch ist ihm vor allem daran gelegen, den in seiner Sicht eigentlichen Beweggrund für die Verurteilung Jesu herauszustellen. Seine Dramaturgie: Als Jesus auf die »falschen« Beschuldigungen überhaupt nicht reagiert, stellt ihm der Hohepriester die Frage:

»Willst du denn nichts sagen zu dem, was diese Leute gegen dich vorbringen?«

Jesus schweigt auch jetzt, und der Hohepriester holt daraufhin zum entscheidenden Schlag aus:

»Bist du der Messias, der Sohn des Hochgelobten?«

Nun aber spricht Jesus doch – der alles überbietende Höhepunkt innerhalb der Szene und im Miterleben der Zuhörer und Leser des Evangelisten:

»Ich bin es. Und ihr werdet den Menschensohn zur Rechten der Macht sitzen und mit den Wolken des Himmels kommen sehen.«

Ganz gewiss war dies nicht der Wortlaut der Befragung und der Antwort. Der Evangelienbericht ist vom deutenden, die tiefere Realität beanspruchenden Rückblick des Evangelisten her zu verstehen. Dass Jesus sich gegen den Tempel geäußert hat, ist wahrscheinlich, auch wenn sich nicht konkret ausmachen lässt, in welcher Weise er dies tat. Sein Gottesverständnis musste ihn zur Überzeugung führen, dass die Gottesherrschaft und ihre befreiende Dynamik nicht an die Herrschaftsrituale der Tempelpriesterschaft gebunden seien, ja, dass ihr dadurch der Weg verstellt werde.

Vermutlich lautete die Schlüsselfrage des Hohepriesters etwa so: Behauptest du, der Messias zu sein, der König der Juden? Und vermutlich hielt man Jesus

für verrückt, aber doch nicht für so närrisch, dass seine Wirkung auf die Menschen nicht ernsthaft zu fürchten gewesen wäre. Das in der Tempelreinigung und in seiner programmatisch-aggressiven Rede gegen den Tempel zutage tretende, in den Evangelien nur reliefartig und in bestimmter Absicht dargestellte Gesamtverhalten Jesu bot sicherlich Grund und Anlass genug für seine Verhaftung und die Gerichtsverhandlung gegen ihn.

»*Vor allem die im Hohen Rat führende Gruppe der Priester musste mit einer Aussage, die den Tempel und damit den Kult für die Heilserlangung relativierte, die Grundlagen des jüdischen Gottesglaubens, das Fundament der religiöspolitischen Einheit und die Garantie Israels als des von Jahwe erwählten Volkes infrage gestellt sehen. In einer* solchen Situation, in der aus ihrer Sicht eine Gefährdung des Glaubens und der religiösen und zugleich politischen Stabilität drohte, konnten sie die Notwendigkeit und Verpflichtung zum Eingreifen sehen. Damit zusammenhängend ist anzunehmen, dass dem Synedrium die Gefahr auch deshalb gegeben schien, weil Jesu Botschaft im Volk keineswegs nur auf Ablehnung gestoßen war, sondern auch Zustimmung gefunden hatte.«* (Lorenz Oberlinner)

Um den tradierten Tempelkult zu bewahren, aber auch um das nicht kalkulierbare Risiko eines antirömischen Aufstandes zu vermeiden, verurteilte der Hohe Rat Jesus und übergab ihn der für die Ahndung von Kapitalverbrechen allein zuständigen römischen Provinzregierung, also dem Statthalter Pontius Pilatus. Ihm musste Jesus vor allem als potenzieller Aufrührer erscheinen, als selbsternannter, gefährlicher »König der Juden«.

Das Pessachmahl – »letztes Abendmahl«?

Dass er mit seinen Reden und Aktionen mitten in der leicht zu erregenden Bevölkerung Jerusalems und vor den Augen der jüdischen und der römischen Obrigkeit einen sehr gefährlichen Weg eingeschlagen hatte, muss Jesus von Nazaret bewusst geworden sein. Offensichtlich war er aber nicht bereit, nachzugeben, auszuweichen und zu fliehen. Die umfangreiche Diskussion darüber, ob schon er selbst diesen Weg als »Opfer-« und »Erlösungsweg« verstand, seiner Hinrichtung in diesem Sinne also bewusst entgegenging, kann hier deshalb außer Betracht

bleiben, weil diese Deutung sicher erst nach seinem Tod und im Glauben an seine Auferstehung aufkam.

Das Gleiche gilt für das Verständnis jenes »Abendessens« Jesu mit einigen seiner Jünger, denn es wurde wohl erst im Nachhinein als Pessachmahl gedeutet. Ähnlich wie schon den Einzug in Jerusalem lässt Jesus das Mahl in recht geheimnisvoll, ja fast verschwörerisch geschilderter Weise vorbereiten. Markus (14,12 ff.; vgl. Matthäus 26,17 ff. und Lukas 22,7 ff.):

»Am ersten Tag des Festes der Ungesäuerten Brote, an dem man das Paschalamm schlachtete, sagten die Jünger zu Jesus: Wo sollen wir das Paschamahl für dich vorbereiten? Da schickte er zwei seiner Jünger voraus und sagte zu ihnen: Geht in die Stadt; dort wird euch ein Mann begegnen, der einen Wasser-

krug trägt. Folgt ihm, bis er in ein Haus hineingeht; dann sagt zu dem Herrn des Hauses: Der Meister lässt dich fragen: Wo ist der Raum, in dem ich mit meinen Jüngern das Paschalamm essen kann? Und der Hausherr wird euch einen großen Raum im Obergeschoss zeigen, der schon für das Festmahl hergerichtet und mit Polstern ausgestattet ist. Dort bereitet alles für uns vor! Die Jünger machten sich auf den Weg und kamen in die Stadt. Sie fanden alles so, wie er es ihnen gesagt hatte, und bereiteten das Paschamahl vor.«

Der »Meister«, so wird unterstellt, hielt sich mit seinen Jüngern also nicht in Jerusalem auf, sondern in Betfage oder auch in Betanien. Doch musste dieses Pessachmahl in Jerusalem stattfinden.

War das Letzte Abendmahl ein solches Pessachmahl oder aber ein ganz

»normales« gemeinsames Abendessen, bei dessen Beginn das Brot gesegnet wurde, am Ende der Wein?

Zu beachten ist dies: Wäre Jesus tatsächlich in der Nacht nach einem Pessachmahl verhaftet worden, so hätte seine Hinrichtung und die der beiden Räuber am ersten Tag des Pessachfestes stattfinden müssen. Nach dem jüdischen Gesetz durften Hinrichtungen jedoch unter keinen Umständen an diesem Tag vollzogen werden; klugerweise hielten sich auch die römischen Behörden an dieses Verbot.

Im deutenden Rückblick der Evangelisten musste es aber ein Pessachmahl sein, und zwar in der heiligen Stadt Jerusalem, weil Jesus als das wahre »Osterlamm« erkannt wurde, wie sich bereits im Hinblick auf die Taufe Jesu im Jordan nach der Darstellung des

Evangelisten Johannes aufzeigen ließ. Die Wipo, einem Dichter alemannischer oder burgundischer Herkunft, zugeschriebene großartige Ostersequenz drückt das etwa tausend Jahre später lapidar und präzise so aus:

»Victimae paschali laudes immolent Christiani.
Agnus redemit oves; Christus innocens Patri reconciliavit peccatores.«

»Dem Osteropfer sollen Lobgesänge weihen die Christen.
Das Lamm hat die Schafe erlöst.
Der schuldlose Christus hat die Sünder mit dem Vater versöhnt.«

Dem Evangelienbericht nach spricht Jesus in Todesahnung zunächst über den bevorstehenden Verrat eines der anwesenden Jünger, und zwar eines Apostels (Markus 14,17 ff.; etwas anders Matthäus 26,20 ff. und Lukas 22,14 ff.; vgl. Johannes 13,21 ff.):

»Einer von euch zwölf, der mit mir aus derselben Schüssel isst (wird mich verraten). Der Menschensohn muss zwar seinen Weg gehen, wie die Schrift über ihn sagt. Doch wehe dem Menschen, durch den der Menschensohn verraten wird. Für ihn wäre es besser, wenn er nie geboren wäre.«

Die Rolle des »Verräters« Judas wird später zu diskutieren sein. An dieser Stelle ist aber auf die bedenkenswerte Zusammenfügung von unausweichlicher Heilslogik (»wie die Schrift über ihn sagt«) und schuldhaftem Verrat zu verweisen. Der Verräter als prädestinierter Vollstrecker des Heilssinns?

Bemerkenswert ist aber auch die Verknüpfung dieser dunklen Episode mit den darauf folgenden Segensworten über Brot und Wein. Diese geraten in der Formulierung der Evangelien nun völlig zu einer Opfer- und Erlösungs-

deutung des Hinrichtungstodes (Markus 14,22 ff.):

»Während des Mahls nahm er das Brot und sprach den Lobpreis; dann brach er das Brot, reichte es ihnen und sagte: Nehmt, das ist mein Leib. Dann nahm er den Kelch, sprach das Dankgebet, reichte ihn den Jüngern, und sie tranken alle daraus. Und er sagte zu ihnen: Das ist mein Blut, das Blut des Bundes, das für viele vergossen wird. Amen, ich sage euch: Ich werde nicht mehr von der Frucht des Weinstocks trinken bis zu dem Tag, an dem ich von Neuem davon trinke im Reiche Gottes.«

Der letzte Satz kann, wie schon dargelegt, so verstanden werden, als erwarte Jesus den unmittelbar bevorstehenden Anbruch der Gottesherrschaft. Im gegebenen Kontext verweist er aber auf den bevorstehenden Tod. Freilich sagt Jesus nicht etwa »beim Vater im

Abendmahl und Fußwaschung
*Der Freskenzyklus von Sant' Angelo in Formis (Kampanien) zählt zu den bedeutendsten und besterhaltenen seiner Zeit. 1072 wurde die Basilika dem Abt Desiderius von Montecassino übergeben, der sie erneuern und ausmalen ließ.
Die Darstellung des Abendmahls folgt einem auf frühe Vorbilder zurückgehenden Typus. Nach antiker Gepflogenheit sind Jesus und die Apostel um einen halbrunden Tisch gelagert, über den Judas seine Hand nach der Schüssel ausstreckt. Nicht die Einsetzung des Altarsakraments, sondern die Verratsankündigung ist Gegenstand der Szene.
Über die Fußwaschung (rechts im Bild) berichtet nur das Johannesevangelium (13,1 ff.). Dargestellt ist sie bereits in der frühchristlichen Sarkophagplastik, auch im Evangeliar von Rossano. Jesus hat das Tuch zum Abtrocknen umgebunden und beugt sich über den ins Wasserbecken getauchten Fuß des Petrus. Dessen Hervorhebung und eine ausdrucksvolle Gebärdensprache sind kennzeichnend für Bilder der Fußwaschung.*

Himmel«, er verweist vielmehr auf das »Reich Gottes«. Erst eine spätere kirchliche Deutung verlegte dieses Reich in das Jenseits. Für Jesus war es irdisch und schon da, erst im Anfang zwar, aber wirksam und erkennbar.

Auf die Diskussion gewisser Unterschiede im Text der drei synoptischen Evangelien kann hier verzichtet werden. Wichtig ist die Tatsache, dass sich aus diesem letzten Mahl Jesu mit den Jüngern und aus den Deuteworten über Brot und Wein das in nahezu allen christlichen Kirchen gültige Kernstück der Gottesdienstfeier entwickelte, und zwar schon sehr bald.

Zwar berichtet auch Johannes von einem letzten Mahl vor dem Pessachfest (13,1 ff.), bei ihm finden sich aber nicht die Worte über Brot und Wein. Stattdessen weiß er, dass Jesus seinen Jüngern die Füße wusch, wie das die Dienerschaft bei der Ankunft von Gästen zu tun hatte, wegen des Straßenstaubs. Ein kurzes Zwiegespräch zwischen ihm und Petrus, vor allem aber die auf die Waschung folgende Erklärung Jesu soll den Jüngern, vor allem aber den Lesern und Zuhörern des Evangeliums, verdeutlichen, dass sein Dienst als Liebeserweis zu verstehen sei, als Aufforderung, einander respektvoll und solidarisch zu begegnen:

»Als er zu Simon Petrus kam, sagte dieser zu ihm: Du, Herr, willst mir die Füße waschen? Jesus antwortete ihm: Was ich tue, verstehst du jetzt noch nicht; doch später wirst du es begreifen.«

Wahrscheinlich ist der letzte Halbsatz ein Hinweis auf den im Evangelium so verstandenen Opfertod. Simon Petrus begreift wirklich nicht, er will nicht dulden, dass der »Herr« diesen Knechtsdienst ausführt:

»Niemals sollst du mir die Füße waschen! Jesus erwiderte ihm: Wenn ich dich nicht wasche, hast du keinen Anteil an mir.«

Blitzartig ändert der temperamentvolle Mann seine Meinung:

»Herr, dann nicht nur meine Füße, sondern auch die Hände und das Haupt.«

Wenig später lässt Johannes seinen Jesus sagen:

»Begreift ihr, was ich an euch getan habe? Ihr sagt zu mir Meister und Herr, und ihr nennt mich mit Recht so; denn ich bin es. Wenn nun ich, der Meister und Herr, euch die Füße gewaschen habe, dann müsst auch ihr einander die Füße waschen. Ich habe euch ein Beispiel gegeben, damit auch ihr so handelt, wie ich an euch gehandelt habe.«

Der Johannes-Evangelist, der demnach in der Gemeinschaft der Jünger Jesu den tiefen Sinn des letzten Mahles sieht, weist an anderer Stelle aber auch

deutlich auf das christliche Kultmahl hin, so in seinem Bericht über die wunderbare Speisung der vielen Zuhörerrinnen und Zuhörer am See Gennesaret (6,1 ff.):

»Dann nahm Jesus die Brote, sprach das Dankgebet und teilte an die Leute aus, so viel sie wollten ...«

Wenig später (6,32 ff. und 6,48 ff.) bezieht er sich auf das Manna, das »Brot vom Himmel«, mit dem Jahwe die Kinder Israel in der Wüste vor dem Verhungern rettete:

»Ich bin das Brot des Lebens ... Ich bin das lebendige Brot, das vom Himmel herabgekommen ist. Wer von diesem Brot isst, wird in Ewigkeit leben. Das Brot, das ich geben werde, ist mein Fleisch, (ich gebe es hin) für das Leben der Welt ... Wer mein Fleisch isst und

mein Blut trinkt, der bleibt in mir, und ich bleibe in ihm.«

Dass es sich hier gewiss nicht um reale Worte des historischen Jesus handelt, sondern um eine ihm unterstellte bildhafte theologische Rede, ist unverkennbar. Nicht nur heute schreckt man vor diesem drastischen Bild des Essens zurück, Johannes lässt auch »die Juden« räsonieren:

»Wie kann er uns sein Fleisch zu essen geben?«

Der Evangelist greift hier wieder zu dem dramaturgischen »Trick«, die Zuhörer ein paradox-drastisches Bildwort Jesu wortwörtlich nehmen zu lassen, um dadurch seine (späteren) Zuhörer und Leser umso schneller auf die im Bild ausgedrückte eigentliche Wahrheit aufmerksam zu machen: Selbstver-

ständlich kann er »uns« sein Fleisch nicht zu essen geben; was aber meint er damit, was will er uns sagen? Der Jesus des Johannes-Evangelisten bleibt dennoch hartnäckig und konsequent bei seiner Bildrede:

»Wenn ihr das Fleisch des Menschensohnes nicht esst und sein Blut nicht trinkt, habt ihr das Leben nicht in euch.«

Das Bild wird zwar deutlicher, ja ganz deutlich: Es geht um die Lebenseinheit mit dem Menschensohn – und einem der Leitworte des Johannes entsprechend um die Einheit mit dem »Vater« durch den Sohn. Trotzdem bleibt die Irritation. Da ist es hilfreich zu wissen, dass in jüdischer Rede »Leib«, »Leben« und »Blut« engstens zusammengehören, und zwar im Sinne einer solchen »Lebenseinheit«. Möglicherweise trug

Agape und Apostelkommunion
Eine Arkosol-Lünette in der Marcellinus-
und-Petrus-Katakombe in Rom (links)
zeigt vier Männer, auf Kissen gelagert und
vor ihnen einen runden Tisch, auf dem ein
Teller mit einem Fisch steht. Von rechts
naht eine Dienerin mit einer Schale in
der Rechten; über ihr steht die Inschrift
»Agape misce – Liebe vereint«.
Mahlszenen dieser Art finden sich häufiger in den Katakomben. Sie scheinen
Totenmahle wiederzugeben, doch Beischriften wie »Agape« oder auch »Eirene
– Friede« beziehen sich auf christliche
Sinngebung. Der Fisch war ein Christus-
Symbol; auch Brotkörbe und Weinbecher
erscheinen auf solchen Bildern als Hinweis auf die urchristliche Agape, das
»Liebesmahl«.
In den Altarapsiden orthodoxer Kirchen
ist gewöhnlich die »Apostelkommunion«
dargestellt, ein Bildtypus, der schon im
6. Jahrhundert als Reliefschmuck silberner
Schalen für das Abendmahlsbrot vorkommt. Aus dem 10. Jahrhundert stammt
vielleicht das »Eucharistische Tuch« der
Kollegiatskirche von Castell'Arquato
bei Piacenza, eine byzantinische Gold-
stickerei auf Purpurseide (rechts). Christus, hinter einem Altar stehend, teilt den
Aposteln das heilige Brot aus. Zu seiner
Rechten steht ein Engel mit dem Flabel-
lum, dem liturgischen Fächer. Auf dem
(nicht abgebildeten) Gegenstück bietet
er den Aposteln den Kelch dar.

man bei den Mahlfeiern der Johannes-
Gemeinden solche Sätze vor wie den
soeben zitierten: »Wenn ihr das Fleisch
des Menschensohns nicht esst ...«

Der älteste Abendmahlstext, den wir
kennen, stammt nicht aus einem der
Evangelien, sondern aus einer Schrift,
deren Verfasser Jesus nicht gekannt
hat: aus dem etwa zwei Jahrzehnte
nach Jesu Tod verfassten ersten Brief
des Paulus an seine Gemeinde in Korinth (11,25 ff.). Paulus beschäftigt sich
darin ausführlich mit der Frage, wie
man das »Herrenmahl« würdig feiert,
und schreibt:

*»Denn ich habe vom Herrn empfan-
gen (gemeint ist selbstverständlich:
durch Vermittlung derer, die dabei
waren), was ich euch dann überliefert
habe: Jesus, der Herr, nahm in der*

*Nacht, in der er ausgeliefert wurde, Brot,
sprach das Dankgebet, brach das Brot
und sagte: Das ist mein Leib für euch.
Tut dies zu meinem Gedächtnis. Ebenso
nahm er nach dem Mahl den Kelch und
sprach: Dieser Kelch ist der Neue Bund
in meinem Blut. Tut dies, sooft ihr daraus
trinkt, zu meinem Gedächtnis.«*

Man merkt diesem Text an, dass er
bereits eine liturgische, eine gottesdienstliche Form erhalten hat, also in
den paulinischen Gemeinden bei der
Feier des Herrenmahles regelmäßig
gesprochen wurde. Das Kelchwort lautet nicht, wie es aufgrund des eigentlich notwendigen Parallelismus heißen
müsste: Das ist mein Blut für euch. Im
Blick auf die zur christlichen »Eucharistia« gewordene jüdische Pessach-
Haggada und zur Abgrenzung davon

ist der »Kelch des Neuen Bundes«
offenbar sehr wichtig geworden.

Die textliche Gestaltung der Segensworte über Brot und Wein, aber auch
schon diejenige des Mahles Jesu mit
seinen Jüngern folgte ganz offensichtlich dem theologischen Interesse und
Vorverständnis der jeweiligen Gemeinden, das heißt der sie inspirierenden
Leiter. Daher erscheint es angebracht,
wenigstens kurz auf die Mahlpraxis der
frühen Gemeinden einzugehen.

Die neutestamentlichen Abendmahls-
berichte sind vermutlich insofern wirklich historisch, als Jesus ganz gewiss
mit den Jüngern sehr oft Mahl gehalten
und dabei die Segensworte über Brot
und Wein gesprochen hat, logischer-
weise auch ein letztes Mal. Aber die
Form, in der dann die Erkenntnis des

Kelch und Patene

Kelch und Patene
Die Schatzkammer von San Marco in Venedig verwahrt einen Kelch (rechts), dessen Inschrift Kaiser Romanos als Stifter nennt; man nimmt an, dass es sich um Romanos II. (959-963) handelt. Der kaiserliche Stifter ließ eine antike Cuppa aus Sardonyx mit einer Fassung aus vergoldetem Silber versehen. Den oberen Rand schmücken Emailplatten mit den Brustbildern des segnenden Christus, der Gottesmutter als Orantin (Bildmitte), von Erzengeln, Aposteln, Evangelisten und Heiligen. Verschiedene Kelche mit antiker Edelsteinschale erlangten im Mittelalter den Ruf, der »wahre« Abendmahlskelch zu sein, etwa der »Heilige Gral« in der Kathedrale von Valencia.
Ebenfalls eine mittelbyzantinische Arbeit aus Konstantinopel ist die links abgebildete Patene in der Schatzkammer von San Marco. Sie besteht aus einer Alabasterscheibe, in die ein sechsblättriges Blütenmotiv eingeschnitten wurde. Das Emailmedaillon in der Mitte trägt das Brustbild des Pantokrators. Die umlaufende Inschrift wiederholt die Wandlungsworte, die der Priester bei der Darbringung des Brotes in der griechisch-orthodoxen Eucharistiefeier spricht: »Nehmet hin und esset, dies ist mein Leib.«

Verrats, die Annahme des von den Schriften des Alten Testamentes her unvermeidlichen Gotteswillens und die Deutung als Opfermahl zusammengefügt werden, stellt eine theologisch-liturgische Verdichtung dar.

Dass in allen ur- und frühchristlichen Gemeinden bei der gemeinsamen Mahlfeier die Worte über das Brot und den Wein gesprochen wurden, ist keineswegs sicher, ja eher unwahrscheinlich. So kennt die vermutlich im frühen 2. Jahrhundert in Syrien zusammengestellte, heute unter dem Namen »Didache – Lehre« (der Apostel) bekannte Kirchenordnung die in den synoptischen Evangelien sowie von Paulus überlieferten Worte über Brot und Wein nicht. Man erfährt hier aber aus der Zeit, in der auch das Johannesevangelium entstand, dass die Gemeinde am »Herrentag« zusammenkommt, um »Eucharistia – Danksagung« zu feiern:

»An jedem Herrentage, wenn ihr zusammenkommt, brecht das Brot und sagt Dank, nachdem ihr zuvor eure Verfehlungen bekannt habt, damit euer Opfer rein sei ... Denn dies ist das vom Herrn gesprochene Wort: An jeder Stelle und zu jeder Zeit mir ein reines Opfer darzubringen; denn ich bin ein großer König, spricht der Herr, und mein Name ist wunderbar unter den Völkern.« (aus dem Prophetenbuch Maleachi 1, 11)

Zuvor schon werden genaue Anweisungen für den Ritus der »Danksagung« gegeben:

»Zuerst den Kelch betreffend: Wir danken dir, unser Vater, für den heiligen Weinstock Davids, deines Knechts, den du uns offenbart hast durch Jesus, deinen Sohn. Dir sei Herrlichkeit in Ewigkeit!

Betreffs des gebrochenen Brotes aber: Wir danken dir, unser Vater, für das Leben und die Erkenntnis, die du kundgemacht hast durch Jesus, deinen Sohn. Dir sei die Herrlichkeit in Ewigkeit.

Wie dieses (gebrochene Brot) zerstreut war auf den Bergen, und zusammengebracht ist es eins geworden, so soll deine Kirche zusammengebracht werden von den Enden der Erde in dein Reich. Denn dein ist die Herrlichkeit und die Kraft durch Jesus Christus in Ewigkeit ...

Nach der Sättigung (dem Essen) aber sagt folgendermaßen Dank:

Wir danken dir, heiliger Vater, für deinen heiligen Namen, den du hast Wohnung nehmen lassen in unseren Herzen, und für die Erkenntnis und den Glauben und die Unsterblichkeit, die du uns kundgemacht hast durch Jesus, deinen Sohn.

Für alles sagen wir dir Dank, weil du mächtig bist. Dir sei Herrlichkeit in Ewigkeit ...«

Dass sich in der »Didache« die Deutung der Darbringung von Brot und Wein als Opfer mit den Primäraspekten des gemeinsamen Mahls und der Danksagung verbindet, ist bemerkenswert. Man muss aber bedenken, dass es sich hier um einen antiken Text handelt; der Opfergedanke lag da nahe, wenn auch in starkem Kontrast zu der außerchristlichen Opferidee. Dieser Opfergedanke ging dann in die Tradition der christlichen Eucharistiefeier ein und ist vor allem in der katholischen Kirche bis heute gültig.

Im Übrigen zeigt aber dieser Text, dass die am Herrentag, dem Sonntag, gefeierte Eucharistie in Verbindung mit einem vom jüdischen Pessachmahl

herkommenden Mahl tatsächlich vor allem »Danksagung« war. Der Segensbecher, der »Kelch« mit dem Wein, steht im Mittelpunkt der Pessach-Mahlfeier; viermal wird er gereicht. Inhaltlicher Hauptteil des Familienmahles ist freilich die Pessach-Haggada, der große Dank für die Befreiung der Israeliten aus der ägyptischen Knechtschaft durch Jahwe. Ihm entspricht in der christlichen Version der Dank für die von Gott her durch Jesus, den Herrn, empfangene Kraft.

Die Stunde ist gekommen – Jesus wird verhaftet

In seinem Evangelium deutet Markus, wie mit ihm auch Matthäus und Lukas, immer wieder an, dass die religiösen und politischen Führer der Juden Jesus zunehmend feindlich begegnen und

ihn ausschalten wollen. Der Evangelist will damit verdeutlichen, dass die Hinrichtung Jesu nicht katastrophales Scheitern und ein Sieg seiner Gegner war, sondern in Wahrheit als notwendige Konsequenz seines Heilshandelns im Auftrag Gottes, daher als Sieg Jesu zu verstehen sei. In der Petrus zugeschriebenen »Pfingstpredigt« (Apostelgeschichte 2,14 ff.) wird dies prägnant formuliert:

»Jesus, den Nazoräer, den Gott vor euch beglaubigt hat durch machtvolle Taten, Wunder und Zeichen, die er durch ihn in eurer Mitte getan hat, wie ihr selbst wisst – ihn, der nach Gottes beschlossenem Willen und Vorauswissen hingegeben wurde, habt ihr durch die Hand von Gesetzlosen ans Kreuz geschlagen und umgebracht. Gott aber hat ihn von den Wehen des Todes befreit

Haus des Kajaphas und Ölberg
Der Gebäudekomplex, in dem sich der »Abendmahlsaal« befindet (links oben; Foto von 1865), heißt bei den Muslimen »Nebi Daud – Prophet David«, denn im Untergeschoss wird das Grab Davids verehrt. Das angrenzende fensterlose Gebäude trägt den Namen »Haus des Kajaphas«; hier soll Jesus gefangen gehalten worden sein.
Aus dem gleichen Jahrzehnt stammen auch die zwei anderen Aufnahmen: ein Blick über die Kuppeldächer des alten Jerusalems (links unten) und der Blick auf den Ölberg (oben). Im Vordergrund sieht man den ummauerten Garten Getsemani.

und auferweckt; denn es war unmöglich, dass er vom Tod festgehalten wurde.«

Zwei Tage vor dem Pessachfest und dem Fest der Ungesäuerten Brote, so berichtet Markus (14,1 ff.; vgl. Matthäus 26,3 ff. und Lukas 22,1 f), nahm das Geschehen seinen Lauf:

»Die Hohepriester und die Schriftgelehrten suchten nach einer Möglichkeit, Jesus mit List in ihre Gewalt zu bringen, um ihn zu töten. Sie sagten aber: Ja nicht am Fest, damit es im Volk keinen Aufruhr gibt.«

An dieser Stelle betritt Judas Iskariot die Bühne, in der Leidensgeschichte Jesu die rätselhafteste Gestalt; er war »einer der Zwölf«, wie des Öfteren betont wird. Er gehörte also zum engeren Jüngerkreis, zum Kreis der »Apostel«. Markus teilt ziemlich lakonisch mit (14,10 f.; vgl. Matthäus 26,14 ff. und Lukas 22,3 ff.):

»Judas Iskariot, einer der Zwölf, ging zu den Hohepriestern. Er wollte Jesus an sie ausliefern. Als sie das hörten, freuten sie sich und versprachen, ihm

Geld dafür zu geben. Von da an suchte er nach einer günstigen Gelegenheit, ihn auszuliefern.«

Da sich Jesus ja nicht versteckte, sondern sich tagtäglich im Tempel aufhielt, wie er bei seiner Verhaftung sagte, hatte Judas wohl den Auftrag, der Polizei eine günstige Situation im privaten Bereich zu verraten. Der Johannes-Evangelist weiß (13,30), dass Judas das Abendmahl vorzeitig verließ, und unterstellt stillschweigend, dass er nun den Verrat beging.

Weil die Darstellung der Passion Jesu von der Überzeugung durchdrungen ist, in seiner Auferstehung habe das Licht über die Finsternis gesiegt, und auch nichts anderes anstrebt, als diese Überzeugung zu festigen, fällt es schwer, historische Fakten daraus zu gewinnen.

Vielleicht gab es im Jüngerkreis tatsächlich den »Verräter« Judas, worin auch immer sein Verrat bestand. Offensichtlich konnte man später über diese höchst ärgerliche und irritierende Tatsache eines zum engsten Jüngerkreis zählenden Kollaborateurs mit den Gegnern Jesu nicht einfach hinweggehen; man musste ihr eine für die Nachgeborenen einigermaßen plausible Erklärung geben. Dies konnte nur gelingen, wenn auch dieser Verrat als Teil des Jesus aufgebürdeten Leidens begriffen werden konnte.

Jesu Leidensgeschichte beschränkte sich nicht auf die Verhaftung, auf den Prozess und die Kreuzigung, sie umfasste darüber hinaus das Faktum des (zunächst) katastrophalen Scheiterns seiner Mission, die panische Flucht der Jünger, den Verrat des Judas, die Verleugnung durch Petrus und die völlige Vereinsamung.

Nach dem »Lobgesang« am Ende des Abendmahls seien Jesus und die Jünger zum Garten Getsemani am Fuße des Ölbergs gegangen, berichten die Evangelisten. Vielleicht war das der übliche Abendspaziergang, nicht allzu weit vom Zionsberg entfernt, wo man heute den gotischen, sicher nicht historischen »Abendmahlsaal« zeigt.

Das Verhängnis nimmt seinen unaufhaltsamen Lauf. Jesus ist sich dessen bewusst und macht seine Freunde auf die bevorstehenden Ereignisse aufmerksam, auch auf ihr Versagen:

»Ihr werdet alle (an mir) Anstoß nehmen und zu Fall kommen; denn in der Schrift steht: Ich werde den Hirten erschlagen, dann werden sich die Schafe zerstreuen. Aber nach meiner Auferstehung werde ich euch nach Galiläa vorausgehen. Da sagte Petrus zu ihm: Auch wenn alle (an dir) Anstoß nehmen – ich nicht! Jesus antwortete ihm: Amen, ich sage dir: Noch heute Nacht, ehe der Hahn zweimal kräht, wirst du mich dreimal verleugnen. Petrus aber beteuerte: Und wenn ich mit dir sterben müsste – ich werde dich nie verleugnen. Das Gleiche sagten auch alle anderen.« (Markus 14,26 ff.; Matthäus 26,30 ff.)

Trotz ihrer heftigen Beteuerungen werden die Jünger nicht bei Jesus ausharren, sondern ängstlich davonlaufen, und Petrus wird leugnen, zu den Anhängern Jesu zu gehören. Auch dieses Versagen der Jünger, welches so wie der Verrat des Judas später nicht zu verschweigen war, ordnet der Evangelist dem übergreifenden Heilsplan zu, indem er Jesus aus dem Prophetenbuch Sacharja zitieren lässt (13,7 ff.); es geht dort um die Rettung Jerusalems aus der Zerstörungswut der Heiden:

»Schwert, erheb dich gegen meinen Hirten, gegen den Mann meines Vertrauens – Spruch des Herrn der Heere. Schlag den Hirten, dann werden sich die Schafe zerstreuen.«

Jesu Hinweis auf seine Auferstehung und seine »Rückkehr« nach Galiläa fügt der Evangelist in die Rede Jesu deshalb ein, weil er den Blick seiner Leser und Zuhörer über die Hinrichtung hinaus öffnen will auf das, was der ganzen Leidensgeschichte Sinn und Dynamik gibt: die Auferstehung.

Unter den Olivenbäumen des nachtdunklen Getsemani-Gartens entfernt sich Jesus aus dem großen Jüngerkreis und nimmt nur Petrus, Jakobus und

Der Garten Getsemani
Im Kidrontal am Fuß des Ölbergs liegt ein Garten mit uralten Olivenbäumen (links). Für die Tradition ist dies der Garten Getsemani, in dem Jesus verhaftet wurde. Die Franziskaner erbauten dort um 1920 die »Kirche der Todesangst Jesu« (rechts), und zwar auf den Mauern einer Basilika aus dem 4. Jahrhundert. An dem dahinter aufsteigenden Hang erkennt man die Zwiebelkuppeln der russischen Magdalenenkirche, die an die Begegnung des Auferstandenen mit Maria Magdalena erinnert. Die Kapelle »Dominus flevit« (ganz oben rechts im Bild) bezeichnet die Stelle, von der aus Jesus auf Jerusalem geblickt haben soll, als er über die Stadt weinte.

Verrat des Judas und Getsemani
*Die berühmte Tafel, die Duccio di Buon-
insegna um 1310 für den Hauptaltar des
Doms von Siena gemalt hat, stellt an der
Rückseite auf 26 Feldern die Passion Jesu
dar, vom Einzug in Jerusalem bis zum
Gang nach Emmaus. Eines der Bilder hat
den Verrat des Judas zum Thema (links).
Vor einem Portikus, vielleicht dem Haus
des Hohepriesters oder dem Sitz des
Hohen Rates, empfängt Judas den Lohn
für seinen Verrat. Es herrscht die düstere
Atmosphäre einer Verschwörung in dieser
Gruppe finster blickender Gestalten; das
Bewusstsein der Untat spricht aus den
Gesichtern und aus der Geste des Pries-
ters, der die Silberstücke in die ausge-
streckte Hand des Judas fallen lässt.
Die Szene im Garten Getsemani (rechts)
zeigt Jesus zweimal, im Gebet auf den
Knien liegend und beim Aufruf an die
drei Apostel, die er in seiner Nähe wissen
wollte. Dem Augenblick der Erhebung,
da Jesus, ganz allein vor zerklüfteten
Felsen, vom Engel Trost empfängt, ist
der schwere Schlaf gegenübergestellt,
der die Jünger fesselt und gleichsam
zusammenballt.*

Johannes mit sich. Warum er diese
drei, die auch bei seiner Verklärung auf
einem »hohen Berg« zugegen waren
(Markus 9,2 ff.; Matthäus 17,1 ff.; Lukas
9,28 ff.), in seiner Nähe haben will,
muss hier nicht weiter erörtert werden.
Auch sie lässt er dann zurück, bittet sie
aber, mit ihm durchzuhalten, und wendet sich in seiner verzweifelten Angst
dem Vater zu:

*»Da ergriff ihn Furcht und Angst, und
er sagte zu ihnen: Meine Seele ist zu Tode
betrübt. Bleibt hier und wacht! Und er
ging ein Stück weiter, warf sich auf die
Erde nieder und betete, dass die Stunde,
wenn möglich, an ihm vorübergehe. Er
sprach: Abba, Vater, alles ist dir möglich.
Nimm diesen Kelch von mir! Aber nicht
wie ich will, sondern was du willst (soll
geschehen).« (Markus 14,32 ff.; vgl.
Matthäus 26, 39 ff. und Lukas 22,39 ff.)*

Eigentlich wäre zu erwarten, dass der
Evangelist seinen Zuhörern und Lesern
erklärt, wieso der Messias Jesus von der
Todesangst überwältigt werden konnte,
warum er den »Vater« um Schonung
bat. Wieso konnte er in Panik geraten,
da er doch den wahren Sinn des bevorstehenden Leidens kannte, kennen
musste? So werden die Leser und Zuhörer der Evangelisten gefragt haben.
Diesen lag daran, zu zeigen, dass Jesus
die grausame Tortur von Anfang an bis
zu ihrem Ende auf sich nahm und sehr
»menschlich« durchlitt: Der Wille des
»Vaters« sollte geschehen.

Eine dennoch groteske, für Leser und
Zuhörer aufregende Situation: Während
Jesus verzweifelt mit seiner Todesangst
ringt, scheinen, nur wenige Meter von
ihm entfernt, die drei Jünger, die er um
Beistand gebeten hat, überhaupt nichts

zu merken. Sie schlafen immer wieder
ein. Als die Stunde gekommen ist, selbst
da muss Jesus sie wecken.

*»Und er ging zurück und fand sie
schlafend. Da sagte er zu Petrus: Simon,
du schläfst? Konntest du nicht einmal
eine Stunde wach bleiben? ... Und er
ging wieder weg und betete mit den
gleichen Worten. Als er zurückkam, fand
er sie wieder schlafend, denn die Augen
waren ihnen zugefallen; und sie wussten nicht, was sie ihm antworten sollten. Und er kam zum dritten Mal und
sagte zu ihnen: Schlaft ihr immer noch
und ruht euch aus? Es ist genug. Die
Stunde ist gekommen; jetzt wird der
Menschensohn den Sündern ausgeliefert. Steht auf, wir wollen gehen! Seht,
der Verräter, der mich ausliefert, ist da.«*

Wahrscheinlich ist dies die präzise
Beschreibung dessen, was danach

geschieht und was auch den »Verrat« des Judas so schlimm erscheinen lässt: Jesus, der Menschensohn, wird der Willkür der »Sünder« preisgegeben. Gerade in ihm wird die menschenfreundliche Gerechtigkeit Gottes, die er verkündete und für die er einstand, beleidigt und verhöhnt werden. Dennoch flieht er nicht, er stellt sich und nimmt sein Schicksal auf sich.

»Noch während er redete, kam Judas, einer der Zwölf, mit einer Schar von Männern, die mit Schwertern und Knüppeln bewaffnet waren; sie waren von den Hohepriestern, den Schriftgelehrten und den Ältesten geschickt worden.« (Markus, 14,45)

Judas hatte mit ihnen ausgemacht, er werde, damit sie den Richtigen verhaften konnten, Jesus einen Begrüßungskuss geben. Das tat er denn auch:

»Und als er kam, ging er sogleich auf Jesus zu und sagte: Rabbi! Und er küsste ihn.«

Bei Markus reagiert Jesus hierauf mit keinem Wort. Matthäus (26,50) dagegen lässt ihn selbstbewusst sagen:

»Freund, tu, wozu du gekommen bist.« (Diese Übersetzung des griechischen Textes, vermerkt die Erläuterung in der Einheitsübersetzung der Bibel, ist im Sinne der unerbittlichen Eigendynamik des Geschehens logischer als die übliche: *»Freund, dazu bist du gekommen?«*).

Im Lukasevangelium (22,48) sagt Jesus zu Judas:

»Judas, mit einem Kuss verrätst du den Menschensohn?«

Als die Schergen Jesus verhaften, spitzt sich die Situation auf einmal dramatisch zu: Einer seiner Leute zieht das Schwert und haut einem Diener des Hohepriesters ein Ohr ab. Lukas berichtet (22,49 ff):

»Als seine Begleiter merkten, was (ihm) drohte, fragten sie: Herr, sollen wir mit dem Schwert dreinschlagen? Und einer von ihnen schlug auf den Diener des Hohepriesters ein und hieb ihm das rechte Ohr ab. Jesus aber sagte: Hört auf damit! Und er berührte das Ohr und heilte den Mann.«

Johannes (18,10) weiß, dass es Petrus war, der sein Schwert zückte, und dass der Diener Malchus hieß.

Offensichtlich wird diese kurze Episode erzählt, um zu zeigen, dass der, der von Gott her Macht über alles hat, die Verhaftung freiwillig und gewaltlos auf sich nimmt. So lässt Matthäus den Gottessohn sagen (26,52 ff):

»Steck dein Schwert in die Scheide; denn alle, die zum Schwert greifen, wer-

den durch das Schwert umkommen. Oder glaubst du nicht, mein Vater würde mir sogleich zwölf Legionen Engel schicken, wenn ich ihn darum bitte? Wie würde dann aber die Schrift erfüllt, nach der es so geschehen muss?«

Was hier geschieht, folgt also einer höheren Absicht, der auch die jüdische Obrigkeit samt ihrer Polizei unterliegt. Von sich aus hätte sie keine Macht über Jesus. Dies Jesus sagen zu lassen, ist für die an ihn Glaubenden wichtig, weil sie sonst an der Macht Gottes zweifeln müssten. Von den Evangelisten wird ihnen gezeigt, dass alles, was da geschieht, einer überlegenen Strategie Gottes entspricht, vorgezeichnet in den Prophetenbüchern der Juden.

Noch einmal hält Jesus eine kurze Rede, in der er selbstbewusst den gewalttätigen Unsinn seiner Verhaftung anprangert, sie aber zugleich im höheren Sinne Gottes deutet:

»Tag für Tag war ich bei euch im Tempel und lehrte, und ihr habt mich nicht verhaftet; aber (das ist geschehen), damit die Schrift in Erfüllung geht.« (Markus 14,49)

Lukas, der seiner Neigung zum Dramatisieren gemäß aus der Verhaftungsszene ein Großereignis macht, lässt neben der Polizei den gesamten Hohen Rat im Garten Getsemani auftreten – wie es der Würde des Verhafteten angemessen war. Er schreibt (22,47 ff.):

»Zu den Hohepriestern aber, den Hauptleuten der Tempelwache und den Ältesten, die vor ihm standen, sagte Jesus: Wie gegen einen Räuber seid ihr mit Schwertern und Knüppeln ausgezogen. Tag für Tag war ich bei euch im Tempel, und ihr habt nicht gewagt, gegen mich vorzugehen. Aber das ist eure Stunde, jetzt hat die Finsternis die Macht.«

Dieser letzte Satz kennzeichnet wohl am besten das von den Evangelisten gewollte Verständnis des Geschehens. Im Bewusstsein, dass die Finsternis ihre Macht nicht behaupten, dass Jesus sie vielmehr besiegen wird, begreifen die Leser und Zuhörer: Nicht etwa nur der Verräter Judas war Handlanger der Finsternis, auch all die, die hier gegen Jesus vorgingen, waren nur Vollstrecker eines nicht von ihnen selbst verursachten großen Kampfes. Gleichwohl trugen sie in ihrer Verblendung unverzeihliche Schuld. Über die ebenso alte wie quälende und irreführende Diskussion darüber, wer am Tode Jesu schuldig gewesen sei, wird noch zu sprechen sein.

Jetzt aber triumphiert die Finsternis vollständig; Matthäus (26,56; ähnlich

Judaskuss und Jesus vor Hannas
Auf das Gebet in Getsemani folgt im Passionszyklus Duccios die Gefangennahme Jesu (links). Aufgewühlt und erregt verdichtet sich die Szene um die Gestalt Jesu in der Mitte, der sie mit der Gefasstheit seiner Haltung und dem wissenden Ernst seines Blicks beherrscht, während Judas sich kriecherisch nähert und ihm den Verräterkuss gibt. Links haut Petrus dem Malchus ein Ohr ab, rechts machen sich, von Panik erfasst, die Jünger davon.
Das nächste Bild (rechts) zeigt zwei Episoden im Haus des Hannas. Oben steht Jesus, von Soldaten umringt, vor dem Schwiegervater des Hohepriesters, der ihn befragt, indes einer der Schergen zum Schlag ausholt. Unten sitzt Petrus im Kreis bärtiger Männer am Feuer und leugnet vor der ihn fragenden Magd, ein Jünger Jesu zu sein.

Markus 14,50) sagt knapp und völlig kommentarlos:

»Da verließen ihn alle Jünger und flohen.«

Jesus steht völlig allein da, mitten unter seinen Häschern. In panischer Angst davor, selbst verhaftet zu werden, sind die Freunde davongelaufen. Sie glauben, dass alles umsonst war, dass ihr Rabbi Jesus gescheitert ist und sie mit ihm.

Nur Markus lässt den Bericht über die Verhaftung Jesu mit einer burlesk wirkenden, eigentlich nebensächlichen, aber doch berührenden Episode ausklingen:

»Ein junger Mann aber, der nur mit einem leinenen Tuch bekleidet war, wollte (Jesus) nachgehen. Da packten sie ihn; er aber ließ das Tuch fallen und lief nackt davon.«

Der Markus-Evangelist nennt keinen Namen, spricht vielleicht von sich selbst und will andeuten, dass er Augenzeuge der Verhaftung Jesu war.

Auf der Schattenseite der Heilsgeschichte: Judas Iskariot

Im dritten Kapitel seines Evangeliums (3,13 ff.) nennt Markus jene »Zwölf« namentlich, die Jesus »bei sich haben und die er aussenden wollte« (vgl. Matthäus 10,1 ff. und Lukas 6,12 ff.). Judas Iskariot folgt als Letzter, mit der ausdrücklichen Bemerkung: »der ihn dann verraten hat«. Dieser Judas, der im Johannesevangelium auch »Judas, der Sohn des Simon Iskariot« (6,71) genannt wird, stammte möglicherweise aus dem judäischen Dorf Keriot, wäre dann der einzige Judäer im Jüngerkreis Jesu gewesen.

Falls »Iskariot« aber sein persönlicher Beiname war, könnte das bedeuten, dass Judas ein früheres Mitglied der Zeloten gewesen sei, die Attentate auf die römischen Besatzungstruppen und Kollaborateure verübten und einen königlichen Messias erwarteten, der ihrer Revolte zum Sieg verhelfen würde. Man nannte sie »Sikarier – Dolchträger«.

In diesem Falle könnte eine des Öfteren erwogene Erklärung für seinen Verrat zutreffen: Motiviert durch die zelotische Hoffnung auf einen Messias-König, der die römische Herrschaft gewaltsam beenden würde, schloss sich Judas den Jesusjüngern an. Als er schließlich merkte, dass Jesus die revolutionäre Erwartung nicht erfüllte, versuchte er ihn durch den Verrat zum Aufstand zu zwingen.

Es mag sein, dass bei der Verhaftung Jesu ein solcher Verrat tatsächlich eine Rolle spielte, zum Entsetzen aller, die damals schon und später davon erfuhren. Wie konnte es geschehen, dass einer der Jesus besonders nahestehenden Freunde zu dessen Verhaftung beitrug? Und wie konnte Jesus auf ihn hereinfallen, da er doch von vornherein wissen musste, dass dieser Judas ihm zum Verhängnis werden würde?

Freilich, der weitaus größere Erklärungsbedarf ergab sich aus der Frage, wieso Jesus überhaupt die Leidenslast der Verhaftung, der Geißelung und der Hinrichtung auf sich nehmen musste, wieso Gott all das zuließ, ja zumutete.

Schon sehr bald nach Jesu Tod entstand die Überzeugung, er sei auferstanden von einem für das Heil und die Erlösung der Menschen notwendigen Opfertod. Den Evangelisten ist es wichtig, diese Deutung der Katastrophe seiner Hinrichtung heilsgeschichtlich plausibel darzustellen. Sie tun dies im Fortgang ihrer Texte strategisch immer dichter und erwecken so den Eindruck, als habe Jesus sein Ende bewusst angenommen, schließlich sei das Schicksal des Messias ja doch in den Heiligen Schriften verbindlich vorgezeichnet gewesen.

In diesem Sinne erzählt Lukas die Geschichte von den beiden Jüngern, die am Tag der Auferstehung auf ihrem abendlichen Heimweg nach Emmaus auf Jesus treffen (24,13 ff.). Er verhält sich ihnen gegenüber »inkognito« und naiv-unwissend, als wüsste er nichts von den Ereignissen der letzten Tage in Jerusalem. Sie erzählen ihm von ihrer bitteren Enttäuschung über die Kreuzigung Jesu. Vergeblich hätten sie »gehofft, dass er der sei, der Israel erlösen werde«. Darauf erklärt ihnen – und den Lesern und Zuhörern des Evangelisten – der immer noch nicht erkannte Jesus:

»Begreift ihr denn nicht? Wie schwer fällt es euch, alles zu glauben, was die Propheten gesagt haben. Musste nicht der Messias all das erleiden, um so in seine Herrlichkeit zu gelangen? Und er legte ihnen dar, ausgehend von Mose und allen Propheten, was in der gesamten Schrift über ihn geschrieben steht.«

In der Tat: Wer einen imperialen Messias in Glanz und Glorie erwartet hatte, musste bitter enttäuscht sein. Und wer

Judas erhängt sich

Ein um 420 entstandenes Elfenbeinrelief stellt das Ende des Judas dar, von dem Matthäus (27,3 ff.) berichtet (linke Seite, innen). Der Verräter hat sich an einem Baum erhängt. Die Episode erscheint als Gegenstück zur Kreuzigung Jesu, der nur drei Personen beiwohnen, darunter jener Soldat, der dem Gekreuzigten einen Essigschwamm reicht. Oben am Kreuz erkennt man die Inschrift, die Pilatus anbringen ließ: »REX IUD(AEORUM) – König der Juden«.
Das Relief schmückte zusammen mit drei weiteren Elfenbeinplatten, die ebenfalls Passionsszenen wiedergeben, die Seiten eines kleinen Kastens (Britisches Museum, London).
Auch die erste Platte (linke Seite, außen) fügt verschiedene Ereignisse zusammen: Pilatus wäscht sich die Hände in Unschuld und blickt dabei auf den zum Kreuzestod verurteilten Jesus. Mit dem Kreuz auf der Schulter geht Jesus auf Petrus zu, der ihn verleugnet. Die Magd des Hohepriesters zeigt auf Petrus, in dem sie einen Jünger Jesu erkannt hat; über ihm kräht der Hahn und erinnert den Apostel daran, dass sein feiges Versagen von Jesus vorausgesagt wurde.
Die beiden letzten Platten stellen (nach-)österliche Ereignisse dar: Maria Magdalena und eine der anderen Marien stehen fassungslos an dem offenen und leeren Grab, vor dem zwei schlafende Wächter liegen (oben). Den Abschluss bildet die Erscheinung des Auferstandenen, der sich seinen Jüngern und dem ungläubigen Thomas zu erkennen gibt (oben rechts).

im Nachhinein von der göttlichen Kraft in Jesus überzeugt war, musste nach dem Sinn des Hinrichtungstodes fragen. Aber der zentrale Grundsatz und damit das zentrale Dilemma bei jedem Versuch, das Geschehen zu verstehen, blieben so, wie sie Jesus beim Abendmahl formuliert hatte:

»Der Menschensohn muss zwar seinen Weg gehen, wie die Schrift über ihn sagt. Doch wehe dem Menschen, durch den der Menschensohn verraten wird. Für ihn wäre es besser, wenn er nie geboren wäre.« (Markus 14,21)

Einerseits also das unausweichliche, heilsgeschichtlich notwendige Schicksal des Menschensohns, andererseits das Schicksal des Verräters, der, obwohl er im großen »Spiel« der Heilsgeschichte seine Rolle wahrnehmen muss, dennoch schuldig wird.

Die Vorstellung einer Prädestination, der zufolge zwar alles seinen von Gott vorgewussten und -kalkulierten Lauf nimmt, ein Mensch aber nicht nur Handlanger, sondern auch noch Schuldiger werden kann, wurde zu allen Zeiten, auch am Beispiel des Judas, diskutiert. Mit welchem Erfolg? Der Sinn und Widersinn des gewaltsamen Todes des Mannes aus Nazaret, den Menschen schon sehr früh den Messias, den Christus nannten, gehört, so verrückt das

klingen mag, weit über den Kreis der Christinnen und Christen hinaus wohl notwendig zu den Bedingungen, die einer vom Helldunkel des Lebens bedrängten Menschheit Hoffnung möglich machen können. Ein strahlender Gottesheld, dem alles andere fremd bliebe, wäre hier fehl am Platze.

Es bleibt aber auch diese Frage: Hätten das Aufgebot des Hohepriesters zusammen mit römischem Militär Jesus nicht auch ohne die Mitwirkung eines Judas festnehmen können, nicht weniger diskret, als es mit seiner Hilfe angeblich geschah? Wie bedeutend war also die Rolle des Judas wirklich? Sie war eigentlich marginal. Dennoch wird sie in den Evangelien mit Nachdruck hervorgehoben, fast so, als ob die Katastrophe ohne das Versagen des Judas gar nicht eingetreten wäre. Für den Gang der Ereignisse mag Judas entbehrlich gewesen sein. Doch der ist für die Evangelisten und ihre Leute gar nicht ausschlaggebend. Wichtig ist der Verrat als solcher, als Gesinnung und widergöttliche Tat.

Matthäus (26,14 ff.) weiß über die bereits zitierte Mitteilung des Markus hinaus, dass Judas bei den Hohepriestern mit der gierigen Frage vorstellig wurde: »Was wollt ihr mir geben, wenn ich euch Jesus ausliefere?«, und eine

Hakeldamach – Blutacker

In der Apostelgeschichte (1,17 ff.) sagt Petrus bei seiner Rede vor der Nachwahl des zwölften Apostels, Judas habe sich mit dem Lohn für seinen Verrat ein Grundstück gekauft. Nach Matthäus (27,3 ff.) warf er, von Reue gepackt, die Silberstücke in den Tempel. Die Priester hätten das »Blutgeld« jedoch nicht in den Tempelschatz gegeben, sondern beschlossen, damit den »Töpferacker« als Friedhof für Fremde zu erwerben, der nun »Blutacker« heiße.

Die Tradition lokalisiert den Töpfer- oder Blutacker im Süden Jerusalems, und zwar in der Nähe der Rogelquelle vor dem Scherben- oder Ziegeltor. Wie der Name des Brunnens besagt, übten in dieser Gegend Walker ihr auf Wasser angewiesenes Handwerk aus, während der Name des Tors darauf hinweist, dass Töpfer dort ansässig waren

Auf das Scherbentor im Südosten der alten Stadtmauer folgen nach Norden hin drei weitere Tore: das zur Gihonquelle hinausführende Wassertor, am Tempelberg das nach der arabischen Eroberung vermauerte Susa- oder Goldene Tor (unten rechts), das die christliche Überlieferung mit dem Einzug Jesu in Jerusalem verbindet, und noch weiter nördlich das Stephanus- oder Löwentor (unten), vor dem Stephanus, der erste Blutzeuge, gesteinigt wurde (Apostelgeschichte 7,18 f.).

218

Prämie von dreißig Silberstücken bekam. Das war nicht wenig.

Johannes spricht sehr schlecht über Judas. Schon als Jesus mit den Jüngern auf dem Weg nach Jerusalem bei seinen Freunden Maria, Marta und Lazarus in Betanien eingekehrt war, habe sich die Niedertracht des Judas gezeigt (12,1 ff.). Maria habe nämlich Jesus die Ehre erwiesen, ihm mit einem »Pfund echten, kostbaren Nardenöls« die Füße zu salben.

»Das Haus wurde vom Duft des Öls erfüllt. Doch einer von seinen Jüngern, Judas Iskariot, der ihn später verriet, sagte: Warum hat man dieses Öl nicht für dreihundert Denare verkauft und den Erlös den Armen gegeben? Das sagte er aber nicht, weil er ein Herz für die Armen gehabt hätte, sondern weil er ein Dieb war; er hatte nämlich die Kasse und veruntreute die Einkünfte.«

Der »Kassenwart« der Jesusjünger, habgierig und korrupt!

Im Abendmahlsbericht des Johannes (13,21 ff.) wird Judas schließlich zum vom Satan Besessenen. Nachdrücklicher und geheimnisvoller noch als die synoptischen Evangelisten inszeniert der Verfasser die Szene, in der Jesus auf den bevorstehenden Verrat hinweist:

Jesus war »im Innersten erschüttert und bekräftigte: Amen, amen, das sage ich euch: Einer von euch wird mich verraten. Die Jünger blickten sich ratlos an, weil sie nicht wussten, wen er meinte. Einer von den Jüngern lag an der Seite Jesu; er war der, den Jesus liebte. Simon Petrus nickte ihm zu, er solle fragen, von wem Jesus spreche. Da lehnte sich dieser zurück an die Brust Jesu und fragte ihn: Herr, wer ist es?

Jesus antwortete: Der ist es, dem ich den Bissen Brot, den ich eintauche, geben werde. Dann tauchte er das Brot ein, nahm es und gab es Judas, dem Sohn des Simon Iskariot. Als Judas den Bissen Brot genommen hatte, fuhr der Satan in ihn. Jesus sagte zu ihm: Was du tun willst, das tu bald! Aber keiner der Anwesenden verstand, warum er ihm

das sagte. Weil Judas die Kasse hatte, meinten einige, Jesus wolle ihm sagen: Kaufe, was wir zum Fest brauchen!, oder Jesus trage ihm auf, den Armen etwas zu geben. Als Judas den Bissen Brot genommen hatte, ging er sofort hinaus. Es war aber Nacht.«

Man gewinnt fast den Eindruck, als ob Jesus, der den Verräter tatsächlich schon kennt, erst mit der Darreichung des Brotes in Judas den Satansschub auslöse und dieser erst dann sein Verratsvorhaben angehe. Jedenfalls geschieht das dramatische »Spiel« zwischen Jesus und Judas unauffällig, die anderen Jünger merken und verstehen nichts. Und doch hat so etwas wie die letzte Runde des Kampfes Jesu mit dem Satan begonnen. Dieser wird durch den Verrat und den Tod Jesu nur scheinbar triumphieren. Denn der Sieg Jesu ist mitten in der Bedrängnis nicht zu vereiteln:

»Als Judas gegangen war, sagte Jesus: Jetzt ist der Menschensohn verherrlicht, und Gott ist in ihm verherrlicht.«

Unter den synoptischen Evangelisten weiß schließlich nur Matthäus, was mit Judas weiter geschah (27,3 ff.):

»Als nun Judas, der ihn verraten hatte, sah, dass Jesus zum Tod verurteilt war, reute ihn seine Tat. Er brachte die dreißig Silberstücke zurück und sagte: Ich habe gesündigt, ich habe euch einen unschuldigen Menschen ausgeliefert. Sie antworteten: Was geht uns das an? Das ist deine Sache. Da warf er die Silberstücke in den Tempel; dann ging er weg und erhängte sich.«

In der vom Lukas-Evangelisten verfassten Apostelgeschichte (1,15 ff.) liest man eine andere Version, Petrus sagt da recht drastisch:

»Judas wurde zum Anführer derer, die Jesus gefangen nahmen. Er wurde zu uns gezählt und hatte Anteil am gleichen Dienst. Mit dem Lohn für seine Untat kaufte er sich ein Grundstück. Dann aber stürzte er vornüber zu Boden, sein Leib barst auseinander, und alle Eingeweide fielen heraus.«

In der Glaubensgeschichte der Christenheit wurde Judas, der Verräter, im wahren Sinn des Wortes verteufelt. Er galt als der Schuldige am Tod Jesu. Nachdem schon die Evangelien derartige Interessen verfolgten, geriet Judas in der Perspektive erst recht des mittelalterlich-christlichen Antisemitismus zum Prototyp der Juden, die man als »Gottesmörder« beschimpfte. Der Weg zum grauenvollen Antisemitismus der Neuzeit war damit offen.

Das »Judasevangelium«

Mitten in die fast immer erfolgreichen Bemühungen, die Sensationsgier nach geheimen und geheimnisvollen Jesus- und Bibelbotschaften mit Publikationen oder Filmen effektvoll zu bedienen, traf im Sommer des Jahres 2006 die Veröffentlichung des »Evangeliums des Judas«. Eine aufregende, weil den herkömmlichen neutestamentlichen Mitteilungen über den Verräter Jesu diametral entgegengesetzte »Wahrheit« über Judas schien da zutage zu treten. Offensichtlich hatten ihm die Evangelisten und die gesamte Theologie- und Glaubensgeschichte bitter Unrecht getan. So oder ähnlich lauteten populäre Kommentare. Tatsächlich handelt es sich bei diesem wohl im 2. Jahrhundert zunächst in griechischer Sprache verfassten, wenig später ins Koptische übersetzten Text um eine höchst interessante antike Schrift, die unser Wissen über Judas aber in keiner Weise erweitert oder gar korrigiert.

Es handelt sich um eine gnostische Schrift. Die Gnosis war eine im 1. Jahrhundert n. Chr. entstandene Religion, die mit der christlichen Auffassung von Gott und Mensch nichts zu tun hatte, es aber sehr gut verstand, sich chamäleonartig »christlich« zu maskieren. Der erst in der Neuzeit eingeführte Name dieser Religion, Gnosis (griechisch »Erkenntnis«) oder Gnostizismus, ist geschichtlich gesehen problematisch, denn als »Gnostiker – Erkennende« bezeichneten sich in der Spätantike viele Theologen und Philosophen jedweder Provenienz. Die Lehre der Gnosis lässt sich sehr vereinfacht folgendermaßen charakterisieren:

Der Mensch erfährt sich im Helldunkel seiner Existenz, in der prekären Situation zwischen Gelingen und Misslingen, zwischen Bedrohung und Frieden, zwischen Gut und Böse. Ganz offensichtlich ist er durch einen »demiurgischen« Untergott in die von diesem geschaffene, vom Bösen beeinflusste und daher immer gefährliche Welt der Materie hinabgestoßen worden, wider den Willen jenes »Großen Unsichtbaren Geistes« (so das Judasevangelium), der im Licht-Äon herrscht, aus der besudelten Materie heraus aber nicht erreicht werden kann.

Nur diejenigen, die in ihrer Sehnsucht nach Erlösung aus dem materiellen in ein rein geistiges, lichtes Dasein zur »Erkenntnis« eines letzten ihnen verbliebenen Lichtfunkens gelangen, haben eine Chance, aufzusteigen. Es lag nahe, Jesus als Helfer zu dieser Erkenntnis zu verstehen – sein Erlösungswerk freilich konnte nur gelingen, wenn er nicht selbst vom Fluch des Materiellen betroffen war.

Dass viele Menschen einer solchen Lehre in ihren zahlreichen Varianten zuneigten, ist geschichtlich erwiesen, ebenso, dass es viele christlich maskierte wie auch gnostisch beeinflusste christliche Schriften gab, darunter auch Evangelien. Die polemischen Auseinandersetzungen mit der innerkirchlichen Gnosis lassen erkennen, wie weit verbreitet sie war.

Die allermeisten dieser Schriften blieben nicht in ihrer griechischen Urfassung, sondern in koptischer Übersetzung erhalten, weil sich die Papyrusbücher im ägyptischen Wüstenboden besser erhielten als anderswo. Am bekanntesten sind die 1945 im mittelägyptischen Nag Hammadi entdeckten Schriften – Manuskripte einer ganzen Bibliothek, die wohl aus einem der einst zahlreichen Klöster dieser Region stammten. Die Papyri sind vermutlich vergraben worden, weil man sich scheute, sie gemäß dem Befehl der kirchlichen Obrigkeit zu vernichten.

Aus Ägypten stammt auch das wiederum nur in koptischer Sprache erhaltene Judasevangelium. Es handelt sich wohl um jenen Text, der am Ende des 2. Jahrhunderts schon Irenäus von Lyon bekannt war. Er enthält im Wesentlichen ein nicht vollständig erhaltenes Zwiegespräch zwischen Judas und Jesus. Dieser verlacht die Jünger dafür, dass sie in ihrer Verblendung den bösen Gott verehren, und gewahrt allein bei Judas, dass er aus der Erkenntnis, aus der Weisheit kommt. Er sagt zu ihm:

»Ich erkenne, wer du bist und woher du (gekommen bist). Du bist aus dem unsterblichen Äon der Barbelo gekommen und von dem, der dich gesandt hat – der, dessen Namen zu verkündigen ich nicht würdig bin.«

> »So ging in Erfüllung,
> was der Prophet Jeremia angekündigt hatte:
> Sie nahmen die dreißig Silberstücke, die Summe,
> die er den Leuten von Israel wert war,
> und kauften davon den Töpferacker,
> so wie es der Herr mir gesagt hatte. «
>
> *Matthäus 27,9*

Die »Barbelo« stellt in einigen gnostischen Richtungen eine Art Weisheitsgöttin dar. Der große Namenlose ist der erhabene Lichtgott, er hat Judas gesandt. Judas erfüllt also einen vom Allerhöchsten gegebenen Auftrag!

Daher erteilt Jesus dem Judas die Weisung, er solle sich von den anderen Jüngern fernhalten, und fügt hinzu:

»Ich werde dir die Geheimnisse des Königreiches sagen. Es ist möglich, dass du dort hingelangen wirst, aber du wirst viel seufzen, denn ein anderer wird deinen Platz einnehmen, damit die zwölf Schüler wieder vollzählig werden durch ihren Gott.«

Judas wird also zum bevorzugten, ja privilegierten Jünger und Schüler Jesu. Die anderen bleiben in ihrer niedrigen Existenz und bei »ihrem Gott« stecken.

Leider ist die für unseren Zusammenhang wichtigste Textpassage stark zerstört. Immerhin blieben diese beiden Sätze Jesu lesbar:

»Du aber wirst sie alle übertreffen. Denn den Menschen, der mich trägt, wirst du opfern.«

Das Judasevangelium

Der »Codex Tschacos« enthält außer dem Evangelium des Judas drei weitere Texte, alle in koptischer Sprache, aber mit griechischen Buchstaben geschrieben. Abgebildet sind zwei Blätter des Judasevangeliums, jeweils mit Vorder- und Rückseite (oben 35 und 36, unten 39 und 40).
Der Ende der 1970er-Jahre von Bauern in Mittelägypten in einer Grabanlage entdeckte Papyruscodex gelangte über einen Mittelsmann zu einem in Kairo ansässigen Antiquitätenhändler, der sich auf die Suche nach einem finanzkräftigen westlichen Käufer begab. Zwei Jahrzehnte lang spielte sich ein abenteuerliches, von Diebstahl und Vertragsbruch begleitetes Hin und Her ab, bis schließlich der Züricher Händlerin Frieda Tschacos Nussberger der Ankauf zu einem realistischen Preis gelang. Sie übergab den Codex 2001 der gemeinnützigen Baseler Maecenas-Stiftung, die eine Restaurierung und Veröffentlichung veranlasste und die Absicht verlauten ließ, die Papyri danach dem Herkunftsland Ägypten zurückzugeben.

Dies ist eine radikale Umdeutung der originären biblischen Tradition: Judas wird Jesus nicht schändlich verraten, er wird ihn vielmehr von der Last der leiblichen Existenz befreien, damit er in jenes »große und heilige Geschlecht« Adams eingehe, von dem Jesus gegen Ende des ziemlich kurzen Textes in visionär aufgeladener Sprache sagt:

»Und dann wird das Abbild des gro- ßen Geschlechtes Adams aufgerichtet, denn vor dem Himmel, (der) Erde und den Engeln existiert jenes Geschlecht von Ewigkeit her. Siehe, dir ist jegliche Sache gesagt worden. Hebe deine Au- gen empor und sieh die Wolke und das Licht in ihr und die Sterne, die sie umge- ben! Und der Stern, der der Anführer ist, er ist dein Stern.

Judas aber hob seine Augen empor und sah die lichte Wolke. Und er ging in sie hinein. Die unten Stehenden hörten eine Stimme, die aus der Wolke kam und sagte: ... (das) große Geschlecht ...«

Dieses sogenannte Evangelium sagt kein Wort über die Todesangst und die Hinrichtung Jesu. Es geht ihm allein darum, Judas als den zu kennzeichnen, der Jesus bei seiner Befreiung aus der materiellen Existenz hilft:

»Den Menschen, der mich trägt, wirst du opfern.«

Vor seiner Verhaftung betet Jesus nicht im Getsemani-Garten, sondern in seiner Herberge. Der abrupte Schluss verstärkt die Rätselhaftigkeit des ganzen Textes, zumal der letzte Satz völlig kommen- tarlos dem Geld gewidmet ist:

»Ihre Hohepriester (aber) murrten, denn (er, Jesus) war hineingegangen in die Herberge für sein Gebet. Einige der Schriftgelehrten aber gaben Obacht, damit sie ihn festnähmen während des Gebets. Sie fürchteten nämlich das Volk, denn sie hielten ihn alle für einen Propheten. Und sie eilten zu Judas und sprachen zu ihm: Was machst du hier? Bist du der Jünger Jesu? Er aber, er antwortete ihnen ihrem Wunsche ent- sprechend. Judas aber empfing Geld und lieferte ihn ihnen aus.«

Alles in allem: einer der vielen gnos- tischen Texte, in dem es ausschließlich darum geht, die Erlösungslehre der Gnosis darzubieten. Er macht sich die Dialektik in der christlich-heilsgeschicht- lichen Einschätzung der Judasfigur zunutze, um sie gänzlich ins Positive zu kehren: Judas ist der Helfer zum Heil; ohne ihn hätte Jesus nicht in die Licht- existenz gelangen können.

Seit der Spätantike gab es noch an- dere derartige Rehabilitationen des Judas, vor allem in pseudochristlichen Texten gnostischer Art; sie alle haben mit der christlichen Jesustradition nichts zu tun.

Ansonsten war man schon in der Antike auf Sensationen aus und neigte dazu, in den Heiligen Schriften allerlei verborgene »Geheimnisse« oder auch »Geheimlehren« zu vermuten und sie fantasievoll zu erdichten. Angesichts der gnostischen Disqualifikation der dem Menschen gegebenen Existenz war es letztlich gut, dass die christliche Theologie der durchaus verlockenden, aber irrealen Faszination durch die Gnosis nicht erlag.

Prozess und Todesurteil

Vom Garten Getsemani aus wurde Je- sus zum Hohepriester gebracht, »und es versammelten sich alle Hohepries- ter und Ältesten und Schriftgelehrten« (Markus 14,53 ff.; vgl. Matthäus 26,57 ff. und Lukas 22,54 ff.). Matthäus und Johannes (18,13) nennen den Namen des amtierenden Hohepriesters: Kaja- phas. Er hatte als Vorsitzender des Hohen Rates (Sanhedrin) in den Jah- ren 18 bis 36 n. Chr. die religiöse und politische Führungsposition in Judäa inne. Sich so lange an der Macht zu halten, war eine beachtliche Leistung. Denn der Hohepriester wurde jedes

Der Verräter Judas

Die Passionsreliefs am Westlettner des Naumburger Doms sind Werke eines im mittleren 13. Jahrhundert tätigen großen Bildhauers, des »Naumburger Meisters«, der die Ereignisse in realistisch erfassten und seelisch vertieften Szenen schildert. Drei der sechs Bildfelder handeln vom Verrat des Judas. Die Folge beginnt mit dem Abendmahl (linke Seite, außen). Jesus sitzt inmitten seiner Jünger und reicht Judas ein Stück Brot über den Tisch.
In der nächsten Szene (linke Seite, innen) nimmt Judas, gequält von der Schuld, die er auf sich lädt, den Lohn für seinen Verrat entgegen, während man sich um ihn herum verschwörerisch zuflüstert.
Es folgt (oben) die Gefangennahme Jesu in Getsemani. Der Judaskuss gibt das mit den Häschern vereinbarte Zeichen, indes Petrus mit einem gewaltigen Schwerthieb dem in die Knie brechenden Malchus das Ohr abhaut.
Im ersten Bildfeld jenseits des Lettnerportals (oben rechts) steht Jesus vor Pilatus, der sich die Hände in Unschuld wäscht. Die beiden letzten Reliefs, Geißelung und Kreuztragung, sind Ergänzungen aus späterer Zeit. Den Tod am Kreuz vergegenwärtigt eine freiplastische Kreuzigungsgruppe im Durchgang, am Mittelpfeiler der Gekreuzigte, am seitlichen Gewände die schmerzerfüllten Gestalten der Mutter und des Johannes.

Jahr vom Hohen Rat neu gewählt. Da Jerusalem und ganz Judäa seit 6 n. Chr. unter römischer Verwaltung standen, hatte der Statthalter ein wichtiges Wort mitzureden; es lag bei ihm, die Wahl zu bestätigen oder auch nicht.

Vermutlich konnte Pontius Pilatus mit der Kooperationsbereitschaft des Kajaphas und der gesamten sadduzäischen Priesteraristokratie zufrieden sein. Diese beherrschte seit Langem die höchsten Führungsämter und den Sanhedrin. Selbstverständlich setzte sie alles daran, sich diese Machtposition zu bewahren, in verlässlichem Einvernehmen mit der römischen Provinzregierung. Dazu passt die Nachricht des Johannes, Kajaphas sei der Schwiegersohn des Hannas gewesen, des Hohepriesters der Jahre 6 bis 15.

Wenn die synoptischen Evangelien von »den Hohepriestern« sprechen, zu denen Jesus geführt worden sei, so meinen sie wohl Kajaphas und Hannas; nach Johannes wurde er zunächst zu Hannas gebracht.

Da es nach jüdischem Recht nicht erlaubt war, den Prozess wegen eines Kapitalverbrechens nachts durchzuführen, muss die nächtliche Verhandlung gegen Jesus, an deren Ende er zum Tode verurteilt wird, als ungesetz-

lich gelten. Es könnte die Absicht der Evangelisten Matthäus und Markus sein, die Eilverhandlung in die Nacht zu verlegen, um die verschwörerische Heimtücke der Feinde Jesu offenbar zu machen. Lukas verlegt die Gerichtsversammlung auf den Morgen nach der Verhaftung.

Nachdem es sich als unmöglich erwies, Jesus irgendeine kriminelle Tat nachzuweisen, blieb den Anklägern nichts anderes übrig, als – so das Urteil der Evangelisten – »falsche Zeugen« antreten zu lassen, die behaupteten, er habe den Tempel bedroht. Da Jesus zu dieser Anklage hartnäckig schwieg, stellte der Hohepriester ihm die provozierende Frage:

»Bist du der Messias, der Sohn des Hochgelobten?«

Mit dieser Frage erreicht das Drama seinen Höhepunkt: Hier der Hohepriester, das Oberhaupt eines die gesamte jüdische Tradition repräsentierenden stolzen Zirkels, – da der gering geachtete »Prophet« aus Galiläa, der sich anmaßt, die privilegierte und mächtige Kaste der Herrschenden im Namen Gottes herauszufordern. Da kann es keinerlei verschlüsselte oder irgendwie vorsichtige Antwort mehr geben: »Ich bin es«, sagt Jesus knapp und schnörkellos.

Wir wissen nicht, ob eine so aufwendige, die gesamte Führungselite Jerusalems einbeziehende Verhandlung gegen Jesus überhaupt stattgefunden hat, ob der galiläische Prophet »prominent« genug dafür war. Denkbar wäre auch ein routinemäßiges Eilverfahren, wie sie gegen Aufrührer an der Tagesordnung waren. Wenn aber der historische Jesus tatsächlich vor dem Sanhedrin befragt wurde, dann bezeichnete er sich gewiss nicht so direkt als »Messias« und »Sohn des Hochgelobten«.

Im Sinne der Evangelien findet die Gerichtsverhandlung eigentlich nur wegen der Konfrontation zwischen Jesus und Kajaphas statt, wegen der auf das Äußerste getriebenen Frage: Messias, ja oder nein? Den Evangelisten geht es um die Adressaten ihres »Passionsspiels«. Sie sollen ergriffen wahrnehmen, dass der ohnmächtige und gedemütigte Jesus kurz vor seiner Verurteilung dem übermächtigen Kajaphas unbeirrbar ins Gesicht sagt: »Ich bin es.« Die Frage, ob der Prozess tatsächlich stattgefunden hat oder nicht, ist dabei belanglos, wichtig ist allein das eindeutige Selbstzeugnis des Jesus-Messias.

Kehren wir in die Gerichtsverhandlung zurück (Markus 14,63 ff.):

»Da zerriss der Hohepriester sein Gewand und rief: Wozu brauchen wir noch Zeugen? Ihr habt die Gotteslästerung gehört. Was ist eure Meinung? Und sie fällten einstimmig das Urteil: Er ist schuldig und muss sterben.

Und einige spuckten ihn an, verhüllten sein Gesicht, schlugen ihn und riefen: Zeig, dass du ein Prophet bist! Auch die Diener schlugen ihn ins Gesicht.«

Ganz offensichtlich liegt Markus daran, klarzustellen, dass die böswillige Bekämpfung des Messias-Anspruchs Jesu für das Todesurteil ausschlaggebend gewesen sei. Bei seinen Lesern und Zuhörern, die von der Wahrheit dieses Anspruchs fest überzeugt waren, mussten der verstockte, überhebliche Starrsinn der Gerichtsherren und

die entwürdigende Behandlung Jesu große Empörung hervorrufen.

Wie sich noch deutlicher zeigen wird, verfolgen die Evangelisten die Absicht, die Hauptschuld am Tod Jesu allein »den« Juden zuzuweisen, keinesfalls den Römern. Dass realgeschichtlich wohl doch andere, vor allem auch die römischen Interessen stark berührende Gründe maßgeblich waren, konnten oder wollten sie und mit ihnen die frühen Christinnen und Christen nicht sehen und anerkennen: Der »Prophet« aus Galiläa stellte die hartnäckig behauptete Macht der Sadduzäer-Priesterschaft infrage, sein wie auch immer artikulierter Messias-Anspruch musste als Blasphemie und Staatsverbrechen gelten, und er gefährdete die labile, immer wieder von Spannungen und Aufständen bedrohte innenpolitische Ruhe des besetzten Landes.

Die Feigheit des Petrus

Beim Abendmahl hatte Jesus vorausgesagt, dass Petrus ihn trotz aller heftigen Beteuerungen seiner Loyalität dreimal verleugnen würde. Dieses Versagen des wichtigsten Apostels, von dem alle vier Evangelien berichten, war – sofern es denn wirklich stattfand – eines jener traumatisierenden Geschehnisse, die im späteren Rückblick zu verkraften und zu deuten waren.

Es wird übrigens nicht gesagt, wieso Petrus jetzt plötzlich in Jesu Nähe auftaucht, nachdem doch alle Jünger davongelaufen sind. Er erscheint unter der Dienerschaft des Hohepriesters, tritt auf wie eine wichtige Figur im Drama, denn er wird gebraucht als der einzige Jesusanhänger inmitten der feindselig eingestellten Umgebung.

In den Evangelien wird das Versagen des Petrus ebenso lakonisch wie schonungslos dokumentiert (Matthäus 26,58 und 69 ff.; Markus 14,54 und 66 ff.; Lukas 22,54 ff.; Johannes 18,15 und 25 ff.). Markus berichtet:

»Als Petrus unten im Hof war, kam eine von den Mägden des Hohepriesters.

Jerusalemer Tore

Der heutige Mauerring um die Altstadt von Jerusalem mit seinen sieben Toren entstand unter dem Osmanensultan Suleiman dem Prächtigen (1520–1566). Das der »Zitadelle« benachbarte Jaffator im Westen (unten rechts in einer Aufnahme um 1880) besteht nicht mehr in ursprünglicher Form; 1898 schlug man dort eine Bresche in die Mauer, um der Kutsche Kaiser Wilhelms II. die Durchfahrt zu ermöglichen. Durch den antiken Vorgänger dieses Tors, das Gennat- oder Gartentor, wurde Jesus wahrscheinlich nach Golgota geführt.

Josephus Flavius erwähnt im »Jüdischen Krieg« das Essenertor, das vermutlich in der Südwestecke der Oberstadt lag, nahe dem »christlichen Zion«. Ausgrabungen legten dort antikes Gemäuer frei (unten links). Wie der Name des Tors besagt, war es der Zugang zum Essenerviertel; stadtauswärts führte der Weg durch das Hinnomtal ins Kidrontal. Jesus dürfte dieses Tor mehr als einmal benutzt haben. Das Damaskustor (links in einer Aufnahme von 1864) ersetzt einen nach 135 n. Chr. errichteten monumentalen Torbau, dessen Überreste freigelegt wurden und jetzt wieder sichtbar sind.

Sie sah, wie Petrus sich wärmte, blickte ihn an und sagte: Auch du warst mit diesem Jesus aus Nazaret zusammen. Doch er leugnete es und sagte: Ich weiß nicht und verstehe nicht, wovon du redest. Dann ging er in den Vorhof hinaus. Als die Magd ihn dort bemerkte, sagte sie zu denen, die dabeistanden, noch einmal: Der gehört zu ihnen. Er aber leugnete es wieder ab.

Wenig später sagten die Leute, die dort standen, von Neuem zu Petrus: Du gehörst wirklich zu ihnen; du bist doch auch ein Galiläer (bei Matthäus heißt es: »deine Mundart verrät dich«). Da fing er an zu fluchen und schwor: Ich kenne diesen Menschen nicht, von dem ihr redet. Gleich darauf krähte der Hahn zum zweiten Mal, und Petrus erinnerte sich, dass Jesus zu ihm gesagt hatte: Ehe der Hahn zweimal kräht, wirst du mich dreimal verleugnen. Und er begann zu weinen.«

Welche Bedeutung hat die Geschichte vom feigen Versagen des Petrus für die Dramaturgie des Passionsberichtes und überhaupt für die Wahrnehmung dieses wichtigen Apostels? Diese Frage lässt sich wohl nur spekulativ beantworten. Zunächst muss man die Episode jedoch aus der Perspektive der Leser und Zuhörer der Evangelisten zu der im gleichen Augenblick vor sich gehen-den Gerichtsverhandlung in Beziehung setzen. Auf der imaginären Bühne spielen sich gewissermaßen auf zwei Stockwerken zwei synchron verlaufende Szenen ab.

Nicht Petrus, der ja nicht wissen kann, was oben geschieht, sondern die Leser und Zuhörer sehen beide Ereignisse gleichzeitig: Oben das unbeirrbare Messiasbekenntnis Jesu vor dem aggressiven Hohen Rat, unten der Apostel inmitten der misstrauischen Dienerschaft, der leugnet, Jesus zu kennen und zu ihm zu gehören.

Lukas, der das Verhör Jesu vor dem Hohen Rat erst am folgenden Morgen ansetzt, lässt in seinem Bericht vermuten, Jesus sei während der Verleugnungsszene in der Nähe des Petrus gewesen. Hier liest man:

»Im gleichen Augenblick, noch während er redete, krähte ein Hahn. Da wandte sich der Herr um und blickte Petrus an. Und Petrus erinnerte sich an das, was der Herr zu ihm gesagt hatte.«

Der stumme Blick Jesu: Lukas beleuchtet mit wenigen Worten ein eigenes Drama, nämlich die Tragödie des Risses zwischen Jesus und Petrus. Das Weinen des Petrus macht die Tragödie vollends deutlich.

Dies scheint die dramaturgische Funktion der Petrusszene zu sein: eine die Leser und Zuhörer der Evangelisten bewegende und sie emotional bis ins Unerträgliche treibende Demonstration des erbärmlichen Leidens Jesu.

Die Anklage der Juden – Jesus vor Pontius Pilatus

Seit das Land unter römischer Verwaltung stand, war es der judäischen Obrigkeit verwehrt, Kapitalverbrechen rechtlich wirksam abzuurteilen sowie die Todesstrafe zu verhängen und vollstrecken zu lassen. Selbstverständlich konnte sie Ermittlungen durchführen und dem Statthalter Anklagen zuleiten.

Daher beschließen »die Hohepriester, die Ältesten und die Schriftgelehrten, also der ganze Hohe Rat« nach dem nächtlichen Verhör, Jesus an Pontius Pilatus »auszuliefern« (Markus 15,1 ff.; vgl. Matthäus 27,11 ff., Lukas 23,13 ff. und Johannes 18,28 ff.), mit der Absicht, ein Todesurteil und die Hinrichtung zu erwirken.

Weilte der Statthalter in Jerusalem, diente als Gerichtsort das in den Passionsberichten genannte Prätorium. Die Amtsräume des Statthalters befanden sich, wie manche Forscher annehmen, vielleicht in der Festung Antonia, wo er sich zu bestimmten Zeiten aufhielt, um die Sicherheitsmaßnahmen im Tempelbereich zu kontrollieren. Eher jedoch

Die Verleugnung des Petrus
Jesu Voraussage der Verleugnung Petri ist ein häufiges Thema der frühchristlichen Kunst, am Hahn leicht erkennbar. Unter dem Boden der konstantinischen Peterskirche in Rom wurde ein Sarkophag gefunden, der weitere Petrusszenen damit verbindet: die Gefangennahme des Apostels durch zwei Soldaten und sein Quellwunder (links).
In Jerusalem erinnert die Kirche »Petrus in Gallicantu – zum Hahnenschrei« an das Versagen und die Reue des Petrus. Der von den Assumptionisten errichtete Neubau hatte byzantinische und mittelalterliche Vorgänger. Neben der Kirche verläuft der alte Stufenweg vom Teich Schiloach in die Oberstadt (rechts); vielleicht wurde Jesus nach seiner Verhaftung hier hinaufgeführt.

Das Prätorium

Als Gerichtsort für den Prozess Jesu kommen zwei Gebäude infrage, die beide Herodes der Große errichtete: die Festung Antonia nördlich des Tempelbergs (oben) und sein Palast am Westrand der Oberstadt (rechts). Im Norden dieses Palastes standen die Türme Hippikos, Mariamne und Phasael (oben rechts); Quadermauern in der »Zitadelle« sind Überreste davon. Titus soll nach der Eroberung Jerusalems im Jahre 70 n. Chr. befohlen haben, die Türme zu schonen, während der Königspalast und die Festung Antonia der Zerstörung anheimfielen.

Die Rekonstruktion dieser Bauten in einem Stadtmodell von Jerusalem (früher im Holyland Hotel, jetzt im Garten des Israel-Museums) vermittelt nur eine ungefähre Vorstellung. Sie stützt sich auf topografische Anhaltspunkte und die Beschreibungen bei Josephus Flavius sowie auf besser bekannte vergleichbare Bauwerke der Herodeszeit.

In der Festung Antonia hielten sich die römischen Statthalter auf, wenn sie, vor allem bei großem Pilgerandrang, die Sicherheitsmaßnahmen im Tempelbereich kontrollieren wollten. Ihr offizieller Amtssitz, das Prätorium, ist jedoch eher in dem weitläufigen Königspalast zu suchen, der dem Beauftragten des Kaisers in Jerusalem als Residenz diente.

waren Prätorium und Gericht im ehemaligen Herodespalast am Westrand der Oberstadt untergebracht, der den Statthaltern als Residenz diente.

Markus lässt das Verhör durch Pilatus übergangslos beginnen, bemerkenswert knapp und reliefartig:

»Bist du der König der Juden? Er antwortete ihm: Du sagst es. Die Hohepriester brachten viele Anklagen gegen ihn vor. Da wandte sich Pilatus wieder an ihn und fragte: Willst du denn nichts dazu sagen? Sieh doch, wie viele Anklagen sie gegen dich vorbringen. Jesus aber gab keine Antwort mehr, sodass Pilatus sich wunderte.«

Die unvermittelt direkte Frage nach der Königswürde lässt darauf schließen, dass die Anklage des Hohen Rates lautete: Jesus von Nazaret ist ein Rebell, denn er maßt sich an, der König der Juden zu sein. Eine eher religiös begründete Anklage, etwa wegen Blasphemie, hätte den Statthalter kaum beeindrucken und zum Handeln veranlassen können. Der angebliche Anspruch Jesu nicht nur auf den Titel eines Messias, sondern auch auf den politischen Königstitel musste ihn alarmieren.

Nach dem Tod Herodes' des Großen hatte Rom den jüdischen Königstitel abgeschafft, die Einhaltung des Verbots wurde argwöhnisch überwacht. Josephus Flavius gibt in den »Antiquitates« den Grund dafür an:

»Judäa war voller Räuberbanden. Und überall dort, wo sich eine Schar von Räuberbanden zusammenfand, wählten sie einen König, der den Untergang der staatlichen Ordnung herbeiführen sollte. Sie fügten zwar nur wenigen Römern einen – und dazu noch unerheblichen – Schaden zu, bereiteten aber ihrem eigenen Volk ein ungeheures Blutbad«.

In welcher Form auch immer der Prozess vor Pontius Pilatus stattfand, die Anklage muss auf Volksverhetzung und Aufwiegelung zum Aufstand gelautet haben. Lukas lässt die Kläger sagen:

»Wir haben festgestellt, dass dieser Mensch unser Volk verführt, es davon abhält, dem Kaiser Steuer zu zahlen, und behauptet, er sei der Messias und König ... Er wiegelt das Volk auf und verbreitet seine Lehre im ganzen jüdischen Land von Galiläa bis hierher.«

Damit trifft er die Tatsachen präzise; realhistorisch ist es völlig klar: Jesus wurde von der römischen Verwaltung als Aufrührer verurteilt.

Den vier kanonischen Evangelisten geht es aber darum, die Anklage als raffinierte Taktik, das heißt als falsch zu entlarven. Ihre Leser und Zuhörer sollen klar erkennen, dass in Wahrheit starrsinniger, bösartiger Unglaube den Hohen Rat und seine Komplizen antreiben. Daher stellen sie das Verhalten des Pontius Pilatus so dar, als sei er nur der distanzierte Schiedsrichter in einem für die Römer belanglosen jüdischen Konflikt, massiv manipuliert durch die erpresserische Taktik der Ankläger und den Druck der von diesen beigebrachten Mitläufer. Markus und mit ihm auch Matthäus behaupten, Pilatus habe sehr wohl gemerkt, »dass die Hohepriester nur aus Neid Jesus an ihn ausgeliefert hatten«. Und Johannes berichtet vom vergeblichen Versuch des Pilatus, sich von seiner Zuständigkeit und Verantwortung zu distanzieren:

»Nehmt ihr ihn doch und richtet ihn nach eurem Gesetz! Die Juden antworteten ihm: Uns ist es nicht gestattet, jemand hinzurichten.«

Jesu Antwort auf die Frage des Pilatus: »Du sagst es« ist wohl nicht als klares »Ja« anzusehen, vielmehr im Sinne von »Das sagst du« zu verstehen. Pilatus hält ihn, so ihrer Intention gemäß die Evangelisten, jedenfalls für nicht schuldig im Sinne der Anklage. Johannes, der in seinem Evangelium Jesus als den schon vor aller Zeit existenten, den ewigen Gottessohn darstellt, benutzt indessen die Frage nach Jesu Königtum, um in seiner dialektisch-mehrdeutigen Erzähltaktik die Wahrheit darüber aufzudecken. Der Diskurs über die Anklage wegen Hochverrats, bei dem sich der Statthalter sehr distan-

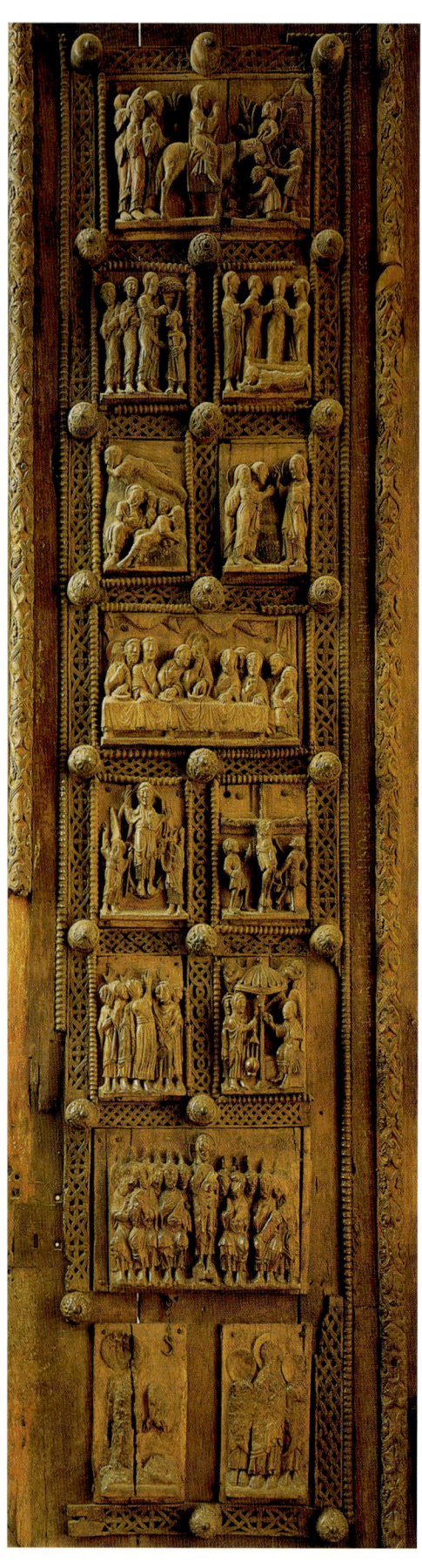

ziert verhält, gerät nämlich schnell zu einer Art spiritueller Regierungserklärung Jesu. Der Evangelist schreibt:

»Pilatus ging wieder in das Prätorium hinein, ließ Jesus rufen und fragte ihn: Bist du der König der Juden? Jesus antwortete: Sagst du das von dir aus, oder haben es dir andere über mich gesagt?

Pilatus entgegnete: Bin ich denn ein Jude? Dein eigenes Volk und die Hohepriester haben dich an mich ausgeliefert. Was hast du getan?

Jesus antwortete: Mein Königtum ist nicht von dieser Welt. Wenn es von dieser Welt wäre, würden meine Leute kämpfen, damit ich den Juden nicht ausgeliefert würde. Aber mein Königtum ist nicht von hier.

Pilatus sagte zu ihm: Also bist du doch ein König? Jesus antwortete: Du sagst es, ich bin ein König. Ich bin dazu geboren und dazu in die Welt gekom-

men, dass ich für die Wahrheit Zeugnis ablege. Jeder, der aus der Wahrheit ist, hört auf meine Stimme. Pilatus sagte zu ihm: Was ist Wahrheit?«

Der Skeptiker Pilatus versteht Jesus nicht, er begreift aber, dass dieser Mann nicht wirklich gefährlich ist. Er geht wieder hinaus »zu den Juden«, die das heidnische Prätorium nicht betreten, um nicht kultisch unrein zu werden, und stellt fest:

»Ich finde keinen Grund, ihn zu verurteilen.«

Überdeutlich tritt die Absicht des Evangelisten zutage, »den« Juden die alleinige Verantwortung für den Tod Jesu zuzuweisen. Pilatus versucht zwar, einen rechtlich relevanten Klagepunkt herauszufinden, versteht letztlich aber gar nichts.

Auch Matthäus hebt wie die beiden anderen synoptischen Evangelisten

Kirchenportale zeigen die Passion

Die um 1050 entstandenen Holztüren von St. Maria im Kapitol in Köln folgen in der Anordnung von Rahmen und Reliefs altchristlichen Vorbildern. Ihre Bildfelder schildern die Geschichte Jesu von der Verkündigung an Maria bis zum Pfingstwunder.

Der rechte Flügel (links) stellt in dem breiten Paneel ganz oben den Einzug in Jerusalem dar. Die kleineren Felder darunter zeigen die Heilung des Blinden und die Auferweckung des Lazarus; dann Jesu Gebet in Getsemani und die schlafenden Jünger, rechts davon Apostel, an die Jesus das Wort richtet. Das mittlere breite Bildfeld ist dem Letzten Abendmahl vorbehalten. Die untere Vierergruppe umfasst rechts die Kreuzigung und die Frauen am leeren Grab, links als Doppelszene die Himmelfahrt. Das breite Feld unten enthält die Ausgießung des Heiligen Geistes: Die Apostel sind versammelt, Flammenzungen lassen sich auf ihren Häuptern nieder, in ihrer Mitte erscheint Christus. Ein halbes Jahrhundert jünger sind die Bronzetüren von San Zeno in Verona mit Szenen aus dem Alten und Neuen Testament. Abgebildet sind die Platten mit Jesus vor Pilatus (rechts innen) und der Geißelung (rechts außen).

hervor, der Römer sei nur mittelbar schuld am Tod Jesu. Er führt als Einziger die Frau des Pilatus in den Passionsbericht ein; sie warnt ihn:

»Lass die Hände von diesem Mann, er ist unschuldig. Ich hatte seinetwegen heute Nacht einen schrecklichen Traum.«

Pilatus folgt nicht ihrem Rat, jedoch nicht deshalb, weil er das nicht tun will, sondern weil er nicht kann, indes »der Tumult immer größer wurde«.

Da »*ließ er Wasser bringen, wusch sich vor allen Leuten die Hände und sagte: Ich bin unschuldig am Blut dieses Menschen. Das ist eure Sache!*«

Schließlich die Version des Lukas, der folgendes zu berichten weiß: Als Pilatus hört, Jesus sei Galiläer, schickt er ihn zu seinem Landesherrn, denn Herodes Antipas weilt gerade in seinem Jerusalemer Palast (nahe dem heutigen Jaffator). Der Regent über Galiläa

gehört ja doch zur jüdischen Religionsgemeinschaft; soll er zusehen, was mit seinem Untertan los ist.

Es folgt eine geradezu aberwitzige Szene. Als ginge es für Jesus gar nicht um Leben und Tod, behandelt ihn Herodes wie einen unterhaltsamen Zauberkünstler, den er aus Neugier schon längst kennenlernen wollte; nun führt ihn ein guter Zufall an seinen Hof:

»Herodes freute sich sehr, als er Jesus sah; schon lange hatte er sich gewünscht, mit ihm zusammenzutreffen, denn er hatte von ihm gehört. Nun hoffte er, ein Wunder von ihm zu sehen.«

Jesus verweigert sich und schweigt hartnäckig, während ihn die Hohepriester und Schriftgelehrten erneut massiv beschuldigen. Der Evangelist lässt die Szene in grausamer Häme enden:

»Herodes und seine Soldaten zeigten ihm offen ihre Verachtung. Er trieb sei-

nen Spott mit Jesus, ließ ihm ein Prunkgewand umhängen und schickte ihn so zu Pilatus zurück.«

Auch dieser Bericht muss nicht historisch korrekt sein. Der »Historiker« Lukas legt freilich Wert darauf, den für Jesus zuständigen Landesherrn ins Spiel zu bringen. Herodes Antipas, der Johannes den Täufer ermorden ließ, spricht seinen Untertan Jesus von Nazaret nicht schuldig, doch zu dessen Schutz unternimmt er nichts; stattdessen treibt er die Erniedrigung bis zum Äußersten. Der Evangelist lässt Pilatus wenig später zu »den« Juden sagen, dass doch auch Herodes keine Anklage gegen Jesus erhoben habe.

Barabbas!

»Barabbas!« – der entsetzliche Schrei, mit dem die von den Hohepriestern und Ältesten angestachelte Menge auf

die Frage des Pilatus antwortet, wen er denn freigeben solle: Jesus oder Barabbas, hallt als grelles Zeichen der Erniedrigung und Beleidigung des »Gottessohnes« durch die gesamte christliche Tradition hindurch, in den Passionsoratorien des »fünften Evangelisten« Johann Sebastian Bach bis hinein in die Konzertsäle unserer Zeit.

Von Barabbas wissen wir nur aus den Evangelien. Hätte er nicht die Chance gehabt, gegen Jesus ausgespielt zu werden, wäre dieser Schwerverbrecher niemals aus dem Dunkel der Geschichte aufgetaucht. Dem wahnsinnigen Hass auf den unschuldigen Jesus verdankte der Räuber, Aufrührer und Mörder Barabbas Leben und Freiheit! So wollen die Evangelisten das Vorkommnis verstanden wissen. Sie berichten nämlich, Pilatus habe den Versuch unternommen, die lärmende Rotte samt ihren Anstiftern für die Hinrichtung des Barabbas anstelle Jesu zu gewinnen (Matthäus 27,15 ff.; Markus 15,6 ff.; Lukas 23,18; Johannes 18,39 f.).

Es lässt sich nicht sicher verifizieren, ob der kaiserliche Statthalter anlässlich hoher jüdischer Feste tatsächlich einen Gefangenen zu amnestieren pflegte. Doch ist diese Frage nach der Historizität für die Evangelisten belanglos; sie brauchen eine Möglichkeit, den verblendeten Wahnsinn des Jesu Tod um jeden Preis fordernden Mobs vorzuführen. Matthäus berichtet:

»Der Statthalter fragte sie: Wen von beiden soll ich freilassen? Sie riefen: Barabbas! Pilatus sagte zu ihnen: Was soll ich dann mit Jesus tun, den man den Messias nennt? Da schrien alle: Ans Kreuz mit ihm! Er erwiderte: Was für ein Verbrechen hat er denn begangen? Da schrien sie noch lauter: Ans Kreuz mit ihm!

Als Pilatus sah, dass er nichts erreichte, sondern dass der Tumult immer größer wurde, ließ er Wasser bringen, wusch sich vor allen Leuten die Hände und sagte: Ich bin unschuldig am Blut dieses Menschen. Das ist eure Sache!

Da rief das ganze Volk: Sein Blut komme über uns und unsere Kinder! Darauf ließ er Barabbas frei und gab den Befehl, Jesus zu geißeln und zu kreuzigen.«

Geißelung

Während Pilatus im Lukasevangelium, um die Kläger zu beruhigen, ankündigt, er werde Jesus »auspeitschen« lassen und dann aus der Haft entlassen, scheint bei Markus, Matthäus und Johannes die Geißelung als Einleitung der Hinrichtung zu gelten, so wie es bei den Römern üblich war. Allerdings beschränken sich alle drei auf die knappe Mitteilung, Pilatus habe die Geißelung und die Kreuzigung angeordnet.

Im Allgemeinen wurde diese Folter öffentlich vollzogen. Auf den nackten Körper prasselten mindestens 39 Peitschenschläge ein. Die Peitschen hatten einen kurzen Griffstock, an dem Lederriemen oder Ketten befestigt waren und an den Enden Eisenkugeln. Die Wirkung war entsetzlich, an Grausamkeit nicht zu überbieten. Durch die bis auf die Knochen gehenden Verletzungen erlitten die Opfer einen schweren Schock, viele starben bereits bei der Geißelung.

Warum Markus (15,16 ff.), Matthäus (27,27 ff.) und Johannes (19,1 ff.) eine derartige Geißelung Jesu nur andeuten, steht dahin. Ihnen ist die mit der Folter verbundene Verhöhnung Jesu wichtig. Bei Matthäus heißt es:

»Da nahmen die Soldaten des Statthalters Jesus, führten ihn in das Prätorium, das Amtsgebäude des Statthalters, und versammelten die ganze Kohorte um ihn. Sie zogen ihn aus und legten ihm einen purpurroten Mantel um. Dann flochten sie einen Kranz aus Dornen; den setzten sie ihm auf und gaben ihm einen Stock in die rechte Hand. Sie fielen vor ihm auf die Knie und verhöhnten ihn, indem sie riefen: Heil dir, König der Juden! Und sie spuckten ihn an, nahmen ihm den Stock wieder weg und schlugen ihm damit auf den Kopf.

Nachdem sie so ihren Spott mit ihm getrieben hatten, nahmen sie ihm den Mantel ab und zogen ihm seine eigenen Kleider wieder an.«

Das Urteil des Pilatus
Von zwei Standartenträgern flankiert, sitzt der römische Gerichtsherr auf dem Richterstuhl, dem »Bema« (Johannes 19,13). Die Ankläger reden heftig gestikulierend auf ihn ein. Vor dem Tribunal steht Jesus, in antiker Gewandung und durch den Kreuznimbus hervorgehoben. Gerichtsdiener haben Barabbas in Fesseln vorgeführt, und Pilatus überlässt es den Juden, zwischen Jesus und dem Verbrecher zu wählen.
Der Codex Purpureus Rossanensis, dem die Miniatur entstammt, datiert ins 6. Jahrhundert, doch seine Illustrationen gehen wohl auf ältere Vorbilder zurück. Der großen halbkreisförmigen Komposition des Pilatusurteils könnte eine Wandmalerei zugrunde liegen.

> »Jesus antwortete: Du sagst es, ich bin ein König. Ich bin dazu in die Welt gekommen, dass ich für die Wahrheit Zeugnis ablege. Jeder, der aus der Wahrheit ist, hört auf meine Stimme. Pilatus sagte zu ihm: Was ist Wahrheit?«
>
> Johannes 18,37 f.

Johannes lässt die Verspottungsszene etwas anders zu Ende gehen:

»Pilatus ging wieder hinaus und sagte zu ihnen: Seht, ich bringe ihn zu euch heraus; ihr sollt wissen, dass ich keinen Grund finde, ihn zu verurteilen. Jesus kam heraus; er trug die Dornenkrone und den purpurroten Mantel. Pilatus sagte zu ihnen: Seht, da ist der Mensch!«

Dieses berühmte »Ecce homo!« hat man früher etwas dramatischer übersetzt: »Seht, welch ein Mensch!« In der Tat, für Johannes ist es typisch, die purpurne Spottkleidung des gegeißelten Jesus öffentlich zu zeigen: wegen des scharfen Gegensatzes zwischen der geschundenen Kreatur und der im Glauben an Jesus dennoch gesicherten tatsächlichen Wahrheit des königlichen Purpurs.

Diesem König schreien die »Hohepriester und ihre Diener« erneut ins Angesicht:

»Ans Kreuz mit ihm, ans Kreuz mit ihm!«

Pilatus gibt wider besseres Wissen nach, so stellt es der Evangelist dar:

»Nehmt ihr ihn und kreuzigt ihn! Denn ich finde keinen Grund, ihn zu verurteilen.«

Johannes sieht also wie schon Lukas die Geißelung offenbar nicht als erste Stufe der Hinrichtung an, denn Pilatus habe auch jetzt noch einen Versuch unternommen, die Juden von ihrem Tötungswahn abzubringen.

Im Gegensatz zur Darstellung der Evangelisten wird Pilatus in den wenigen antiken Nachrichten über ihn als harter, bedenken- und rücksichtsloser Mensch beschrieben. Selbstverständlich wird er klug genug gewesen sein, auf die Eigenarten der Juden Rücksicht zu nehmen, um fatale Aufstände in seinem Zuständigkeitsbereich zu vermeiden. Und sicherlich entsprach dies den Weisungen der römischen Zentralregierung. Dass er aber Angst vor den Juden gehabt und ihnen gegenüber Unsicherheit gezeigt hätte, ist absolut nicht zu vermuten. Sonst hätte er nicht jahrelang erfolgreich regiert.

Die Evangelisten brauchen aber, wie wir wissen, für ihre Erzählstrategie einen Pilatus, der sich von den Klägern einschüchtern lässt. Daher sagt Johannes, er habe auf die folgende apodiktische Forderung der Juden »noch ängstlicher« reagiert:

»Wir haben ein Gesetz, und nach diesem Gesetz muss er sterben, weil er sich als Sohn Gottes ausgegeben hat.«

An diesem dramatischen Punkt enthüllt Johannes den wahren Beweggrund für die ein Todesurteil fordernde Anklage, anders als die drei synoptischen Evangelisten.

Und genau hier, unmittelbar vor der Kreuzigung, inszeniert er ein fiktives Gespräch zwischen Pilatus und Jesus, um seinen Lesern und Zuhörern endgültig die überragende Würde des Gottessohnes vor Augen zu stellen; zugleich will er die raffinierte Manipulation des Pilatus durch die Juden aufzeigen sowie die übergeordnete, »von oben« her wirkende Eigendynamik des schrecklichen und doch notwendigen Geschehens. Er schreibt:

Pilatus »ging wieder in das Prätorium hinein und fragte Jesus: Woher stammst du? Jesus aber gab ihm keine Antwort.

Da sagte Pilatus zu ihm: Du sprichst nicht mit mir? Weißt du nicht, dass ich Macht habe, dich freizulassen, und Macht, dich zu kreuzigen?

Jesus antwortete: Du hättest keine Macht über mich, wenn es dir nicht

Der Ecce-Homo-Bogen

Ein antiker Bogen (linke Seite, oben) überspannt die Via Dolorosa an der Stelle, wo das Wort des Pilatus »Seht, welch ein Mensch!« gefallen sein soll. Der Bogen stammt jedoch aus späterer Zeit und gehörte vermutlich zu einem Torbau der von Kaiser Hadrian im Jahr 135 gegründeten »Colonia Aelia Capitolina«. Einer der beiden seitlichen Durchgänge wurde beim Bau der Ecce-Homo-Basilika in den Kirchenraum einbezogen (links innen). Entlang der Via Dolorosa gibt es viele Grotten. Die Orthodoxen bezeichnen eine als Gefängnis Jesu, eine andere als Verlies des Barrabas (links außen).

1961 entdeckte man in Cäsarea eine Kalksteintafel mit dem Namen des Pontius Pilatus (rechts). Die fragmentarische Inschrift besagt, dass der Präfekt von Judäa dem Kaiser das »Tiberieum« geweiht hat. Münzen, die Pilatus in Judäa prägen ließ, tragen nur den Namen des Tiberius (rechts oben).

Pontius Pilatus

Über den Gerichtsherrn beim Prozess Jesu ist nur wenig bekannt, nicht einmal sein Vorname und die Bedeutung des Beinamens Pilatus. Er stammte aus der dem Ritterstand angehörenden Familie der Pontier, die in den Abruzzen beheimatet war, und wurde als Protegé des Prätorianerpräfekten Seianus von Kaiser Tiberius 26 n. Chr. zum fünften Präfekten von Judäa ernannt. Zehn Jahre konnte er sich im Amt halten, bis ihm sein Vorgehen gegen die aufrührerischen Samariter im Jahre 36 zum Verhängnis wurde. Wie Josephus Flavius berichtet, verklagten ihn die Samariter beim syrischen Legaten Vitellius und stellten sich dabei als völlig unschuldig hin. Vielleicht hatte der Legat nur darauf gewartet, den Präfekten von Judäa loszuwerden. Jedenfalls beorderte er ihn nach Rom, um sich vor dem Kaiser zu verantworten. Anklagepunkte waren persönliche Bereicherung am Tempelschatz, Vergehen gegen die Staatskasse. Als er in Rom eintraf, war Tiberius verstorben. Was dann mit ihm geschah, ist unbekannt, alle Nachrichten darüber sind legendär, die Verbannung nach Gallien ebenso wie der Selbstmord, zu dem ihn Kaiser Caligula gezwungen habe. Die »Annalen« des Tacitus sagen von Pilatus nur, er habe einen gewissen Christus hinrichten lassen.

Pontius Pilatus gelangte ins christliche Glaubensbekenntnis. Nach Matthäus (27,19) soll ihn seine Frau davor gewarnt haben, Jesus zu verurteilen. Erst die apokryphen »Pilatus-Akten« geben ihr einen Namen: Claudia Procula. Wegen des Eintretens für Jesus gilt sie in der orthodoxen Kirche als heimliche Christin und Heilige.

von oben gegeben wäre; darum liegt größere Schuld bei dem, der mich dir ausgeliefert hat.

Daraufhin wollte Pilatus ihn freilassen, aber die Juden schrien: Wenn du ihn freilässt, bist du kein Freund des Kaisers; jeder, der sich als König ausgibt, lehnt sich gegen den Kaiser auf.«

Mit diesem politischen Argument lässt Johannes die Anklage ihren letzten Trumpf ausspielen. Für Pilatus bleibt nunmehr nichts anderes übrig, als Jesus wegen Hochverrats zu verurteilen. Er lässt ihn herausbringen und setzt sich auf den Richterstuhl »an dem Platz, der Lithostrotos, auf Hebräisch Gabbata heißt«.

Es handelte sich wohl um den offiziellen Gerichtsplatz in Jerusalem, der sich nicht im Amtssitz des Statthalters befand, sondern außerhalb lag, um den Juden den Eintritt in das heidnische Gebäude zu ersparen. Wo genau dieser nur im Johannesevangelium erwähnte »kahle Steinplatz« zu lokalisieren ist, ließ sich bislang nicht feststellen. Er muss mit dem Prätorium verbunden gewesen sein, dessen Standort aber, wie bereits erwähnt, ebenfalls noch nicht sicher ausgemacht werden konnte.

Es folgt ein in seiner lapidaren Intonation geradezu feierlicher Schlussbericht. Indem der Evangelist Pilatus zu den Juden sagen lässt: »Da ist euer König!«, verweist dieser ironisch auf den Klagepunkt, reizt die Kläger und proklamiert gerade dadurch die tatsächliche Geltung des Messias-Königs.

»Es war am Rüsttag des Paschafestes, ungefähr um die sechste Stunde. Pilatus sagte zu den Juden: Da ist euer König! Sie aber schrien: Weg mit ihm, kreuzige ihn! Pilatus aber sagte zu ihnen: Euren König soll ich kreuzigen?«

Noch einmal benutzt Johannes die bestürzende Doppeldeutigkeit des Königstitels in der Frage: Soll ich euren König wirklich kreuzigen? Die Antwort soll zeigen, wie sehr sich die Juden in ihrem Hass verrannt haben; denn jetzt versteigen sie sich bedenkenlos sogar zur ausdrücklichen Anerkennung des römischen Kaisers:

»Wir haben keinen König außer dem Kaiser.«

Für den kaiserlichen Statthalter Pontius Pilatus gibt es keinen Ausweg mehr:

»Da lieferte er ihnen Jesus aus, damit er gekreuzigt würde.«

Kreuzigung

Welches war der tatsächliche oder wahrscheinliche »Kreuzweg Jesu«? Mit Sicherheit nicht die heutige »Via dolorosa«, der vom Ort der einstigen Burg Antonia ausgehenden »Leidensweg«. Wenn das Prätorium und der Gerichtsplatz zur Residenz des Pilatus im ehemaligen Herodespalast gehörten, wie zu vermuten ist, dann wurden Jesus und die beiden Räuber von da aus über den an jenem Tag sicher stark besuchten »Oberen Markt« getrieben, dann durch das Gennat- oder Gartentor (an der Stelle des heutigen Jaffators).

Wohl hier wird die Wachmannschaft Simon von Kyrene zum Hilfsdienst verpflichtet haben, hier auch mag Jesus den von Lukas erwähnten klagenden Frauen begegnet sein.

Der Hinrichtungsort »Golgota«, ein schädelförmiger Felsklotz (»Schädelhöhe«) inmitten eines uralten Steinbruchs, lag damals noch außerhalb der Stadt, nördlich des Tores. Kaiser Konstantin ließ ihn im frühen 4. Jahrhundert in die von ihm gegründete Grabeskirche einbeziehen.

In den wesentlichen Punkten stimmen die vier Passionsberichte überein, dennoch gibt es Ergänzungen und Varianten. Markus schreibt (15,20b ff.):

»Dann führten sie Jesus hinaus, um ihn zu kreuzigen. Einen Mann, der gerade vom Feld kam, Simon von Zyrene, den Vater des Alexander und des Rufus, zwangen sie, sein Kreuz zu tragen. Und sie brachten Jesus an einen Ort namens Golgota: Schädelhöhe. Dort reichten sie ihm Wein, der mit Myrrhe gewürzt war; er nahm ihn aber nicht. Dann kreuzigten sie ihn. Sie warfen das Los und

Lithostrotos – das Steinpflaster

Den Pilgerberichten byzantinischer Zeit zufolge wurde die Stätte der Verurteilung Jesu damals im Tyropöontal gesucht, wo einst der Hasmonäerpalast lag. Nach der arabischen Eroberung (638) fand man sie auf dem Südwesthügel, in der Nähe des »Abendmahlsaals« und des »Kajaphas-Palastes«. Während der Kreuzfahrerzeit kam eine neue Tradition auf, die das Prätorium des Pilatus in der Burg Antonia annahm. Am Antoniafelsen beginnt die Via Dolorosa. In der Flagellatio-Kapelle wird dort der Geißelung gedacht, in einer benachbarten Kapelle der Verurteilung Jesu zum Tod am Kreuz.

Der Blick über die Jerusalemer Altstadt (links) zeigt vorne die Flagellatio-Kapelle der Franziskaner mit ihren fünf Kuppeln, dahinter die höhere Kuppel der Ecce-Homo-Basilika der Sionsschwestern, im Hintergrund den Turm der Erlöserkirche. Am linken Bildrand sind die beiden Kuppeln der Grabeskirche zu erkennen.

Die 1931–1937 im Kloster »Notre Dame de Sion« durchgeführten Ausgrabungen legten ein antikes Steinpflaster frei. Der Entdecker glaubte, hier den Innenhof der Antonia und den »Lithostrotos« gefunden zu haben, auf dem Jesus vor Pilatus stand. Bei späteren Untersuchungen stellte sich jedoch heraus, dass dieses Pflaster nicht unter Herodes, sondern erst später gelegt worden sein kann, wahrscheinlich also der gleichen Zeit angehört wie der nahe Ecce-Homo-Bogen. Das als »Lithostrotos« angesehene Pflaster ist in einer Krypta zugänglich (unten links). Auf einer Platte sind die Linien eines Brettspiels eingeritzt (unten).

VIA DOLOROSA

Wie aus spätantiken Pilgerberichten hervorgeht, wurden die an Jesus erinnernden Stätten im Heiligen Land schon früh aufgesucht. Einen »Kreuzweg«, auf dem man dem Weg Jesu vom Gerichtsort zur Hinrichtungsstätte folgte, kannte man seinerzeit in Jerusalem aber noch nicht. Dieser fromme Brauch scheint während des Mittelalters im Westen aufgekommen zu sein. Die zahlreichen Kalvarien- und Ölberge, Nachbildungen der Grabeskirche und des Heiligen Grabes oder der »Scala Santa«, der Treppe im »Pilatushaus«, waren Ausdruck für das Verlangen, dem leidenden Christus nahe zu sein. Seinem

Leidensweg am tatsächlichen Schauplatz nachzugehen, wurde zum tiefen Bedürfnis wachsender Pilgerscharen. Die Topografie Jerusalems war jedoch von der Römerzeit bis in die Epoche der osmanisch-türkischen Herrschaft immer wieder einschneidenden Veränderungen unterworfen, sodass die sichere Tradition der »realen Spuren Jesu« schon bald abbrach.

In der Annahme, das Prätorium des Pilatus sei im Bereich der Burg Antonia zu lokalisieren, beginnt dort seit Langem jeden Freitag die von Franziskanermönchen geleitete Kreuzwegprozession. Der Ort des Todesurteils ist die erste, das Heilige Grab die 14. Station. Dazwischen hat frommer Brauch Stationen geprägt wie: Jesus übernimmt das Kreuz, erster Zusammenbruch Jesu, er begegnet seiner Mutter, Simon hilft das Kreuz tragen, Veronika reicht

Jesus ein Schweißtuch, zweiter Zusammenbruch, er begegnet den klagenden Frauen und bricht zum dritten Mal zusammen. In katholischen Kirchen wurden für die sogenannten Kreuzweggedachten Darstellungen dieser Stationen angebracht, an Pilgerwegen errichtete man Bildstöcke oder Kapellen.

Das Schaubild zeigt den Verlauf der Via Dolorosa in der Altstadt von Jerusalem. In der Planskizze (rechts unten) ist der traditionelle Leidensweg rot markiert, blau der Weg, den man anzunehmen hat, wenn sich das Prätorium im Herodespalast befand. In die Mauern der Grabeskirche wurden unzählige Kreuzzeichen von Pilgern eingeritzt (links oben).

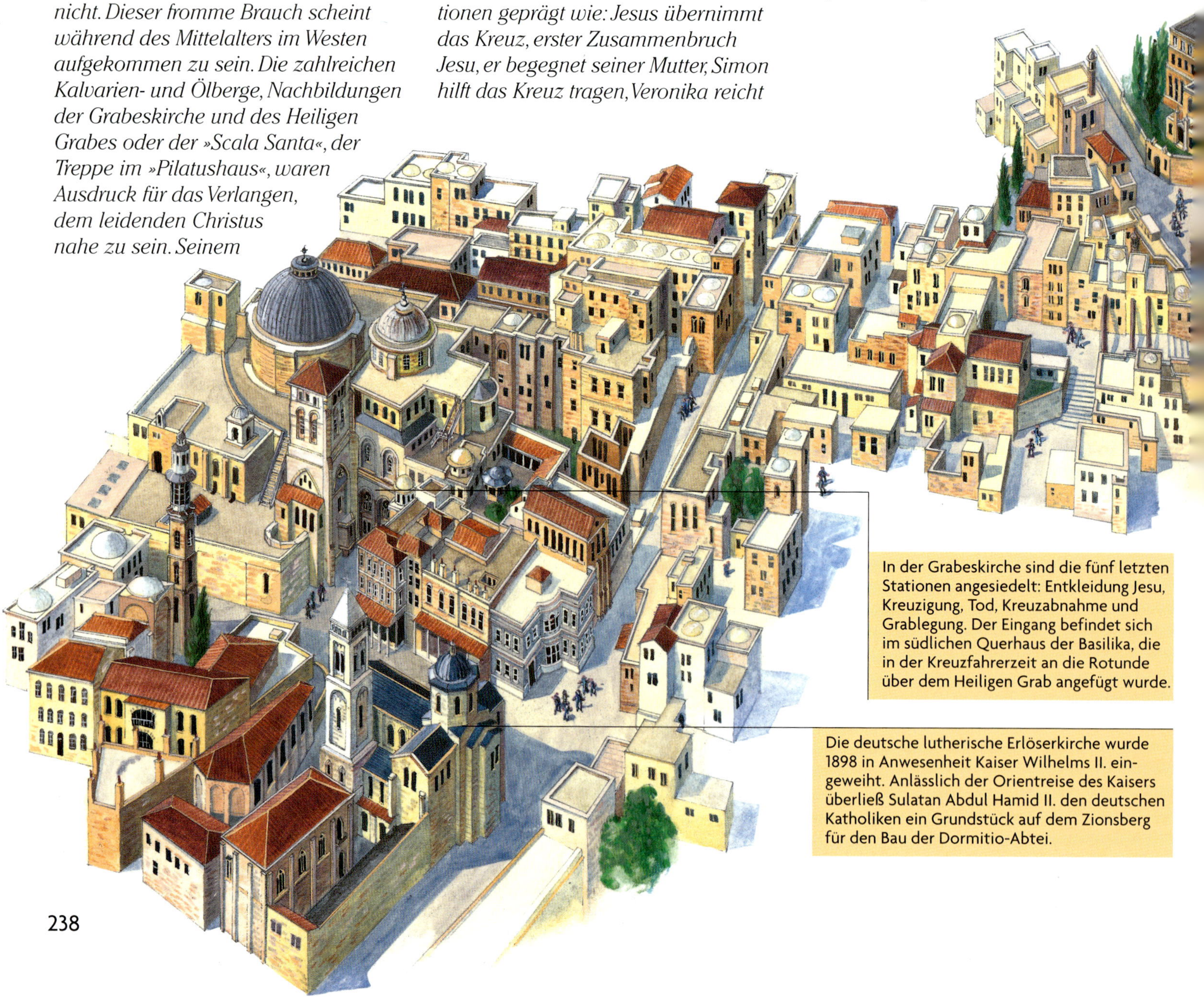

In der Grabeskirche sind die fünf letzten Stationen angesiedelt: Entkleidung Jesu, Kreuzigung, Tod, Kreuzabnahme und Grablegung. Der Eingang befindet sich im südlichen Querhaus der Basilika, die in der Kreuzfahrerzeit an die Rotunde über dem Heiligen Grab angefügt wurde.

Die deutsche lutherische Erlöserkirche wurde 1898 in Anwesenheit Kaiser Wilhelms II. eingeweiht. Anlässlich der Orientreise des Kaisers überließ Sulatan Abdul Hamid II. den deutschen Katholiken ein Grundstück auf dem Zionsberg für den Bau der Dormitio-Abtei.

Das Österreichische Hospiz entstand unter Kaiser Franz Joseph für Jerusalempilger aus den Ländern der Donaumonarchie.

Die Ecce-Homo-Basilika, in deren Ostwand 1865 der nördliche Seitenbogen des »Ecce-Homo-Bogens« einbezogen wurde. Das im Kloster der Sionsschwestern freigelegte Pflaster identifizierte man lange Zeit mit dem »Lithostrotos«.

Das St.-Anna-Kloster der Weißen Väter, in dessen Garten der Teich Betesda liegt. Die gegen 1150 für Benediktinerinnen erbaute Kirche wurde über Grotten errichtet, die man für den Geburtsort Marias hielt, und daher ihrer Mutter Anna geweiht.

Die Condemnatio- oder Verurteilungskapelle steht wie die Geißelungskapelle im Hof des Franziskanerklosters. Eine Plakette an der Klostermauer nennt die zweite Station: Jesus nimmt das Kreuz auf seine Schulter.

Das Löwentor, heute das einzige offene Osttor zur Altstadt, hat seinen Namen von den Löwenskulpturen an der Feldseite. Die Christen benennen es nach Stephanus, dem ersten Märtyrer.

Flagellatio- oder Geißelungskapelle. Nach der Eroberung Jerusalems durch Saladin war das Areal der Antonia für Christen nicht mehr zugänglich, dort lokalisierte Gedenkstätten verlegte man in die Umgebung.

An der Ecke, wo die Via Dolorosa die zur Klagemauer führende Talstraße kreuzt, bezeichnet eine Kapelle der katholischen Kirche Polens die dritte Station: Jesus fällt zum ersten Mal unter dem Kreuz.

Die erste Station des Kreuzwegs, Jesus wird zum Tode verurteilt, liegt im Bereich der Burg Antonia. Wo jetzt die muslimische Umarije-Schule steht, versammeln sich jeden Freitag die Gläubigen zur Kreuzwegprozession.

Die armenisch-katholische Kirche der »Heiligen Maria zur Ohnmacht« repräsentiert die vierte Station: Jesus begegnet seiner Mutter.

In der Nordwestecke des Tempelplatzes erhebt sich das höchste der vier am Haram ash-Sharif stehenden Minarette. Es wurde gegen 1300 von Abd er-Rahman, dem Aufseher der frommen Stiftungen zu Mekka, Medina und Jerusalem, erbaut.

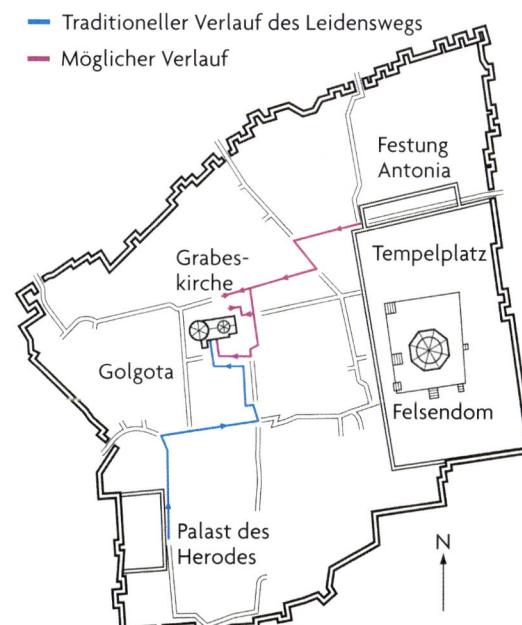

— Traditioneller Verlauf des Leidenswegs
— Möglicher Verlauf

Festung Antonia

Grabes-kirche

Tempelplatz

Golgota

Felsendom

Palast des Herodes

N

verteilten seine Kleider unter sich und gaben jedem, was ihm zufiel. Es war die dritte Stunde, als sie ihn kreuzigten. Und eine Aufschrift (auf einer Tafel) gab seine Schuld an: Der König der Juden. Zusammen mit ihm kreuzigten sie zwei Räuber, den einen rechts von ihm, den andern links. Die Leute, die vorbeikamen, verhöhnten ihn, schüttelten den Kopf und riefen: Ach, du willst den Tempel niederreißen und in drei Tagen wieder aufbauen? Hilf dir doch selbst, und steig herab vom Kreuz! Auch die Hohepriester und die Schriftgelehrten verhöhnten ihn und sagten zueinander: Anderen hat er geholfen, sich selbst kann er nicht helfen. Der Messias, der König von Israel! Er soll doch jetzt vom Kreuz herabsteigen, damit wir sehen und glauben. Auch die beiden Männer, die mit ihm zusammen gekreuzigt wurden, beschimpften ihn.«

Auf der an den Querbalken des Kreuzes gehefteten Tafel war das todeswürdige Vergehen Jesu angeschrieben. Im Passionsbericht des Johannes (19,16 ff.) lautet die in die Kreuzdarstellungen eingegangene Aufschrift so: »Jesus von Nazaret, der König der Juden«, lateinisch »Jesus Nazarenus, Rex Judaeorum«, abgekürzt »INRI«.

»Dieses Schild lasen viele Juden, weil der Platz, wo Jesus gekreuzigt wurde, nahe bei der Stadt lag. Die Inschrift war hebräisch, lateinisch und griechisch abgefasst.«

Sie war sowohl für die einheimischen wie auch für die Diasporajuden verständlich. Nur Johannes macht darauf aufmerksam, dass die Inschrift missverständlich war und den Anklägern nicht gefallen konnte:

»Die Hohepriester der Juden sagten zu Pilatus: Schreib nicht: Der König der

Juden, sondern dass er gesagt hat: Ich bin der König der Juden.«

Der Statthalter akzeptiert diesen Protest nicht, sondern antwortet kurz und bündig:

»Was ich geschrieben habe, habe ich geschrieben.« (Quod scripsi, scripsi.)

Man versteht den Sinn der Inschrift, auf den der Evangelist hinzielt: Jesus ist tatsächlich »ein König«, wie er im letzten Gespräch mit Pilatus gesagt hat.

Wer war Simon von Kyrene (Cyrene, Zyrene)? Der von Johannes nicht genannte Mann war vermutlich wie viele andere aus der großen jüdischen Kolonie der bedeutenden griechischen Stadt im heutigen Libyen nach Jerusalem umgesiedelt. Hier gab es eine eigene Synagoge der Kyrenier. Die Evangelisten lassen ihn wie zufällig auf den Hinrichtungszug treffen, er wird dem römischen Besatzungsrecht gemäß ge-

Das Kreuz als Siegeszeichen

»Passionssarkophage« wie der um 340
entstandene Säulensarkophag im Vatikan
zeigen, dass damals eine Bilderfolge mit
Szenen der Leidensgeschichte Christi im
Entstehen war. Rechts ist Jesus vor Pilatus
dargestellt, links die Dornenkrönung und
Kreuztragung. In der Mitte erscheint das
vom Christogramm bekrönte Kreuz, umgeben von einem gemmenbesetzten
Kranz, den ein Adler im Schnabel hält.
Das aus den griechischen Anfangsbuchstaben des Namens Christi kombinierte
Monogramm nahm im »Labarum« Konstantins des Großen, seinem christiani-
sierten Feldzeichen, eine zentrale Stelle
ein und wurde zusammen mit dem Kreuz
von der imperialen Bildpropaganda im
ganzen Reich verbreitet. Adler und Kranz,
Sonne und Mond waren traditionelle
Motive der Triumphikonographie. Selbst
die beiden Soldaten unter dem Kreuz
erinnern an die Ehrengarde zuseiten eines
kaiserlichen Feldzeichens oder auch an
die gefesselten Barbaren, die zu Füßen
eines römischen Siegesmals hocken.

zwungen, dem wohl stark geschwäch-
ten Jesus beizustehen. Diese Szene, die
einen realen Ursprung haben kann,
wird vielleicht deshalb so ausdrücklich
vorgestellt, weil man die aus der Diaspora stammenden frühen Judenchristen an wichtiger Stelle in die christliche Urbotschaft einbeziehen wollte.
Möglicherweise gehörte Simon später
der Jerusalemer Urgemeinde an, wie
einige Fachleute meinen. Dazu passt,
dass Markus die interessanterweise
nichtjüdischen Namen der Söhne des
Simon so nennt, als seien die beiden
den Lesern und Zuhörern bekannt;
zumindest sie dürften der Jerusalemer
Urgemeinde angehört haben.

Die christliche Tradition sieht in
Simon das Urbild der Christus- und
Kreuzesnachfolge. Das scheint schon
Lukas in seinem Passionsbericht
(23,26 ff.) anzudeuten:

»Ihm luden sie das Kreuz auf, damit er
es hinter Jesus hertrage.«

Nicht zu übersehen ist der Bezug
zu dem in der Geschichte christlicher
Frömmigkeit wichtigen Ausspruch Jesu:

»Wer mein Jünger sein will, der ver-
leugne sich selbst, nehme täglich sein
Kreuz auf sich und folge mir nach.«
(Lukas 9,23 ff.; vgl. Markus 8,34 ff. und
Matthäus 16,24 ff.)

Eine eigenartige Deutung des Simon
von Kyrene, die typisch ist für die beim
»Judasevangelium« erläuterte gnostische Denkungsart, beleuchtet recht gut
die interessante religiöse Diskussions-
szene des frühen 2. Jahrhunderts. Das
ist die Zeit – nur ein Jahrhundert nach
dem Tod Jesu, kurz nach dem »Erscheinen« des Johannesevangeliums –, in
der sich die gnostischen Bewegungen
»evangelisch« drapieren und vor allem
die östliche Christenheit beeinflussen.

Kreuzigung

Sie bewirke ein allmähliches Absterben aller Glieder und ein tropfenartiges Verlöschen des Lebens, schrieb Seneca an Lucilius, nachdem er eine Kreuzigung mit angesehen hatte. Während zum Tod verurteilte römische Bürger enthauptet wurden, verhängte man die so schändliche »Crucifixio« (Fixierung am Kreuz) über Sklaven und Delinquenten ohne Bürgerrecht. Nach der Geißelung und anderen Foltern mussten die Verurteilten den Kreuzbalken zum Richtplatz schleppen. Waren es mehrere, wurden sie aneinandergekettet. Eine Tafel an dem Querbalken zeigte das todeswürdige Vergehen an.

Am Richtplatz wurden die Opfer entkleidet und erhielten mit Drogen vermischten Wein. Man heftete sie mit den Handgelenken an den Querbalken, der dann an einem Baum, einem Gerüst oder einem Pfahl hochgezogen wurde. Jetzt wurden auch die Füße angenagelt oder festgebunden. Ein den Körper stützendes Tritt- oder Sitzbrett verhinderte allzu schnelles Ersticken.

Unter qualvollen Krämpfen trat meist noch am selben Tag der Tod durch Ersticken oder Kreislaufversagen ein; bei kräftiger Konstitution konnte sich das Sterben auch tagelang hinziehen. Der Leichnam blieb in der Regel bis zur völligen Verwesung am Kreuz hängen, doch nahmen die Römer Rücksicht auf religiöse Bräuche. So war es in Judäa erlaubt, ihn nach einer bestimmten Frist abzunehmen und zu bestatten. 1968 fand man in einem Grab bei Jerusalem den von einem Nagel durchbohrten Fersenknochen eines Gekreuzigten (oben).

Wie etwa Irenäus von Lyon (115–202) berichtet, behauptete der um 130 in Alexandrien lehrende Basilides, Simon sei anstelle Jesu gekreuzigt worden.

»Dieser wurde irrtümlich und unwissentlich gekreuzigt, nachdem er von ihm verwandelt war, sodass er für Jesus gehalten wurde. Jesus aber nahm die Gestalt des Simon an und lachte sie aus, indem er dabeistand. Er war ja die unkörperliche Kraft und der Nous (Geist) des ungezeugten Vaters; deswegen konnte er sich nach Belieben verwandeln und stieg so wieder zu dem hinauf, der ihn gesandt hatte, indem er derer spottete, die ihn nicht halten konnten, und unsichtbar für alle war.«

Lukas berichtet als Einziger der kanonischen Evangelisten von einer Begegnung Jesu mit »Frauen, die um ihn klagten und weinten«. Seinen gewaltsamen Tod in die Perspektive des Untergangs Jerusalems stellend, sagt Jesus hier ein letztes Mal die kommenden Zerstörungen und Verwüstungen voraus:

»Ihr Frauen von Jerusalem, weint nicht über mich; weint über euch und eure Kinder!«

Zur Warnung und Abschreckung wurden Kriminelle und Aufrührer nahe bei der Stadt und auch nahe bei viel begangenen Wegen gekreuzigt. Es war üblich, sie zu verspotten und sich so von ihnen zu distanzieren, selbst dann, wenn man sie für unschuldig hielt. Ging es um Aufrührer, beobachteten römische Agenten misstrauisch das Verhalten der »Besucher« und all derer, die vielleicht zufällig vorbeikamen.

Die beiden Verbrecher

Markus und Matthäus zufolge wird Jesus von beiden Verbrechern, die mit ihm hingerichtet wurden, beschimpft; nicht so bei Lukas:

»Einer der Verbrecher, die neben ihm hingen, verhöhnte ihn: Bist du denn nicht der Messias? Dann hilf dir selbst und auch uns! Der andere aber wies ihn zurecht und sagte: Nicht einmal du fürchtest Gott? Dich hat doch das glei-

che Urteil getroffen. Uns geschieht recht, wir erhalten den Lohn für unsere Taten; dieser aber hat nichts Unrechtes getan.

Dann sagte er: Jesus, denk an mich, wenn du in dein Reich kommst. Jesus antwortete ihm: Amen, ich sage dir: Heute noch wirst du mit mir im Paradies sein.«

Dem Evangelisten sind bei dieser Szene hauptsächlich drei Motive wichtig. Das erste betrifft den Messias als »Wundermann«. Leser und Zuhörer werden immer wieder gefragt haben, warum der Jesus-Messias denn nicht tatsächlich in seiner göttlichen Kraft gegen den an ihm verübten Justizmord vorgegangen, warum er widerstandslos gestorben sei. Warum muss der Sohn Gottes sterben, warum muss er den zutiefst erniedrigenden Kreuzestod erleiden? Das zu begreifen und zu akzeptieren, war kein theoretisches, sondern

Der gekreuzigte Himmelskönig

Anders als im Mittelalter war die Darstellung des gekreuzigten Christus in frühchristlicher Zeit kein Hauptthema der Kunst. Das lag wohl weniger an der Scheu, Sterben und Tod eines Gottessohnes abzubilden, denn Derartiges war aus antiken Mythen und Bildwerken wohlbekannt. Vielmehr dürfte es die Art des Sterbens gewesen sein, welche die frühen Christen zögern ließ: der schmachvolle Tod am Kreuz. Das änderte sich erst, als Kaiser Konstantin diese Hinrichtungsart verboten hatte und das Kreuz zum kaiserlichen Siegeszeichen geworden war. Um die Wende vom 4. zum 5. Jahrhundert scheint es in Wandbildern von Kirchen die ersten Darstellungen der Kreuzigung gegeben zu haben. Keines dieser Bilder hat sich erhalten, doch entsprechende Bildunterschriften sind überliefert.

Die älteste bekannte Darstellung eines monumentalen Kruzifixus ist ein Fresko in Santa Maria Antiqua am Forum Romanum (um 700). Der Gekreuzigte trägt eine knöchellange, ärmellose Tunika, das purpurne Kolobion mit goldenen Besatzstreifen. Dieses kostbare Kleidungsstück gehörte exklusiv zum Kaiserornat jener Zeit. Unter dem Kreuz stehen Maria und Johannes sowie Longinus, der seine Lanze in die Brust Christi stößt, und Stephaton, der ihm den Essigschwamm reicht.

Das Kreuz als Lebensbaum
Die karolingische Elfenbeintafel vom Perikopenbuch Heinrichs II. (links) macht das Kreuz zur Mitte einer so figuren- wie inhaltsreichen Komposition. Astansätze kennzeichnen es als Lebensbaum. An seinem Fuß windet sich der besiegte Tod in Gestalt einer Schlange. Christi Haupt ist im Sterben auf die Schulter gesunken. Longinus stößt die Lanze in seine Brust, und »Ecclesia« (Kirche) mit Kreuzstab und Siegesfahne fängt in ihrem Kelch das herausströmende Blut auf. Ganz rechts entreißt Ecclesia der Personifikation Jerusalems den Erdkreis. Unten nähern sich die drei Marien dem leeren Grab, stehen Tote aus ihren Gräbern auf und lagern die Gestalten von Erde und Meer. Lebensbaum ist das Kreuz auch auf dem Marmorrelief der Kreuzabnahme, das Benedetto Antelami 1178 für den Dom von Parma schuf (rechts). Während die Bergung des Leichnams vor sich geht, würfeln die Henkersknechte mit gezückten Messern um Jesu Kleider. Ein Engel stößt der »Synagoge« die Mütze vom Kopf.

ein hartes Existenzproblem derer, die ihren Lebenssinn und ihren Lebenswert bedingungslos an diesem Jesus Christus festmachten. Die Antwort musste immer darauf verweisen, dass Jesus seinen Opfertod zum Heil aller Menschen auf sich genommen habe; so hätten es auch die heiligen Schriften der Juden gesagt. Man erinnere sich an die von Matthäus (26,53 f.) formulierte Erklärung Jesu bei seiner Verhaftung, wenn er den Vater darum bäte, schickte ihm dieser »sogleich mehr als zwölf Legionen Engel« zu Hilfe.

»Wie würde dann aber die Schrift erfüllt, nach der es so geschehen muss?«

Anscheinend ließen sich die frühen Christinnen und Christen vom überragenden göttlichen Tiefen-Sinn der Heiligen Schriften am ehesten überzeugen.

Die Reue des einen der beiden Verbrecher und sein vertrauensvoller Glaube an den neben ihm sterbenden und in »sein Reich« gehenden Jesus-Messias bilden das zweite Motiv des Evangelisten. Sie erbringen für die Leser und Zuhörer einen ergreifenden

»Beweis« für die Wahrheit der Heiligen Schriften: Mitten im erbärmlichen Sterben erweist Jesus seine göttliche Hoheit durch ein souveränes Erbarmen für den seine Schuld bekennenden Mann.

Im Hinweis auf das Paradies besteht das dritte Motiv: Jesus der »Todesüberwinder« (Friedrich Gottlieb Klopstock) bleibt nicht im Tod.

Was Lukas von dem »guten Schächer« hier erzählt, zeitigte in der christlichen Tradition schon sehr früh enorme Wirkung. Deshalb sei an dieser Stelle noch einmal auf zwei apokryphe Schriften verwiesen. Das im 4. oder 5. Jahrhundert ursprünglich syrisch verfasste, aber in arabischer Sprache überlieferte sogenannte »Arabische Kindheitsevangelium« schildert den Fluchtaufenthalt in Ägypten, dabei erfährt man: Josef, Maria und Jesus werden von den beiden Räubern Titus und Dumachus überfallen. Titus setzt sich gegen den Widerstand seines Komplizen erfolgreich für die Heilige Familie ein. Maria sagt daraufhin zu ihm:

»Gott, der Herr, wird dich mit seiner Rechten stützen und dir Sündenvergebung schenken.«

Da wendet sich das kleine Kind Jesus an seine Mutter:

»In dreißig Jahren, Mutter, werden mich die Juden in Jerusalem kreuzigen, und jene zwei Räuber werden mit mir ans Kreuz geschlagen werden, Titus zu meiner Rechten, Dumachus zu meiner Linken, und nach jenem Tag wird Titus mir ins Paradies vorangehen.«

In den wohl vor dem 4. Jahrhundert verfassten und als Teil des »Nikodemusevangeliums« überlieferten »Pilatusakten«, welche die biblischen Berichte über den Prozess Jesu fantasievoll paraphrasieren, haben die beiden Leidensgenossen Jesu andere Namen. Pilatus sagt da zu Jesus:

»Daher habe ich entschieden, dass du entsprechend der Satzung unseres frommen Kaisers zuerst gegeißelt und danach am Kreuze aufgehängt werdest in dem Garten, wo du gefasst wurdest. Und Dysmas und Gestas, die beiden Missetäter, sollen mit dir gekreuzigt werden.«

Es ist dann Dysmas, der Reue und Glauben bekundet. Man gedenkt seiner als Heiligen in der Ostkirche am 23., in der katholischen Westkirche am 25. März.

Jesus stirbt

Nach neueren Untersuchungen aller Indizien wurde Jesus kurz vor dem Pessachfest, wahrscheinlich an einem Freitag im April des Jahres 30 gekreuzigt, zur »dritten Stunde«, also um etwa 9 Uhr, wie Markus angibt. Drei Stunden später habe das Sterben endgültig begonnen, um 15 Uhr sei der Tod eingetreten, so Lukas. Markus (15,33 ff.) schreibt:

»Als die sechste Stunde kam, brach über das ganze Land eine Finsternis herein. Sie dauerte bis zur neunten Stunde. Und in der neunten Stunde rief Jesus mit lauter Stimme: Eloï, Eloï, lema sabachtani?, das heißt übersetzt: Mein Gott, mein Gott, warum hast du mich verlassen? Einige von denen, die dabeistanden und es hörten, sagten: Hört, er ruft nach Elija!

Einer lief hin, tauchte einen Schwamm in Essig, steckte ihn auf einen Stock und

245

gab Jesus zu trinken. Dabei sagte er: Lass uns doch sehen, ob Elija kommt und ihn herabnimmt. Jesus aber schrie laut auf. Dann hauchte er den Geist aus. Da riss der Vorhang im Tempel von oben bis unten entzwei.«

Ähnlich formuliert Matthäus (27,45 ff.) seinen Bericht über das Sterben Jesu. Allerdings weitet er das gewaltige Zeichen des zerrissenen Tempelvorhangs geradezu kosmisch aus:

»Da riss der Vorhang im Tempel von oben bis unten entzwei. Die Erde bebte, und die Felsen spalteten sich. Die Gräber öffneten sich, und die Leiber vieler Heiligen, die entschlafen waren, wurden auferweckt. Nach der Auferstehung Jesu verließen sie ihre Gräber, kamen in die Heilige Stadt und erschienen vielen.«

Lukas (23,44 ff.) dagegen verzichtet auf den Ruf Jesu nach Gott und schreibt in knappen Sätzen:

»Es war etwa um die sechste Stunde, als eine Finsternis über das ganze Land hereinbrach. Sie dauerte bis zur neunten Stunde. Die Sonne verdunkelte sich. Der Vorhang im Tempel riss mitten entzwei, und Jesus rief laut: Vater, in deine Hände lege ich meinen Geist. Nach diesen Worten hauchte er den Geist aus.«

Welches die letzten Worte Jesu wirklich waren, lässt sich aus den Texten nicht sicher erschließen. Die von den Evangelisten zitierten mögen auf die ihnen zugeleitete mündliche Tradition zurückgehen. Deutlich ist, dass sie nachdrücklich bekunden, Jesus sei nicht in resignierender Verzweiflung, sondern im Vertrauen auf Gott gestorben. Er habe seine Überzeugungen nicht verloren, sondern habe sie bis in den Tod hinein behauptet.

So dürfte der von Markus und Matthäus überlieferte Gottesruf, anders als man zunächst vermutet, nicht Verzweiflung anzeigen. Er entspricht vielmehr dem für die Deutung des Todes Jesu überhaupt bedeutungsvollen Psalm 22; in ihm findet ein Mensch aus der Erfahrung schrecklicher Verlassenheit heraus betend die Heilshoffnung wieder.

Einige Verse dieses Psalms sollen das verdeutlichen:

»Mein Gott, mein Gott, warum hast du mich verlassen, bist fern meinem Schreien, den Worten meiner Klage? ... Aber du bist heilig, du thronst über dem Lobpreis Israels. Dir haben unsere Väter vertraut, sie haben vertraut, und du hast sie gerettet ... Ich aber bin ein Wurm und kein Mensch, der Leute Spott, vom Volk verachtet. Alle, die mich sehen, verlachen mich, verziehen die Lippen, schütteln den Kopf ... Meine Kehle ist trocken wie eine Scherbe, die Zunge klebt mir am Gaumen, du legst mich in den Staub des Todes ... Man kann all meine Knochen zählen; sie gaffen und weiden sich an mir. Sie verteilen unter sich meine Kleider und werfen das Los um mein Gewand. Du aber, Herr, halte dich nicht fern! Du, meine Stärke, eil mir zu Hilfe!«

Dass einige Zuschauer bei der Kreuzigung den »Eloï«-Ruf als Ruf nach dem beliebten Propheten Elija missverstehen und Jesus erst recht verspotten, wertet Markus als schrecklichen Hohn unmittelbar vor dem Todesschrei Jesu.

Lukas verzichtet darauf, den Ruf nach Gott und die Verspottung Jesu von Markus zu übernehmen. Bei ihm spricht der sterbende Jesus einen Vers aus dem Psalm 31:

»In deine Hände lege ich voll Vertrauen meinen Geist; du hast mich erlöst, Herr, du treuer Gott.«

Die besonders von Matthäus geschilderten dramatischen Ereignisse, die Sonnenfinsternis, die Auferstehung der Toten und die Zerstörung des Vorhangs vor dem Allerheiligsten des Tempels bedürfen keiner realen Basis, sie sollen den Tod Jesu in einen gewaltigen Bedeutungshorizont stellen: Eine neue Epoche ist unwiderruflich angebrochen, nämlich die von Jesus angekündigte Gottesherrschaft. Das Allerheiligste des Tempels, welches allein der Hohepriester ein einziges Mal im Jahr betreten durfte, verliert seine Hoheit und Macht. Der Vorhang zerreißt, das Haus Gottes öffnet sich und bietet sich

Das neue Grab im Garten

Alle vier Evangelien berichten von der Grablegung Jesu. Wir erfahren, dass als Begräbnisplatz ein neues Felsengrab diente, das Josef von Arimathäa für sich selbst in einem Garten anlegen ließ. Matthäus (27,60) und Markus (15,46) erwähnen eigens, vor den Grabeingang sei ein Stein »gewälzt« worden.

Antike Felsengräber, die mit einem Rollstein verschlossen wurden, finden sich häufig im Umkreis von Jerusalem und auch sonst in Palästina (links ein Rollsteingrab im Tal von Bet Schemesch). In den Grabhöhlen sind Bänke oder Schiebestollen für die Bestattungen aus dem Fels gehauen.

Die Kammer im Heiligen Grab weist eine Steinbank auf. Ansonsten wurde es im Laufe der Zeit so stark umgestaltet, dass sich der ursprüngliche Zustand kaum noch rekonstruieren lässt. Im Umkreis befinden sich weitere Felsengräber. Eines mit Schiebestollen im syrischen Teil der Grabeskirche gilt traditionell als »Grab des Josef von Arimathäa« (unten links). Im 19. Jahrhundert suchte man das Grab Jesu in einem Garten nördlich vom Damaskustor. Der als »Gartengrab« bekannte Ort (unten) kann wohl nicht als historisch gelten, doch vermittelt er eine Vorstellung davon, wie die Umgebung des Heiligen Grabes aussah, als es noch außerhalb der Stadtmauer lag und noch kein Wallfahrtsort war.

Die Grabeskirche

Das Grab Jesu genoss offenbar schon sehr früh hohe Verehrung, aber die Tradition brach ab, als Jerusalem binnen weniger Jahrzehnte zum zweiten Mal von einem Strafgericht heimgesucht wurde. Nach der Niederschlagung des Bar-Kochba-Aufstandes verfügte Kaiser Hadrian, alle Juden auszuweisen und die zerstörte Stadt neu zu gründen. Auf dem Tempelberg ließ er einen Zeustempel errichten, über dem Grab Jesu und dem Golgotafelsen die Terrasse eines Tempels der Aphrodite. Dass diese Stätten in die Erinnerung zurückgerufen wurden, ist Helena, der Mutter Konstantins des Großen, zu verdanken. Konstantin ließ den heidnischen Tempel niederlegen, und Helena veranlasste Grabungen, bei denen sie, so will es die Legende, das Grab Jesu und das »wahre« Kreuz fand.

Ein großartiges Bauwerk sollte nach dem Willen des Kaisers den Ort auszeichnen. Über dem Heiligen Grab wurde die Kuppelrotunde der »Anastasis« errichtet. Davor erstreckte sich der Hof mit dem Golgotafelsen. Nach Osten schloss sich das »Martyrion« an, eine fünfschiffige Basilika mit Atrium. Von der Anastasis-Rotunde sind bedeutende Baureste in der Grabeskirche erhalten, die ihr angefügte Basilika stammt aus der Kreuzfahrerzeit (rechts). Eine Marmorplatte im Querhaus verehrt man als jenen Stein, auf dem Jesus zur Salbung niedergelegt wurde (unten). Rechts davon führen Treppen zur Golgotakapelle, deren Untergeschoss die Adamskapelle birgt (unten rechts). Durch eine Öffnung in der Apsis ist der Golgotafelsen sichtbar.

allen Menschen an. Was da auf der »kosmischen Bühne« geschieht, ist dramatisch und drastisch, eindrucksvoll und gewaltig in der Vorstellung der Leser und Zuhörer der Evangelisten.

Auf die naheliegende Frage, wie denn die Leute beim Kreuz auf die Ereignisse reagierten, gaben die synoptischen Evangelisten zur Antwort, sogar der verantwortliche römische Hauptmann sei dadurch zur Anerkennung Jesu genötigt worden:

»Als der Hauptmann und die Männer, die mit ihm zusammen Jesus bewachten, das Erdbeben bemerkten und sahen, was geschah, erschraken sie sehr und sagten: Wahrhaftig, das war Gottes Sohn!«

So lautet die Fassung des Matthäus (27,54), der ältere Text des Markus, der ja nur das Zerreißen des Vorhangs erwähnt, fällt sehr viel kürzer aus (15,39):

»Als der Hauptmann, der Jesus gegenüberstand, ihn auf diese Weise sterben sah, sagte er: Wahrhaftig, dieser Mensch war Gottes Sohn.«

Die von beiden Evangelisten beabsichtigte Aussage richtet sich in der Tat deutlich auf das Jesus-Verständnis ihrer Leser und Zuhörer: Das Sterben Jesu ist nicht das schäbige Ende eines gescheiterten Visionärs, keine hoffnungslose Katastrophe – sogar der römische Hauptmann kann nicht anders als erkennen und bekennen: Gottes Sohn!

Ähnlich, aber etwas zurückhaltender äußert sich Lukas (23,47 f), der sich mit seinem Evangelium an gebildete Heiden und Heidenchristen wendet, die er auf die ihnen angemessene subtile Weise an die Erkenntnis des »Gottessohnes« heranführen will:

»Als der Hauptmann sah, was geschehen war, pries er Gott und sagte: Das war wirklich ein gerechter Mensch. Und alle, die zu diesem Schauspiel herbeigeströmt waren und sahen, was sich ereignet hatte, schlugen sich an die Brust und gingen betroffen weg.«

Zwar deutet der Lobpreis Gottes auf die wahre Bedeutung Jesu hin, doch lässt Lukas den Hauptmann und alle beim Kreuz Stehenden tief erschüttert erkennen, dieser sei ein »gerechter Mensch« gewesen, man habe ihn zu Unrecht hingerichtet. Diese Erschütterung soll, so die Absicht des Lukas, auch seine Leser und Zuhörer erfassen. Der »gerechte Mensch« – das große Vorbild: Das verstehen griechisch-römisch gebildete Menschen sehr gut.

Der Johannes-Evangelist (19,28 ff.), der im Jesus-Messias das schon vor aller Zeit in Gott existente »wahre Licht« erkennt, lässt ihn ohne jeden Schmerzensruf sterben, nämlich im fast ruhigen Bewusstsein, das notwendige Werk »vollbracht« zu haben. Selbst den Essigtrank scheint er nur noch deshalb zu verlangen, weil »die Schrift« bis zum letzten Buchstaben erfüllt werden muss (Psalm 69,22):

»Danach, als Jesus wusste, dass nun alles vollbracht war, sagte er, damit sich die Schrift erfüllte: Mich dürstet. Ein Gefäß mit Essig stand da. Sie steckten einen Schwamm mit Essig auf einen Ysopzweig und hielten ihn an seinen Mund. Als Jesus von dem Essig genommen hatte, sprach er: Es ist vollbracht! Und er neigte das Haupt und gab seinen Geist auf.«

In allen drei synoptischen Passionsberichten wird kein einziger Jünger Jesu namentlich genannt, der dem Gekreuzigten solidarisch beigestanden hätte. Seit der Gefangennahme Jesu im Garten Getsemani hatten sie ihn verlassen und wagten sich nicht aus ihren Verstecken hervor. Lediglich Lukas spricht etwas vage von »allen seinen Bekannten« (23,49) und den Frauen, die sich beim Kreuz aufhielten. Matthäus, der hierbei Markus (15,40) deutlicher als Lukas folgt, betont ziemlich nachdrücklich:

»Auch viele Frauen waren dort und sahen von Weitem zu; sie waren Jesus seit der Zeit in Galiläa nachgefolgt und hatten ihm gedient.«

Beide nennen einige der Frauen namentlich, Johannes lässt auch Maria, die Mutter Jesu, unter dem Kreuz Jesu stehen, überdies den »Jünger, den er liebte« und dem er nun seine Mutter anvertraut.

Kreuzabnahme – Grablegung

Nur der Johannes-Evangelist berichtet ausführlich darüber (19,31 ff.), dass »die Juden« bei Pilatus beantragten, man möge den Leichnam Jesu doch noch vor Beginn des »großen Feiertags« vom Kreuz entfernen:

»Weil Rüsttag war und die Körper während des Sabbats nicht am Kreuz bleiben sollten, baten die Juden Pilatus, man möge den Gekreuzigten die Beine zerschlagen und ihre Leichen dann abnehmen.«

Wenn der Gekreuzigte noch lebte, zerschlug man die Beine, um den Körper absacken zu lassen und so den Tod durch Ersticken zu beschleunigen. Mit den beiden Leidensgenossen Jesu verfuhr man so, er aber sei bereits tot gewesen. Um das nachzuweisen, habe ihm ein Soldat »mit der Lanze in die Seite« gestochen und sogleich seien »Blut und Wasser« herausgeflossen.

Dass ein gewisser Josef aus Arimathäa von Pilatus die Erlaubnis erhielt, den Leichnam Jesu vom Kreuz abzunehmen und zu bestatten, berichten alle vier Evangelisten (Markus 15,42 ff.; Matthäus 27,57 ff.; Lukas 23,50 ff.; Johannes 19,36 ff.). Markus sagt, Josef sei »ein vornehmer Ratsherr, der auch auf das Reich Gottes wartete« gewesen, Matthäus bemerkt: »Auch er war ein Jünger Jesu.« Lukas weiß, Josef sei Mitglied des Hohen Rates gewesen.

»Er wartete auf das Reich Gottes und hatte dem, was die anderen beschlossen und taten, nicht zugestimmt, weil er gut und gerecht war.«

Der Johannes-Evangelist wiederum fasst knapp zusammen:

»Josef von Arimathäa war ein Jünger Jesu, aber aus Furcht vor den Juden nur heimlich.«

Offensichtlich liegt den Evangelisten daran, an dieser Stelle gewissermaßen nachzutragen, dass nicht alle »Juden« die Hinrichtung Jesu herbeigeschrien hatten, dass es sogar im Hohen Rat wenigstens diesen einen Gerechten gab.

Nur Johannes kennt auch einen Jesus nahen Pharisäer namens Nikodemus, der »ein führender Mann unter den Juden« war und Jesus einst aufgesucht hatte, um von diesem Rabbi, »der von Gott gekommen ist«, zu lernen (Johannes 3,1 ff.). Auch Nikodemus findet sich ein, um bei der würdigen Bestattung Jesu mitzuwirken. Johannes teilt mit, Josef sei gekommen, nachdem er die Genehmigung erhalten hatte, und habe den Leichnam abgenommen.

»Es kam auch Nikodemus, der früher einmal Jesus bei Nacht aufgesucht hatte. Er brachte eine Mischung aus Myrrhe und Aloe, etwa hundert Pfund. Sie nahmen den Leichnam Jesu und umwickelten ihn mit Leinenbinden, zusammen mit den wohlriechenden Salben, wie es beim jüdischen Begräbnis Sitte ist. An dem Ort, wo man ihn gekreuzigt hatte, war ein Garten, und in dem Garten war ein neues Grab, in dem noch niemand bestattet worden war. Wegen des Rüsttages der Juden und weil das Grab in der Nähe lag, setzten sie Jesus bei.«

Matthäus schreibt noch zusätzlich, dass Josef das neue Grab »für sich selbst in einen Felsen hatte hauen lassen«, und bemerkt abschließend:

»Er wälzte einen großen Stein vor den Eingang des Grabes und ging weg. Auch Maria aus Magdala und die andere Maria waren dort; sie saßen dem Grab gegenüber.«

Um Leser und Zuhörer schon auf die Osterüberraschung der beiden Frauen einzustimmen, fügt Markus hinzu:

Das Heilige Grab
Das Gehäuse des Heiligen Grabes in der Anastasis-Rotunde (rechts) erhielt seine heutige Gestalt nach einem Brand im Jahre 1808. Zur Zeit Konstantins wurde die ins Gestein eingetiefte Grabkammer ringsum aus dem Fels herausgearbeitet und in ein freistehendes Gebäude verwandelt. Sein Aussehen überliefern Darstellungen auf Ölampullen, beliebten Devotionalien, sowie steinerne Modelle (links). Auch am Golgotafelsen wurde Gestein entfernt. Frühe Pilgerberichte sprechen vom »monticulus Golgothae«, einem Hügelchen, zu dem man im inneren Atrium hinaufstieg. Jetzt birgt ihn eine Kapelle am südlichen Querhausarm der romanischen Basilika. Der etwa 5,5 Meter hohe Fels gilt heute als archäologisch gesicherter Ort der Kreuzigung. Ob das von Josef von Arimathäa zur Verfügung gestellte Grab so nahe dabei lag wie die verehrte Grabstätte, steht dahin.

»Maria aus Magdala aber und Maria, die Mutter des Joses, beobachteten, wohin der Leichnam gelegt wurde.«

Lukas verfährt ähnlich, wenn er zwar die seinen Lesern ohnehin nicht vertrauten Namen der Frauen weglässt, aber etwas ausführlicher sagt:

»Die Frauen, die mit Jesus aus Galiläa gekommen waren, gaben ihm das Geleit und sahen zu, wie der Leichnam in das Grab gelegt wurde. Dann kehrten sie heim und bereiteten wohlriechende Öle und Salben zu. Am Sabbat aber hielten sie die vom Gesetz vorgeschriebene Ruhe ein.«

Sie ahnten nicht, dass sie die Öle und Salben am ersten Tag der Woche nicht mehr gebrauchen würden.

Wie kann man sich das Grab Jesu vorstellen? Antike Felsengräber mit ihren gewöhnlich drei oder mehr Grabstätten blieben im Vorderen Orient in großer Zahl erhalten, zumal römische Felsnekropolen. Umstritten ist, ob schon zur Zeit Jesu in Judäa die Gräber mit schweren Rundsteinen (»Mühlsteinen«) verschlossen wurden, die sich von der Tür weg in eine seitliche Nische rollen oder »wälzen« ließen, wie Matthäus sich ausdrückt. Dennoch mag man sich das Grab Jesu so vorstellen.

Kreuzabnahme und Grablegung haben die spätere Frömmigkeitstradition und die von ihr geprägte Kunst sehr stark motiviert.

Schon immer musste auffallen, dass die Mutter Jesu in den Passionsberichten nicht vorkommt; einzig und allein Johannes erwähnt sie bei der Kreuzigung, und das fast wie zufällig. Schon im frühen Mittelalter, wenn nicht noch eher, konnte man sich nicht vorstellen, dass sie nicht beim Kreuz gestanden, nicht an der Kreuzabnahme und der Grablegung ihres Sohnes in tiefer Trauer teilgenommen habe. Während sich antike Schriften, vor allem die apokryphen, sehr für die Rolle Marias bei der »wunderbaren« Jesusgeburt interessierten, blühte erst im Hochmittelalter jene Marienfrömmigkeit auf, die sich

»Fiat misericordia tua, Domine, super nos, quemadmodum speravimus in te. In te, Domine, speravi: non confundar in aeternum.«
»Uns geschehe dein Erbarmen, so wie wir auf dich gehofft haben. Auf dich, Herr, habe ich gehofft: In Ewigkeit werde ich nicht zugrunde gehen.«

Schlussworte des »Te Deum laudamus«

insbesondere dem Schicksal der um ihren Sohn trauernden Mutter zuwendet. Da fügte man dem »Kreuzweg« die Begegnung Jesu mit seiner klagenden Mutter ein, da entstand auch das Bild Marias, die ihren toten Sohn im Schoß hält, das in so vielen Bildwerken gestaltete »Vesperbild«, die »Pietà«.

Im Osten wie im Westen zeigen Darstellungen der Kreuzabnahme neben dem Jünger Johannes (»den Jesus liebte«) stets auch Maria; dasselbe gilt für die Grablegung.

Wie intensiv diese »Ergänzung« der Evangelien wirkte, mag man an dem ungezählte Male vertonten Gesang »Stabat mater dolorosa« erkennen, der um 1300 entstand. Als möglicher Autor gilt der Franziskanermönch Jacopone da Todi, aber auch seinem Ordensbruder Bonaventura, dem berühmten Theologen, wird der ergreifende Text zugeschrieben:

*»Stabat mater dolorosa
iuxta crucem lacrimosa
dum pendebat filius,
cuius animam gementem,
contristatam et dolentem
pertransivit gladius.«*

*»Christi Mutter stand in Schmerzen
bei dem Kreuz und weint von Herzen,
als ihr lieber Sohn da hing.
Durch die Seele voller Trauer,
seufzend unter Todesschauer,
jetzt das Schwert des Leidens ging.«*

Josef von Arimathäa, von dem man ansonsten genauso wenig weiß wie

von Nikodemus, erhielt später eine die »Pilatusakten« fantasievoll ausmalende Nachgeschichte. Als man das Grab Jesu nach der Auferstehung leer vorfindet, so ist hier zu erfahren, wird er beschuldigt, die Leiche gestohlen zu haben, und eingesperrt. Im Kerker erscheint Jesus und überreicht ihm den Kelch, in dem Josef das Blut aus der Seitenwunde Jesu aufgefangen hatte. Er soll später in Gallien und England als Missionar gewirkt haben – und so sei der Kelch, der »Heilige Gral« nach Glastonbury in Somerset gelangt.

Auferstehung

»Denn vor allem habe ich euch überliefert, was auch ich empfangen habe: Christus ist für unsere Sünden gestorben, gemäß der Schrift, und ist begraben worden. Er ist am dritten Tag auferweckt worden, gemäß der Schrift, und erschien dem Kephas (Petrus), dann den Zwölf.«

Diese dicht formulierten Sätze des Paulus sind das älteste bekannte, zentrale Glaubensbekenntnis. Paulus muss es von der Jerusalemer Urgemeinde »empfangen« haben und hat es sicher allen seinen Gemeinden weitergegeben, nicht nur der Gemeinde von Korinth, die er in seinem ersten, um das Jahr 55 verfassten Brief (15,3 ff.) nachdrücklich daran erinnert.

Zwar stellen uns viele Kunstwerke fantasievoll und majestätisch den aus dem Grab aufsteigenden Jesus Christus vor. Über die Barockzeit hinaus erfreute

Die heilige Stadt

Auf der Landkarte von Madaba (rechts ein Ausschnitt des Mosaiks aus dem 6. Jahrhundert) ist die Grabeskirche der Mittelpunkt von Jerusalem. Ihre Kuppel ist nach unten gerichtet, die Giebelfront zu der Kolonnadenstraße, die vom Forum und seinem Säulenmonument ausgeht. Das Apsismosaik von Santa Pudenziana in Rom (oben) zeigt im Hintergrund das christliche »neue Jerusalem«, wie es um 400 Gestalt angenommen hatte. Auf erhöhtem Thron sitzt Christus im kaiserlichen Gewand als Lehrer der Wahrheit inmitten der Apostel. Hinter ihm ragt der Golgotafelsen auf und darüber die »Crux gemmata«, ein in Gold und Edelsteinen erstrahlendes riesiges Kreuz, von dem Pilgerberichte vermelden. Links steht die konstantinische Anastasis, der polygonale Bau rechts könnte die Himmelfahrtskirche auf dem Ölberg sein. Die Arkadenreihe gibt vielleicht das ovale Forum wieder, das die Mosaikkarte am Ende der Säulenstraße zeigt. Am Himmel leuchtet die Morgenröte eines neuen Äons. Fabelwesen gleich schweben die Evangelistensymbole um das Siegeszeichen des Kreuzes.

253

man die Menschen mit szenischen Darbietungen der Auferstehung im heiligen »Osterspektakel«, dem der »Risus paschalis«, das »Osterlachen«, folgte.

Die neutestamentlichen Zeugnisse bekunden dagegen die Auferstehung nur sehr knapp und lapidar, ohne irgendwelche Details zu schildern. Es geht ihnen nicht um ein Spektakel, sondern um die Überzeugung, dass Jesus nicht scheiterte, dass Gott ihn nicht im Tode lässt, und »uns alle« mit ihm. Das Jerusalemer Bekenntnis erinnert hierin an den Propheten Hosea (6,2):

»Kommt, wir kehren zum Herrn zurück. Denn er hat (Wunden) gerissen, er wird auch heilen; er hat verwundet, er wird auch verbinden. Nach zwei Tagen gibt er uns das Leben zurück, am dritten Tag richtet er uns wieder auf, und wir leben vor seinem Angesicht.«

Paulus, der antike jüdische Theologe und »nachgeborene Apostel«, insistiert genau auf diesem Verständnis der Auferstehung, in seinem Sinn: der Auferweckung des Christus durch Gott. Gott ist der Handelnde, er ist der, der Christus nicht spurlos verschwinden lässt, sondern mitsamt seiner menschenfreundlichen Gottesbotschaft im Leben hält. Deshalb nennt Paulus Zeugen, denen sich der lebende Christus, wie er Jesus nun nennt, gezeigt hat. Zuerst sei dieser Petrus erschienen, dann den Zwölf.

»Danach erschien er mehr als fünfhundert Brüdern zugleich; die meisten von ihnen sind noch am Leben, einige sind entschlafen. Danach erschien er dem Jakobus, dann allen Aposteln. Als Letztem von allen erschien er auch mir, dem Unerwarteten, der ›Missgeburt‹.«

Paulus braucht diese Zeugen, sich selbst als Bürge eingeschlossen, weil »einige von euch sagen: Eine Auferstehung der Toten gibt es nicht«. Den Zweiflern antwortet er mit einer eindringlichen Wenn-Dann-Logik, wobei er die geradezu lebensbedrohlichen Konsequenzen für den Fall vor Augen stellt, dass Jesus nicht auferweckt worden wäre.

Ostermorgen

Darstellungen der Auferstehung, die zeigen, wie Christus mit der Kreuzfahne aus dem Grab steigt, gibt es erst seit dem Hochmittelalter. Die frühchristliche Kunst kennt Bilder der Erscheinungen des Auferstandenen, ihr Zeichen für das Ostergeschehen ist das leere Grab, dem sich die Frauen mit ihren Salbentöpfen nähern. So halten es auch die berühmten Hildesheimer Bronzetüren, die laut Inschrift 1015 von Bischof Bernward in St. Michael aufgestellt, aber schon von seinem Nachfolger an den heutigen Platz im Dom überführt wurden. Das Thema ihrer Reliefs ist der Kern christlicher Heilsgeschichte. Der linke Flügel führt in acht Bildstreifen von der Erschaffung Adams bis zum Brudermord vor Augen, wie die Sünde in die Welt gekommen ist, der rechte vergegenwärtigt die Erlösung. Auf vier Ereignisse der Kindheitsgeschichte Jesu folgen je zwei Szenen der Passion und österlicher Begebenheiten, als letzte das »Noli me tangere« (links). Die Worte (»Berühre mich nicht!«, Johannes 20,17), die Jesus zu Maria aus Magdala sagt, als sie am Ostermorgen in dem vermeintlichen Gärtner den »Rabbuni« erkennt, haben sich als Bezeichnung für diese Szene mit der Jesus zu Füßen sinkenden Frau eingebürgert. Spätere Künstler brachten darin subtile seelische Regungen zum Ausdruck. Der Meister ottonischer Zeit gestaltet sie mit lebhaftem Sinn für Dramatik, die in erregter Gebärdensprache sichtbar wird. Das vorangehende Bildfeld zeigt den Besuch der Frauen am Grab (rechts oben).

Ostern

Das Fest der Auferstehung Jesu von den Toten wird nach der Karwoche gefeiert, der Trauer- und Klagewoche, in der die Christenheit der Passion Jesu gedenkt. Da er der Überlieferung nach an einem Freitag gekreuzigt und begraben wurde und am dritten Tag danach auferstand, begingen schon die frühesten Christen den Sonntag als den Tag der Auferstehung Jesu. Heidnische Sonnensymbolik wurde dabei auf ihn übertragen. Sehr früh muss es auch ein eigenes Auferstehungsfest gegeben haben. Mit Bezug zum jüdischen Pessachfest feierte man die von Gott »schon immer« gewollte Vollendung der Rettung Israels, gültig für alle Menschen, die sich glaubend an Jesus anschließen. Vorchristliche Frühlingsfeste, die immer das Geheimnis von »Stirb und werde« betrafen, sollten ersetzt werden. Das in der alten Kirche heiß umstrittene Osterdatum wurde auf den ersten Frühlingsvollmond festgelegt, zwischen 22. März und 25. April. In der Nacht vom Samstag auf Sonntag gedenkt man in großer Eucharistiegemeinschaft des Aufstiegs Jesu aus dem Grab im Sinnbild des »sieghaften« Aufsteigens der Sonne. Man entzündet das Osterfeuer und daran die Osterkerze, die als Christus-Symbol feierlich in die Kirche getragen und dort aufgestellt wird. Gemäß der Deutung der Taufe als Sterben und Auferstehen in ein neues Leben mit Christus wird in der Osternacht seit alters getauft. Während viele Sprachen das jüdische »Pessach« oder »Pasqua« aufgreifen, bedeuten das deutsche »Ostern« und das englische »Easter« wohl »Morgenröte«.

»Wenn es keine Auferstehung der Toten gibt, ist auch Christus nicht auferweckt worden. Ist aber Christus nicht auferweckt worden, dann ist unsere Verkündigung leer und euer Glaube sinnlos. Wir werden dann auch als falsche Zeugen Gottes entlarvt, weil wir im Widerspruch zu Gott das Zeugnis abgelegt haben: Er hat Christus auferweckt. Er hat ihn eben nicht auferweckt, wenn Tote nicht auferweckt werden. Denn wenn Tote nicht auferweckt werden, ist auch Christus nicht auferweckt worden. Wenn aber Christus nicht auferweckt worden ist, dann ist euer Glaube nutzlos, und ihr seid immer noch in euren Sünden; und auch die in Christus Entschlafenen sind dann verloren. Wenn wir unsere Hoffnung nur in diesem Leben auf Christus gesetzt haben, sind wir erbärmlicher daran, als alle anderen Menschen.

Nun aber ist *Christus von den Toten auferweckt worden als der Erste der Entschlafenen. Da nämlich durch* einen *Menschen der Tod gekommen ist, kommt durch* einen *Menschen auch die Auferstehung der Toten. Denn wie in* Adam *alle sterben, so werden in Christus alle lebendig gemacht werden.«*

»Nun aber« – eine von Paulus wahrscheinlich häufig gebrauchte, emphatische Redewendung: Nun aber ist Christus auferweckt worden, und zwar als der »Erste der Entschlafenen«. Dies ist der entscheidende Satz; denn so wie Christus wird Gott alle im Leben halten, die sich ihm anvertrauen.

Der berühmte Bischof Ambrosius von Mailand ist wohl nicht der Verfasser des nach ihm benannten Lob- und Bittgesangs. Doch entstand das von Martin Luther dem Glaubensbekenntnis zugeordnete »Te Deum laudamus« noch in der Spätantike. Seine Schlussworte drücken die Substanz der paulinischen Auferstehungslehre präzise aus:

»Auf dich, Herr, habe ich gehofft: In Ewigkeit werde ich nicht zugrunde gehen.«

Die Evangelisten, die nicht von Auferweckung, sondern von souveräner Auferstehung sprechen, erzählen, dass am dritten Tag nach der Kreuzigung das Grab leer aufgefunden und die Auferstehung Jesu verkündigt wurde.

Sehr kurz berichtet Markus (16,1 ff.): Am Tag nach dem Sabbat kaufen Maria aus Magdala, Maria, die Mutter des Jakobus, und Salome in aller Frühe »wohlriechende Öle, um damit zum Grabe zu gehen und Jesus zu salben«. Sorge bereitet ihnen der »sehr große« Verschlussstein. Doch der ist schon weggewälzt, als sie ankommen.

Im Grab treffen sie auf *»einen jungen Mann … der mit einem weißen Gewand bekleidet war; da erschraken sie sehr. Er aber sagte zu ihnen: Erschreckt nicht! Ihr sucht Jesus von Nazaret, den Gekreuzigten. Er ist auferstanden; er ist nicht hier. Seht, da ist die Stelle, wo man ihn hingelegt hatte. Nun aber geht und sagt seinen Jüngern, vor allem Petrus: Er geht euch voraus nach Galiläa; dort werdet ihr ihn sehen, wie er euch gesagt hat.«*

Dieser Bericht ist nicht spektakulär. Man hat fast den Eindruck, der »junge Mann« sitze nur dazu im Grab, etwaige Besucher über die Auferstehung Jesu zu informieren. Er bedeutet den Frauen in aller Kürze, ihre Öle und Salben würden nicht mehr gebraucht. Doch für den Auftrag sind sie gut, die Apostel zu verständigen, Petrus voran: Jesus wolle sich mit ihnen in Galiläa treffen, wie er ja schon vor seiner Verhaftung ange-

kündigt hatte (Markus 14,28). Als unlogisch müssen daher die abschließenden Sätze erscheinen:

»Da verließen sie das Grab und flohen; denn Schrecken und Entsetzen hatte sie gepackt. Und sie sagten niemand etwas davon; denn sie fürchteten sich.«

Im Markusevangelium endet der Bericht auf diese merkwürdige Art und Weise, was die Diskussion darüber nie verstummen ließ, ob nicht der tatsächliche Schluss schon sehr früh verloren gegangen und durch ein »Nachwort« von fremder Hand ersetzt worden sei (16,9 ff.). Was machten die Frauen mit ihrem Auftrag? Es gibt keine plausible Antwort auf diese Frage.

Matthäus (28,1 ff.) gestaltet den Besuch am Grab sehr dramatisch.

»Der Engel des Herrn« kam unter *»gewaltigem Erdbeben … vom Himmel herab, trat an das Grab, wälzte den Stein weg und setzte sich darauf. Seine Gestalt war weiß wie Schnee.«*

Die Grabwächter, römische Soldaten, geraten in Furcht und Schrecken und fallen »wie tot zu Boden«. Matthäus lässt die Frauen »voll Furcht und großer Freude« aufbrechen, um den Jüngern die Botschaft vom Erscheinen Jesu in Galiläa zu verkünden.

Doch *»plötzlich kam ihnen Jesus entgegen und sagte: Seid gegrüßt! Sie gingen auf ihn zu, warfen sich vor ihm nieder und umfassten seine Füße. Da sagte Jesus zu ihnen: Fürchtet euch nicht! Geht und sagt meinen Brüdern, sie sollen nach Galiläa gehen, und dort werden sie mich sehen.«*

Dem Evangelisten ist diese Erscheinung wichtig; dass der Auftrag, nach Galiläa zu gehen, wiederholt wird, wirkt wie eine Bestärkung der Auferstehungsbotschaft.

Um Bedenken der Leser und Zuhörer zu begegnen, führt Lukas (24,1 ff.) ein verzögerndes Moment ein: Die Apostel lassen sich von der Botschaft nicht sofort beeindrucken, im Gegenteil.

»Die Apostel hielten das alles für Geschwätz und glaubten ihnen nicht.«

Gang nach Emmaus – Mahl am See
Die Erscheinung des Auferstandenen am
See Gennesaret (Johannes 21,1 ff.) wird
von der Tradition an einen Felsen bei
Tabgha verlegt (links). Ausgrabungen
brachten die wechselvolle Geschichte des
Ortes ans Licht. Sechs Kirchen wurden im
Laufe der Jahrhunderte auf der Felskuppe
errichtet, angefangen von einer aus früh-
byzantinischer Zeit bis zur Primatskapelle
von 1934. Sie waren dem Gedenken
zweier Ereignisse geweiht: der Erscheinung des Auferstandenen, der die Jünger
zum Fischfang ausfahren heißt und sie
danach zur Mahlzeit am Kohlefeuer einlädt, sowie der Übertragung des Primats
an Petrus.
Vom Ufer führen uralte Felsstufen zur
seitlichen Kirchentür hinauf. Dort beginnt
jener Felsbuckel, der sich im Innern als
»mensa Domini – Tisch des Herrn« fort-
setzt (unten links).
Welches Emmaus in der Erzählung des
Lukas (24,13 ff.) gemeint ist, wird noch immer kontrovers diskutiert. Der Evangelist
nennt nur den griechischen Namen des
Dorfes, der vom hebräischen »hammath
– warme Quelle« kommt, sowie die Entfernung von Jerusalem, für die aber zwei
Lesarten tradiert sind: 60 Stadien (zwei
Wegstunden) oder 160 Stadien. Die älteste Überlieferung führt nach Emmaus-
Nikopolis (Latrun). Über einer römischen
Villa wurde dort um 400 eine Basilika errichtet, die im Samariteraufstand von 529
zugrunde ging. Der Neubau der Kreuzfahrer nahm nur noch einen Teil des früheren
Mittelschiffs ein (unten).

Mit diesem Spannungsmoment kommt der Evangelist seinen Lesern und Zuhörern gleichsam entgegen: Haben denn die Frauen nicht nur aufgeregt dahergeredet? Petrus freilich, der in all diesen Texten stark herausgestellt wird, läuft unverzüglich zum Grab.

»Er beugte sich vor, sah aber nur die Leinenbinden (dort liegen). Dann ging er nach Hause, voll Verwunderung über das, was geschehen war.«

Johannes schließlich, der sich ja des Öfteren an Lukas anschließt, baut dessen Geschichte um und aus (20,1 ff.). Es ist nur Maria von Magdala, die frühmorgens zum Grab geht. Ihr genügt es, dass der Türstein entfernt ist, um sofort zu Petrus und zu dem »Jünger, den Jesus liebte«, zu eilen. Typisch für die literarischen Finten des Evangelisten ist, dass er die Auferstehungsbotschaft hinauszögert. Maria, die sich wohl besonders aufregt, lässt er sagen:

»Man hat den Herrn aus dem Grab weggenommen, und wir wissen nicht, wohin man ihn gelegt hat.«

Petrus und der anonyme Jünger sind alarmiert und eilen zum Grab. Auch dies scheint Johannes zur spannungsreichen Verzögerung einzusetzen:

»Sie liefen beide zusammen dorthin, aber weil der andere Jünger schneller war als Petrus, kam er als Erster ans Grab.«

Doch lässt er Petrus den Vortritt, sieht von außen aber die »Leinenbinden liegen«. Petrus aber ist nicht zu halten, er geht in das Grab hinein.

»Er sah die Leinenbinden liegen und das Schweißtuch, das auf dem Kopf Jesu gelegen hatte; es lag aber nicht bei den Leinenbinden, sondern zusammengebunden daneben an einer besonderen Stelle. Da ging auch der andere Jünger, der zuerst an das Grab gekommen war, hinein; er sah und glaubte. Denn sie wussten noch nicht aus der Schrift, dass er von den Toten auferstehen musste.«

Die Wahrnehmung und Prüfung der penibel beschriebenen Spuren führt die beiden Apostel zum Glauben an die

Thomas zweifelt – reicher Fischfang
Ein Mosaikbild in der Klosterkirche von Daphni bei Athen (um 1100; rechts) vergegenwärtigt die Geschichte vom ungläubigen Thomas, die Johannes (20,24 ff.) erzählt. Die Apostel sind versammelt, der Auferstandene ist durch die verschlossene Tür unter sie getreten. Thomas, der nicht dabei war, als Jesus acht Tage vorher den Jüngern erschienen war, und ihren Worten nicht glauben will, legt seine Hand in die Seitenwunde Jesu und lässt sich überzeugen: »Selig sind, die nicht sehen und doch glauben!«
Unmittelbar nach der Thomas-Episode berichtet Johannes (21,1 ff.), wie sich der Auferstandene den Jüngern am See Gennesaret offenbarte. Sie waren weisungsgemäß nach Galiläa gegangen, hatten die ganze Nacht im See gefischt und nichts gefangen. Jesus, den sie nicht erkennen, rät ihnen, nochmals hinauszufahren und das Netz rechts vom Boot auszuwerfen. Als sie mit reichem Fang zurückkehren und Johannes sagt: »Es ist der Herr«, der am Ufer steht, stürzt sich Petrus ins Wasser, um schneller an Land zu kommen. Der wunderbare Fischzug (links) ist am Obergaden von Sant'Apollinare Nuovo in Ravenna dargestellt, im ältesten neutestamentlichen Mosaikzyklus, der erhalten blieb (um 500).

Auferstehung. Dass Jesus gemäß der Heiligen Schrift auferstehen »musste«, geht ihnen erst später auf. Johannes will nachdrücklich feststellen: Die Glaubenserkenntnis folgte der tatsächlichen Wahrnehmung; die Schrift hat nicht etwa die Wahnidee verursacht, sie lässt vielmehr die Bedeutung dessen verstehen und erkennen, was real erlebt und erfahren wurde.

Die wenigen, eher abstrakten Sätze des Johannes entsprechen hierin der Emmauserzählung des Lukas, wo Jesus ebenfalls darlegt, dass alles so geschehen »musste«, wie es geschehen ist.

Ist Jesus tatsächlich auferstanden? Den Evangelisten liegt alles daran, diese Frage zu bejahen. Aber in welchem Sinn? Die banale Vorstellung, da werde ein Toter aus dem Grab zurückgeholt und lebe nun einfach weiter, kann nicht genügen.

Kehren wir zurück zu den Grabwächtern, die nur Matthäus in seine Ostererzählung einbringt. Die Hohepriester und Pharisäer hatten, so weiß er zu berichten, bei Pilatus dafür sorgen lassen, dass der Eingang des Grabes versiegelt und bewacht wurde:

»Sonst könnten seine Jünger kommen, ihn stehlen und dem Volk sagen: Er ist von den Toten auferstanden. Und dieser letzte Betrug wäre noch schlimmer als alles zuvor.« (Matthäus 27,64)

Im negativen Spiegelbild stellt der Evangelist die Bedeutung der Auferstehung dar. Den sadduzäischen Priestern wie den pharisäischen Frommen, die einander eigentlich nicht ausstehen können, ist klar: Ein verklärter Jesus wäre unantastbar, daher für »uns alle« gefährlich. Für die frühen Christinnen und Christen wiederum stand die Wahrheit der Auferstehung außer Frage, so gefährlich sie auch jenen erscheinen mochte, die Jesus für einen Betrüger hielten.

Matthäus erzählt (28,11 ff.), dass nicht nur die Frauen in die Stadt eilten, sondern auch die Wächter, und zwar um die Hohepriester zu informieren über »alles, was geschehen war«.

»Und sie fassten gemeinsam mit den Ältesten den Beschluss, die (römischen) Soldaten zu bestechen. Sie gaben ihnen viel Geld und sagten: Erzählt den Leuten: Seine Jünger sind bei Nacht gekommen und haben ihn gestohlen, während wir schliefen. Falls der Statthalter davon hört, werden wir ihn beschwichtigen und dafür sorgen, dass ihr nichts zu befürchten habt. Die Soldaten nahmen das Geld und machten alles so, wie man es ihnen gesagt hatte. So kommt es, dass dieses Gerücht bei den Juden bis heute verbreitet ist.«

Matthäus braucht für seine Leser und Zuhörer die Wächter, weil sie in ihrer Lüge vom Diebstahl die Wahrheit bezeugen. Die Gegner des Jesusglaubens werden diesen Verdacht immer wieder vorgebracht haben, die späteren Christinnen und Christen, an die sich das Evangelium wendet, werden entsprechende Fragen gestellt haben.

In der Geschichte christlicher Frömmigkeit und Kunst waren die Grabwächter des Matthäus ein dankbares Motiv, zumal der Evangelist über ihr Verhalten bei der nächtlichen Auferstehung Jesu nichts verlauten lässt. Häufig stellte man sie so dar, als hätten sie das gewaltige Ereignis schlicht verschlafen, wie ihnen hinterher die jüdische Obrigkeit suggerierte.

Selbstverständlich blieb der Auferstehungsglaube die ganze Geschichte des Christentums hindurch ein Rätsel. Wie kam es dazu, da doch die Jünger allesamt davongelaufen waren, weil sie all ihre von Jesus geweckten Hoffnungen jählings verloren hatten? Er war einen schändlichen Tod gestorben; und sie waren nicht nur in tiefe Zweifel, sondern in dunkle Verzweiflung verfallen. Der Auferstehungsglaube: eine Art Trotzreaktion?

Seit Hermann Samuel Reimarus (1694–1768) bis in die neueste Zeit gab es heftige Diskussionen über die Möglichkeit eines Diebstahls und über eine heimliche Umbettung der Leiche Jesu sowie mehr oder weniger kluge und immer intensive Debatten darüber, ob man von Auferstehung auch dann sprechen könne, wenn das Grab nicht leer aufgefunden worden wäre. Viel verhandelt wurde auch die Frage, welcher Art die »Erscheinungen« Jesu waren, die von den Evangelisten erzählt werden: subjektiv-visionär verdichtete Hoffnungen oder aber Lügen, um zu täuschen und religiöse Macht zu etablieren?

Vor allem dem Johannes-Evangelisten sind die Erscheinungen des Auferstandenen wichtig. Maria Magdalena gibt er sich zu erkennen, als sie den vermeintlichen Gärtner fragt, wohin man die Leiche denn verlegt habe (20,11 ff.). Der »Gärtner« sagt nur ihren Namen: »Maria!«, sofort weiß sie: dies ist der »Rabbuni«, der »Meister«. Schließlich überrascht Jesus die Jünger am See Genesaret (21,1 ff.) und verhilft ihnen zu einem erfolgreichen Fischfang.

»Keiner von den Jüngern wagte, ihn zu fragen: Wer bist du? Denn sie wussten, dass es der Herr war.«

Später folgt in dieser Erzählung die berühmte dreifache Frage an Petrus: »Liebst du mich?« Sie erinnert den Apostel schmerzlich daran, dass er dreimal leugnete, zu Jesus zu gehören, sie zeichnet ihn aber auch aus mit Jesu Worten: »Weide meine Schafe!«

Gleichfalls berühmt ist der Bericht über den Zweifel des Apostels Thomas (20,24 ff.), der dadurch beruhigt wird, dass ihn Jesus leibhaftig die Wundmale ertasten lässt. Johannes scheint dabei eine längere Erscheinungsgeschichte aufzugreifen, in der Lukas noch viel direkter gegen die bestimmt häufige Behauptung der Gegner sowie späterer Zweifler vorgeht, die Jünger hätten nur einen Geist gesehen, Jesus sei nicht leibhaftig auferstanden (24,36 ff.). Jesus erscheint überraschend mitten unter ihnen und grüßt sie:

»Friede sei mit euch! Sie erschraken und hatten große Angst, denn sie meinten, einen Geist zu sehen. Da sagte er zu ihnen: Was seid ihr so bestürzt? Warum lasst ihr in eurem Herzen solche Zweifel aufkommen? Seht meine Hände und meine Füße an: Ich bin es selbst. Fasst mich doch an, und begreift: Kein Geist hat Fleisch und Knochen, wie ihr es bei mir seht. Bei diesen Worten zeigte er ihnen seine Hände und Füße. Sie staunten, konnten es aber vor Freude immer noch nicht glauben. Da sagte er zu ihnen: Habt ihr etwas zu essen hier? Sie gaben ihm ein Stück gebratenen Fisch; er nahm es und aß es vor ihren Augen.«

Welche Intention Lukas mit dieser reichlich drastisch ausgefallenen Szene verfolgt, ist klar. Gleichwohl wirkt sein »Beweis« nicht nur auf heutige Leser befremdlich. Die Szene ist für nicht besonders kritische, für den Wunderglauben eher anfällige antike Menschen bestimmt. Und doch vermittelt sie auf ihre eigene und besondere Weise das Wichtige: die Botschaft, dass der Jesus, der den befreienden Gott zeigte, nicht im Tod vernichtet ist, sondern lebt. In dieser Intention stimmen die Evangelisten und Paulus letztlich überein.

Im Übrigen gilt hier grundsätzlich die Feststellung von Paul Hoffmann:

»Gegenstand historischer Untersuchung kann nur der urchristliche Glaube an die Auferstehung Jesu sein, nicht diese selbst.«

Was aber ermöglichte und bewirkte diesen Glauben? Wieso bildete sich die früheste Gemeinde Jesu?

Kreuzreliquien
Das durch Helena aufgefundene »wahre« Kreuz Christi wurde den Gläubigen in jener monumentalen »Crux gemmata« präsentiert, die sich über dem Golgotafelsen im inneren Atrium der Grabeskirche erhob. Splitter von diesem »Holz des Lebens« gelangten als hochverehrte Reliquien in die gesamte christliche Welt. Die Limburger Staurothek (griechisch »Stauros – Pfahl, Kreuz«; »theke – Lade, Kasten«), ein byzantinisches Kreuzreliquiar mit kaiserlicher Weiheinschrift, hat als eigentliche Fassung des Kreuzpartikels ein griechisches Patriarchenkreuz. (Domschatz in Limburg an der Lahn)

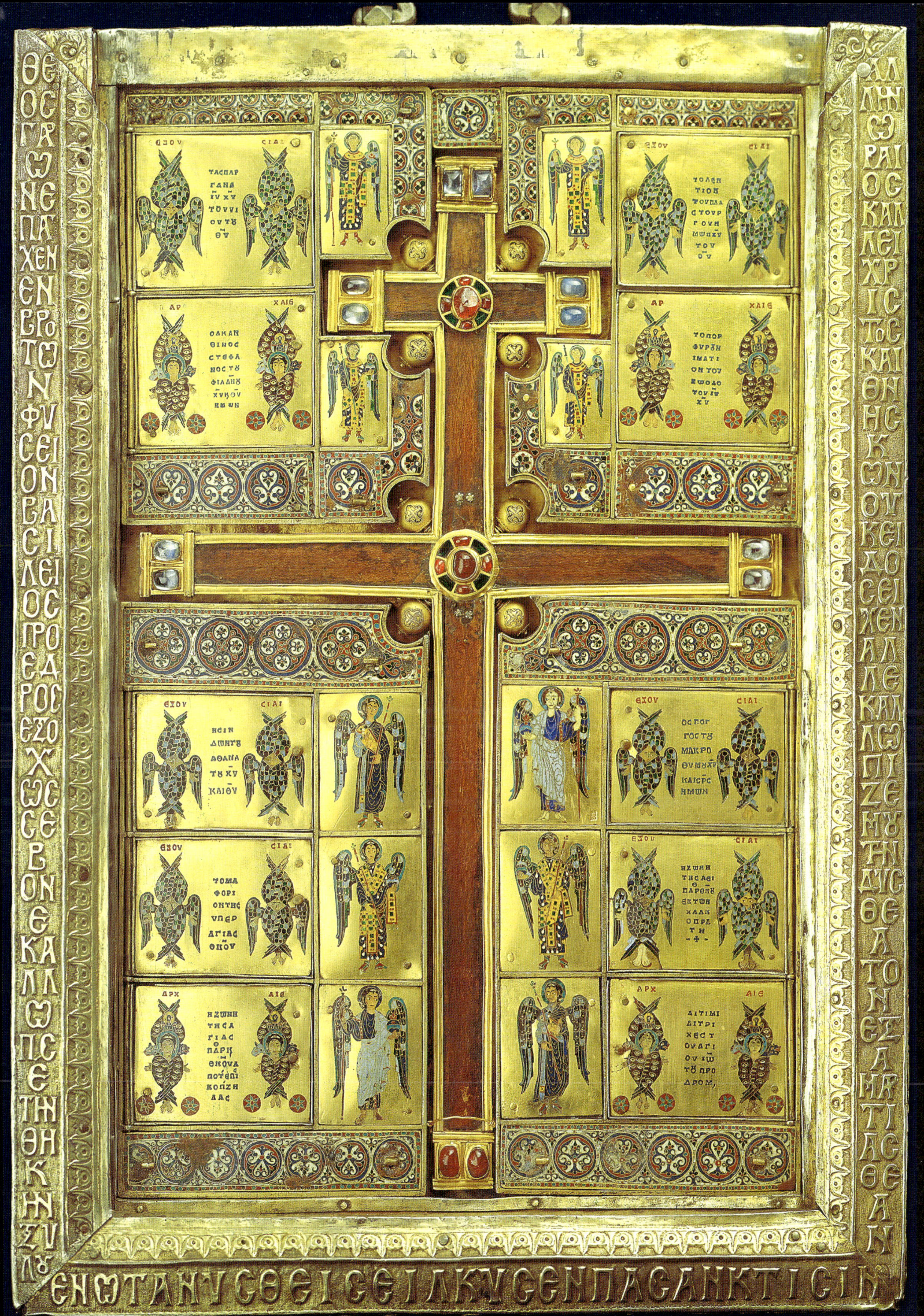

DIE URGEMEINDE

»Die Juden fordern Zeichen, die Griechen suchen Weisheit.
Wir dagegen verkündigen Christus als den Gekreuzigten:
für Juden ein empörendes Ärgernis, für Heiden eine Torheit,
für die Berufenen aber, Juden wie Griechen, Christus,
Gottes Kraft und Gottes Weisheit.«

1. Korintherbrief 1,22 ff.

Nach menschlichem Ermessen gab es keine Zukunft: Jesus am Kreuz gescheitert, die Jünger verzweifelt und geflohen. Und doch finden sich Menschen in der Überzeugung zusammen, dass das Kreuz nicht ein unwiderrufliches Ende bedeute, sondern – ganz im Gegenteil – einen Anfang.

Der Auferstehungsglaube der Jesusbewegung

Bisher haben wir die kanonischen Evangelien wie auch die Logienquelle hauptsächlich danach befragt, was sie über Jesus von Nazaret mitteilen können. Dabei war freilich immer deutlich, dass es sich nicht um Texte mit realhistorischem Interesse handelt, sondern um Texte aus der Glaubensperspektive. Das bedeutet, dass sie selbst danach befragt werden müssen, wie und wodurch es trotz der zutiefst frustrierenden Erfahrung, die der Tod am Kreuz bewirkte, zu jener Jesusbewegung kam, aus der sich dann, weit über den jüdischen Ursprung hinaus, die spätantike Christenheit entwickelte. Denn es führte kein direkter Weg vom histori-

schen Jesus zur Jesusbewegung und zur späteren Kirche.

Vernunftmäßig betrachtet, sozusagen irdisch gesehen, beruht der Auferstehungsglaube nicht auf einem irgendwie dingfest zu machenden Ereignis, vielmehr ist er »Effekt« eines Denkprozesses, in dem Menschen eine neue Perspektive auf Jesu Gottes- und Menschenbotschaft entwickelten, und zwar wegen, nicht trotz des Kreuzes.

Dieses wurde nicht mehr als Zeichen der Schande und des Versagens gedeutet, sondern als Gütesiegel der Glaubwürdigkeit Gottes. Ein glanzvoll als

Wege der Glaubensverkündigung
Ohne das gut ausgebaute Straßennetz im Römischen Reich hätte sich der christliche Glaube wohl kaum so schnell ausbreiten können. Die »Via Tauri« (rechts) führte von Tarsus, dem Geburtsort des Paulus, über den Pass der Kilikischen Pforte ins Innere Anatoliens.
Ein Goldglas aus dem 4. Jahrhundert (oben) zeigt die »Apostelfürsten« Petrus und Paulus. Die im Profil einander zugekehrten Köpfe erinnern an Münzbilder, der Eichenkranz an die »corona civica«, die römische Bürgerkrone.

Herrscher daherkommender Messias hätte die Machtverhältnisse nur noch festigen können, denen in der sozialen Wirklichkeit selbst unter einigermaßen gerechten Verhältnissen nicht zu entgehen ist. Ein solcher Messias hätte sich nicht als Anwalt der »Kleinen« und »Unbedeutenden« erweisen können, nicht als fürsorglicher Bewahrer ihres Lebens- und Entfaltungsrechtes. Und der Gott dieses Messias wäre nicht als »Vater« zu erkennen gewesen. Wie auch immer: Das Kreuz wurde zum Zeichen des Kontrastes, zum Zeichen der »besseren Gerechtigkeit«, entsprechend der Bergpredigt bei Matthäus.

In diesem Sinne schreibt Paulus der Gemeinde in Korinth von der »Torheit« und der »Weisheit« des Kreuzes (1. Korintherbrief 1,20 ff.):

»Hat Gott nicht die Weisheit der Welt als Torheit entlarvt? Denn da die Welt angesichts der Weisheit Gottes auf dem Weg ihrer Weisheit Gott nicht erkannte, beschloss Gott, alle, die glauben, durch die Torheit der Verkündigung zu retten. Die Juden fordern Zeichen, die Griechen suchen Weisheit. Wir dagegen verkündigen Christus als den Gekreuzigten: für Juden ein empörendes Ärgernis, für Heiden eine Torheit, für die Berufenen aber, Juden wie Griechen, Christus, Gottes Kraft und Gottes Weisheit. Denn das Törichte an Gott ist weiser als die Menschen, und das Schwache an Gott ist stärker als die Menschen.«

Es galt also, die entlarvende, das heißt mit harter Kritik geladene und dadurch ermutigende Bedeutung des Kreuzes zu entdecken.

Dass alle Angehörigen der frühen Jesusbewegung den komplizierten Gedankengängen des Theologen Paulus folgen konnten, ist nicht gesagt. Dennoch drückte er auf seine Weise wohl das aus, was Menschen dazu bewegte, zu behaupten und zu glauben, dass Jesus nicht gescheitert sei, dass das Kreuz vielmehr zur »Weisheit Gottes« gehöre. Die in den Evangelien berichteten Erscheinungen des Auferstandenen sollen nicht das Verlangen nach Wundern befriedigen, sie sind vielmehr Ausdruck und Ergebnis der tiefen Überzeugung, dass Gott so, wie ihn Jesus gezeigt hatte, unbedingt vertrauenswürdig ist.

Man mag, wie immer wieder geschehen, noch so viel darüber diskutieren und streiten, wie diese Erscheinungen Jesu zu verstehen und zu erklären

Der Völkerapostel Paulus

Zwei Jahre lang hielt sich Paulus in Ephesus auf (Apostelgeschichte 19,10). Dort wurde 1998 in einem Felsstollen am Nordhang des Bülbüldag ein frühes Bildnis des Apostels entdeckt (rechts), und zwar auf der mittleren von drei Putzschichten mit Wandmalereien und einer Vielzahl von Graffiti. Paulus hat die Rechte im Redegestus erhoben, in der Linken hält er eine Schreibtafel, das Diptychon. Daneben kam das Fragment einer Frauengestalt zutage, in der Beischrift als Thekla bezeichnet. Dem Wandbild liegt also wohl die Überlieferung der »Acta Pauli et Theclae« zugrunde.

Eine Darstellung von Paulus und seiner Gefährtin findet sich auch in einer Grabkapelle aus dem 5. Jahrhundert in der Nekropole al-Bagawat in Ägypten. Eine der Szenen der Kuppel (links, im Bild ganz unten) zeigt Paulus und Thekla einander gegenübersitzend. Links davon Adam und Eva, rechts Maria sowie Noaa mit seiner Familie in der Arche.

Wie sehr der gekreuzigte Christus, den Paulus verkündete, als »Ärgernis« und »Torheit« galt, belegt ein Graffito aus dem 2. Jahrhundert, das im sogenannten Pädagogium auf dem Palatin in Rom entdeckt wurde (unten). Es zeigt einen Mann, der vor einer ans Kreuz geschlagenen Gestalt mit Eselskopf den Arm erhebt. Darunter ist zu lesen: »Alexamenos verehrt (seinen) Gott.«

sind, als reale Erscheinungen, Visionen, Halluzinationen und so weiter – es ereigneten sich ganz sicher die Augen öffnende Entdeckungen, sicher auch Visionen. Tiefenerlebnisse müssen ins Bild, in die Botschaft übersetzt werden. Das gilt besonders für antike Menschen, aber keineswegs nur für sie.

Was über die Zeiten hinweg bleibt: Diesen von Jesus zutiefst beeindruckten und buchstäblich getroffenen Menschen gingen die Augen auf, so wie es von den beiden Emmausjüngern gesagt wird. Es muss wohl so sein, dass sie aus eigener Erkenntnis einen Sinn im Leben, Wirken und Sterben Jesu erkannten und dass sie nun wirklich verstanden, wenigstens ansatzweise: Alles »musste« so kommen, wie es die Heiligen Schriften angekündigt hatten.

Die drei synoptischen Evangelien (Matthäus 17,1 ff.; vgl. Markus 9,2 ff. und Lukas 9,28 ff.) erzählen ein Ereignis, das sie zwar der Chronik galiläischer Ereignisse zuordnen, das tatsächlich aber zu jenen visionären Prozessen passt, in denen die frühe Christenheit ihre Glaubenserkenntnis gewann und bebilderte: die Verklärung Jesu auf einem hohen Berg. Hier der Text des Matthäus:

Jesus nahm »Petrus, Jakobus und dessen Bruder Johannes beiseite und führte sie auf einen hohen Berg. Und er wurde vor ihren Augen verwandelt; sein Gesicht leuchtete wie die Sonne, und seine Kleider wurden blendend weiß wie das Licht. Da erschienen plötzlich vor ihren Augen Mose und Elija und redeten mit Jesus. Und Petrus sagte zu ihm: Herr, es ist gut, dass wir hier sind. Wenn du willst, werde ich hier drei Hüt- *ten bauen, eine für dich, eine für Mose und eine für Elija. Noch während er redete, warf eine leuchtende Wolke ihren Schatten auf sie, und aus der Wolke rief eine Stimme: Das ist mein geliebter Sohn, an dem ich Gefallen gefunden habe; auf ihn sollt ihr hören. Als die Jünger das hörten, bekamen sie große Angst und warfen sich mit dem Gesicht zu Boden. Da trat Jesus zu ihnen, fasste sie an und sagte: Steht auf, habt keine Angst! Und als sie aufblickten, sahen sie nur noch Jesus. «*

Mose, der die Juden mit der Kraft Jahwes aus dem Sklavenhaus Ägypten herausgeführt hatte, und Elija, der Jahwes Macht und Erbarmen praktizierende und am Ende der Tage wiederkehrende Prophet, sie beide erscheinen als Zeugen der überragenden Bedeutung Jesu.

Die naiv-spontane Idee des Petrus, sofort drei Hütten zu bauen – ein schöner ironischer »Trick« der Evangelisten –, erregte bei deren Lesern und Zuhörern gewiss »heilige« Heiterkeit. Markus und Lukas erklären, Petrus sei von der Erscheinung so benommen gewesen, dass er nicht recht wusste, was er da redete. Tatsächlich dient der Kunstgriff dazu, die Spannung zwischen der handgreiflichen Realität und der wunderbaren Verklärung Jesu spüren zu lassen.

Es ist keineswegs falsch, sich diesen Text als Theaterszene vorzustellen, denn so sollte die Erzählung auf Leser und Zuhörer wirken. Eben noch tritt Jesus ganz alltäglich auf, plötzlich aber erscheint er wie im Spotlight ganz und gar anders: hell leuchtend und strahlend. Er befindet sich in einer anderen Sphäre, er spricht mit Mose und Elija.

Metamorphosis – Transfiguratio

Den verklärten Christus im Apsismosaik des Katharinenklosters auf dem Sinai (linke Seite) umgibt eine Mandorla, von der sieben Lichtstrahlen ausgehen. Auf den Knien liegend, wenden die Apostel Johannes, Petrus und Jakobus ihre Blicke dem Verklärten zu; links und rechts stehen Elija und Mose. Den Inschriften zufolge stammt das Mosaik aus den Jahren 565/66, also noch aus der Zeit des Kaisers Justinian, der das Kloster gründete. In dem etwa gleichzeitigen Apsismosaik der ravennatischen Kirche Sant' Apollinare in Classe (oben) erscheint Jesus in einem den Sieg der Auferstehung und seine Wiederkunft anzeigenden großen Gemmenkreuz, das vor nachtblauem Himmel über einer paradiesischen Landschaft schwebt. Drei Lämmer symbolisieren die Apostel, die Zeugen der Verklärung waren. Der Betrachter gewahrt eine hochabstrakte, aber grandiose Ausdeutung der synoptischen Erzählung in das christlich-imperiale Zeitalter hinein.

Da zeigt es sich, werden die Leser und Zuhörer des Evangelisten sagen, wer dieser Jesus in Wirklichkeit ist, der für das Recht der Armen eintritt, der gegen die überhebliche Selbstgerechtigkeit der allzu Frommen vorgeht, der Gottes Erbarmen, aber auch seine herausfordernde Gerechtigkeit verkündet, der Jesus, der sich aufmerksam um die einfachen Leute kümmert, um die Kinder vor allem auch. Es ist dieser Jesus, in dem sich Gottes Zuwendung erweist und der durch Gott beglaubigt wird. Innerhalb der Erzählung machen zwar nur die drei Jünger diese Erfahrung, auch wenn sie sie nicht voll verstehen; durch die Erzählung soll sie aber zum überzeugenden Erlebnis für alle Leser und Zuhörer werden.

Vor allem die östliche Christenheit machte diese »Verklärung« (Umwand-lung: Metamorphosis, Transfiguratio), die man häufig auf dem Berg Tabor in Galiläa lokalisiert, in Wandmalereien, Mosaiken und Ikonen zu einem der Grundbilder des Glaubens.

Zu den sogenannten Ostererscheinungen gehört auch die »Himmelfahrt« Jesu, von der unter den kanonischen Evangelisten nur Lukas weiß. Nicht in Galiläa, sondern in Jerusalem habe sie sich ereignet. Lukas hatte die »zwei Männer in leuchtenden Gewändern« am leeren Grab den Frauen nicht den Auftrag geben lassen, die Jünger nach Galiläa zu schicken (24,1 ff.). Nur dies hatten sie gesagt:

»Was sucht ihr den Lebenden bei den Toten? Er ist nicht hier, sondern er ist auferstanden.«

Von der Zeit in Galiläa hatten sie nur als Vergangenheit gesprochen. Im Zen-

Himmelfahrt
Eusebius berichtet in seiner »Vita Constantini«, der Kaiser und seine Mutter Helena hätten auf dem Ölberg einen der Himmelfahrt geweihten Bau errichtet. Die Kreuzfahrer ersetzten die baufällige Kirche am »Inbomon«, dem »Ort auf der Höhe«, durch einen Neubau, den Saladin 1187 in eine Moschee verwandelte (oben). Im Innern sehen die Pilger Fußabdrücke – »vestigia Domini« (unten).
Die »Reidersche Tafel« (rechte Seite), ein Elfenbeinrelief im Bayerischen Nationalmuseum in München (um 400), zeigt die drei Marien am Grab. Vor dessen Tür sitzt der »junge Mann« (Markus 16,5) und sagt ihnen, Jesus sei auferstanden. An dem antiken Grabmonument lehnen zwei Wächter, einer legt schlafend den Kopf auf die Brüstung. Oben steigt Christus, die Hand Gottes ergreifend, zum Himmel auf.

trum des jüdischen Glaubens musste der auferstandene Jesus des Lukas sein, nirgendwo anders.

Er habe die Jünger in die Nähe von Betanien geführt, sagt Lukas im Evangelium (24,50 ff.), die Hände erhoben und sie gesegnet.

»Und während er sie segnete, verließ er sie und wurde zum Himmel emporgehoben; sie aber fielen vor ihm nieder. Dann kehrten sie in großer Freude nach Jerusalem zurück. Und sie waren immer im Tempel und priesen Gott.«

Am Beginn der Apostelgeschichte (1,4 ff.) berichtet der nun ganz auf die pfingstliche Gründung der Gemeinde eingestellte Autor Lukas wesentlich ausführlicher. Jesus habe den Aposteln vor seiner Himmelfahrt »befohlen«, Jerusalem nicht zu verlassen, und ihnen dann verkündet:

»Ihr werdet die Kraft des Heiligen Geistes empfangen, der auf euch herabkommen wird; und ihr werdet meine Zeugen sein in Jerusalem und in ganz Judäa und Samarien und bis an die Grenzen der Erde.

Als er das gesagt hatte, wurde er vor ihren Augen emporgehoben, und eine Wolke nahm ihn auf und entzog ihn ihren Blicken. Während sie unverwandt ihm nach zum Himmel emporschauten, standen plötzlich zwei Männer in weißen Gewändern bei ihnen und sagten: Ihr Männer von Galiläa, was steht ihr da und schaut zum Himmel empor? Dieser Jesus, der von euch ging und in den Himmel aufgenommen wurde, wird ebenso wiederkommen, wie ihr ihn habt zum Himmel hingehen sehen.

Dann kehrten sie vom Ölberg, der nur einen Sabbatweg von Jerusalem entfernt ist (das heißt: nicht weit), *nach Jerusalem zurück.«*

Im Grunde geht es Lukas in beiden Texten nur darum, das Ende der Präsenz Jesu in immer noch andauernden Erscheinungen großartig zu inszenieren und dabei eine enorme Hoffnung zu eröffnen. Denn die Himmelfahrt Jesu und seine, wie man meinte und hoffte, baldige Wiederkehr – beide gehören in die Glaubensperspektive der Auferstehung.

In seinen Texten spricht der Autor Lukas nicht von einer »Himmelfahrt« (lateinisch »Ascensio – Aufstieg«) aus eigener Hoheit und Kraft, Jesus wird vielmehr »emporgehoben« (griechisch »Analepsis – Emporhebung«). Dabei dürfte die Idee einer »Entrückung« maßgebend sein; so sagte man vom Propheten Elija, er sei »entrückt« worden und werde am Ende der Tage zurückkehren.

Wie Johannes und vermutlich auch Markus lässt Matthäus sein Evangelium mit der Auferstehung enden, der er allerdings eine letzte Botschaft Jesu an die Jünger anschließt, eine Botschaft, die in Formulierung und Intention ganz und gar das nunmehr universale Bewusstsein der frühen christlichen Gemeinde ausdrückt. Der Evangelist lokalisiert das Ereignis auf einem Berg in Galiläa, also im ureigenen Land Jesu, im Land seiner Wanderungen und seines Wirkens:

»Mir ist alle Macht gegeben im Himmel und auf der Erde. Darum geht zu allen Völkern und macht alle Menschen zu meinen Jüngern; tauft sie auf den Namen des Vaters und des Sohnes und des Heiligen Geistes, und lehrt sie, alles zu befolgen, was ich euch geboten habe. Seid gewiss: Ich bin bei euch alle Tage bis zum Ende der Welt.«

Auch wenn historisch aussagekräftige direkte Zeugnisse weitgehend fehlen, die anschaulich zeigen könnten, wie sich die frühe Jesusbewegung bildete, vor allem die Jerusalemer Urgemeinde, so beweist der Glaube an die Auferstehung dennoch, dass sich da Menschen zusammenschlossen, welche die sozusagen unsterbliche Messias-Wahrheit und -Dynamik der Jesus-Gestalt für sich entdeckt hatten und die baldige Wiederkunft Jesu vom Himmel her erwarteten: den endgültigen Anbruch der Gottesherrschaft. Sie lebten und arbeiteten Tag für Tag in dieser sogenannten eschatologischen Naherwartung und feierten miteinander das »Herrenmahl« im Gedächtnis Jesu und in Erwartung des Kommenden. Ihrem Selbstbewusstsein nach gehörten sie zur jüdischen Glaubensgemeinschaft, die ja ohnehin aus mehreren Gruppen mit teilweise sehr verschiedenen »Theologien« bestand. Sahen sie Jesus doch ganz in der jüdischen Tradition, ja als deren Erfüller. Für sie gab es noch kein separates »Christentum«.

Jesu Gang in die Unterwelt

Die östlichen Kirchen kennen noch einen weiteren Begriff, um das mit der »Himmelfahrt« Gemeinte auszudrücken: »Episozomene – Vollendung«. Mit der Himmelfahrt sei das Erlösungswerk abgeschlossen und vollendet worden. Diese Vorstellung verweist auf eine vor allem der östlichen Christenheit eigene Vorstellung, die sehr häufig bildlich vergegenwärtigt wurde: die der Hades- oder auch Höllenfahrt Christi.

Das sehr alte »Apostolische Glaubensbekenntnis«, von dem man allerdings fälschlich meinte, es sei von den Aposteln formuliert worden, enthält in manchen seiner Varianten die Formel:

»Descendit ad inferos/infera – er stieg hinab in die Unterwelt.«

Jesus sei bei seinem Tod in die untere Welt der Toten hinabgestiegen, um von dort aus aufzuerstehen.

Wie erinnerlich, lässt Matthäus beim Tod Jesu die Gräber aufbrechen und die Toten lebendig werden. Die Idee, dass der Erlösungstod auch denen zugute kommen soll, die längst gestorben sind, liegt nahe. Wenn Paulus im ersten Korintherbrief Jesus als den »Ersten der Entschlafenen« bezeichnet, die auferweckt werden, mag das eine den einfachen Gläubigen nicht ohne Weiteres zugängliche theologische Reflexion sein. Sie dürfte aber der in der Alltagswirklichkeit gelebten Hoffnung sehr wohl entsprochen haben.

In den östlichen Kirchen wurde das Bild der »Anastasis«, des »Abstiegs«

In byzantinischen Handschriften aus dem 9. Jahrhundert tritt erstmals jener Bildtypus auf, der fortan das kanonische Osterbild der Ostkirche bleiben wird. Für Jesu »Abstieg ins Totenreich« (Limbus Patrum) findet sich in den Evangelien kein Anhaltspunkt, aber zwei Stellen in Apostelbriefen (1. Petrus 3,19; Epheser 4,9) und das »Descendit ad inferos« im »Apostolischen Glaubensbekenntnis« wurden als Hinweis darauf verstanden. Hauptquelle war aber das apokryphe Nikodemusevangelium. Tief beeindruckend ist die künstlerisch überragende Inszenierung dieses Themas im Apsisfresko der Seitenkapelle des Chora-Klosters in Istanbul (um 1320; rechts). Mit vitaler Kraft reißt der in ein lichtes Gewand gekleidete Christus Adam und Eva aus dem Grab. Zu seinen Füßen liegen die Trümmer der geborstenen Unterweltstore und dazwischen der gefesselte Satan, während Johannes der Täufer und die Könige David und Salomo voller Erwartung das Geschehen verfolgen. Auf der anderen Seite führt Abel, der von seinem Bruder Kain ermordete Hirte, die Gruppe der Vorväter an.

Byzantinischen Vorbildern verpflichtet ist die Darstellung der Himmelfahrt Christi in dem Diptychon aus Königsfelden (links), das um 1300 in Venedig für König Andreas von Ungarn geschaffen wurde. Die zentrale Jaspisplatte in der Mitte des linken Flügels zeigt, wie der thronende Christus von Engeln emporgetragen wird. Zu dem Bild der Kamee gehört das darunterliegende gemalte Feld mit Maria und den Aposteln, welche die Himmelfahrt miterleben. Die Miniatur oben enthält die Szene mit dem ungläubigen Thomas.

Jesu, zum zentralen Osterbild, realisiert in vielen großartigen Darstellungen. Auch literarisch wurde das Motiv des Ganges Jesu in die Unterwelt der Toten mehrfach aufgegriffen, zumal von den frühen »Kirchenvätern«. Vielleicht erst im 5. oder 6. Jahrhundert entstand die Erzählung über den »Descensus ad inferos« im »Nikodemusevangelium«.

Josef von Arimathäa sagt da mit deutlichem Bezug zu Matthäus:

»Was wundert ihr euch eigentlich, dass Jesus auferweckt worden ist? Nicht das ist wunderbar, sondern wunderbar ist vielmehr das, dass er nicht allein auferweckt worden ist, sondern dass er auch viele andere Tote auferweckt hat, die sich in Jerusalem vielen gegenüber gezeigt haben.«

Um sich zu überzeugen, gehen die Hohepriester Hannas und Kaijaphas zusammen mit Josef von Arimathäa, Nikodemus und Gamaliël, dem Theologen und Lehrer des Paulus, nach Arimathäa, um dort ins Leben Zurückgekehrte zu treffen: Simeon, »der Jesus als Kind in die Arme genommen hat«, und seine beiden erst vor Kurzem beerdigten Söhne. Alle gehen freundlich miteinander um:

»Sie hielten ein Gebet und begrüßten einander.«

Schließlich kommen die Auferstandenen mit nach Jerusalem, wo sie in »der Synagoge« bei verschlossenen Türen auf »das Alte Testament der Juden« schwören müssen:

»Schwört bitte auf den Gott Israels und Adonai, und daraufhin sollt ihr uns die Wahrheit sagen, wie ihr auferstanden seid und wer euch von den Toten hat auferstehen lassen!«

Die drei Männer machen »auf ihre Gesichter das Zeichen des Kreuzes«, verlangen Schreibzeug und bringen ihren Bericht zu Papier.

Den Einzug Christi in die Unterwelt schildern sie als gewaltigen Sieg über Satan und Hades. Der stellt dem Satan besorgt vor Augen, Christus komme nur, um »alle Toten auferstehen zu lassen«, und fügt hinzu:

»Das sage ich dir, bei der Finsternis, die uns eigen ist, wenn du ihn hierherbringst, wird kein einziger von den Toten übrigbleiben!«

»Während der Satan und der Hades so zueinander redeten, erging eine gewaltige Stimme wie Donner, die sprach: Hebt hoch eure Tore, ihr Herrscher, und erhebt euch, ihr Tore! Es wird einziehen der König der Herrlichkeit (aus Psalm 24). Als der Hades das hörte, sagte er zum Satan: Geh nach draußen, wenn du kannst, und leiste ihm Widerstand!«

Die »Vorväter« beginnen nun, den Hades zu beschimpfen und zu verhöhnen. Wieder erschallt die gewaltige Stimme:

»Hebt hoch eure Tore! ...Wer ist dieser König der Herrlichkeit?«

So fragt nun Hades zurück, und die »Engel des Gebieters« antworten:

»Der Herr voller Kraft und Macht, der Herr, mächtig im Streit!« Nun geschieht, was geschehen muss: *»Und alsbald ... wurden die ehernen Tore zerbrochen und die eisernen Ringe zerschmettert, und die Toten allesamt, die gefesselt waren, wurden ihre Fesseln los ... Und es zog der König der Herrlichkeit ein, dem Aussehen nach wie ein Mensch, und alle Finsternis des Hades erstrahlte im Licht.«*

Hades und Satan trifft die über sie verhängte Strafe.

271

Pfingsten

Schon sehr früh muss das Fest entstanden sein, mit dem die Christenheit die Bestätigung der Gemeinschaft in Jesus durch die Erfüllung mit dem Heiligen Geist feierte, ihr »Stiftungsfest« (oben das Pfingstbild des Verduner Altars in Klosterneuburg, um 1180). Gemäß der Apostelgeschichte (2,1 ff.) wurde es mit dem jüdischen Schawuotfest verbunden – der Feier der unverbrüchlichen Zuwendung Jahwes im Geschenk der Tora während des Zugs durch die Wüste. Jahwe machte die Israeliten damit zu seinem Volk.

»Schawuot – Wochen« meint die sieben Wochen, die seit dem Pessachfest verstrichen sein müssen. Der griechische Name »Pentekoste (Hemera) – Der fünfzigste Tag« war die Vorgabe für die christliche Bezeichnung, das deutsche »Pfingsten«.

Religionsgeschichtlich ist es nicht verwunderlich, dass der Geist, griechisch »pneuma«, schon im frühesten Christentum eine wichtige Rolle spielte. Das Selbstverständnis der Glaubenden glich dem der Anhänger anderer Mysterienreligionen, die sich alle im »Geist« verbunden fühlten. Nach christlicher Tradition erfüllt der Geist mit Kraft und Weisheit, er führt Menschen zusammen, stärkt die Hoffnung und tröstet. In neutestamentlich-griechischer Sprache ist hier von »dynamis« zu sprechen, jener »bewegenden Kraft«, die Menschen von innen heraus selbstbewusst und solidarisch macht. Die »Abschiedsrede« des Johannesevangeliums (16,13 ff.) spricht vom »Geist der Wahrheit«.

Sodann »streckte der König der Herrlichkeit seine rechte Hand aus und ergriff und erweckte Adam auf, den Ahnherrn. Danach wandte er sich auch zu den übrigen und sprach: Her zu mir, alle, die ihr durch das Holz, von dem dieser gekostet hat (der verbotene Baum im Paradies), zu Tode gebracht worden seid! Denn siehe, ich will euch wiederum durch das Holz des Kreuzes auferstehen lassen.«

Adam und alle Patriarchen, Propheten, Märtyrer und Vorväter danken Jesus heftig dafür, dass er ihr »Leben aus der Verderbnis heraufgeführt« hat. Er segnet sie »mit dem Zeichen des Kreuzes« und zieht mit ihnen zusammen »eilends aus dem Hades empor«, wobei alle den Lobpreis singen:

»Gelobt sei, der da kommt im Namen des Herrn! Halleluja! Ihm sei die Ehre vonseiten aller Heiligen dargebracht!«

Ganz zum Schluss kommt noch ein »armselig aussehender Mensch«, der ein Kreuz geschultert hat. Es ist der Räuber, den der gekreuzigte Jesus begnadigt hat. Als »die Heiligen« seine Geschichte gehört haben, rufen sie:

»Groß ist unser Herr und groß seine Macht!«

Das Pfingstereignis

Die Jünger seien, berichtet Lukas in der Apostelgeschichte, nach der Himmelfahrt Jesu »in das Obergemach« hinaufgegangen (1,12 ff.), »wo sie nun ständig blieben«. Die Legendentradition identifiziert diesen Raum mit dem »Obergemach«, in dem Jesus mit seinen Jüngern das letzte Mahl gehalten hatte (Markus 14,15; Lukas 22,12).

Der Lukas-Chronist der Apostelgeschichte nennt alle, die hier versammelt waren, zunächst die nach dem Ausscheiden des Judas Iskariot verbliebenen Mitglieder der Gruppe der »Zwölf«:

»Petrus und Johannes, Jakobus und Andreas, Philippus und Thomas, Bartholomäus und Matthäus, Jakobus, der Sohn des Alphäus, und Simon, der Zelot, sowie Judas, der Sohn des Jakobus.«

Lukas fügt aber auch noch diese Auskunft hinzu:

»Sie alle verharrten dort einmütig im Gebet, zusammen mit den Frauen und mit Maria, der Mutter Jesu, und mit seinen Brüdern.«

Es mag sein, dass die Gruppe der »Zwölf« zusammen mit den Frauen, die Jesus von Galiläa her gefolgt waren, die kleine Jesusgemeinde bildete. Später wurden sie, ergänzt durch Matthias, mit den »Aposteln« gleichgesetzt. Es handelt sich jedoch um eine Gruppe, die in den synoptischen Evangelien nur »die Zwölf« genannt wird. Ihre Zahl verweist offensichtlich symbolisch auf die zwölf Stämme Israels, sie sollen also das erneuerte und endzeitliche Volk Israel repräsentieren. Ob dieser Gruppe, von der es heißt, sie sei enger mit Jesus verbunden gewesen als der Jüngerkreis aus Männern und Frauen, die symbolische Bedeutung erst in nachösterlicher Zeit zugewiesen wurde, ist eine berechtigte Frage.

Der originäre »Apostel«-Begriff, den Lukas schon den »Zwölf« zuweist, dürfte tatsächlich erst entstanden sein, als man »Boten der Frohen Botschaft« ausschickte. Paulus beispielsweise gebraucht ihn offen und variabel.

Überraschend und geradezu spektakulär muss hier das plötzliche Auftauchen der Jesusfamilie anmuten, zumal der Brüder Jesu; Schwestern werden nicht genannt. Waren doch seine Angehörigen mit dem religiösen »Eiferer« nicht sehr einverstanden, wie oben gezeigt wurde. Wie auch immer sie zur Glaubensüberzeugung kam, die Familie gehörte der Jerusalemer Urgemeinde an, wenige Jahre nach Jesu Tod übernahm Jakobus, einer der Brüder Jesu, sogar deren Leitung.

Zunächst hat Petrus dieses Amt inne, aber »im Kreis der Brüder«, das heißt im Verbund der »Zwölf«. Er ruft dazu auf, den Verräter Judas zu ersetzen:

Durch »einen von den Männern, die die ganze Zeit mit uns zusammen waren, als Jesus, der Herr, bei uns ein und aus ging, angefangen von der Taufe durch Johannes bis zu dem Tag, an dem er von uns ging und (in den Himmel) aufgenommen wurde, – einer von diesen muss nun zusammen mit uns Zeuge seiner Auferstehung sein.«

Aus »den Zwölf« um Jesus entsteht eine Institution; die Jesusbewegung entwickelt sich zu einer strukturierten Gemeinde. Zwei Kandidaten werden aufgestellt, »Barsabbas mit dem Beinamen Justus und Matthias«. Man betet:

»Herr, du kennst die Herzen aller; zeige, wen von diesen beiden du erwählt hast, diesen Dienst und dieses Apostelamt zu übernehmen ... Dann gaben sie ihnen Lose; und das Los fiel auf Matthias, und er wurde den elf Aposteln zugerechnet.«

Am Schawuotfest, das fünfzig Tage nach Pessach gefeiert wird, stellte sich die bislang sehr vorsichtige Gemeinde der Öffentlichkeit, angetrieben und gestärkt durch den Heiligen Geist.

»Schawuot« bedeutet »Wochen«; gemeint sind die sieben Wochen, die seit dem Pessachfest verstrichen sein müssen. Pessach begeht die Befreiung aus der ägyptischen Sklaverei, Schawuot ist das Fest der unverbrüchlichen Zuwendung Jahwes im Geschenk der Tora an Mose während des Zugs durch die Wüste. Die Tora ist unendlich viel mehr als nur »Gesetz«, sie ist das Dokument

Petrus leitet den »Kreis der Brüder«
Aus dem 6. Jahrhundert stammt die Petrusikone im Katharinenkloster auf dem Sinai (rechts). Der bärtige Apostel ist vor einer Nischenarchitektur dargestellt; in der Rechten hält er drei Schlüssel, in der Linken einen Kreuzstab. Über dem Nimbus befinden sich drei Medaillons; das mittlere zeigt den Kopf Christi mit Kreuznimbus, das rechte den Marias und das linke den eines jungen Heiligen. Gegen das stark ergraute Kopf- und Barthaar wirkt das sorgfältig modellierte Gesicht – vor allem durch die großen braunen Augen – jugendlich und frisch. Stilistisch wie technisch erinnert diese Ikone noch an die Mumienbildnisse aus dem Fayum.

der unverbrüchlichen Liebe Jahwes. Da Schawuot zugleich als Erntedankfest gefeiert wird, gerät der Tag erst recht zum jubelnden Dankesfest.

Genau an diesem symbolträchtigen Festtag musste der Heilige Geist auf die erneuerte, die endzeitliche Israelgemeinde herabkommen. Gewaltiges lässt Lukas geschehen (2,1 ff.):

»Als der Pfingsttag gekommen war, befanden sich alle am gleichen Ort. Da kam plötzlich vom Himmel her ein Brausen, wie wenn ein heftiger Sturm daherfährt, und erfüllte das ganze Haus, in dem sie waren. Und es erschienen ihnen Zungen wie von Feuer, die sich verteilten; auf jeden von ihnen ließ sich eine nieder. Alle wurden mit dem Heiligen Geist erfüllt und begannen, in fremden Sprachen zu reden, wie der Geist es ihnen eingab.«

Das Sprachenwunder! Einst hatte sich Jahwe genötigt gesehen, die bis dahin bestehende eine Sprache der Menschen in viele verschiedenartige Sprachen zu zersplittern, um durch

den Entzug der Kommunikations- und Kooperationsbasis dem anmaßenden Turmbau zu Babel ein schnelles Ende zu bereiten (Genesis, 1. Mose 11,1 ff.). Was aber geschieht im pfingstlichen Jerusalem, wo fromme Juden und Pilger »aus allen Völkern unter dem Himmel wohnen«? In der grandiosen Vision einer vom Geist Gottes gestifteten neuen Einheit lässt der Lukas-Autor das alte Zerwürfnis enden und geheilt werden:

»Als sich das Getöse erhob, strömte die Menge zusammen und war ganz bestürzt; denn jeder hörte sie in seiner Sprache reden. Sie gerieten außer sich vor Staunen und sagten: Sind das nicht alles Galiläer, die hier reden? Wieso kann sie jeder von uns in seiner Muttersprache hören?«

Dass wir es hier nicht mit einem tatsächlichen Geschehen zu tun haben, sondern mit einem großartig erfundenen heiligen »Spektakel«, ist nicht zu verkennen. Eine schönere heute noch aufregende literarische Bebilderung des Aus- und Aufbruchs der Jesusbewe-

gung ist aber kaum vorstellbar. Angesichts der bevorstehenden Gottesherrschaft werden die Menschen eingeladen, aus der Zersplitterung zurückzukommen in die vom Geist geschenkte neue Gemeinschaft. Daher zählt Lukas die diversen Sprachgruppen auf, ein faszinierendes Panorama des antiken Orients, die Römer erwähnt er (ironischerweise?) nur nebenbei.

»Parther, Meder und Elamiter, Bewohner von Mesopotamien, Judäa und Kappadozien, (Menschen) von Pontus und der Provinz Asien, von Phrygien und Pamphylien, von Ägypten und dem Gebiet Libyens nach Zyrene hin, auch die Römer, die sich hier aufhalten, Juden und Proselyten, Kreter und Araber.«

Diese aus aller Welt zusammengeströmten Menschen sagen:

»Wir hören sie in unseren Sprachen Gottes große Taten verkünden.«

Sie sind verwirrt, können nicht verstehen, wieso diese Jesusleute so forsch auftreten, wie Betrunkene, und das am frühen Morgen!

Pfingstwunder
Das Goldmosaik der »Pfingstkuppel« im Markusdom zu Venedig (um 1170; links) stellt in der Kuppelwölbung die Herabkunft des Heiligen Geistes auf die versammelten Apostel dar und in den Feldern zwischen den Fenstern des Tambours mit ihren Namen bezeichnete Vertreter all der Völkerschaften, welche die vom Heiligen Geist erfüllten Apostel in ihrer Muttersprache reden hörten.
Einzigartig ist die Darstellung des Pfingstwunders im Tympanon des Hauptportals der Pilgerkirche im burgundischen Vézelay (um 1130; rechte Seite). Die Mitte des Bogenfeldes nimmt die alle anderen überragende Gestalt des thronenden Christus in der Mandorla ein. Von seinen Händen gehen Strahlen aus auf die Häupter der erregt disputierenden Apostel. Am Türsturz und in den Kästchen des inneren Bogens entfaltet sich das bunte Spektrum all der Völkerschaften, von denen das Mittelalter wusste, darunter Pygmäen, die mit Leitern aufs Pferd steigen, hundsköpfige Kynokephalen, Panotier mit riesigen Ohren und Heiden bei einer Kultprozession mit dem Opferstier.

»Alle gerieten außer sich und waren ratlos. Die einen sagten zueinander: Was hat das zu bedeuten? Andere aber spotteten: Sie sind vom süßen Wein betrunken.«

Diese Leute sind, so Lukas, trunken von ihrem Glauben an die Botschaft vom rettenden Messias Jesus.

»Da trat Petrus auf, zusammen mit den Elf.«

Seine gewiss fiktive Rede an die vom Chronisten imaginierte riesige Volksversammlung beginnt er mit dem Hinweis auf die vermeintliche Trunkenheit:

»Ihr Juden und alle Bewohner von Jerusalem! Dies sollt ihr wissen, achtet auf meine Worte! Diese Männer sind nicht betrunken, wie ihr meint; es ist ja erst die dritte Stunde am Morgen; sondern jetzt geschieht, was durch den Propheten Joël (3,1 ff.) gesagt worden ist: In den letzten Tagen wird es geschehen, so spricht Gott: Ich werde von meinem Geist ausgießen über alles Fleisch. Eure Söhne und eure Töchter werden Prophe-ten sein, eure jungen Männer werden Visionen haben, und eure Alten werden Träume haben ... Ich werde Wunder erscheinen lassen droben am Himmel und Zeichen unten auf der Erde ... Und es wird geschehen: Jeder, der den Namen des Herrn anruft, wird gerettet.«

Mit diesem Prophetenwort weckt Petrus Aufmerksamkeit, ohne sofort von Jesus zu sprechen. Dann aber beweist er, dass nun, da »die letzten Tage« angebrochen sind, dieser als rettender Messias gekommen sei.

Die von Lukas komponierte Rede fasst das zentrale Jesusbekenntnis dicht und herausfordernd zusammen:

»Jesus, den Nazoräer, den Gott vor euch beglaubigt hat durch machtvolle Taten, Wunder und Zeichen, die er durch ihn in eurer Mitte getan hat, wie ihr selbst wisst – ihn, der nach Gottes beschlossenem Willen und Vorauswissen hingegeben wurde, habt ihr durch die Hand von Gesetzlosen ans Kreuz geschlagen und umgebracht. Gott aber hat ihn von den Wehen des Todes befreit und auferweckt; denn es war unmöglich, dass er vom Tod festgehalten wurde ...

Diesen Jesus hat Gott auferweckt, dafür sind wir alle Zeugen. Nachdem er durch die rechte Hand Gottes erhöht worden war und vom Vater den verheißenen Heiligen Geist empfangen hatte, hat er ihn ausgegossen, wie ihr seht und hört ... Mit Gewissheit erkenne also das ganze Israel: Gott hat ihn zum Herrn und Messias gemacht, diesen Jesus, den ihr gekreuzigt habt.«

Als Lukas seine »Apostelgeschichte« schrieb, bestand die Urgemeinde seit etwa zwanzig Jahren nicht mehr, die frühe christliche Mission war in vollem Gange. Der Autor kannte zwar das von den Römern im Jahre 70 zerstörte Jerusalem gut, hatte aber die Urgemeinde wohl nicht selbst erlebt. Er war auf Berichte angewiesen, die er aus seiner Perspektive ausdeutete. Immerhin macht

der Text den Blick frei auf einige für das Verständnis der christlichen Glaubenstradition wichtige Feststellungen:

Jesus ist noch nicht im vollen Sinne vergöttlicht, die Ausbildung dessen, was man heute »Christologie« nennt, stand erst noch bevor. Hier ist Jesus der durch Leben, Tod und Auferstehung ausgewiesene Gottesbote; er wurde zu Gott erhoben, der ihn »zum Herrn und Messias« gemacht hat. Selbst der Titel »Sohn Gottes«, der in den frühen Texten häufig vorkommt, drückt vorerst nur seine besondere Beziehung zu Gott aus. Die Trinitätslehre, die den einen Gott in drei wesensgleichen Personen sieht, gibt es hier noch nicht, ansatzweise vielleicht. Denn Jesus muss, wie Petrus sagt, den Geist, den er am Pfingsttag verschenkt, zuerst vom »Vater« emp-

Piscina – Taufbecken
Die frühchristlichen Gemeinden versammelten sich in Privathäusern. Das besterhaltene Beispiel einer Hauskirche wurde in Dura Europos am mittleren Euphrat entdeckt. Um 230 erweiterte man den Hauptwohnraum durch Abriss einer Zwischenwand, sodass etwa 60 Personen Platz fanden. Zudem richtete man einen Taufraum ein (links). Die Ritualwanne erhielt ein Ziborium, dessen Wölbung wie die Balkendecke ein Sternenhimmel überzieht. Im Bogenfeld erscheint der Gute Hirte, an der nördlichen Längswand sind die drei Frauen am Grab Jesu zu sehen. Bei vielen frühchristlichen Kirchen blieben Taufbecken erhalten. Manche sind vierpassförmig wie das monolithische Becken aus Hebron, das jetzt in Tabgha steht (linke Seite, unten); andere zeigen Kreuzform wie das in der Ostkirche des Klosters Alahan im Taurusgebirge (linke Seite, Mitte). In Nordafrika gibt es mit Mosaiken geschmückte Taufbecken, so im Baptisterium der Vitaliskirche von Sbeitla in Tunesien (linke Seite, oben). Taufbecken bezeichnete man mit dem auch für Bassins in Thermen üblichen Wort als »Piscina – Fischteich«. Christen mag dabei Jesu Rede vom »Menschenfischer« in den Sinn gekommen sein, ebenso der Fisch als Christussymbol, denn das griechische Wort »Ichthys – Fisch« enthält die Anfangsbuchstaben von »Jesus Christus, Gottes Sohn, Erlöser«.

fangen. Freilich kennt schon der fast gleichzeitig schreibende Matthäus bereits die trinitarische Taufformel.

Die sich erst entwickelnde christliche Theologie stand ja nicht sofort voll ausgebildet zur Verfügung. Sie wurde von den in unserem Text noch spürbaren Interpretationsbemühungen aus entwickelt, und zwar durchaus im Kontext der jeweiligen kulturellen Bedingungen. Der Johannes-Evangelist, der nur wenige Jahrzehnte nach Lukas sein theologisches Verständnis Jesu formuliert, kennt diesen schon als das seit Ewigkeit bei/in Gott existierende »Wort«.

Umkehr und Taufe

Die Reaktion auf die Rede des Petrus war enorm, sagt der Chronist, der dazu neigt, Großereignisse so zu inszenieren,

wie sie in seiner Sicht der Bedeutung der Geschehnisse angemessen sind. Viele Menschen fragen betroffen, was sie denn tun sollen. Petrus antwortet:

»Kehrt um, und jeder von euch lasse sich auf den Namen Jesu Christi taufen zur Vergebung seiner Sünden; dann werdet ihr die Gabe des Heiligen Geistes empfangen.«

Dreitausend Menschen folgen dieser Aufforderung. »Kehrt um, die Gottesherrschaft ist nahe!« – dieser schon von Johannes dem Täufer energisch verkündete Aufruf war auch das große Motto der Predigt Jesu und bestimmte gewiss die früheste christliche Verkündigung, rechnete man doch mit dem baldigen Anbruch der Gottesherrschaft.

Dass der Petrus des Lukas die Taufe als am Ende des 1. Jahrhunderts offen-

sichtlich schon üblichen, wohl auch vorgeschriebenen Akt der Umkehr und als Akt der Aufnahme in die Jesusgemeinschaft hinstellt, ist beachtlich. Die Taufe des Johannes wurde als Zeichen der Umkehr zu einem gerechten Leben im Angesicht Gottes vollzogen. Jesus scheint darauf verzichtet zu haben, ihm war die innere Bekehrung wichtig. Seine Gemeinde aber führte dann die Taufe auf den Namen Jesu als Initiationsritus ein, verbunden mit dem Bekenntnis: Jesus lebt, er ist der »Kyrios«, der Herr.

Diese Taufe ist nicht nur ein Zeichen der Bekehrung, vielmehr ein existenzprägender Akt der Begnadung durch den Heiligen Geist und darf deshalb nur ein einziges Mal empfangen werden. Die Sündenvergebung meint die

Befreiung eines Menschen aus der Last seiner Sünden und Schwächen, wenn er denn in ein gerechtes Leben »umkehren« will: neue Existenz, neue Lebenschance.

Paulus intensiviert dieses Verständnis der Taufe in seinem um das Jahr 56 verfassten Brief an die Gemeinde zu Rom, indem er sie als Sterben und Auferstehen mit Christus interpretiert (6,3 ff.):

»Wisst ihr denn nicht, dass wir alle, die wir auf Christus Jesus getauft wurden, auf seinen Tod getauft worden sind? Wir wurden mit ihm begraben durch die Taufe auf den Tod; und wie Christus durch die Herrlichkeit des Vaters von den Toten auferweckt wurde, so sollen auch wir als neue Menschen leben. Wenn wir nämlich ihm gleich geworden sind in seinem Tod, dann werden wir mit ihm auch in seiner Auferstehung vereinigt sein.«

Während Lukas die Taufe »auf den Namen Jesu Christi« kennt, tauft die Gemeinde des Matthäusevangeliums (28,29) mit der dem scheidenden Jesus zugeschriebenen und heute allgemein üblichen Formel »im Namen des Vaters und des Sohnes und des Heiligen Geistes«.

Wenn auch nicht völlig geklärt werden kann, in welcher Form die Taufe in der frühesten Christenheit vollzogen wurde, so bezeugen doch die genannten und andere Quellen, dass schon sehr früh das Glaubensbekenntnis und der Taufritus den Beitritt zur Glaubensgemeinschaft ermöglichten:

»Durch den einen Geist wurden wir in der Taufe alle in einen einzigen Leib (des Christus) aufgenommen.« (1. Korinther 12,13)

Da die symbolische Lebenserneuerung durch das Wasserbad im gesamten jüdischen und nichtjüdischen religiösen Umfeld verbreitet war, ist mit Sicherheit anzunehmen, dass man durch Untertauchen taufte. Das entspricht der Deutung der Taufe im Römerbrief des Paulus. Getauft wurden Erwachsene beziehungsweise ganze Familien. Die seit dem 2. Jahrhundert bekannte, nicht unumstrittene Kindertaufe konnte erst eingeführt werden, als die christlichen Gemeinden schon mehrere Generationen alt waren.

Ein Herz und eine Seele

Unser spärliches Wissen über das bis zur römischen Eroberung Jerusalems im Jahre 70 existierende Urchristentum stammt hauptsächlich aus der vom Evangelisten Lukas verfassten Apostelgeschichte, aus den Briefen des Paulus und den synoptischen Evangelien. Während die Paulusbriefe noch in der kurzen Zeitspanne der Urgemeinde verfasst wurden, entstanden die Evangelien und die Apostelgeschichte erst in der Folgezeit. Abhängig von den Kenntnissen der Autoren und ihrer jüdischen und nichtjüdischen Adressaten, vermitteln diese Schriften nur stark interpretierungsbedürftige Hinweise auf das erste Christentum, aber immerhin.

Was an dem Bericht der Apostelgeschichte über die Jerusalemer Urgemeinde stets faszinierte, ist das, was man den »urchristlichen Sozialismus« genannt hat: die einschränkungslos solidarische Gütergemeinschaft. Man liest da (4,32 ff.; vgl. 2,44 ff.):

»Die Gemeinde der Gläubigen war ein Herz und eine Seele. Keiner nannte etwas von dem, was er hatte, sein Eigentum, sondern sie hatten alles gemeinsam ... Es gab auch keinen unter ihnen, der Not litt. Denn alle, die Grundstücke oder Häuser besaßen, verkauften ihren Besitz, brachten den Erlös und legten ihn den Aposteln zu Füßen. Jedem wurde davon so viel zugeteilt, wie er nötig hatte.«

Lukas schreibt im Rückblick aus einer Zeit, die von heute aus dem Urchristentum sehr nahe erscheint (im späten 1. Jahrhundert), in der aber ein unmittelbarer Zugriff auf sichere Nachrichten schon nicht mehr möglich war. Innerhalb nur weniger Jahrzehnte hatte sich das christliche Bewusstsein geändert, die einträchtige Gemeinschaft des Anfangs erschien in verklärendem Licht. Die zusammenfassende Schilderung des Lukas klingt fast märchenhaft, zugleich wie eine idealisierende Mahnung an eine schon nicht mehr ganz so einträchtige Christenheit.

Der Verkauf aller Habe, zumal der Häuser, dürfte mit der Erwartung der bald anbrechenden Gottesherrschaft zu begründen sein. Man gab alles weg, weil man es ja nicht mehr brauchte. Es ging nur noch darum, gemeinsam bis zur Ankunft des »Menschensohns« durchzuhalten.

Die große Eintracht war gleichwohl nicht gänzlich ungetrübt. Denn Hannas und seine Frau Saphira behielten einen Teil des Erlöses aus dem Verkauf eines Grundstücks zurück und taten so, als gäben sie dennoch alles in die von den Aposteln verwaltete gemeinsame Kasse (5,1 ff.). Die Bestrafung ist hart und dramatisch: Weil sie versucht haben, Gott zu betrügen, fallen beide tot um. Der Autor präsentiert diesen Vorgang als Ausnahmefall; er kann aber tatsächlich als Anzeichen für Konflikte gelten: Nicht jeder wollte sich unbedingt

Das neue Gesetz
Santa Costanza, das Mausoleum der Kaisertochter Constantina in Rom, besitzt zwei Apsismosaiken aus der Mitte des 4. Jahrhunderts. Das im nördlichen Umgang (oben) ist das früheste erhaltene Monumentalbild der »Traditio legis«, der Gesetzesübergabe an Petrus, ein Motiv, das bis ins Mittelalter ein Hauptthema römischer Apsisdekorationen war. Mit hoch erhobener Rechten und der offenen Gesetzesrolle in der Linken steht Christus auf dem Paradiesberg zwischen Paulus und Petrus, dem er das neue Gesetz übergibt. Vier Lämmer symbolisieren die Evangelisten, die Bauten unter Palmen stellen die heiligen Städte Jerusalem und Betlehem dar.
Das Pendant im Südumgang (unten), zeigt nicht den jugendlichen Christus, sondern den bärtigen Pantokrator. Auf der Sphaira, dem Himmelsglobus, thronend, übergibt er Petrus die Schlüssel des Himmelreichs (Matthäus 16,19), die der Apostel mit ehrfürchtig verhüllten Händen entgegennimmt. Die Szene wird auch als Gesetzesübergabe an Mose gedeutet.

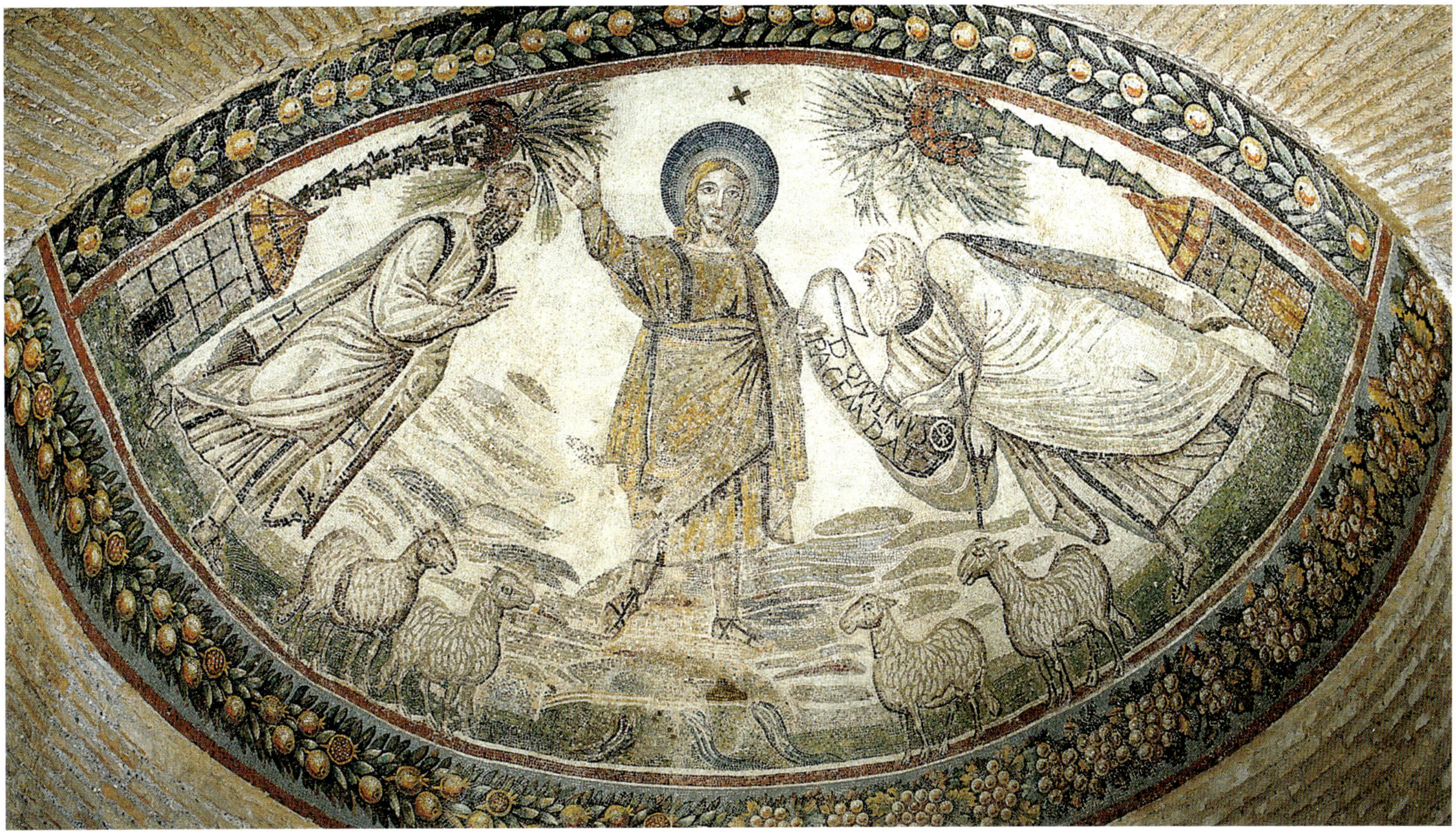
DOMINVS
PACEM DAT

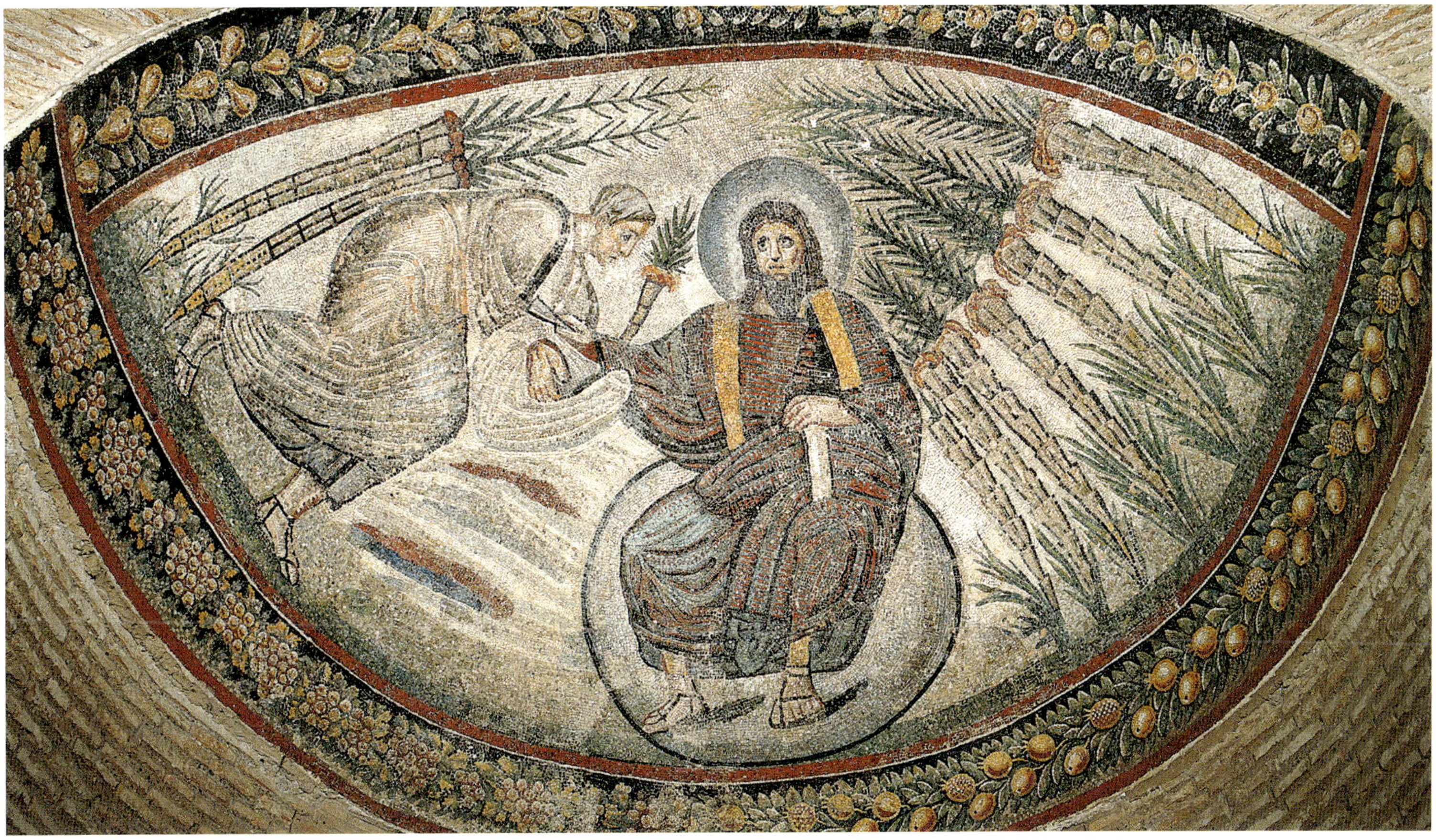

Pella und Abila

Die Dekapolis-Stadt Pella östlich des Jordans (rechts Luftbild der Ausgrabungen) wird weder im Alten noch im Neuen Testament namentlich erwähnt. Doch die Kirchengeschichte des Eusebius berichtet, dass die judenchristliche Gemeinde von Jerusalem während oder schon kurz vor dem Ausbruch des Jüdischen Krieges (66–70 n. Chr.) nach Pella flüchtete, denn sie habe die Zerstörung der Heiligen Stadt, die Jesus vorhergesagt hatte (Matthäus 24,15 f.; Markus 13,14 f.), herannahen sehen. Diese Nachricht wird heute zwar angezweifelt, fest steht aber, dass Pella ein bedeutendes frühchristliches Zentrum war. Ausgrabungen brachten mehrere Kirchen aus byzantinischer Zeit ans Licht (im Luftbild: rechts unten die Talbasilika; rechte Seite, innen: die Ostbasilika mit Synthronos, der halbkreisförmigen Sitzbank für die Gemeindeältesten in der Apsis). Die erstmals in ägyptischen Ächtungstexten und den Amarnabriefen erwähnte Stadt mit dem kanaanäischen Namen »Pahel« wurde gegen 300 v. Chr. eine griechische Kolonie, und zwar siedelten sich dort Mazedonier an, die ihr den Namen der Geburtsstadt Alexanders des Großen gaben. Auch in Abila, der östlich von Gadara gelegenen Dekapolis-Stadt, die den Beinamen Seleukia trug, wurden frühchristliche Kirchen ausgegraben (rechte Seite, außen: Atrium der Südbasilika).

darauf einlassen, schlicht alles preiszugeben; sicher gab es einige, die nicht so fest vom baldigen Anbruch der Gottesherrschaft überzeugt waren.

Gott mehr gehorchen

Möglicherweise hatten sie außer ihrem Besitz auch den Beruf aufgegeben und lebten vom Erlös ihrer Verkäufe.

»Tag für Tag verharrten sie einmütig im Tempel, brachen in ihren Häusern das Brot und hielten miteinander Mahl in Freude und Einfalt des Herzens. Sie lobten Gott und waren beim ganzen Volk beliebt. Und der Herr fügte täglich ihrer Gemeinschaft die hinzu, die gerettet werden sollten.« (2,46 ff.)

Muss dies nicht wie die Beschreibung eines sektiererischen Verhaltens erscheinen? Nein, würde Lukas sagen.

Sie hatten sich zwar zurückgezogen; sie waren zwar davon überzeugt, dass nur die auf den Namen Jesu Getauften gerettet würden. Sie beteiligten sich aber tagtäglich am Gebet der jüdischen Frommen im Tempel, sie fühlten und benahmen sich doch als Angehörige der jüdischen Glaubensgemeinschaft, und man kannte und schätzte sie. Eine Sekte? Nein!

In der Tat gab es viele messianische und andere Gruppen, die ihre besondere Theologie, ihre besonderen Kultformen entwickelten. Dennoch darf man sich den Effekt dieser frühen judenchristlichen Gemeinde nicht so groß und intensiv vorstellen, wie Lukas ihn ausmalt. Es war eine kleine Gruppe, deren Kern und Leitung die »Zwölf«, die »Apostel« bildeten – zunächst.

Dieser Text zeigt auch, dass die Phase des gemeinsamen Wohnens und des allgemeinen Hausverkaufs beendet war, als sich die Zahl der Bekehrten vergrößerte. »In ihren Häusern brachen sie das Brot« – das heißt, dass sie unabhängig vom Tempelbesuch privat das Jesusmahl feierten, »in ihren Häusern«.

Sicher fanden sie sich dazu in größeren Gruppen zusammen. Ob sie wirklich beliebt waren? Gewiss nicht bei allen, schon gar nicht bei der misstrauischen Obrigkeit. Vermutlich lebten sie als einfache Menschen mitten unter anderen einfachen Menschen, denen sie meist sympathisch waren. Dem Autor ist es gleichwohl wichtig, ihre Attraktivität hervorzuheben, die »viele« Menschen dazu brachte, sich taufen zu lassen. Dennoch war die »Herde« klein, ihr

galt die von Lukas im Evangelium bewahrte Ermutigung Jesu:

»Fürchte dich nicht, du kleine Herde! Denn euer Vater hat beschlossen, euch das Reich zu geben.«

Folgen wir aber dem Chronisten weiter, der von vielen Bekehrungen spricht. Die Apostel, Petrus voran, heilen Kranke. All das erregt großes Aufsehen, zumal Petrus erneut eine Rede hält, natürlich auf dem Tempelplatz, wo auch anders? Lukas lässt ihn von Neuem die eminente Bedeutung Jesu betonen, um schließlich mit einem aufrüttelnden Appell zu enden: Zwar sei Jesus zu allen Völkern gesandt worden, aber:

»Für euch zuerst hat Gott seinen Knecht erweckt und gesandt, damit er euch segnet und jeden von seiner Bosheit abbringt« (3,26).

Die Obrigkeit sieht sich genötigt, dem Treiben der Jesusleute ein Ende zu bereiten und energisch gegen sie vorzugehen (Kapitel 4 und 5). Vor dem Hohen Rat, der den Aposteln verbieten will, zu predigen und zu heilen, erklärt Petrus daraufhin im Namen seiner Mitapostel selbstbewusst:

»Man muss Gott mehr gehorchen als den Menschen.«

Lukas will seinen Lesern zeigen: Diese Menschen lassen sich von ihrer Mission nicht mehr abbringen, sie fürchten niemanden mehr außer Gott.

Judenchristen zweierlei Art

Jerusalem war damals keine homogene jüdische Stadt, dort lebten vielmehr Juden aus allen Ländern der bekannten Welt, langfristig oder doch immer wieder anlässlich der großen Pilgerfeste. Nur die einheimischen Juden beherrschten und gebrauchten im Alltag die angestammte aramäische Sprache, aber nicht die sogenannten »Hellenisten«; sie sprachen meist Griechisch. Das gottesdienstliche Hebräisch war allen Juden zwar gemeinsam, doch gab es außer den »hebräischen« auch »hellenistische« Synagogen. Hier benutzte man für die Schriftlesung in der Regel die seit etwa 250 v. Chr. in Alexandria entstandene griechische Übersetzung der heiligen Bücher. Weil angeblich 72 Gelehrte sie anfertigten, heißt sie »Septuaginta«.

Ohne »Vorwarnung« konfrontiert der Autor der Apostelgeschichte in seinem sechsten Kapitel mit der Tatsache, dass auch die Urgemeinde in »hebräische«

Unterirdisches Jerusalem
Ausgrabungen jüngerer Zeit ergänzen die
immer noch sehr lückenhafte Kenntnis
der antiken Topographie Jerusalems. So
wurden Teile des Cardo, der in Nord-Süd-
Richtung verlaufenden Hauptstraße der
von Kaiser Hadrian neu gegründeten
»Colonia Aelia Capitolina« freigelegt
und zugänglich gemacht (oben).
Etwa 100 Meter von der Südmauer des
Tempelbergs entfernt kamen die Überreste eines großen zweistöckigen Gebäudes aus herodianischer Zeit ans Licht
(unten). Vorläufig wurde es als jener
Palast des Königshauses von Adiabene
identifiziert, der Josephus Flavius zufolge
in der Unterstadt stand. Die zum Judentum übergetretene Fürstenfamilie hatte
sich in Jerusalem niedergelassen.
Am Ausgang des Stadttals stieß man
auf das untere Becken des Schiloach. Die
2005 aufgedeckten Steinstufen am Nordrand des Beckens (unten rechts) lassen
darauf schließen, dass die schon länger
genutzte Badeanlage unter Herodes dem
Großen ausgestaltet wurde. Nach der
Zerstörung der Stadt im Jahre 70 wurde
sie nicht mehr unterhalten und versank
im Laufe der Zeit 5 Meter tief unter
angeschwemmtem Material.

und »hellenistische« Judenchristen geteilt war. Wahrscheinlich feierte man das »Brotbrechen«, das Jesusmahl, demgemäß in verschiedenen Sprachgemeinschaften. Das wäre nichts Besonderes, hätte sich da nicht ein Konflikt ergeben: Die »Hellenisten« beschwerten sich, »weil ihre Witwen bei der täglichen Versorgung übersehen wurden«.

Bei dieser Gelegenheit erfahren wir, dass die Urgemeinde einen geregelten Sozialdienst eingerichtet hatte, ein Indiz für zunehmende Aufgaben und den weiteren Ausbau von Strukturen. Wir erfahren aber auch, dass es Misshelligkeiten gab, zumindest zwischen den hauptsächlichen Sprachgruppen, ganz bestimmt nicht nur wegen der Vernachlässigung der hellenistischen Witwen.

Dieser Konflikt war ein Symptom für innere Spannungen, vielleicht sogar grundsätzliche. Denn die »hebräischen« Juden waren wesentlich konservativer als die »hellenistischen«, die ja zum großen Teil aus den multikulturellen und weltoffenen Großstädten Alexandria und Antiochia kamen. Bei all ihrer Anhänglichkeit an den Tempel ging wohl vielen Diasporajuden der rechthaberische, auf der absolut maßgebenden Bedeutung der Tempelherrschaft beharrende Konservatismus der Jerusalemer »Frommen« buchstäblich auf die Nerven. Es mag sein, dass dieses gespannte Verhältnis auch das Klima in der Urgemeinde beeinflusste. Die dem Stephanus zugeschriebene Rede vor dem Hohen Rat kann darauf hindeuten.

Der Sozialdienst scheint die Gemeindeleitung stark beansprucht zu haben. »Die Zwölf«, wie sie an dieser Stelle nun wieder genannt werden, berufen wegen des »hellenistischen« Protestes eine Vollversammlung »der Jünger« ein – später wird von der »ganzen Gemeinde« gesprochen – und erklären:

»Es ist nicht recht, dass wir das Wort Gottes vernachlässigen und uns dem Dienst an den Tischen widmen.«

Sie schlagen vor, ein neues Amt einzuführen, das sie entlasten soll. Sie fordern die Gemeinde auf, »aus eurer Mitte sieben Männer von gutem Ruf und voll Geist und Weisheit« zu wählen. Heutige Leser der Apostelgeschichte werden aufmerksam konstatieren: »zu wählen«. Die Gemeinde ist sehr einverstanden und wählt die folgenden Männer aus, allesamt Juden mit »hellenistischen« Namen; nur einer ist ein zum Judentum bekehrter Proselyt:

»Stephanus, einen Mann, erfüllt vom Glauben und vom Heiligen Geist, ferner Philippus und Prochorus, Nikanor und Timon, Parmenas und Nikolaus, einen Proselyten aus Antiochia.«

Ihnen legen die nunmehr wieder so bezeichneten »Apostel« die Hände auf. Wie die gleich anschließend von Lukas dem Stephanus in den Mund gelegte Rede vor dem Hohen Rat zeigt, waren diese sieben Männer nicht nur karitativ tätig, sie müssen wohl auch zur Verkündigung der Botschaft herangezogen worden sein.

Summarisch sagt der Chronist dann noch, dass nun alles gut weiterging:

»Das Wort Gottes breitete sich aus, und die Zahl der Jünger in Jerusalem wurde immer größer; auch eine große Anzahl von den Priestern nahm gehorsam den Glauben an.«

Stephanus wird gesteinigt – ein gewisser Saulus tritt auf

Doch scheint es zu einem schweren Konflikt gekommen zu sein, und zwar durch eine wohl sehr hitzige Debatte des Stephanus mit »hellenistischen« Frommen »der sogenannten Synagoge der Libertiner (gemeint sind »Freigelassene«) und Kyrenäer und der Provinz Asien« (6,8 ff.; 7,1 ff.). Worum der Streit ging, lässt der weitere Bericht erkennen: Stephanus dürfte die politisch-religiöse Tempelobrigkeit heftig kritisiert haben, wahrscheinlich mit starkem Bezug zur Tempelkritik Jesu, indirekt auch zu der Johannes' des Täufers. Jedenfalls »schleppen« ihn die Synagogenleute, die gegen seine »Weisheit« und den »Geist, mit dem er sprach«, nicht ankommen, vor den Hohen Rat und heuern falsche Zeugen an:

»Dieser Mensch hört nicht auf, gegen diesen heiligen Ort und das Gesetz zu reden. Wir haben ihn nämlich sagen hören: Dieser Jesus, der Nazoräer, wird diesen Ort zerstören und die Bräuche ändern, die uns Mose überliefert hat.«

Die Ähnlichkeit mit der Anklage gegen Jesus vor dem Hohen Rat ist deutlich zu erkennen. Wieder lässt man »falsche Zeugen« auftreten, die absichtlich übertreiben. Dass der Stephanus des Lukas Kritik am Tempel, dem »heiligen Ort«, und an einer verkrusteten Gesetzesfrömmigkeit geübt hat, ist jedoch sicher anzunehmen.

Stephanus steht für jene »hellenistischen«, nicht fundamentalistisch-frommen Diasporajuden, die zwar selbstverständlich zum Tempel pilgerten, sich als weltgewandte und selbstbewusste Menschen in ihrem Denken und Handeln aber nicht von kleinkariert denkenden Besserwissern beherrschen lassen wollten, vor allem aber eine Reform der Religion auf Zukunft hin forderten.

Die Rede vor dem Hohen Rat, die Lukas dem Stephanus in den Mund legt, ist die längste der vielen für die Apostelgeschichte komponierten Ansprachen. Der Hohepriester, wohl immer noch Kajaphas, dient lediglich als Stichwortgeber: »Ist das wahr«, was die Kläger behaupten? Der engagierte junge Jesusanhänger, dessen Gesicht allen Ratsmitgliedern »wie das Gesicht eines Engels« erscheint, erweist sich als ein Jude, der die Heilsgeschichte Israels genau kennt und sie als seine eigene Überzeugung vorträgt. Mit eindrucksvoller Prägnanz zeichnet er die wesentlichen Phasen der Geschichte Israels nach, ihre Höhen und Tiefen, seitdem »der Gott der Herrlichkeit … unserem Vater Abraham« erschien bis hin zum Zug des Volkes durch die Wüste.

Dann aber folgt eine heftige tempelkritische Argumentation, die das Establishment bis aufs Blut reizen muss: Das in der Gnade Jahwes wandernde Volk, »unsere Väter«, hatte »in der Wüste das Bundeszelt« errichtet, das jederzeit bewegliche, nicht in Stein fest gegründete Heiligtum der Gnade.

»So hat Gott es angeordnet; er hat dem Mose befohlen, es nach dem Vorbild zu errichten, das er geschaut hatte.

Und unsere Väter haben es übernommen und mitgebracht, als sie unter Josua (dem Nachfolger des Mose) das Land der Heidenvölker besetzten, die Gott vor den Augen unserer Väter vertrieb, bis zu den Tagen Davids. Dieser fand Gnade vor Gott und bat für das Haus Jakob um ein Zeltheiligtum. Salomo aber baute ihm ein Haus.«

Das ist der Kern der Kritik: »Salomo aber« handelte gegen die Weisung Gottes, er versuchte, Gott in einem massiven Monument zu fixieren. Allein das provisorische, an keinen bestimmten Ort gebundene, gewissermaßen von Jahwe selbst entworfene Zelt wäre eine gültige Wohnung Jahwes unter den Menschen:

Denn der »Höchste wohnt nicht in dem, was von Menschenhand gemacht ist, wie der Prophet (Jesaja 66, 1 ff.) sagt: Der Himmel ist mein Thron und die Erde der Schemel für meine Füße. Was für ein Haus könnt ihr mir bauen?, spricht der Herr. Oder welcher Ort kann mir als Ruhestätte dienen? Hat nicht meine Hand dies alles gemacht?«

Nun wird der Visionär zum Propheten, Stephanus steigert sich leiden-

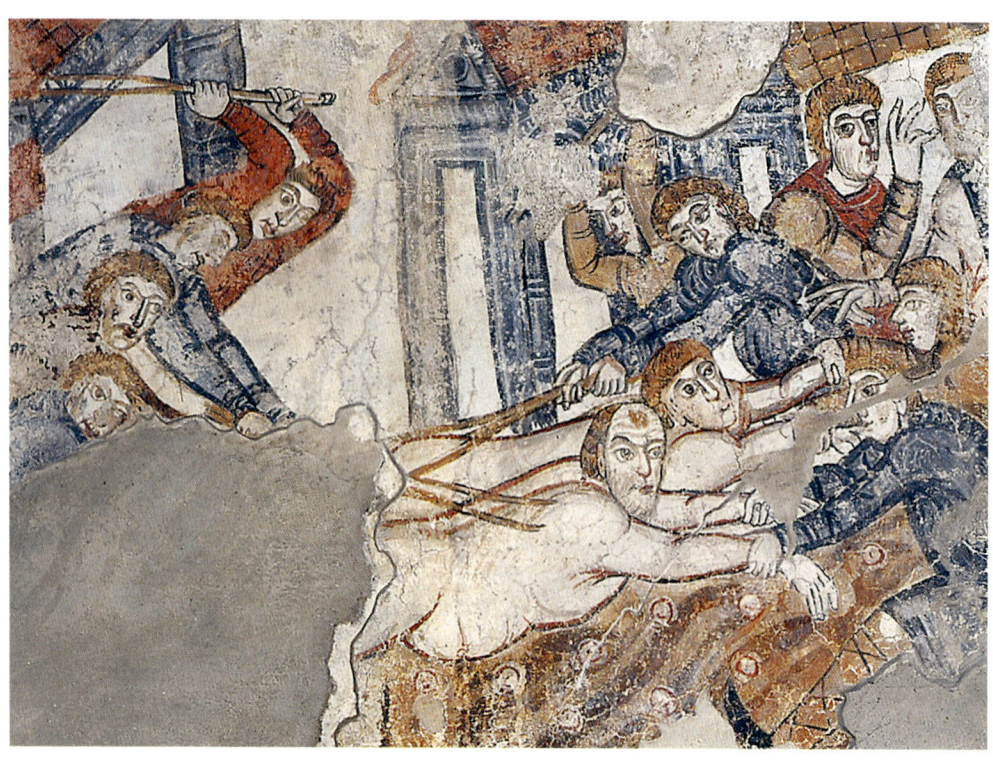

Stephanus und Saulus-Paulus

In der karolingischen Krypta von Saint-Germain in Auxerre (Burgund) blieben zwei Fresken mit Szenen der Geschichte des Stephanus aus dem 9. Jahrhundert erhalten. Eines zeigt ihn, umgeben von empörten Zuhörern, bei seiner Rede vor dem Hohen Rat, das andere stellt die Steinigung dar (oben). Links im Bild ist Jerusalem zu sehen, vor dessen Mauern der Lynchmord stattfand.

Noch älter sind wohl die Wandmalereien von St. Prokulus in Naturns (Südtirol), die Paulusthemen zeigen. Aus dem Christenverfolger Saulus, vor dem die Mörder des Stephanus ihre Kleider ablegten, wurde der Völkerapostel Paulus, der nun seinerseits mancherlei Bedrängnis zu erleiden hatte. Aus Damaskus musste er, im Korb von der Stadtmauer herabgelassen, vor seinen Verfolgern fliehen (links innen), und wiederholt brachte ihm seine Predigt die Synagogenstrafe ein, wurde er »mit Ruten gestrichen« (links außen).

schaftlich in eine heftige Beschimpfung hinein:

»Ihr Halsstarrigen, ihr, die ihr euch mit Herz und Ohr immerzu dem Heiligen Geist widersetzt, eure Väter schon und auch ihr. Welchen der Propheten haben eure Väter nicht verfolgt?«

Erst an dieser aufs Äußerste geschärften Stelle kommt der Lukas-Stephanus auf Jesus zu sprechen: Alle haben versagt, »auch ihr«, nicht etwa aus Dummheit, sondern in sturer Absicht:

Eure Väter *»haben die getötet, die die Ankunft des Gerechten geweissagt haben, dessen Verräter und Mörder ihr jetzt geworden seid, ihr, die ihr durch die Anordnung von Engeln das Gesetz empfangen, es aber nicht gehalten habt.«*

Am Ende seiner Rede gerät Stephanus völlig außer sich und schreit sein Bekenntnis zu Jesus, dem »Gerechten«,

dem Erfüller der Absichten Gottes, ungehemmt in den Hohen Rat hinein:

»Ich sehe den Himmel offen und den Menschensohn zur Rechten Gottes stehen.«

Das ist in den Ohren seiner Zuhörer Blasphemie – absolut unerträglich! In blinder Wut wird er ohne jede Rücksicht auf das römische Besatzungsrecht zur Stadt hinausgetrieben und gesteinigt. Bevor er stirbt, betet er:

»Herr Jesus, nimm meinen Geist auf! ... Rechne ihnen diese Sünde nicht an!«

Für das heutige Verständnis ist es wichtig, zu beachten, dass es hier nicht um einen Streit zwischen Juden und Christen geht, sondern um eine innerjüdische Diskussion über die rechte Auslegung und Ausgestaltung des überkommenen Glaubens. Die Ausrichtung auf den Jesusglauben gilt noch

285

MASADA

Der Fall von Masada besiegelte das Ende des jüdischen Aufstandes. Zuerst war Vespasian (unten) römischer Befehlshaber; als er im Jahre 69 Kaiser wurde, löste ihn sein Sohn Titus ab. Herodes der Große hatte um 35 v. Chr. eine bereits bestehende Festung zu einer Fluchtburg ausbauen lassen, in der sich Militärtechnik und Luxus vereinigten (rechts: Schaubild der Festung; rechts oben: Rekonstruktion des »hängenden« Palastes; unten: Grundriss der Anlage auf dem Felsplateau). Die Wasserversorgung sicherten zwölf Zisternen (oben). Taubenhäuser lieferten Nahrung (rechte Seite, innen). In der Kasemattenmauer richteten die Zeloten eine Synagoge ein (rechte Seite, außen).

Architektonischer Höhepunkt ist der auf drei Ebenen angelegte »hängende« Palast des Herodes an der Nordspitze des Burgfelsens. Er war luxuriös mit Wandmalereien und Bodenmosaiken ausgestattet.

Südlich vor dem »hängenden« Palast liegt ein Komplex aus Vorratsräumen und Verwaltungsgebäuden, zu dem auch ein Badehaus und eine Beamtenvilla gehörten.

Südtor

Südbastion

Ritualbad

Badehaus

Magazine

Schlangenpfadtor

Wohnhäuser

Wasserbecken

Beamtenvilla

Nordpalast

Westpalast

Kasemattenmauer

Synagoge

Westtor

N

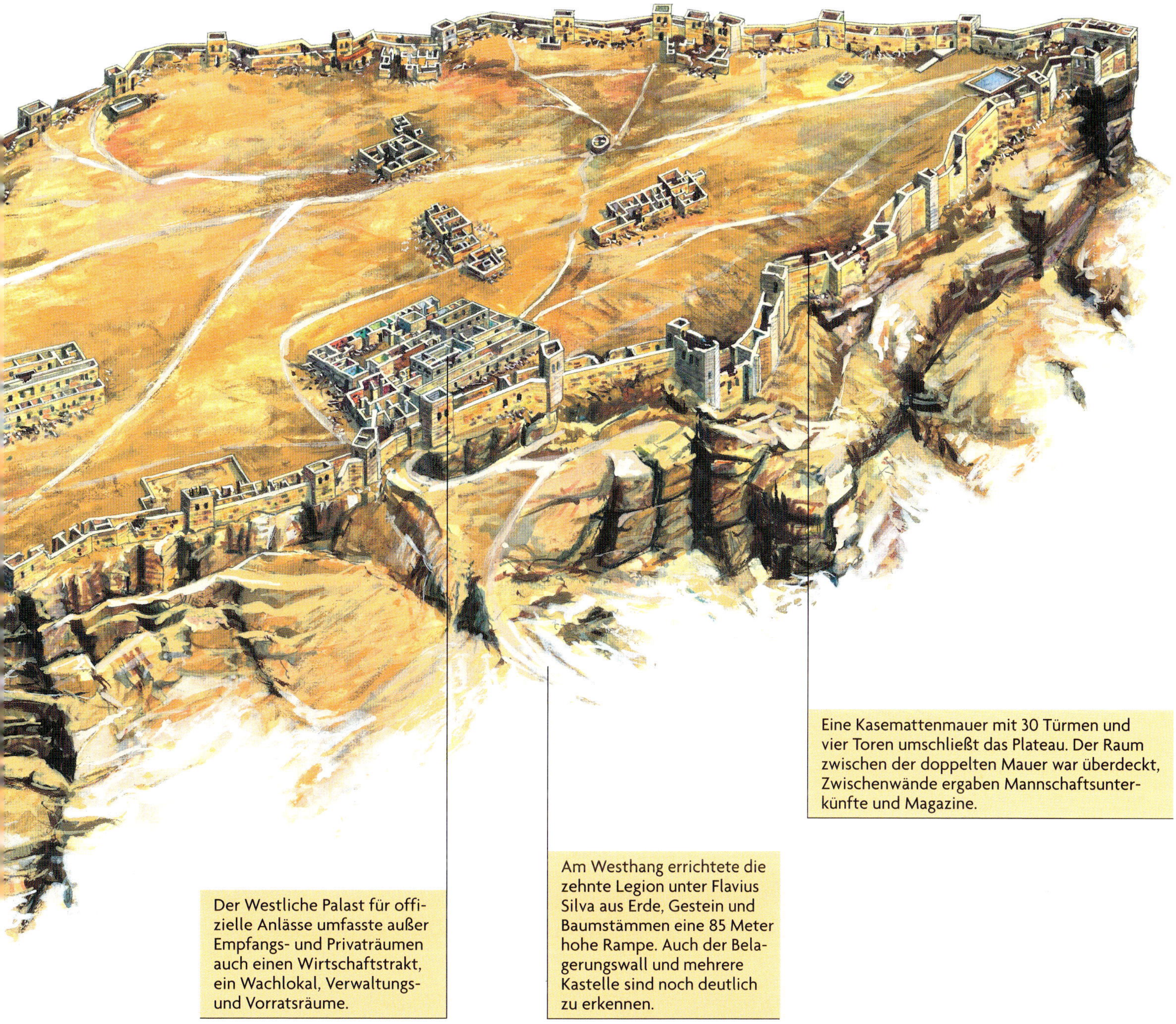

Eine Kasemattenmauer mit 30 Türmen und vier Toren umschließt das Plateau. Der Raum zwischen der doppelten Mauer war überdeckt, Zwischenwände ergaben Mannschaftsunterkünfte und Magazine.

Am Westhang errichtete die zehnte Legion unter Flavius Silva aus Erde, Gestein und Baumstämmen eine 85 Meter hohe Rampe. Auch der Belagerungswall und mehrere Kastelle sind noch deutlich zu erkennen.

Der Westliche Palast für offizielle Anlässe umfasste außer Empfangs- und Privaträumen auch einen Wirtschaftstrakt, ein Wachlokal, Verwaltungs- und Vorratsräume.

Josephus Flavius

Josef ben Mathitjahu stammte aus dem Jerusalemer Priesteradel. Der hochgebildete und angesehene Mann war etwa 30 Jahre alt, als er am Beginn des antirömischen Aufstandes der Jahre 66 bis 70 die galiläischen Truppen befehligte. Schon nach einem Jahr wurde er von Vespasian besiegt und gefangen genommen. Er gewann dessen Wohlwollen, hoffte aber vergeblich, die Zerstörung Jerusalems verhindern zu können. Im Jahre 70 folgte er Titus, Vespasians Sohn und nach ihm Oberbefehlshaber, nach Rom. Er wurde in die kaiserliche Großfamilie der Flavier aufgenommen, weswegen man ihn als Josephus Flavius kennt. Vom Kaiserhaus gut dotiert, lebte er mit seiner Familie in einer römischen Villa. Um das Jahr 101 ist er gestorben. Seine Landsleute hielten ihn lange Zeit für einen Verräter; heute geht man mit seinem Andenken gerechter um, denn Josephus setzte sich vehement für sein Volk und seine Heimat ein. Um die Erinnerung an ihre Vergangenheit zu bewahren, verfasste er zwei Geschichtswerke. Im Jahre 79 schloss er »Die Geschichte des jüdischen Krieges« (De bello judaico) ab, im Jahre 94 die »Jüdischen Altertümer« (Antiquitates judaicae), eine Geschichte der Juden seit der Schöpfung bis zum Ausbruch des Aufstandes. Wegen ihrer zeitlichen Nähe zum Leben Jesu genossen diese Schriften in der christlichen Spätantike und im Mittelalter höchstes Ansehen. Für unsere Kenntnis des hellenistischen Orients und der Verhältnisse im Heiligen Land zur Zeit Jesu sind sie von allergrößtem Wert.

weitgehend als ein jüdisches Problem. Dabei ist es dem Chronisten selbstverständlich bewusst, dass das in seiner Zeit, nur wenige Jahrzehnte später, schon nicht mehr so ist. Man darf die Rede seines Stephanus aus heutiger Perspektive dennoch nicht als prinzipielle Kritik an der jüdischen Glaubenstradition verstehen.

Doch kennzeichnet Lukas, absichtlich oder auch nicht, die Ermordung des Stephanus als den Beginn der Loslösung der Christinnen und Christen aus der jüdischen Glaubensgemeinschaft, aus dem Bewusstsein, »jüdisch« zu sein. Diese Loslösung vollzieht sich als ein durchaus schwieriger Prozess, wie noch zu zeigen sein wird. Je mehr die Zahl der »Heidenchristen« sich erhöht, desto schneller wird die Zugehörigkeit zur jüdischen Religionsgemeinschaft Geschichte.

Christinnen und Christen beginnen nämlich, sich auf die Eigenständigkeit ihres Glaubens zu besinnen. Als außerordentlich wichtig für diesen »Neuen Weg« sollte sich ein Mann erweisen, dem wir bei der Steinigung des Stephanus erstmals begegnen:

»Die Zeugen legten ihre Kleider zu Füßen eines Mannes nieder, der Saulus hieß.«

Dann folgt die lakonisch knappe Feststellung:

»Saulus aber war mit dem Mord einverstanden.«

Struktur der Urgemeinde

Die Verschiedenheit der theologischen Konzepte und der Glaubenspraktiken in den kanonischen Schriften des Neuen Testamentes, von den apokryphen ganz zu schweigen, zeigt deutlich, dass es im Urchristentum noch keine oberste Führungs- und Lehrautorität gab, jedenfalls nicht im Sinne der Binnenstruktur der heutigen Römischen Kirche.

Die Jerusalemer Urgemeinde besaß bei der Lösung grundsätzlicher Probleme und schwerwiegender Streitfragen freilich Autorität im Sinne von

Authentizität, Leitung und Initiative. Man erkennt eine Struktur im Werden, wie sie angesichts der raschen Ausbreitung der Jesusbewegung und infolge der Ausbildung eigenständiger, zunehmend heidenchristlicher Gemeinden notwendig war.

Konfliktfrei ging es durchaus nicht zu in der frühen Christenheit. Nach dem Ende der Jerusalemer Urgemeinde, spätestens bei der Zerstörung der Stadt im Jahre 70, waren andere, schon länger angelegte Strukturen weiterzuentwickeln, vorrangig von den Metropolen aus: Antiochia, Alexandria, Rom.

Wie schon berichtet, hatte man für die hellenistisch-christliche Gruppe in Jerusalem sieben führende Leute berufen, Stephanus und seine Kollegen (Apostelgeschichte 6,1 ff.). Üblicherweise nennt man sie »Diakone«. Sie waren aber nicht Diakone im Sinne der später ausgebildeten hierarchischen Ämterstruktur, sondern sicherlich »Priester« und Missionare. So ging Philippus nach der Ermordung des Stephanus in die »Hauptstadt Samariens hinab und verkündigte dort Christus« (8,4 ff.).

Von »den Zwölf« spricht der Chronist danach nicht mehr, auch nicht von einem »Leitungsteam« der zwölf Apostel. Im Brief an die Galater (1,17 ff.) berichtet Paulus um das Jahr 35, er habe für zwei Wochen die Jerusalemer Gemeinde besucht, um »Kephas« (Petrus) kennenzulernen:

»Von den andern Aposteln habe ich keinen gesehen, nur Jakobus, den Bruder des Herrn.«

Paulus gebraucht hier den »Apostel«-Titel schon nicht mehr im alten Sinne, er meint damit alle, die eine herausragende Bedeutung haben. Im Jahre 48 trifft er anlässlich des sogenannten Apostelkonzils »Jakobus, Kephas und Johannes, die als die ›Säulen‹ Ansehen genießen« (2,1 ff.).

Beide Bemerkungen lassen erkennen, dass die Jerusalemer Urgemeinde nunmehr hauptsächlich von Jakobus

Jüdischer Schicksalsberg

Der 400 Meter aufragende Felsen von
Masada am Westufer des Toten Meeres
wurde für den neuen jüdischen Staat zum
Mythos, er ist Israels Nationaldenkmal
und eine große Touristenattraktion (oben:
Luftaufnahme von Nordwesten, auf der
die Belagerungsrampe gut zu erkennen
ist). Josephus Flavius schildert die dramatischen Ereignisse, den Untergang der
tausend Verteidiger, die jahrelang aus-
harrten und schließlich den Tod der Sklaverei vorzogen.

Drei Jahre zuvor war Jerusalem erobert
worden. Das berühmte Relief des Titus-
bogens am Forum Romanum (links oben)
stellt den Triumphzug des siegreichen
Feldherrn dar, bei dem die Menora und
der Tisch der Schaubrote aus dem Tempel
als Beute mitgeführt wurden.

Bei den 1962–1965 durchgeführten Ausgrabungen wurden die meisten Gebäude
freigelegt und teilweise rekonstruiert
(rechts: Vorratsmagazine).

geleitet wird. Petrus und Johannes wirken zu dieser Zeit als Wandermissionare unter den Juden.

Jakobus, der »Herrenbruder«

Die Familie Jesu gelangte erst nach Ostern zum Glauben an die Messiaswürde Jesu. Im ersten Korintherbrief sagt Paulus ausdrücklich, auch Jakobus habe eine Auferstehungsvision erlebt. Jakobus spielte in der Jerusalemer Urgemeinde eine sehr wichtige Rolle. Er ist nicht zu verwechseln mit jenem »Apostel« Jakobus, dessen Grab man in Santiago de Compostela verehrt.

Er war ein frommer, allseits hoch angesehener Jude, auch als Jesusanhänger und Gemeindeleiter; tagtäglich war er im Tempel und betete. Die Gemeinde leitete er ganz gewiss im Geiste traditioneller jüdischer Frömmigkeit. Gleichwohl bewies er beim Apostelkonzil große Klugheit, indem er für die Befreiung der Heidenchristen von der Beschneidungspflicht eintrat.

Eusebius, Bischof von Caesarea Maritima und eifriger Bewunderer des Kaisers Konstantin, legte im frühen 4. Jahrhundert eine aus zahlreichen Quellen erarbeitete »Kirchengeschichte« vor, ohne die unsere Kenntnisse über das frühe Christentum sehr viel ärmer wären. Er berichtet ausführlich über Jakobus, was zeigt, dass man sich damals immer noch stark an ihn erinnerte. Eusebius bringt die folgende legendenhafte, aber dennoch aussagekräftige Beschreibung des Jakobus:

»Die Kirche wurde übernommen von den Aposteln und Jakobus, dem Bruder des Herrn, der von den Zeiten des Herrn bis in unsere Tage allgemein der Gerechte genannt wurde ... Schon vom Mutterleib an war er heilig. Wein und geistige Getränke nahm er nicht zu sich, auch aß er kein Fleisch. Eine Schere berührte nie sein Haupt, noch salbte er sich mit Öl oder nahm er ein Bad. Jakobus allein war es gestattet, das Heiligtum zu betreten ... Allein pflegte er in

Antiochia

In der syrischen Metropole Antiochia am Orontes (heute Antakya im Südosten der Türkei) wurden der Apostelgeschichte (11,26) zufolge die Anhänger Jesu zum ersten Mal Christen genannt. Die um 300 v. Chr. von Seleukos I. Nikator zu Ehren seines Vaters Antiochos gegründete Stadt entwickelte sich zu einem der glanzvollsten hellenistischen Zentren. Von ihrer einstigen Pracht zeugen noch die in dem Villenvorort Daphne entdeckten Bodenmosaiken, die jetzt im Museum von Antakya ausgestellt sind. Das »Große Jagdmosaik« aus dem 5. Jahrhundert wird von einem Fries gerahmt (oben ein Ausschnitt), der ein Stadtpanorama ausbreitet. Man sieht Straßenszenen und inschriftlich bezeichnete berühmte Gebäude der Stadt wie das »Olympische Stadion« oder das »Privatbad des Ardabourios«. An den Aufenthalt des Apostels Petrus in Antiochia erinnert ein Grotte, die in der Kreuzfahrerzeit zur Kirche ausgebaut wurde (linke Seite, innen: die Fassade; außen: der Innenraum). Hinter dem Altar tropft Wasser von der Felswand herab, das bei Christen wie Muslimen als heilbringend gilt.

den Tempel zu gehen, und man fand ihn auf den Knien liegend und für das Volk um Verzeihung flehend ... Wegen seiner hervorragenden Gerechtigkeit wurde er der Gerechte genannt.«

Sieht man von den etwas degoutanden, sicher nicht historischen, aber den Heiligkeitsanforderungen des späteren syrischen Mönchtums angeglichenen »Vorzügen« dieses Mannes ab, so bestätigt Eusebius seine starke Stellung in Jerusalem sehr klar.

Anscheinend meinten viele, dieser fromme Mann sei kein Jesusanhänger. Umso mehr wollten »die Juden« ganz gezielt den Bruder Jesu dazu bewegen, sich von ihm und seiner Gemeinde zu distanzieren. Es ging ihnen darum, die immer stärkere Abwanderung zur Jesusbewegung zu unterbinden.

Nachdem sich Paulus ihrem Zorn durch seinen Appell an das kaiserliche Gericht in Rom entzogen hatte, nahmen sich »die Juden«, so berichtet Eusebius, den »Bruder des Herrn« vor:

»Sie zitierten ihn und verlangten von ihm, dass er vor dem ganzen Volk dem Glauben an Christus abschwöre. Als nun aber Jakobus wider aller Erwarten offen und frei vor der ganzen Menge, wie man es nicht vermutet hatte, bekannte, Jesus, unser Erlöser und Herr, sei der Sohn Gottes, da vermochten sie das Zeugnis dieses Mannes nicht mehr zu ertragen, zumal er überall wegen der Strenge seiner sittlichen und religiösen Auffassung als der gerechteste Mann galt, und sie töteten ihn.«

Eusebius gibt auch die Nachricht weiter, Jakobus sei von der Zinne des Tempels gestürzt und dann gesteinigt worden. Den auch von Josephus Flavius in den »Antiquitates« erwähnten Lynchmord veranlasste im Jahre 61/62 der sadduzäische Hohepriester Ananus, und zwar gegen den Willen vieler gerecht denkender Juden. Er hatte eine kurze Vakanz des römischen Statthalteramtes ausgenutzt. Der schon herannahende neue Prokurator Albinus ermahnte ihn scharf, der für Ananus zuständige König Herodes Agrippa II. setzte ihn auf der Stelle ab.

Im apokryphen Thomasevangelium, einer Sammlung von Aussprüchen (Logien) Jesu aus dem 2. Jahrhundert, wird die Stellung des Jakobus, wohl gegenüber Petrus, durch eine eindeutig nacherfundene, am Ende etwas rätselhafte Weisung Jesu stark hervorgehoben (Logion 12):

»Die Jünger sagten zu Jesus: Wir wissen, dass du uns verlassen wirst. Wer ist es, der groß über uns werden (uns leiten) wird? Jesus sprach zu ihnen: Wo auch immer ihr herkommt, geht zu Jakobus, dem Gerechten, für den Himmel und Erde gemacht worden sind.«

Jakobus war also ein Großer im frühesten Christentum.

Das Apostelkonzil – Beschneidung für die Heiden?

Eine der für die Entwicklung und Ausbreitung der Christenheit wichtigsten Entscheidungen stand um das Jahr 45 an, also etwa fünfzehn Jahre nach dem Tod Jesu. Bis dahin hatten sich so viele »Heiden« für den Jesusglauben entschieden – zumal in Antiochia und Syrien – dass man erörtern musste, ob sich diese Leute der Beschneidung zu unterziehen hätten oder nicht.

Über das zur Klärung dieser Frage tagende sogenannte Apostelkonzil, das wahrscheinlich im Jahre 48 stattfand, sind wir durch den Galaterbrief des Paulus (2,1 ff.) und durch die Apostelgeschichte (15,1 ff.) unterrichtet. Wenn man diese Versammlung heute als das »erste Konzil« bezeichnet, ist das historisch nicht korrekt. Gleichwohl: Es ging um eine Grundsatzentscheidung von großer Tragweite.

Worin bestand das Problem? In Antiochia gab es schon sehr früh zahlreiche Heidenchristen, sodass neben der jüdischen Synagogengemeinde eine eigene »christliche« Gemeinde entstand. Ihren Mitgliedern wurde die Beschneidungspflicht nicht auferlegt,

> **»Überall fand ich Glaubensgenossen ... und der Glaube bereitete überall eine Speisung: den Fisch von der Quelle, den überaus großen, den reinen, den eine reine Jungfrau gefangen hatte; und diesen gab sie mit trefflichem Wein; ihn gab sie als Mischwein mit Brot.«**
>
> *Grabinschrift des Aberkios, um 190*

sie wurden einfach nur getauft. Paulus stimmte dem nachdrücklich zu. Mit dieser »liberalen« Praxis waren aber etliche konservative Judenchristen nicht einverstanden. Paulus (Galater 2,4) spricht in heftigem Zorn von ihnen als falschen Brüdern und Eindringlingen, *»die sich eingeschlichen hatten, um die Freiheit, die wir in Christus Jesus haben, argwöhnisch zu beobachten und uns zu Sklaven zu machen«.*

Der Lukas-Chronist stellt den Konflikt ruhiger dar, aber nicht weniger brisant:

»Es kamen einige Leute von Judäa herab und lehrten die Brüder: Wenn ihr euch nicht nach dem Brauch des Mose beschneiden lasst, könnt ihr nicht gerettet werden. Nach großer Aufregung und heftigen Auseinandersetzungen zwischen ihnen und Paulus und Barnabas beschloss man, Paulus und Barnabas und einige andere von ihnen sollten wegen dieser Streitfrage zu den Aposteln und Ältesten nach Jerusalem hinaufgehen.« (Apostelgeschichte 15,1 f.)

Nach dem Bericht über die Situation in Antiochia erklären einige Pharisäer, »die gläubig geworden waren«:

»Man muss sie beschneiden und von ihnen fordern, am Gesetz des Mose festzuhalten.« (15,5)

Den wohl lautstarken »heftigen Streit« schlichten Petrus und Jakobus, beide mit großer Autorität. Petrus verweist darauf, dass durch sein eigenes Wirken »die Heiden« zum Evangelium und zum Glauben gelangt seien, dass sie von Gott her den Heiligen Geist empfangen hätten und dass dadurch Gott

die anstehende Frage bereits selbst entschieden habe:

Gott »machte keinerlei Unterschied zwischen uns und ihnen; denn er hat ihre Seelen durch den Glauben gereinigt. Warum stellt ihr also jetzt Gott auf die Probe und legt den Jüngern ein Joch auf den Nacken, das weder unsere Väter noch wir tragen konnten? Wir glauben im Gegenteil, durch die Gnade Jesu, des Herrn, gerettet zu werden, auf die gleiche Weise wie jene.« (15,9 ff.)

Der schlechthin entscheidende Grundsatz ist also: Nicht die Beschneidung sowie die Beachtung des jüdischen Gesetzes sind ausschlaggebend, sondern »die Gnade Jesu, des Herrn«.

Dass gleich anschließend Jakobus, der eigentlich doch fromme Jude und konservative Leiter der Jerusalemer Judenchristen, dieser Stellungnahme des Petrus nachdrücklich zustimmt, lässt auch im Rückblick noch staunen. Ohne diese Zustimmung wäre die globale Ausbreitung des Jesusglaubens zumindest stark verzögert worden.

Die Abgesandten kehren mit dem ganz und gar »amtlich« klingenden Bescheid nach Antiochia zurück:

»Die Apostel und die Ältesten, eure Brüder, grüßen die Brüder aus dem Heidentum in Antiochia, in Syrien und Kilikien. Wir haben gehört, dass einige von uns, denen wir keinen Auftrag erteilt haben, euch mit ihren Reden beunruhigt und eure Gemüter erregt haben ...

Der Heilige Geist und wir haben beschlossen, euch keine weitere Last aufzuerlegen, als diese notwendigen

Dinge: Götzenopferfleisch, Blut, Ersticktes und Unzucht zu meiden. Wenn ihr euch davor hütet, handelt ihr richtig. Lebt wohl!« (15,23 ff.)

Mit »Unzucht« wird hier wohl alles unmoralische Verhalten bezeichnet.

Im Galaterbrief, der in dieser Streitfrage einen emotional sehr aufgewühlten und unbedingt überzeugten Paulus erkennen lässt, sagt dieser:

»Den falschen Brüdern haben wir uns keinen Augenblick unterworfen; wir haben ihnen nicht nachgegeben, damit euch die Wahrheit des Evangeliums erhalten bleibe.«

Er meint die neue Freiheit in Christus, die sich nicht an die alten pedantischen Vorschriften und Regeln fesseln lässt, und fährt fort:

»Aber ... auch von den ›Angesehenen‹ wurde mir nichts auferlegt. Im Gegenteil, sie sahen, dass mir das Evangelium für die Unbeschnittenen anvertraut ist wie dem Petrus für die Beschnittenen.«

Ob diese Aufgabenteilung und, noch wichtiger: die spezielle Zuständigkeit einem ausdrücklichen Beschluss des Apostelkonzils entspricht? Man kann vermuten, dass Paulus darauf setzt, der Heidenmission einen eigenen Wert zu geben. Sie soll gegenüber der Judenmission die Bedeutung einer eigenständigen Aufgabe haben: nicht abhängig vom jüdischen Gesetz, sondern allein in der Gnade des Christus Jesus. Man ahnt seine Idee eines »weltweit« lebbaren Glaubens, auch den Anspruch auf die ihm als »Knecht Christi Jesu« (Römerbrief) zukommende Autorität.

Katakomben

Die ausgedehnten unterirdischen Friedhöfe Roms aus spätantiker Zeit, ihre Bilderwelt und die Inschriften stellen eine der wichtigsten und ergiebigsten archäologischen Quellen des frühen Christentums dar. Die beiden Fotos zeigen Räume in den Katakomben an der Via Latina: oben Grabkammern (cubicula) mit Bogengräbern (arcosolia), unten einen Korridor mit den üblichen Wandnischengräbern (loculi).

Juden- und Heidenkirche
*Seit der »konstantinischen Wende« durften die christlichen Gemeinden als Kultgebäude erkennbare Kirchen errichten. Kaiser Konstantin selbst veranlasste den Bau großartiger Basiliken. In Rom stiftete er als Bischofskirche die »Basilica Salvatoris«, jetzt San Giovanni in Laterano, und auf dem Vatikanhügel die Kirche über dem Grab des Petrus. Diese wich im 16. Jahrhundert der heutigen Peterskirche, die Lateranskirche wurde barockisiert. Zwei Fresken in San Martino ai Monti vermitteln eine Vorstellung vom Raumbild der beiden frühchristlichen Basiliken (rechte Seite, innen: San Giovanni in Laterano; außen: Alt-St.-Peter).
In Santa Sabina auf dem Aventin blieb an der Eingangswand das Mosaik mit der Widmungsinschrift erhalten, die besagt, dass die Basilika unter Papst Cölestin I. (422–432) errichtet wurde. Die Inschrift wird seitlich von zwei Frauengestalten gerahmt (links), Allegorien der Juden- und Heidenkirche (Ecclesia ex circumcisione – Ecclesia ex gentibus).*

»Und das Wort Gottes breitete sich aus ...«

Über Jerusalem hinaus dürfte die Jesusbewegung schon sehr früh Galiläa erfasst haben. Manche Fachleute vermuten, dass dort jene Wanderprediger unterwegs waren, die in der Logienquelle Q markante Aussprüche Jesu sammelten. Aber auch Samaria, die als nicht recht orthodox jüdisch beurteilte, daher verachtete Region nördlich von Judäa, wurde von der Jesusbewegung erfasst. Hier wirkte Philippus, dem Petrus und Johannes folgten (8,4 ff.).

Eindrucksvoll ist die Erzählung von der Taufe des »Äthiopiers« (8,26 ff.); sie dokumentiert die allmählich globale Wirkung der Jesusbotschaft, die keinerlei Grenzen kennt. Es handelt sich um einen »Hofbeamten der Kandake, der Königin der Äthiopier«; den Titel Kandake trugen nubische Königinnen von Meroë. Er war nach Jerusalem gekommen, »um Gott anzubeten«.

Bei der Heimreise, auf dem Weg zwischen Jerusalem und Gaza, gesellt sich ihm Philippus zu und deutet ihm einen messianischen Text aus dem Prophetenbuch des Jesaja. Der beeindruckte und schließlich überzeugte Pilger fordert bei einer Wasserstelle kurzerhand:

»Hier ist Wasser. Was steht meiner Taufe noch im Weg?«

Als sie danach aus dem Wasser steigen, wird Philippus entrückt; der Äthiopier aber »zog voll Freude weiter«.

»Den Philippus aber sah man in Aschdod wieder. Und er wanderte durch die Städte und verkündete das Evangelium, bis er nach Caesarea kam.«

Petrus hatte die Leitung der Jerusalemer Gemeinde an Jakobus abgegeben und ging als Missionar nach Lydda und Joppe (Jaffa). In Lydda heilte er einen gewissen Äneas, der seit Langem unbeweglich im Bett gelegen hatte, in Joppe rief er die fromme Tabita ins Leben zurück (9,32 ff.). Solche Heilungswunder der »Apostel« sollten nach der Intention des Chronisten erweisen, dass die Kraft Jesu auch in der frühen Christenheit weiterwirkte.

Von Joppe aus wurde Petrus durch eine Vision zu Cornelius nach Caesarea am Meer gerufen (10,1 ff.). Cornelius war *»Hauptmann in der*

sogenannten Italischen Kohorte; er lebte mit seinem ganzen Haus fromm und gottesfürchtig, gab dem Volk reichlich Almosen und betete beständig zu Gott.«*

Ein »Engel Gottes« forderte ihn auf, Petrus zu sich einzuladen. Die seltsame Vision des Petrus, die ihn witzigerweise trifft, als er gerade hungrig ist, stellt den Kern der langen Erzählung dar:

»Er sah den Himmel offen und eine Schale auf die Erde herabkommen, die aussah wie ein großes Leinentuch, das an den vier Ecken gehalten wurde. Darin lagen alle möglichen Vierfüßler, Kriechtiere der Erde und Vögel des Himmels. Und eine Stimme rief ihm zu: Steh auf, Petrus, schlachte und iss! Petrus aber antwortete: Niemals, Herr! Noch nie habe ich etwas Unheiliges und Unreines gegessen. Da richtete sich die Stimme ein zweites Mal an ihn: Was Gott für rein erklärt, nenne du nicht unrein! Das geschah dreimal, dann wurde die Schale plötzlich in den Himmel hinaufgezogen.«

Gott greift ein, um die Heidenmission gegen die Vorbehalte und Abgrenzun-

gen der jüdischen Lebensordnung gewissermaßen in Schwung zu bringen. Just während seiner Judenmission muss sich der streng orthodox lebende Petrus belehren lassen, dass Gott allein darüber entscheidet, was als rein, was als unrein zu gelten hat. Die sozial scharf trennende Unterscheidung »rein – unrein« gilt nicht mehr, jedenfalls nicht jene Ordnung, die sich an penible Speise- und Ritualgesetze bindet. Die grenzüberschreitende Anerkennung der gleichen Würde aller Menschen vor Gott ist der ausschlaggebende Grundsatz. Ohne zu zögern, geht Petrus mit den Boten des Cornelius nach Caesarea, trifft in dessen Haus viele Leute und sagt:

»Ihr wisst, dass es einem Juden nicht erlaubt ist, mit einem Nichtjuden zu verkehren oder sein Haus zu betreten; mir aber hat Gott gezeigt, dass man keinen Menschen unheilig oder unrein nennen darf. Darum bin ich auch ohne Widerspruch gekommen, als nach mir geschickt wurde. Nun frage ich: Warum habt ihr mich holen lassen?«

Nachdem Cornelius von seiner Vision berichtet hat, erklärt Petrus den Anwe-

senden in einer kurzen Unterweisung die Jesusbotschaft. Was dann geschieht, lässt der Chronist als den von Gott selbst bewirkten Beginn der heidenchristlichen Kirche erscheinen:

»Noch während Petrus dies sagte, kam der Heilige Geist auf alle herab, die das Wort hörten. Die gläubig gewordenen Juden, die mit Petrus gekommen waren, konnten es nicht fassen, dass auch auf die Heiden die Gabe des Heiligen Geistes ausgegossen wurde.

Denn sie hörten sie in Zungen reden und Gott preisen. Petrus aber sagte: Kann jemand denen das Wasser zur Taufe verweigern, die ebenso wie wir den Heiligen Geist empfangen haben?«

Der Heilige Geist wirkt eigenmächtig und gebieterisch. Offensichtlich erkannte man seine Gegenwart daran, dass Menschen in Verzückung gerieten und wenn auch unverständliche, so doch heilige Worte artikulierten – Glossolalie nennt man diese Erscheinung.

»Ebenso wie wir«, lautet, die bedeutsamste Feststellung des Petrus. Hier wird von einem Gott gesprochen, der für alle Menschen den gleichen Res-

pekt einfordert. Die üblichen gesellschaftlichen, kulturellen und religiösen Trennungslinien haben vor ihm keine Bedeutung, überhebliche Konfrontation widerspricht total seiner Gerechtigkeit. Für antikes Denken war eine solche Sicht revolutionär. Das frühe Christentum eröffnete eine ungemein humane Zukunftschance; leider wurde dieses Potenzial später allzu oft vergessen.

Petrus

Was weiß man eigentlich von diesem Hitzkopf: galiläischer Fischer in Kafarnaum, wichtiger Jünger Jesu, Gemeindeleiter, Missionar und – so will es die Tradition – erster »Bischof« von Rom.

Jesus hatte ihn und seinen Bruder Andreas schon sehr früh dafür gewonnen, sich ihm anzuschließen. Sein Name war eigentlich Simon, genauer Simon Barjona, »Sohn des Jona/Johannes«, wie man von Matthäus erfährt (16,17). »Petrus« ist von griechisch »Petra – Fels« abgeleitet. Paulus nennt ihn stets »Kephas«; dies ist eine griechische Fassung des aramäischen »Kefa – Fels«. Nur Matthäus (16,13 ff.) erklärt, dass Jesus dem Simon den neuen Namen nach dem eindeutigen Messiasbekenntnis gegeben habe:

»Du bist Petrus, und auf diesem Felsen will ich meine Kirche bauen.«
Dass Petrus trotz aller Irritationen letztlich doch ein verlässlicher Mann von »felsenfestem« Charakter war und für die Urgemeinde eine herausragende Bedeutung hatte, mag sich in der von Matthäus berichteten Szene spiegeln. Großes Ansehen genoss er bei den judenchristlichen Gemeinden in Judäa und Galiläa sowie in den »kanaanäischen« Städten Tyros und Sidon.

Wahrscheinlich hatte sich mit Petrus auch seine Frau der Jesusbewegung angeschlossen. Seine Ehe gab Petrus nicht auf, wohl die meisten der frühen christlichen Gemeindeleiter und Missionare waren verheiratet. Paulus stellt im ersten Korintherbrief (9,5) die nicht nur rhetorische Frage:

»Haben wir nicht das Recht, eine gläubige Frau mitzunehmen, wie die übrigen Apostel und die Brüder des Herrn und wie Kephas?«

Dass sich der sehr spontane, oft hitzige und wohl auch ein wenig großmäulige Petrus mit ganzer Kraft Jesus verpflichtet hatte, schützte ihn nach den Berichten der Evangelisten nicht vor Anfällen von Wankelmut und Feigheit. Nach dem Ostergeschehen erle-

ben wir ihn aber als offensiven, mutigen Boten des Evangeliums.

In einem wichtigen Moment kommt sein Wankelmut aber doch wieder zum Vorschein. Hatte er beim Apostelkonzil die Entscheidung zugunsten des Eigenwegs der Heidenchristen erwirkt, war er in Caesarea zur Tischgemeinschaft mit Heiden bereit, so zeigte der Missionar der Juden in Antiochia dann doch Unentschlossenheit und Schwäche, als man ihn von Jerusalem aus für seine Mahlgemeinschaft mit Heidenchristen tadelte. Darüber ist noch zu berichten.

Ansonsten gibt die Apostelgeschichte nur wenige Nachrichten über Petrus preis. Wir besitzen auch keinen einzigen authentischen Text von ihm. Die beiden »Petrusbriefe« des Neuen Testamentes stammen nicht von ihm.

Zu irgendeinem Zeitpunkt am Beginn der 40er-Jahre verließ Petrus die Jerusalemer Urgemeinde. Der Chronist berichtet (12,1 ff.), Herodes Agrippa I., ein Enkel Herodes' des Großen und König über dessen gesamtes ehemaliges Herrschaftsgebiet, habe eine Verfolgung der Gemeinde begonnen. Den »Apostel« Jakobus (den Älteren) habe er hinrichten, Petrus aber einsperren lassen, um »ihn nach dem Pessachfest dem Volk vorführen zu können«. Auf wunderbare Weise befreit, gibt Petrus vor seiner Flucht den Auftrag:

»Berichtet das dem Jakobus und den Brüdern! Dann verließ er sie und ging an einen anderen Ort.«

In kritischer Sicht und bei einer Gesamtwürdigung der Situation mag man vermuten, der Lukas-Chronist bemühe sich darum, den wohl nicht ganz konfliktfreien Abschied des Petrus von Jakobus und der Gemeinde durch die Erzählung von dem Befreiungswunder in eine würdige Form zu kleiden.

Herodes Agrippa hatte wohl tatsächlich Maßnahmen gegen die Urgemeinde ergriffen, um die orthodoxen Juden für sich zu gewinnen. Daher lässt ihn Lukas eines dramatischen Todes sterben, just als er dabei ist, mit viel Pomp vor den Abgesandten der Städte Tyros und Sidon eine Ansprache zu halten. Eben noch hat ihn das Volk angehimmelt:

»Die Stimme eines Gottes, nicht eines Menschen! Im selben Augenblick schlug ihn ein Engel des Herrn, weil er nicht Gott die Ehre gegeben hatte. Und von Würmern zerfressen, starb er.«

Der erhobene Zeigefinger des Lukas: So stirbt ein Bösewicht, der sich Gott und seiner Gemeinde in den Weg stellt!

Ganz sicher unternahm Petrus Missionsreisen – aber wohin? Dass er sich in Antiochia aufgehalten hat, wissen wir von Paulus. Wahrscheinlich war er aber nicht in den kleinasiatischen Provinzen, die vom Verfasser des ersten Petrus-

Damaskus und Salamis
*Nach seiner Bekehrung auf dem Weg
nach Damaskus wohnte Paulus im »Haus
des Judas« an der »Geraden Straße«
(Apostelgeschichte 9,11). In der Planskizze
(unten) durchquert diese Säulenstraße
das Stadtgeviert von Westen nach Osten.
Ein römischer Bogen (linke Seite, innen)
markiert ihren Verlauf. An die Flucht des
Apostels erinnert eine Kapelle auf der
Stadtmauer (linke Seite, außen).
Die Hafenstadt Salamis auf Zypern (oben)
war die erste Station auf der Missionsreise von Barnabas und Paulus (13,5).*

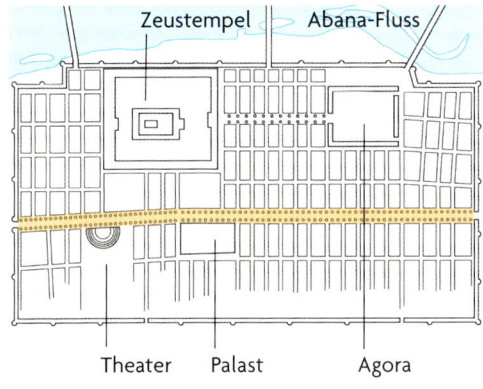

briefes sehr summarisch aufgezählt
werden: Pontus, Galatien, Bithynien,
Kappadozien und Asien.

Dass Petrus nach Rom gekommen,
dort Bischof geworden und während
der Christenverfolgung durch Kaiser
Nero um das Jahr 65 gekreuzigt worden sei, davon weiß die Apostelgeschichte nichts. Paulus hätte ihn in
seinem Römerbrief sicherlich eigens
gegrüßt, wäre er in der Hauptstadt
gewesen. Auszuschließen ist aber
nicht, dass die sehr früh einsetzende
Kunde zutrifft, Petrus habe seine letzten Lebensjahre in Rom verbracht.

Am Ende des 1. Jahrhunderts schrieb
der Bischof von Rom, Clemens, an die
Gemeinde von Korinth einen Brief,
der eigentlich zum Neuen Testament
gehören sollte. Darin heißt es:

*»Petrus, der wegen ungerechtfertigter
Eifersucht nicht eine und nicht zwei,*

*sondern viele Mühen erduldet hat und
der so – nachdem er Zeugnis abgelegt
hatte – gelangt ist an den (ihm) gebüh-
renden Ort der Herrlichkeit.«*

Hier wird der Ort des Märtyrertodes
zwar nicht genannt, doch fällt auf, dass
Clemens die »beiden tapferen Apostel«
Petrus und Paulus zusammen nennt.
Die formelhafte Verknüpfung »Petrus
und Paulus« war in der Tradition immer
mit Rom verbunden. Eusebius notiert
im frühen 4. Jahrhundert:

*»Schließlich kam er auch noch nach
Rom und wurde seinem Wunsch entsprechend mit dem Kopf nach unten
gekreuzigt.«*

Die um das Jahr 180 veröffentlichten
apokryphen »Petrusakten« wissen noch
mehr: Petrus sei es gelungen, aus dem
Kerker des Nero zu entkommen und zu
fliehen. Auf der Via Appia sei ihm Christus begegnet. Petrus habe gefragt:

»Quo vadis, domine? – Wohin gehst du, Herr?«

»Venio Romam iterum crucifigi. – Nach Rom komme ich, um noch einmal gekreuzigt zu werden.«

Auf diese Antwort hin habe Petrus auf der Stelle kehrtgemacht, sich den Häschern des Nero gestellt und sei gekreuzigt worden. Eine Kapelle an der Via Appia erinnert an die legendäre Begegnung. Legendär ist auch die Mitteilung des Eusebius, Petrus sei auf eigenen Wunsch kopfunter gekreuzigt worden. Die Tradition ist der Überzeugung, er habe auch im Tod Jesus gegenüber demütig bleiben wollen.

Kaiser Nero hatte tatsächlich üble Maßnahmen gegen die Christen angeordnet, um sich von dem Verdacht zu befreien, er selbst habe in Rom den katastrophalen Brand des Jahres 64 veranlasst. Zustatten kam ihm dabei das in der römischen Bevölkerung weit verbreitete Misstrauen gegenüber den Christen. Dieser Argwohn ist auch noch zu spüren, wenn der Historiker Tacitus in seinen im frühen 2. Jahrhundert verfassten »Annalen« bemerkt:

»Um das Gerücht aus der Welt zu schaffen, schob er die Schuld auf andere und verhängte die ausgesuchtesten Strafen über die wegen ihrer Verbrechen Verhassten, die das Volk ›Chrestianer‹ nannte.«

Es ist festzuhalten, dass diese erste große Christenverfolgung auf Rom begrenzt war und nicht aus religiösen Gründen erfolgte. Für Eusebius war Nero freilich ein »Gottesfeind« ersten Ranges. Er zitiert aus einer Schrift des Nordafrikaners Tertullian (um 150–230):

»Wir wollen froh sein, dass ein solcher Mensch zuerst gegen uns eingeschritten ist. Denn wer Nero kennt, muss wissen, dass nur das, was besonders gut war, von ihm verurteilt wurde.«

Eusebius führt dann mit eigenen Worten weiter aus:

»Da er sich nun unter den schlimmsten Gottesfeinden besonders hervortun wollte, ließ er sich dazu verleiten, die Apostel hinzurichten. Wie berichtet wird, wurde Paulus eben in Rom unter Nero enthauptet und Petrus gekreuzigt. Dieser Bericht wird bestätigt durch die noch bis heute erhaltenen Namen Petrus und Paulus in den römischen Zömeterien (Grabstätten) und durch einen kirchlich glaubwürdigen Mann namens Gaius ..., der in einem schriftlich überlieferten Dialog ... sagt: Ich kann die Siegeszeichen (Tropaia) der Apostel zeigen. Du magst auf den Vatikan gehen (Petrus) oder auf die Straße nach Ostia (Paulus), du findest die Siegeszeichen der Apostel, welche die Kirche gegründet haben.«

Wiederum bestätigt dieser Text die sprichwörtliche Verbindung der Namen der beiden Apostel. Freilich handelt es sich um eine romfreundliche Darstellung. Die Gemeinde der Hauptstadt war nicht erst zu Eusebius' Zeiten daran interessiert, rangmäßig an erster Stelle zu stehen.

Kaiser Konstantin ließ um 325 in der Nekropole auf dem Vatikanhügel eine Basilika zu Ehren des Petrus errichten. Bei Grabungen in den 1940er-Jahren unter dem Altar der heutigen Peterskirche deckte man ein Grabmal auf, das aufgrund vieler Graffiti mit Anrufungen des Petrus, die in seiner Nähe zum Vorschein kamen, als das Grab des »ersten Papstes« identifiziert wurde.

Saulus – Paulus

Der Lukas-Chronist lässt bei der Steinigung des Stephanus einen jungen Mann namens Saulus auftreten, von dem er nur wenig später sagt, dass er »versuchte, die Kirche zu vernichten«. Lukas will den dramatischen Kontrast: Aus dem Vernichter wurde ein Erbauer, der Gründer und Erbauer einer weltweit verbreiteten Glaubensüberzeugung und Kirche.

Sein jüdischer Name war und blieb Saul (Saulus); so hatte ein Jahrtausend vorher der erste König Israels geheißen. In seiner »griechischen« Heimatstadt Tarsus, wo er wenige Jahre nach Jesus von Nazaret geboren wurde, trug er einen griechischen Namen, der dem hebräischen inhaltlich und lautlich gleichkam: »Paulos – Kleiner«. Wenn man sagt, es habe sich einer »vom Saulus zum Paulus« gewandelt, drückt das zwar völlig richtig die bedeutsame

Erste Missionsreise

Zweite Missionsreise

Dritte Missionsreise

Wende im Leben dieses Mannes aus, doch trug der »Apostel der Heiden« beide Namen immer zugleich.

Der Verfasser der Apostelgeschichte, welcher der Verbreitung der »Kirche unter den Völkern« den größten Teil seines Buches widmet, bezieht sich hauptsächlich auf Paulus. So erfahren wir über diesen mehr als über die anderen wichtigen Gestalten des frühesten Christentums, auch wenn Lukas »seinen« Saulus/Paulus etwas allzu deutlich zum »Helden« macht.

Als noch wichtiger müssen deshalb die großen Briefe des Paulus gelten, die im Neuen Testament bewahrt blieben. Als authentisch gelten die Sendschreiben an die Gemeinden in Rom, Korinth, Galatien, Philippi und Thessalonich (erster Brief), auch das kleine Schreiben an Philemon, in dem er sich für einen entlaufenen Sklaven einsetzt.

Damals durch einen breiten Flusskanal mit dem Meer verbunden, öffnete sich die prächtige kilikische Hafenstadt Tarsus allen ökonomischen und kulturellen Einflüssen aus Ost und West. Zuletzt war sie 171 v. Chr. von dem Seleukidenkönig Antiochos IV. Epiphanes neu gegründet worden. Über ein Jahrhundert später, nämlich 41 v. Chr., inszenierten hier der römische Triumvir Marcus Antonius und die Pharaonin Kleopatra VII. Philopator eine prunkvolle Hochzeitsfeier. Heute ist Tarsus eine vom Meer getrennte

Missionsreisen des Paulus
Die drei Karten (links) zeigen die Routen der in der Apostelgeschichte geschilderten Missionsreisen des Völkerapostels, die ihn zuerst nach Kleinasien, dann auch nach Griechenland führten.
Perge in Pamphylien (rechts oben: hellenistisches Stadttor) war eine Station seiner ersten Reise (14,25).
Auf dem Rückweg von der dritten Reise kam er nach Patara in Lykien (21,1; rechts unten: Ruinengelände der antiken Stadt).
Das lykische Myra (rechts, Mitte: Felsgräbernekropole) wurde von dem Schiff angelaufen, das Paulus vor das kaiserliche Gericht in Rom bringen sollte (27,5).

türkische Großstadt, die kaum noch eine Vorstellung davon erlaubt, wie sie zur Zeit des jungen Paulus aussah. Für unser Paulusverständnis ungemein wichtig ist indessen die Tatsache, dass Tarsus ein Hauptort eines der in der Spätantike wichtigsten philosophischen Lebensentwürfe war: der Stoa.

»Ich bin ein Jude, geboren in Tarsus in Kilikien.«

So präsentiert sich Paulus in seiner Verteidigungsrede (Apostelgeschichte 22,1 ff.). Als ihm die Geißelung droht, fragt er einen römischen Hauptmann:

»Dürft ihr jemand, der das römische Bürgerrecht besitzt, geißeln, noch dazu ohne Verurteilung?«

Davor gewarnt, einen schwerwiegenden Fehler zu begehen, fragt ihn der Offizier, ob er tatsächlich »Römer« sei. Als Paulus das bestätigt, ist der Mann völlig verblüfft:

»Ich habe für dieses Bürgerrecht ein Vermögen bezahlt.« Ungerührt und selbstbewußt entgegnet Paulus: *»Ich bin sogar als Römer geboren.«*

Seine Familie gehörte vermutlich zu jenen Juden, die Antiochos IV. in Tarsus angesiedelt hatte. Sie scheint zu Wohlstand, Ansehen und Bildung gekommen zu sein. Stil und Inhalte der in bestem Griechisch verfassten Paulusbriefe zeigen einen hochgebildeten Mann, der sich sowohl in den jüdischen Re-

flexions- und Interpretationstechniken wie auch in der hellenistisch-stoischen Argumentationskunst auskennt, dazu deutlich von stoischer Denkweise beeinflusst ist. Durch Herkommen und Bildung unterschied sich Paulus also von den anderen Führern des frühen Christentums.

Im Brief an die Gemeinde zu Philippi (3,5 f.) skizziert er seine jüdische Existenz in wenigen Worten, aber eindeutig:

»Ich wurde am achten Tag beschnitten, bin aus dem Volk Israel, vom Stamm Benjamin, ein Hebräer von Hebräern, lebte als Pharisäer nach dem Gesetz, verfolgte voll Eifer die Kirche und war untadelig in der Gerechtigkeit, wie sie das Gesetz vorschreibt.«

Dass er das Handwerk eines »Zeltmachers« erlernte (Apostelgeschichte 18,3), entspricht dem jüdischen Grundsatz, dass ein Mann, gleich welcher sozialen Stellung, in der Lage sein muss, selbst seinen Lebensunterhalt zu verdienen. Dass er ohne Beihilfe für sich sorgen könne, darauf hat er mehrfach selbstbewusst verwiesen.

Engagierter junger Theologe

Man mag unterstellen, dass Paulus im Geist des Jerusalemer Pharisäismus erzogen wurde. Offensichtlich trieb es den religiös sehr engagierten jungen Mann aus der Diaspora nach Jerusa-

lem, in das Zentrum jüdischen Glaubens und jüdischer Theologie; jedenfalls stellt der Lukas-Chronist es so dar. In der Verteidigungsrede (22,3) sagt er:

»Ich bin ein Jude, geboren in Tarsus in Kilikien, hier in dieser Stadt erzogen, zu Füßen Gamaliëls genau nach dem Gesetz der Väter ausgebildet, ein Eiferer für Gott, wie ihr alle es heute seid.«

Der religiös höchst sensible Student suchte sich den besten unter den damaligen Lehrern, den pharisäischen Rabbi Gamaliël, ein angesehenes Mitglied des Hohen Rates, berühmt wegen seiner gerechten Gesinnung. Er verhinderte die Verhängung der Todesstrafe gegen Petrus und »die Apostel« in einer überzeugenden Rede vor dem Hohen Rat (Apostelgeschichte 5,34 ff.):

»Lasst von diesen Männern ab, und gebt sie frei; denn wenn dieses (ihr) Vorhaben oder dieses Werk von Menschen stammt, wird es zerstört werden; stammt es aber von Gott, so könnt ihr sie nicht vernichten; sonst werdet ihr noch als Kämpfer gegen Gott dastehen.«

Diese Sätze, derentwegen der Rabbi später zum christlichen Heiligen erhoben wurde, formulierte Lukas im Blick auf Paulus: dieser wird nicht »Kämpfer gegen Gott« bleiben, sondern sich als starker Kämpfer für Gott erweisen.

In der multikulturellen und -religiösen Umwelt einer Großstadt aufgewachsen,

Stationen der Missionsreisen

Antiochia in Pisidien (linke Seite, außen: Augustustempel) gehörte zu der römischen Provinz Galatien. Von der dortigen jüdischen Gemeinde wurden Paulus und Barnabas freundlich aufgenommen (Apostelgeschichte 13,14 ff.), dann aber hetzten »Juden ... die vornehmen gottesfürchtigen Frauen und die Ersten der Stadt auf« und erreichten die Ausweisung der beiden Missionare. »Diese aber schüttelten gegen sie den Staub von ihren Füßen und zogen nach Ikonion.«

Als Paulus am Ende seiner dritten Missionsreise nach Jerusalem aufbrach, wusste er, dass ihm große Schwierigkeiten bevorstanden. Um keine Zeit zu verlieren, ließ er die Gemeindeältesten von Ephesus nach Milet kommen (20,13 ff.). Damals lag die »Königin der Ägäis« noch direkt am Meer (linke Seite, innen: Blick vom Theater auf die jetzt verlandete Bucht). Das Theater gab es bereits beim Besuch des Apostels. Auf einem der Sitze vermerkt eine griechische Reservierungsinschrift: »Nur für Juden und Gottesfürchtige«. Korinth, die Handelsstadt am Saronischen Golf (oben: Blick auf das Ruinengelände und den Akropolisfelsen), war Amtssitz des in der Apostelgeschichte (18,12 ff.) erwähnten Stadthalters Gallio. Er bekleidete dieses Amt in den Jahren 51/52 – ein Anhaltspunkt für die zeitliche Einordnung der Missionstätigkeit des Paulus. Assos in der Landschaft Troas (rechts außen: Stadttor) hat Paulus zweimal besucht (16,8 ff.; 20,13). Bei seiner zweiten Reise setzte er von dort nach Griechenland über, und auf der dritten kehrte er von Assos über Milet nach Jerusalem zurück.

suchte der junge Paulus den authentischen jüdischen Glaubensweg, die erfüllende, der Tora gemäße jüdische Spiritualität und Lebensform. So wie er sich später immer wieder intensiv mit dem »Gesetz« auseinandersetzt, das der gnädige Gott seinem Volk als Lebensweisung geschenkt hat, so muss man sich den jungen Studenten vorstellen: auf der Suche nach authentischem Leben im Angesicht Gottes, dabei resistent gegen Kompromisse, streng mit sich selbst und anderen.

Ein solcher junger Mann wird zornig vorgehen gegen jeden, der es wie der hellenistische Judenchrist Stephanus wagt, die Würde der Tora und des Tempels zu verletzen. Immer wieder betont Paulus in seinen Briefen, wie sehr er im »Eifer für Gott« die Jesusanhänger verfolgt hat. Ob er sie blutig verfolgt hat, wie der Lukas-Chronist dramatisierend andeutet, sei dahingestellt. Jedenfalls scheint er sich einen offiziellen Auftrag des Hohepriesters und des Hohen Rates besorgt zu haben, die abweichlerischen Jesusanhänger zu bekämpfen.

Damaskus – die Wende zum »Neuen Weg«

Möglicherweise schickte man ihn mit einem solchen Auftrag nach Damaskus (9,1 ff.), wo sich in der großen Judengemeinde eine starke Jesusbewegung

zeigte, die man nunmehr die Bewegung des »Neuen Weges« nannte. Auf dem Weg dorthin trifft ihn »plötzlich ein Licht vom Himmel«. Er stürzt vom Pferd und hört eine Stimme:

»Saul, Saul, warum verfolgst du mich? Er antwortete: Wer bist du, Herr? Dieser sagte: Ich bin Jesus, den du verfolgst. Steh auf und geh in die Stadt; dort wird dir gesagt werden, was du tun sollst.«

Der im göttlichen Licht erblindete Saul wird in Damaskus in die neue Wirklichkeit versetzt. Als er neu sehen kann, lässt er sich taufen und predigt in den Synagogen vor nicht nur verwunderten, sondern entsetzten Zuhörern: »Jesus ist der Sohn Gottes.«

Lukas inszeniert die »Bekehrung« des Paulus als einen »plötzlichen« Zugriff von oben (vgl. auch 22,1 ff.), so wie einst die Propheten vom göttlichen Anspruch förmlich überfallen worden waren. In Wirklichkeit wird Paulus in seiner heftigen Auseinandersetzung mit Jesus und seinen Anhängern widerwillig, aber zunehmend fasziniert die Wahrheit dieses »Messias« immer stärker erkannt haben, genau die Wahrheit, die er in seiner Kritik an einer allzu konservativen und selbstgenügsamen Frömmigkeit so leidenschaftlich suchte. Schließlich konnte er sich nicht länger wehren, und er wurde zum »Knecht Christi« (Galater 1,11).

EPHESUS

Das hauptsächlich von österreichischen Expeditionen ausgegrabene Ephesus stellt wohl die eindrucksvollste Ruinenlandschaft Kleinasiens dar. Als Paulus dort weilte, dürfte die Hauptstadt und größte Handelsstadt der römischen Provinz Asien etwa 300 000 Einwohner gehabt haben. Die Apostelgeschichte schildert im 19. Kapitel diesen Aufenthalt und sein dramatisches Ende. Paulus hatte durch seine Predigt vor allem die Silberschmiede gegen sich aufgebracht, denn sie mussten um das einträgliche Geschäft mit Devotionalien fürchten. Ephesus war nämlich ein Wallfahrtsziel; von überallher strömten Pilger zu dem berühmten Tempel der Diana. Das Heiligtum war ursprünglich einer anatolischen Fruchtbarkeitsgöttin geweiht, deren Stelle die griechische Artemis und die römische Diana einnahmen. Der zwei Kilometer nordöstlich der Stadt gelegene Tempel zählte zu den sieben Weltwundern. Sein Marmor wurde später in der Johanneskirche auf dem benachbarten Hügel Ayasoluk verbaut; an Ort und Stelle steht nur noch ein einziges Säulenfragment. Im Prytaneion am Staatsmarkt wurden 1956 drei Marmorstatuen entdeckt, Abbilder des hochverehrten Kultbilds der ephesischen Artemis (oben, Mitte), die man wahrscheinlich vergraben hat, als Kaiser Theodosius im Jahre 391 die heidnischen Kulte verbot.

Die Stadt lag im Bereich des Tempels, bis Lysimachos, einer der Nachfolger Alexanders des Großen, ihre Verlegung an den Berg Koressos (Panayirdag) erzwang. Die damals errichtete Befestigung blieb streckenweise erhalten; ein Turm am Bülbüldag gilt als »Gefängnis des Paulus« (links oben). Das Tor der byzantinischen Zitadelle auf dem Hügel Ayasoluk trägt in Erinnerung an den Apostel den Namen »Paulusbogen«. Mehrere Prachtstraßen durchzogen die antike Stadt (rechts: Rekonstruktion des Zentrums; unten: Lageplan wichtiger Gebäude). Die »Arkadiane« verlief von dem längst verlandeten Hafen an der Mündung des Flusses Kaystros zum Theater (rechte Seite, innen). Vor dem Bühnenhaus des Theaters, in dem der von den Silberschmieden verursachte Aufruhr seinen Höhepunkt erreichte, kreuzt die »Marmorstraße« (rechte Seite, außen), die nach links zum Artemistempel, nach rechts am Marktplatz entlang führt. An ihrem Ende ragt die wiedererrichtete zweigeschossige Säulenfront der Celsus-Bibliothek auf. Von diesem Prachtbau geht die Kuretenstraße aus, die leicht ansteigend zum Staatsmarkt hinauf führt.

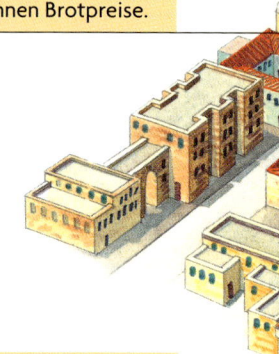

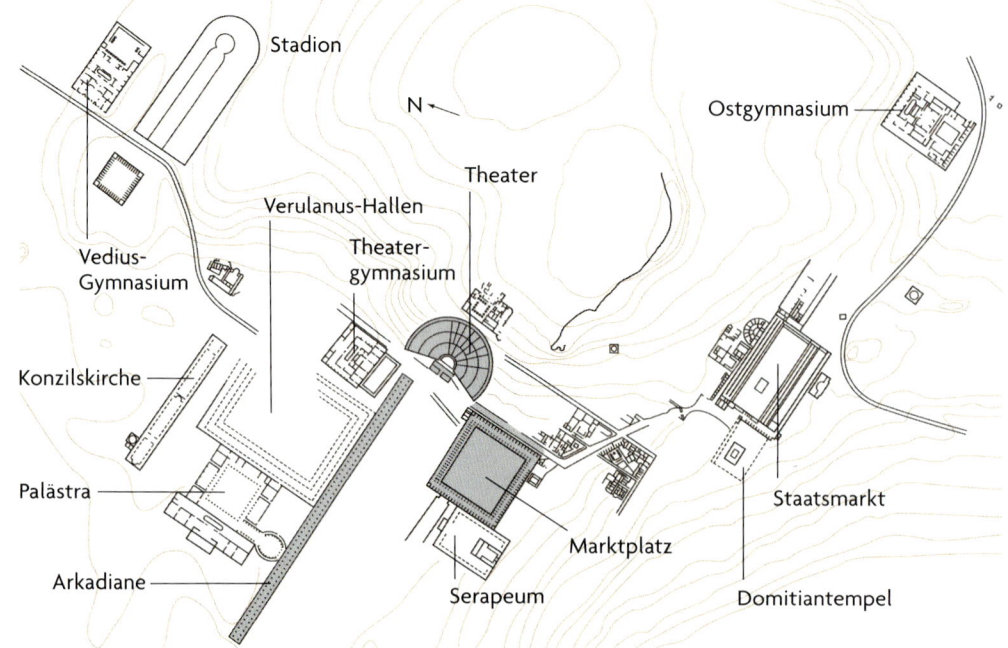

Stadion

N

Ostgymnasium

Theater

Verulanus-Hallen

Vedius-Gymnasium

Theatergymnasium

Konzilskirche

Palästra

Staatsmarkt

Arkadiane

Marktplatz

Serapeum

Domitiantempel

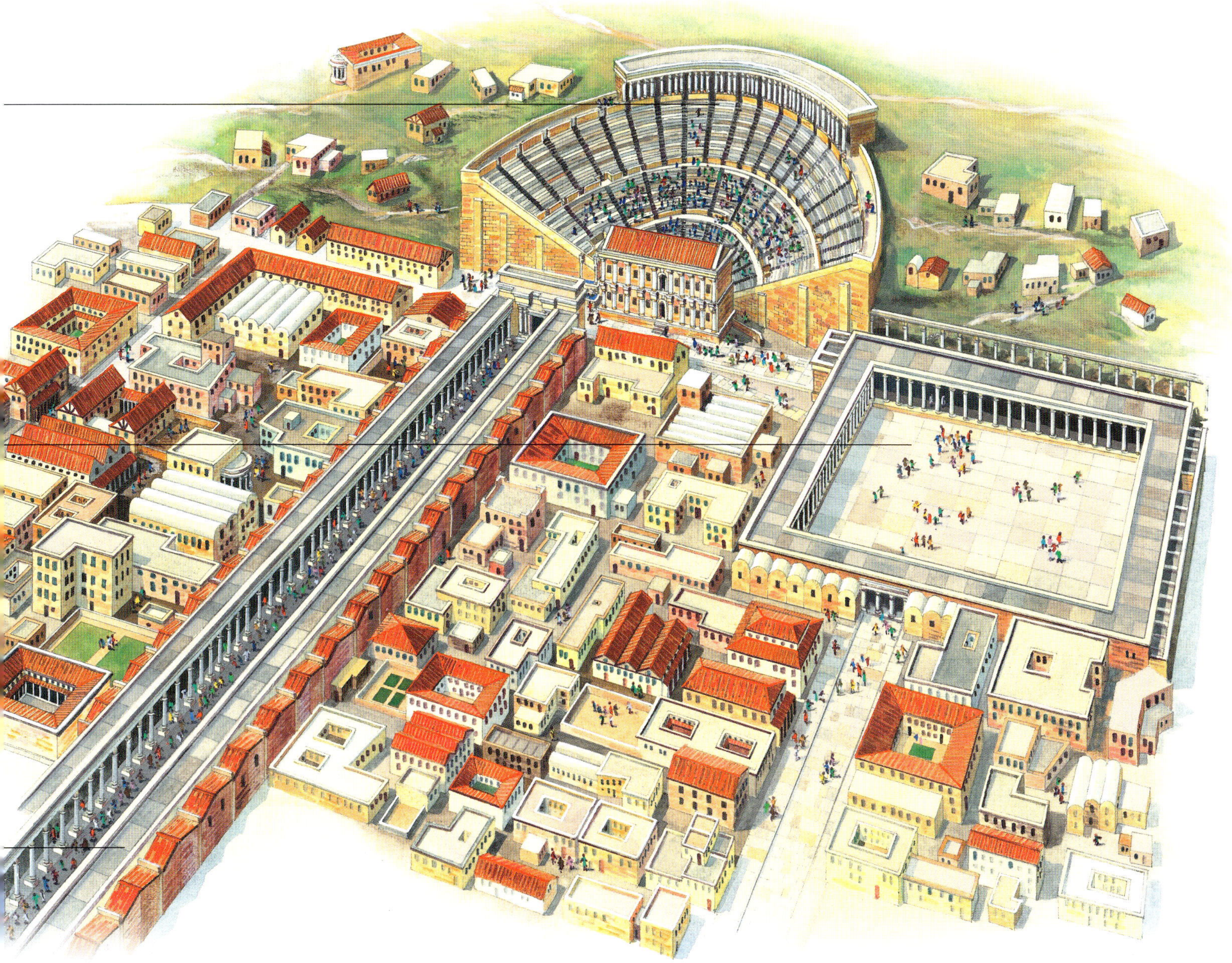

Paulus wird nach Rom gebracht
»An den Kaiser hast du appelliert; zum Kaiser sollst du gehen« (Apostelgeschichte 25,12). So lautete der Beschluss des Prokurators Festus in Caesarea, demgemäß Paulus als Gefangener nach Rom überstellt wurde. Lukas widmet die beiden letzten Kapitel seines Berichts der ereignisreichen Überfahrt. In der Karte (unten rechts) ist ihre Route verzeichnet.
Mit einem Hauptmann als Eskorte besteigt der Apostel ein Schiff aus Adramyttium (eine Stadt in der Troas), »das die Orte entlang der kleinasiatischen Küste anlaufen sollte«. In Myra bringt ihn der Hauptmann an Bord eines alexandrinischen Schiffes; da Flaute herrscht, segelt es nur langsam an Rhodos vorbei nach Kreta. Auf Rhodos hatte Paulus einmal Station gemacht (21,1); der »Paulushafen« in Lindos erinnert daran (rechte Seite, innen). Von Kreta aus steuert das Schiff Italien an, gerät aber vor Malta in einen Sturm und erleidet Schiffbruch. In der »Paulusbucht« soll sich der Apostel an Land gerettet haben. Die Schiffbrüchigen müssen auf Malta überwintern, bis sie ein anderes Schiff aus Alexandria aufnimmt. Über Syrakus und Rhegion erreicht es schließlich Puteoli im Golf von Neapel (rechte Seite, außen: Ansicht der antiken Hafenstadt in einem Wandbild aus Stabiae). Dort bleibt Paulus eine Woche zu Gast bei Glaubensbrüdern, dann bringt man ihn auf der Via Appia nach Rom. Der Überlieferung zufolge wurde der Apostel während der Christenverfolgung des Nero (oben: Bildnis des Kaisers in der Münchner Glyptothek) in Rom enthauptet.

In diesem Sinne spricht Paulus selbst viel weniger dramatisch von der Wende in seinem Leben. Er begreift sie nicht als totalen Umbruch, aber doch als ein Gnadengeschenk, das ihm die Augen geöffnet habe für das, was er unbewusst gesucht hatte. Im Galaterbrief sagt er, er habe sich an »Treue zum jüdischen Gesetz« nicht übertreffen lassen; »und mit dem größten Eifer setzte ich mich für die Überlieferung meiner Väter ein«. Dann aber habe ihm Gott, »der mich schon im Mutterleib auserwählt und durch seine Gnade berufen hat«, seinen Sohn geoffenbart.

Diese Offenbarung, die Paulus leider nicht deutlicher erklärt, erfährt er als Befugnis und Auftrag, nunmehr selbst mit apostolischer Autorität Jesus den Gekreuzigten und Auferstandenen zu verkünden. Daher stellt er sich, obwohl er ihn nicht persönlich erlebte, in die Reihe derjenigen, denen sich Jesus nach der Auferstehung »lebendig« gezeigt hat.

»Als letztem von allen erschien er auch mir, dem Unerwarteten, der ›Missgeburt‹. Denn ich bin der geringste von den Aposteln; ich bin nicht wert, Apostel genannt zu werden, weil ich die Kirche Gottes verfolgt habe. Doch durch Gottes Gnade bin ich, was ich bin ...« (1. Korinther 15,8 ff.)

Aus dem jüdischen Rabbi wurde der Missionar der Heiden – nicht ein Sekundär-, sondern ein Primär-Apostel.

Damaskus, Tarsus, Antiochia

Paulus scheint einige Zeit in Damaskus und in der Provinz Arabia gepredigt zu haben. Nach etwa zwei Jahren musste er, von jüdischen Gegnern bedroht, unter höchst dramatischen Umständen aus Damaskus fliehen (9,23 ff.).

In Jerusalem begegneten die Führer der Urgemeinde dem einstigen Gegner mit Argwohn. Barnabas, ein hellenistischer Judenchrist aus Zypern, der in der Gemeinde eine führende Stellung einnahm, konnte ihn jedoch mit den »Aposteln« zusammenbringen. Paulus überzeugte sie von der Echtheit seiner Bekehrung und Erwählung. Um klarzustellen, dass er die Belehrung und Beauftragung durch diese Autoritäten nicht brauchte, sagt er im Galaterbrief, er habe sich nur zwei Wochen lang in Jerusalem aufgehalten, »um Kephas kennenzulernen«. Als die hellenistischen Juden ihm nach heftigen Auseinandersetzungen nachstellten, zog er sich, so die Apostelgeschichte, in seine Heimatstadt Tarsus zurück, wo er ungefähr zehn Jahre lang als Prediger und Missionar wirkte.

Dann holte ihn Barnabas, der mittlerweile in Antiochia tätig war, in diese Metropole, mit über einer halben Million Einwohnern die damals zweitgrößte Stadt des Imperium Romanum. Hier war eine judenchristliche Gemeinde entstanden (11,19 ff.), der sich eine immer stärker anwachsende heiden-

Letzte Reise des Paulus

christliche Gruppe beifügte. Die Apostelgeschichte (11,26) vermerkt:

»In Antiochia nannte man die Jünger zum ersten Mal Christen.«

Von hier aus reisten Paulus und Barnabas zum »Apostelkonzil«. Über ein anderes Ereignis dieser Zeit berichtet nur Paulus in seinem Brief an die Galater (2,11 ff.), nämlich über seinen heftigen Streit mit Petrus. Dieser hielt sich wohl seit etwa 44/45 in Antiochia auf und hatte zunächst nichts dagegen einzuwenden, mit Heidenchristen zusammenzuleben und vor allem mit ihnen gemeinsam Mahl zu halten.

Der von Jakobus geführten Gemeinde in Jerusalem war das zuwider; sie hielt unbeirrbar daran fest, dass auch im Verhältnis zwischen Juden- und Heidenchristen die trennenden Regeln der Juden zu gelten hätten. Sie schickten eine Abordnung nach Antiochia und setzten Petrus mitsamt vielen anderen Judenchristen dermaßen unter Druck, dass selbst Barnabas verunsichert wurde.

Paulus spricht im Galaterbrief von Unaufrichtigkeit und Heuchelei, und man glaubt ihm ohne Weiteres, dass er Petrus, der den Jerusalemer Kontrolleuren sofort nachgab, kräftig beschimpfte. Ging es ihm hier doch um die zentrale Erkenntnis, dass – wie er es im späteren Römerbrief ausführlich darstellte – den Juden zwar eine besondere Zuwendung Gottes gegolten habe, die Botschaft der Erlösung durch Christus Jesus aber allen Menschen gelte und zugänglich sei, ohne jeden rituellen und kulturellen Vorbehalt. Im Galaterbrief (2,16 ff.) schreibt er:

»Weil wir aber erkannt haben, dass der Mensch nicht durch Werke des Gesetzes gerecht wird, sondern durch den Glauben an Jesus Christus, sind auch wir (Juden) dazu gekommen, an Christus Jesus zu glauben, damit wir gerecht werden durch den Glauben an Christus, und nicht durch Werke des Gesetzes; denn durch Werke des Gesetzes wird niemand gerecht ... Denn käme die Gerechtigkeit durch das Gesetz, so wäre Christus vergeblich gestorben.«

Paulus erweist sich in seinen Briefen als großer, eindringlich denkender Theologe. Wie kein anderer hat er den Christusglauben aus dem jüdischen Kontext herausgelöst, ohne je seine eigene Herkunft zu leugnen, im Gegenteil. Ihm war aber klar geworden, dass richtiges rituelles und moralisches Handeln allein nicht genügt, vor Gott zu bestehen, das heißt, in eine gerechte Existenz zu gelangen. Wer sich in aller Brüchigkeit, Gefährdung und Schuld zu diesem Gott hin öffnet, ist seiner Gnade gewiss. Lapidar erklärt er:

»Denn in Christus Jesus kommt es nicht darauf an, beschnitten oder unbeschnitten zu sein, sondern darauf, den Glauben zu haben, der in der Liebe wirksam ist.« (Galater 5,6)

Daher spielt es keine Rolle, als was man geboren wurde; allein die Tatsache, ein Mensch zu sein, gilt vor Gott.

»Denn ihr alle, die ihr auf Christus getauft seid, habt Christus (als Gewand) angelegt. Es gibt nicht mehr Juden und Griechen, nicht Sklaven und Freie, nicht Mann und nicht Frau; denn ihr alle seid ›einer‹ in Christus Jesus.«

In diesem Sinne ist seine »Rechtfertigungslehre« zu verstehen, die er in dem um das Jahr 58 verfassten »Lehrschreiben« an die Gemeinde zu Rom eindringlich dargestellt hat. Die weit über das Christentum hinaus grundsätzliche Bedeutung dieses großartigen Dokuments einer existenzsichernden religiösen Überzeugung kann gar nicht hoch genug geschätzt werden.

Dass in der »Christus-Mystik« der historische Jesus gewissermaßen aus dem Blick geraten und zum »Christus-Messias«, zum Sohn Gottes geworden ist, der für uns den Tod erlitt, ist allerdings erstaunlich. Aber nicht zu sehr, denn der klar denkende und argumentierende Paulus war immer schon ein Mystiker und wurde es immer mehr. Alles kam für ihn darauf an, durch die Selbstbindung an Christus Jesus neu zu existieren – *in Christus*, wie er sehr oft sagt. Ob und wie weit ihm dabei die Kenntnis der tradierten Erzählungen über den »irdischen« Jesus von Nazaret wichtig waren, lässt sich nur schwer ausmachen. Die ihm wesentliche Sicht

305

auf Jesus fasst er im Brief an die Gemeinde zu Philippi zusammen, wo er nach einer Ermahnung zur Einigkeit und Solidarität einen frühen Christus-Hymnus zitiert:

»Seid untereinander so gesinnt, wie es dem Leben in Christus Jesus entspricht:

Er war Gott gleich, hielt aber nicht daran fest, wie Gott zu sein, sondern er entäußerte sich und wurde wie ein Sklave und den Menschen gleich.

Sein Leben war das eines Menschen; er erniedrigte sich und war gehorsam bis zum Tode, bis zum Tod am Kreuz.

Darum hat ihn Gott über alles erhöht und ihm den Namen verliehen, der größer ist als alle Namen, damit alle im Himmel, auf der Erde und unter der Erde ihre Knie beugen vor dem Namen Jesu und jeder Mensch bekennt: ›Jesus Christus ist der Herr‹ – zur Ehre Gottes, des Vaters.«

Der Völkerapostel

Paulus unternahm zusammen mit einigen Helfern, darunter Barnabas und Titus, mehrere Missionsreisen »von Jerusalem bis Illyrien« (Römer 15,19 ff.), nahm trotz angegriffener Gesundheit alle nur denkbaren Lasten rastlos auf sich: Schiffbruch, Kerkerhaft, Prügelstrafe, Verfolgungen und auch noch die Missgunst einiger Glaubensgenossen. Überall aber hatte er Freundinnen und Freunde, die er in seinen Briefen immer wieder herzlich grüßen lässt.

Nicht immer und überall konnte er überzeugen, aber meist. Aus dem hochnäsigen Athen musste er allerdings erfolglos abziehen, dort lachte man ihn wegen der Idee der Auferstehung aus. Dass er ausgerechnet auf dem Areopag, dem wichtigsten Ratsplatz der Stadt, eine große Rede über den »Unbekannten Gott« gehalten haben soll, entspricht dem von Lukas inszenierten Heldenimage des Paulus, ist historisch aber unwahrscheinlich.

In Ephesus weilte er längere Zeit und brachte durch seine Predigt wider den hoch berühmten Tempel der Diana die ganze Stadt gegen sich auf. Der Lukas-Chronist macht auch daraus die übliche große, sehr beeindruckende Heldenszene (19,11 ff.).

Schließlich kehrte er nach Jerusalem zurück, wo er – so mag man den Bericht des Lukas verstehen (21,15 ff.) – von »den Juden«, vielleicht nicht ohne Duldung der Judenchristen, wegen seines heidenfreundlichen Verhaltens dermaßen tumultuös angegriffen wird, dass er von der römischen Polizei in Gewahrsam genommen und dann als römischer Bürger nach Rom vor ein kaiserliches Gericht geschickt wurde.

Lukas schildert die schwierige Überfahrt dorthin, vor allem den Schiffbruch vor Malta. Er verlässt Paulus in Rom und beendet seinen Bericht mit den Sätzen:

»Er blieb zwei volle Jahre in seiner Mietwohnung und empfing alle, die zu ihm kamen. Er verkündete das Reich Gottes und trug ungehindert und mit allem Freimut die Lehre über Jesus Christus, den Herrn, vor.«

Erst spätere Quellen überliefern die Nachricht, Paulus sei unter Nero in Rom enthauptet worden, etwa im Jahre 64. Die römische Basilika San Paolo fuori le mura galt immer als Begräbnisstätte des Paulus. Bei archäologischen Untersuchungen anlässlich des Paulusjahres 2008 fand man unter dem Hauptaltar einen Sarkophag mit der Inschrift: »Paulo Apostolo Mart. – Für Paulus, den Apostel und Märtyrer«.

In den »Paulusakten«, einer im späten 2. Jahrhundert verfassten apokryphen Apostelgeschichte, die auch die Legenden über die dem Apostel angeblich nahe heilige Thekla überliefert, findet man eine Beschreibung des Paulus – korrekt überliefert oder gut erfunden? Ein gewisser Onesiphoros, Bürger von Ikonium (heute Konya), hatte von dem Paulusbegleiter Titus erfahren, wie der Apostel aussehe. Nun stand er »auf der königlichen Straße, die nach Lystra führt« und sah Paulus kommen:

»...einen Mann, klein von Gestalt, mit kahlem Kopf und krummen Beinen, in edler Haltung mit zusammengewachsenen Augenbrauen und ein klein wenig hervortretender Nase, voller Freundlichkeit ... bald erschien er wie ein Mensch, bald hatte er eines Engels Angesicht.«

Paulus war nicht der einzige Große, der das Evangelium von Jesus Christus »in aller Welt« verkündete. Viele andere waren beteiligt; manche sind namentlich bekannt, sehr viele nicht. Ihre Nachwirkung hält bis heute an.

Annäherungen an Jesus von Nazaret

Dass der einfache, leidenschaftlich für die Gerechtigkeit Gottes unter den Menschen kämpfende Mann aus Galiläa zum göttlichen Pantokrator erhöht und so sehr zum »Weltenherrscher« erkoren wurde, dass oft genug der von ihm gemeinte Anspruch der Gerechtigkeit zugunsten aller Menschen, zumal der Armen und angeblich Rechtlosen, vergessen, mit dem Prunk der Macht bewusst verdeckt und ins Gegenteil verkehrt wurde, ist verständlich, sogar grandios, aber sehr oft auch schlimm.

Noch schlimmer wäre es aber, nicht immer wieder selbstkritisch nach dem zu fragen, was er wollte und wozu er herausforderte. Die Antworten mögen verschieden ausfallen, es gibt nicht die allein gültige. Nur sollte man sich ihn weder fromm noch machtgierig vorstellen. Dann erweist sich Jesus von Nazaret auch weiterhin zugänglich – nicht nur für Fromme und »Fromme«, sondern für alle Menschen, die auf je ihre Weise nach dem rechten Weg suchen.

Christus Pantokrator
Im Apsismosaik der Kirche Santi Cosma e Damiano am Forum Romanum (gegen 530) steht Christus in purpurverbrämter, golddurchwirkter Tunika und Toga vor nachtblauem Himmel, in dem vom Morgenlicht gerötete Wolken aufsteigen und den Tagesanbruch anzeigen – den Beginn eines neuen Zeitalters. Er vollzieht einen Gestus, der seit Langem den triumphalen »Adventus« des Herrschers kennzeichnete, und empfängt die Huldigung der Apostelfürsten.

IORDANES

| 40 v. Chr. | 20 v. Chr. | ZEITENWENDE | 20 n. Chr. |

JESUS, URGEMEINDE

Biblische Ereignisse lassen sich zeitlich nur ungefähr zuordnen.

■ Geburt Jesu (etwa fünf /sechs Jahre vor unserer Zeitrechnung)

Herodes
der Große

Mosaikbild der Geburt Jesu

Johannes der Täufer,
Ikone aus dem
6. Jahrhundert

■ Herodes der Große beginnt in
Jerusalem mit dem Wiederaufbau
des Tempels (um 20 v. Chr.).

Herodium, Bergpalastfestung
und Unterer Palast

Die Synagoge von
Karfarnaum

Der zwölfjährige
Jesus im Tempel

PALÄSTINA

Herodes Archelaus
(4 v. Chr.–6 n. Chr.)

Herodes Philippus, Tetrarch
(4 v. Chr.–34 n. Chr.)

Herodes Antipas
(4 v. Chr.–39 n. Chr.)

Herodes der Große
(37–4 v. Chr.)

Coponius,
Präfekt
(6–9 n. Chr.)

RÖMISCHES REICH

Kaiser
Augustus

Augustus
(27 v. Chr.–14 n. Chr.)

Pi
au

Tiberius
(14–37 n. Chr.)

40 n. Chr.　　　　**60 n. Chr.**　　　　**80 n. Chr.**

Beginn des Wirkens
Jesu (um 28 n. Chr.)

Auftreten
Johannes' des Täufers
um 28 n. Chr.)

Erste Missionsreise des
Paulus (46–48 n. Chr.)

Entstehung des Markusevangeliums
(um 60–um 70 n. Chr.)

Entstehung des
Johannesevange-
liums und
der Offenbarung
des Johannes
(um 90–um
100 n. Chr.)

»Apostelkonzil«
in Jerusalem
(um 48 n. Chr.)

Entstehung des Matthäus-
und Lukasevangeliums und
der Apostelgeschichte
(um 70–um 80 n. Chr.)

Tod Jesu
(um 30 n. Chr.)

Zweite Missionsreise
des Paulus
(50–52 n. Chr.)

Kreuzabnahme Jesu

In Korinth Zusammentreffen
des Paulus mit dem Statthalter
der Provinz Achaia L. Iunius Gallio
(um 51/52 n. Chr.)

*Papyrusfragment
des Johannes-
evangeliums*

Dritte Missionsreise
des Paulus
(53–57 n. Chr.)

Gefangenschaft des
Paulus in Jerusalem
und Caesarea Maritima
(57–60 n. Chr.)

Paulus, Bildnis in Ephesus

Verfolgung der
Gemeinde in Jerusalem
Tod des Jakobus
(um 43/44 n. Chr.)

Bekehrung
des Paulus
(um 34 n. Chr.)

Überführung des
Paulus nach Rom
(um 60/61 n. Chr.)

Ende des Lukanischen Berichts
(62 n. Chr.)

*Anastasis – Abstieg
Jesu in die Unterwelt*

Beginn des
Jüdischen Krieges
(66 n. Chr.)

Theater von Ephesus

Herodes Agrippa I.　Herodes Agrippa II. (50–100 n. Chr.)
(41–44 n. Chr.)

Belagerung und
Zerstörung Jerusalems
(70 n. Chr.)

Antonius Felix,
Prokurator
(52–60 oder
53–55 n. Chr.)

Porcius Festus,
Prokurator (60–62
oder ab 55 n. Chr.)

Fall von Masada
(73/74 n. Chr.)

Pilatus
...r von Judäa
...Chr.)

Claudius
(41–54 n. Chr.)

Vespasian
(69–79 n. Chr.)

Triumphzug des Titus

...rift
...a

Titus
(79–81 n. Chr.)

Caligula
(37–41 n. Chr.)

Nero
(54–68 n. Chr.)

Domitian
(81–96 n. Chr.)

Vertreibung
der Juden aus Rom
(49 n. Chr.)

Brand Roms
Christenverfolgungen
(64 n. Chr.)

Nerva
(96–98
n. Chr.)

Die neutestamentlichen Stätten im Heiligen Land

Antiochia

Antiochia am Orontes, das heutige Antakya im Südosten der Türkei, wurde um 300 v. Chr. von Seleukos I. Nikator gegründet und zur berühmtesten der 16 Städte, die er nach seinem Vater Antiochos benannte. Der schiffbare Orontes verband die Stadt mit ihrem Hafen Seleukia Pieria. Die Einwohnerschaft war von Anfang an gemischt. Wie Josephus berichtet, veranlassten die Seleukiden Juden in großer Zahl zur Ansiedlung und gaben ihnen volle Bürgerrechte. Nach der Eroberung durch Pompeius (64 v. Chr.) wurde Antiochia die Hauptstadt der römischen Provinz Syrien und war fortan eine der größten Städte des Imperiums.

Nach dem Zeugnis der Apostelgeschichte war nächst Jerusalem keine Stadt so wichtig für die Anfänge des Christentums wie die syrische Metropole. Von dort stammte der »Diakon« Nikanor (6,5), ein zum Judentum bekehrter Heide. Während der Verfolgung nach dem Tod des Stephanus kamen einige Jünger nach Antiochia und predigten unter Juden, dann auch Griechen so erfolgreich, dass die Gemeinde in Jerusalem Barnabas schickte, der wiederum Paulus aus Tarsus holte und mit ihm zusammen ein Jahr lang in Antiochia das Evangelium verkündete. Hier wurden die Jünger zuerst »Christen« genannt (11,21).

Die Gemeinde in Antiochia leistete Beistand, als die Glaubensbrüder in Jerusalem unter einer Hungersnot litten (11,27 ff.). Von dort aus unternahmen Paulus und Barnabas ihre erste Missionsreise (13,1ff.), und dorthin kehrten sie aus Kleinasien zurück, um der versammelten Gemeinde Bericht zu erstatten (14,26 ff.).

In dieser ersten Gemeinde mit Heidenchristen widersetzte man sich der Forderung einiger Juden, auch Heiden müssten sich beschneiden lassen, um Christen werden zu können. Zur Klärung der Streitfrage wurde eine von Paulus und Barnabas geleitete Abordnung nach Jerusalem gesandt (15,1 f.), wo das »Apostelkonzil« darüber entschied und seine Weisungen in einem Schreiben an die »Brüder aus dem Heidentum in Antiochia und Syrien und Zilizien« niederlegte (15,22 ff.).

Auch seine zweite Missionsreise begann und beendete Paulus in Antiochia, die dritte nahm von dort ihren Ausgang. Als Ursprungsort der Heidenmission erlangte die Stadt eine bedeutende Stellung in der folgenden Geschichte der Kirche. Archäologische Grabungen brachten hier über 20 Kirchenruinen ans Licht.

Betanien (am Ölberg)

In Betanien lebten Marta und Maria mit ihrem Bruder Lazarus, die Jesus gastlich aufnahmen, hier erweckte er seinen Freund Lazarus von den Toten (Johannes 11,1 ff.). Nach dem Einzug in Jerusalem kehrte Jesus dorthin zurück (Matthäus 21,17; Markus 11,11) und wurde im Haus Simons des Aussätzigen gesalbt (Matthäus 26,6 ff.; Markus 14,3 ff.; Johannes 12,1 ff.).

Das Dorf Betanien ist nach Markus (11,1) und Lukas (19,29) am Osthang des Ölbergs an der Straße nach Jericho und nahe dem Ort Betfage zu suchen. Johannes (11,18) beziffert die Entfernung von Jerusalem auf 15 Stadien, Eusebius verzeichnet im »Onomastikon« zwei römische Meilen; beides entspricht etwa drei Kilometern. Mit diesen Angaben stimmt die Lage des Dorfs El-Azarije überein, dessen Name auf die seit dem 4. Jahrhundert bezeugte Ortsbezeichnung »Lazarium« zurückgeht. Das heutige Dorf umgibt das traditionelle Lazarusgrab. Der durch Grabungen (1949–1953) lokalisierte alte Ort lag weiter westlich auf einem Ausläufer des Ras esch-Schijah und war vom 6. Jahrhundert v. Chr. bis zum 14. Jahrhundert besiedelt.

Eusebius und der Pilger von Bordeaux erwähnen in den 30er-Jahren des 4. Jahrhunderts das Lazarusgrab, sechs Jahrzehnte später spricht Hieronymus von einer dort errichteten Kirche und schildert die Pilgerin Egeria einen Gottesdienst im Lazarium. Der seither als Lazarusgrab verehrte Ort ist ein Felsgrab in einem Gräberfeld neutestamentlicher Zeit. Von dem unterirdischen Vorraum führen Stufen in die Grabkammer hinab, in deren Wände drei vermauerte Bankbogengräber eingelassen sind.

1949 gelang es den Franziskanern, das Grundstück beim Lazarusgrab aufzukaufen. Die in den folgenden Jahren unter der Leitung von S. J. Saller OFM durchgeführten Ausgrabungen legten vier alte Kirchen frei. Die Basilika aus dem 4. Jahrhundert war durch einen Vorhof mit dem Grab verbunden. Nach einem Erdbeben wurde sie wohl im 6. Jahrhundert durch einen Neubau ersetzt, dessen Apsis 13 Meter nach Osten verschoben war und dessen Bodenmosaiken einen halben Meter über den früheren lagen. In der Kreuzfahrerzeit stellte man diesen Bau wieder her. Die Betreuung der Stätte übernahm ein 1138 von Melisinde, der Frau des Königs Fulco von Jerusalem gegründetes Benediktinerinnenkloster. Über dem Lazarusgrab entstand damals eine weitere Kirche, in deren Ruinen im 17. Jahrhundert eine Moschee errichtet wurde. Weil nun der bisherige Zugang zu der Grabstätte durch die Krypta der ehemaligen Kirche gesperrt war, öffnete man für die Pilger einen neuen Eingang an der im Norden vorbeiführenden Straße.

Die 1954 vollendete neue Kirche der Franziskaner steht über den Ostteilen der beiden im 6. und 12. Jahrhundert errichteten Kirchenbauten. Etwa 400 Meter weiter westlich wurde 1950 eine Grotte entdeckt, die ursprünglich wohl als Zisterne, dann kultischen Zwecken diente, wie die vielen Graffiti mit jüdischen, griechischen und lateinischen Pilgernamen aus dem 4. bis 7. Jahrhundert zeigen.

Ein griechisch-orthodoxes Kloster östlich vom Lazarusgrab erinnert an die Begegnung Jesu mit Marta (Johannes 11,20). Die Klosterkirche von 1881 steht vermutlich auf den Mauern einer Kirche, von der schon Egeria berichtet.

Betanien (in Transjordanien)

In »Betanien jenseits (östlich) des Jordans« (Johannes 1,28) wirkte Johannes der Täufer, und dorthin kamen Abgesandte der Pharisäer, um ihn nach seinem Selbstverständnis zu befragen. Bei Betanien berief Jesus aus dem Kreis der Täuferbewegung seine ersten Jünger (Johannes 1,35 ff.). Als man ihn der Gotteslästerung bezichtigte und zu steinigen drohte, begab er sich erneut nach Betanien und gewann dort nochmals Anhänger aus Täuferkreisen.

Da Origines Anfang des 3. Jahrhunderts keinen Ort Betanien auf dem Ostufer des Jordans finden konnte, entschied er sich in seinem Johanneskommentar für die Lesart »Bethabara-Furthausen«, die in einigen griechischen Handschriften vorkommt.

Eusebius folgte ihm darin im »Onomastikon«, und nach diesem wiederum richtete sich die Mosaikkarte von Madaba. Sie verzeichnet bei Jericho am Westufer des Jordans Bethabara und darunter die »Kirche der Taufe des heiligen Johannes«, gegenüber am Ostufer »Ainon (Quelle) jetzt Sapsaphas«. Dort mündet das Wadi Charrar und lokalisierte jüdische Tradition die Himmelfahrt des Elija, in dessen »Geist und Kraft« der Täufer wirkte.

Der Pilger von Bordeaux (333) besuchte den Taufort noch auf dem Ostufer, ebenso Theodosius (530), der dort eine Marmorsäule mit Kreuz und die von Kaiser Anastasius (491–518) erbaute Johanneskirche sah. Diese Kirchensetzung fiel wohl schon bald einem Hochwasser zum Opfer.

Der Pilger von Piacenza (570), der das Wadi von Eremiten bevölkert vorfand, erwähnt sie nicht mehr, doch traf er am Westufer auf ein großes Johanneskloster mit zwei Pilgerherbergen. Auf der Madaba-Karte ist unter dem Namen Bethabara wahrscheinlich die Kirche dieses Klosters wiedergegeben.

In der Folgezeit verlagerte sich die Erinnerung an den Taufort hierher, zumal die Stätte am westlichen Jordanufer von Jerusalem und Betlehem leichter erreichbar war. Über den Ruinen des byzantinischen Klosters steht seit 1882 das griechische Johanneskloster.

1998 wurde mitgeteilt, jordanische Archäologen hätten die Taufstelle jenseits des Jordans entdeckt, und zwar dort, wo die Madaba-Karte »Ainon« verzeichnet. Die Ausgräber waren auf eine Siedlung mit Tauchbecken und Wassersystem gestoßen, die sie ins 1. Jahrhundert v. Chr. datierten, und sie hatten die Grundmauern einer Kirche aus byzantinischer Zeit freigelegt sowie Überreste einer Klosteranlage und von Gebäuden, die als Pilgerunterkünfte gedient haben könnten.

Manche Fachleute vertreten die Auffassung, mit diesem Betanien sei die Landschaft Batanäa im nördlichen Transjordanien gemeint; auch dort, in der Nähe von Skythopolis, gab es ein »Ainon«. Batanäa gehörte seit 4 v. Chr. zur Tetrarchie des Philippus, der gemäß Josephus Flavius duldsamer als die anderen Nachfolger Herodes' des Großen war.

Betfage

Aus dem unweit von Betanien am Ölberg gelegenen Dorf Betfage ließ Jesus die Eselin für den Einzug in Jerusalem holen (Matthäus 21,1 f.; Markus 11,1 f: Lukas 19,28 ff.). Den Rabbinern galt es als entlegenster Stadtteil von Jerusalem. Den Namen Betfage trägt heute ein Franziskanerkloster im Sattel zwischen der russischen Kuppe des Ölbergs und dem Ras esch-Schijah, der als alte Ortslage vermutet wird. Das Kloster steht an der Stelle, wo die Tradition seit byzantinischer Zeit die Eselsbesteigung lokalisierte. Beim Bau der Kirche (1883) stieß man auf die Apsis einer Kreuzfahrerkirche. In der Umgebung wurden Felsgräber mit Rollsteinen gefunden.

Betlehem

Der Ort erscheint in den Amarna-Briefen (14. Jahrhundert v. Chr.) als »Haus der Göttin Lachama«. Im Hebräischen wurde daraus »Haus des Brotes«, passend zur Lage inmitten fruchtbarer Getreidefelder am Rand der Wüste Judäa. Betlehem wurde von der Sippe Efrata besiedelt und deshalb auch Betlehem Efrata genannt, im Unterschied zu Betlehem in Sebulon (nordwestlich von Nazaret). Aus Betlehem stammte Davids Familie, auf den Fluren der Umgebung hütete er die Herden seines Vaters Isai, und dort wurde er zum König gesalbt (1. Samuel 14,4 ff.). Betlehem hieß fortan »Stadt Davids« (1. Samuel 20,6; Lukas 2,4).

Zur Zeit des Propheten Micha (8. Jahrhundert v. Chr.) nur von geringer Bedeutung, erhielt Betlehem die Verheißung, dass hier der Endzeitherrscher aus dem Davidshaus geboren werde (Micha 5,1 ff.). Das Neue Testament sieht die Weissagung Michas mit der Geburt Jesu in Betlehem (Matthäus 2,1; Lukas 2,4) als erfüllt an (Matthäus 2,3 ff.).

Von einer Höhle, in der Jesu Geburt stattgefunden habe, wissen die Evangelien noch nichts. Erst im 2. Jahrhundert, bei Justin und im Protoevangelium des Jakobus, ist davon die Rede. Nach Origines, der sich seit 216 öfter in Palästina aufhielt, war diese Höhle »in der Gegend jedermann bekannt«. Hieronymus lebte seit 385 in Betlehem und berichtete seinem Freund Paulinus von Nola, von Kaiser Hadrian bis in die Tage Konstantins habe die Geburtshöhle dem Adoniskult gedient.

Konstantin und seine Mutter Helena konnten sich also auf eine feste Überlieferung stützen, als sie ab 326 über dieser Stätte eine Kirche errichten ließen. Der Pilger von Bordeaux (333) hat sie gesehen, Eusebius gibt in seiner Vita des Kaisers eine Beschreibung davon. Die konstantinische Basilika wurde beim Aufstand der Samaritaner (521–528) zerstört und von Kaiser Justinian wiederhergestellt. Man verlängerte die fünf Schiffe im Westen um ein Joch und ersetzte das Oktogon über der Geburtsgrotte im Osten durch ein Querhaus mit kleeblattförmig angeordneten Apsiden. Diese Kirche überstand als Einzige das Jahr 614, in dem die Perser die christlichen Heiligtümer Palästinas in Schutt und Asche legten. Sie sei verschont worden, weil ihr Fassadenmosaik die »Magier aus dem Osten« in persischer Tracht darstellte.

Der verehrte Ort ist eine drei Meter breite und zwölf Meter tiefe Höhle. In ihrer Südwand befindet sich ein drei Meter großer Nebenraum, in dem man zur Zeit des Hieronymus eine Felsrinne mit schlichter Lehmmauer als die von Lukas (2,7) erwähnte Krippe zeigte. Untersuchungen in den Jahren 1962–1964 ergaben, dass die Geburtsgrotte und die angrenzenden Höhlen um die Zeitenwende als Vorratskammern oder Ställe dienten. Der biblische Ort, die Stadt Davids, lag östlich von der Geburtskirche, wie 1969 von S. Gutman und A. Berman durchgeführte Sondierungen erwiesen haben.

Die Pilger wollten auch die Stelle sehen, wo der Engel den Hirten erschienen war (Lukas 2,8 ff.). Gegen Ende des 4. Jahrhunderts zeigte man ihnen eine Kirche »Zu den Hirten«: »Dort befindet sich ein großer Garten, von einer Mauer eingefasst, und eine sehr prächtige Höhle mit einem Altar« (Pilgerbericht der Egeria). Eine solche Höhle gibt es im Hirtenfeld der Griechisch-Orthodoxen. Im 5. Jahrhundert wurde sie zur Krypta einer Kapelle umgestaltet, die man bald darauf durch eine größere Basilika ersetzte. 614 zerstört und danach wiederaufgebaut, bestand diese Kirche mit dem zugehörigen Kloster bis ins 11. Jahrhundert. In dem 500 Meter nördlich davon gelegenen Hirtenfeld der Lateiner, wo die Franziskaner 1954 ihre Engelskapelle errichteten, finden sich ebenfalls Ruinen eines byzantinischen Klosters.

Betsaida

Einer der Orte am Nordufer des Sees Gennesaret, auf die Jesus eine Zeit lang sein Wirken konzentrierte und über die wegen ihrer Unbußfertigkeit sein Weheruf erging (Matthäus 11,21; Lukas 10,13). Hier heilte er einen Blinden (Markus 8,22 ff.), und in die Nähe von Betsaida verlegt Lukas (9,10) die Speisung der Fünftausend. Aus Betsaida stammten drei der Jünger Jesu: die Brüder Simon (Petrus) und Andreas sowie Philippus (Johannes 1,44; 12,21).

Nach Josephus Flavius lag Betsaida auf dem Ostufer des Jordans in der Nähe seiner Einmündung in den See, also in der Landschaft Gaulanitis, die nach dem Tod Herodes' des Großen (4 v. Chr.) zum Herrschaftsbereich des Tetrarchen Philippus gehörte. Dieser erhob das jüdische Dorf zur Stadt, der er zu Ehren der Tochter des Kaisers Augustus den Namen Julias gab. Die Evangelien verwenden aber den herkömmlichen Namen Betsaida (»Fischershausen«).

In alten Pilgerberichten wird der durch eine Kirche ausgezeichnete Ort erwähnt; er galt auch als Heimat der Zebedäussöhne Jakobus und Johannes (vgl. Markus 1,16 ff.). Erst seit der Kreuzfahrerzeit verlegte man ihn fälschlich nach Chirbet el-Minje.

Unter Leitung von Rami Arav wurden 1987 bis 2000 im etwa zwei Kilometer vom Seeufer entfernten Ruinenhügel et-Tell Ausgrabungen durchgeführt, die eine Siedlung neutestamentlicher Zeit freilegten, darunter das Haus eines Fischers. Auch eine Synagoge sowie den Palast und das Grab des Tetrarchen Philippus glaubt der Ausgräber gefunden zu haben. Ältere Schichten enthielten Reste einer eisenzeitlichen Stadt (10.–6. Jahrhundert v. Chr.). Von der Kirche über dem Haus des Apostels Petrus, die noch Willibald (725) erwähnt, gab es keine Spuren.

Caesarea Maritima

Caesarea am Meer hatte als Vorgänger einen phönizischen Hafenort namens »Straton Pyrgos – Stratonsturm«. Nach seinem Sieg bei Actium (31 v. Chr.) gab Octavian, der spätere Augustus, das Gebiet an Herodes, der hier zwischen 22 und 10 v. Chr. eine neue Stadt erbaute und sie zu Ehren seines Gönners »Kaisareia« nannte. Josephus Flavius hat ihre architektonische Pracht und die Hafenanlagen aus eigener Anschauung eingehend geschildert. Seit 6 n. Chr. war Caesarea Amtssitz der römischen Statthalter von Judäa und Samaria. Herodes Agrippa I. hielt sich dort auf, als er 44 n. Chr. plötzlich starb (Apostelgeschichte 12,23).

In Caesarea war römisches Militär stationiert; die Zivilbevölkerung bestand größtenteils aus syrischen Griechen, doch gab es auch eine starke jüdische Minderheit. Feindseligkeiten zwischen den Bevölkerungsgruppen führten 66 n. Chr. zum Ausbruch des Jüdischen Krieges. In Caesarea schlug Vespasian sein Hauptquartier auf, dort wurde er im Jahr 69 von seinen Truppen zum Kaiser ausgerufen. Zum Dank erhielt die Stadt den Status einer Kolonie. Septimius Severus erhob sie um 200 in den Rang einer Metropolis.

Nach einigen vorangehenden Untersuchungen begannen 1959 Ausgrabungen großen Stils, die bis heute andauern und eindrucksvolle Bauten aus römischer und byzantinischer und aus der Zeit der Kreuzfahrer freilegten.

Die Evangelien erwähnen den Namen der Stadt nicht, umso bedeutender ist ihre Rolle in der Apostelgeschichte. Im »Haus des Evangelisten Philippus, der einer von den Sieben (Diakonen) war« (21,8), gingen Apostel und durchreisende Christen ein und aus. Durch dessen Wirken in Caesarea vorbereitet, verhalf Petrus mit der Taufe des Cornelius, eines Centurio der römischen Garnison, der Heidenmission zum Durchbruch (10,1 ff.). Paulus bestieg in Caesarea das Schiff, um nach Tarsus zurückzukehren (9,30); hier landete er wieder am Ende seiner zweiten und dritten Missionsreise (18,22; 21,8). In Caesarea fasste er den Entschluss, sich nach Jerusalem zu begeben, wo ihn Anklage und Festnahme erwarteten (21,13). Weil in Jerusalem ein Mordanschlag zu befürchten war, überstellte man Paulus nach Caesarea, wo ihn der Statthalter Felix in Gewahrsam halten ließ und verhörte (24,1 ff.). Zwei Jahre blieb Paulus in Haft, bis Porcius Festus als Nachfolger des Felix eintraf (24,27). Vor Festus appellierte Paulus an den Kaiser, und nach erneuter Anhörung in Gegenwart des Königs Agrippa II., ließ ihn der Statthalter nach Rom bringen (25,13 ff.). 1997 legten israelische Archäologen ein Amtsgebäude frei, von dem sie annehmen, dass Paulus dort verhört und in Gewahrsam gehalten wurde.

Bereits im 2. Jahrhundert war Caesarea ein prominenter Bischofssitz, und im 3. Jahrhundert wirkten dort bedeutende christliche Gelehrte wie Origines, Pamphilius und Eusebius, der 314–339 Bischof von Caesarea war. Nach der Zerstörung der Kreuzfahrerstadt durch Sultan Baibars befand sich dort bis 1948 nur noch ein kleines Dorf namens »Kaiserije« in dem Ruinengelände.

Caesarea Philippi

Banyas, der arabische Name des Orts an einer der drei Jordanquellen, geht auf »Paneas« zurück, das so hieß, weil die Quellgrotte der griechischen Naturgottheit Pan geweiht war. Augustus übergab das Gebiet am südlichen Abhang des Hermon 20 v. Chr. an Herodes den Großen, der in der Nähe des Pan-Altars einen Marmortempel zu Ehren des Kaisers errichtete. Sein Sohn Philippus erbaute hier die Hauptstadt seiner Tetrarchie und gab ihr den Namen »Kaisareia«. Zur Unterscheidung von Caesarea am Meer nennt das Neue Testament wie Josephus Flavius die Stadt »Caesarea des Philippus«. Der ihr von Agrippa II. zu Ehren des Kaisers Nero beigelegte Name »Neronias« blieb unbedeutend. 70 n. Chr. feierte Titus dort mit Gladiatorenspielen die Eroberung Jerusalems.

Im Gebiet von Caesarea Philippi legte Petrus sein Messiasbekenntnis ab (Matthäus 16,13 ff.; Markus 8,27 ff.). Lange Zeit wiesen nur auf dem Gelände herumliegende Architekturtrümmer auf die Bedeutung der Stadt im 1. Jahrhundert n. Chr. hin. Bei den in den 1990er-Jahren einsetzenden Ausgrabungen wurde eine Palastanlage entdeckt, von der die israelischen Archäologen annehmen, dass sie von jenem König Agrippa II. erbaut wurde, der nach Caesarea am Meer kam, um dem Prokurator Festus seine Aufwartung zu machen, und mit seiner Schwester Berenike am Verhör des Paulus teilnahm (Apostelgeschichte 25,23 ff.).

Chorazin

Einer der drei Orte am Nordwestufer des Sees Gennesaret, denen Jesu Weheruf über ihre ausgebliebene Umkehr galt (Matthäus 11,20 ff.; Lukas 10,12 ff.). An der vier Kilometer von Kafarnaum entfernten Ruinenstätte Chirbet Keraze wurde 1926 eine Synagoge freigelegt. Der jetzt teilweise rekonstruierte Bau aus lokalem schwarzen Basalt entstand vermutlich im 4. Jahrhundert. Die 1962 von Z. Yeivin wiederaufgenommenen Grabungen brachten einige Reste der neutestamentlichen Siedlung ans Licht. Sie umfasste vier Wohnviertel und nahm ein Gelände von etwa sechs Hektar ein. Im 7. Jahrhundert wurde der Ort aufgegeben.

Damaskus

Die Hauptstadt Syriens ist durch das »Damaskuserlebnis« des Paulus sprichwörtlich geworden. Schon im 2. Jahrtausend v. Chr. vielfach bezeugt, war Damaskus im 10.–8. Jahrhundert

v. Chr. Zentrum eines mächtigen aramäischen Staates. Nach Alexander dem Großen gehörte die Stadt zum Seleukidenreich, seit dessen Liquidierung durch Pompeius (64 v. Chr.) zur römischen Provinz Syrien. Damals gab es dort eine starke jüdische Bevölkerungsgruppe, die mehrere Synagogen besaß und erfolgreich Proselyten warb. Als die christliche Botschaft mehr und mehr Anhänger fand, wollte Saulus-Paulus im Auftrag des Sanhedrin dagegen vorgehen, doch auf dem Weg nach Damaskus erschien ihm der Herr (Apostelgeschichte 9,1 ff.; 22,5 ff.; 26,12 ff.; Galater 1,13 ff.).

Der Judenchrist Hananias nahm sich seiner an und führte ihn in die Gemeinde ein (Apostelgeschichte 9,10 ff.; 22,12 ff.). Statt nach Jerusalem ging Paulus nach »Arabien (Galater 1,17) und kehrte dann nach Damaskus zurück«, musste aber wegen seiner Predigt fliehen (Apostelgeschichte 9,23 ff.; 2. Korinther 11,32 f.).

Damaskus wurde zum wichtigen Bischofssitz, Kathedrale war die im Tempelbezirk des Jupiter Damascenus errichtete Kirche Johannes' des Täufers, die unter den Omayaden zur Großen Moschee umgewandelt wurde. Die Stadt hat sich seit der Antike stetig weiterentwickelt, aus neutestamentlicher Zeit blieb daher nur wenig erhalten. Die »Gerade Straße«, wo Paulus im »Haus des Judas« Aufnahme fand, war eine monumentale Säulenstraße in Ost-West-Richtung, deren Verlauf sich noch in der heutigen Altstadt verfolgen lässt. Ob das in der Nähe des Osttors am Ort einer byzantinischen Basilika gezeigte »Haus des Hananias« auf alter Überlieferung beruht, bleibt unsicher. Sehr unwahrscheinlich ist dies für die Lokalisierung der Flucht des Paulus beim Südosttor der Stadtmauer.

Emmaus

Das Lukasevangelium (24,13 ff.) erzählt vom Gang der beiden Jünger nach Emmaus. Kleopas und sein ungenannter Begleiter waren dort offenbar zu Hause, denn sie luden Jesus, der sich ihnen angeschlossen hatte, ohne dass sie ihn erkannten, zum Abendessen ein. Als ihnen beim Brotbrechen die Augen aufgegangen waren, kehrten sie eilends nach Jerusalem zurück, um den »Elf und den anderen Jüngern« von der Begegnung mit dem Auferstandenen zu berichten. Nach der ältesten Lesart (Papyrus 75, Codex Vaticanus) war Emmaus 60 Stadien (etwa elf Kilometer) von Jerusalem entfernt, nach einer anderen (Codex Sinaiticus) 160 Stadien (etwa 30 Kilometer). Die voneinander abweichenden Angaben trugen dazu bei, dass der Ort unterschiedlich lokalisiert wurde, zumal sein Name (von hebräisch »hammath – warme Quelle«) häufiger vorkommt.

Die älteste Überlieferung verlegt das Ereignis nach Emmaus-Nikopolis, etwa 25 Kilometer westlich von Jerusalem, wo sich der biblische Name in dem zerstörten arabischen Dorf Amwas erhalten hat. Zeugen im 4. Jahrhundert sind Eusebius und Hieronymus. Als strategisch wichtiger Platz, der den Aufstieg aus der Küstenebene ins judäische Bergland beherrschte,

spielte Emmaus seit den Tagen des Judas Makkabäus wiederholt eine Rolle. Im 2. und 3. Jahrhundert war es Aufenthaltsort berühmter Rabbiner, und damals lebte dort auch der christliche Schriftsteller Julius Africanus, der unter anderem Nachforschungen über die Verwandten Jesu betrieb. Im Jahr 221 erreichte er als Gesandter seiner Gemeinde in Rom die Umbenennung von Emmaus in Nikopolis.

Bereits 1875 wurde die Kirchenruine am Südrand der Ortschaft teilweise freigelegt. Von 1924 bis 1930 führten die Dominikaner der École Biblique in Jerusalem systematische Ausgrabungen durch. Über den Mauerresten und Bodenmosaiken einer römischen Villa, die vielleicht als Haus des Kleopas galt, war im 5. Jahrhundert, vielleicht auch schon früher, eine große Basilika errichtet worden, die beim Aufstand der Samaritaner zugrunde ging. Danach entstand nördlich der zerstörten Kirche eine kleinere Basilika, deren seitliche Mauern mit den Mauern eines hinter der Apsis liegenden Baptisteriums in einer Linie liegen. Die Kreuzfahrer schließlich bauten über dem Mittelschiff der ersten Basilika eine tonnengewölbte einschiffige und um ein Drittel kürzere Kirche. Römische Badeanlagen weisen auf die heißen Quellen von Emmaus-Nikopolis hin, die irgendwann infolge eines Erdbebens versiegten. Im 5. Jahrhundert schrieb man ihre Existenz einem Wunder Christi zu. Auf dem Hügel hinter der heutigen Zisterzienserabtei von Latrun bauten die Templer die Festung »Toron des Chevaliers«, unter deren überwucherten Ruinen vielleicht die Akropolis von Nikopolis liegt.

Die Kreuzfahrerzeit neigte mehr und mehr dazu, das biblische Emmaus näher bei Jerusalem zu suchen. Aber weder die Kirche der Hospitaliter in Abu Ghosh (Qiryat Yearim) noch die der Franziskaner in Qubeibeh hat eine byzantinische Vorgängerin. Jede Ortstradition fehlt auch der Ruinenstätte Chirbet Mizze bei der heutigen jüdischen Siedlung Moza. Laut Josephus Flavius gründete Vespasian nach der Zerstörung Jerusalems dort die Veteranenkolonie Amassada.

Gennesaret

Der Ort, nach dem der See in Galiläa seinen Namen erhalten hat, wird schon im 15. Jahrhundert v. Chr. in einer Liste palästinensischer Städte erwähnt, die der ägyptische König Thutmosis III. eroberte. Im Alten Testament wird »Kinnereth« (»Gennesaret« ist die griechische Namensform) nur ein einziges Mal genannt, und zwar als Ortschaft an der Ostgrenze des Gebietes, das der Stamm Naftali besiedelte (Josua 19,35). Nach den Ausgrabungen von V. Fritz und U. Hübner kann als sicher gelten, dass die ursprünglich kanaanäische, dann israelitische Stadt auf dem Tell el-Oreme am nordwestlichen Ufer des Sees lag. Die eine wasserreiche Gegend beherrschende Anhöhe eignete sich vorzüglich zur Kontrolle des zwischen Hattin und Hazor verlaufenden Streckenabschnitts der Via Maris. Die Grabungsbefunde lassen auf eine bewegte

Geschichte der befestigten Stadt schließen, die in der zweiten Hälfte des 8. Jahrhunderts ihr Ende fand.

Nach Matthäus (14,34) und Markus (6,53) landete das Boot, nachdem Jesus über das Wasser gegangen war. Der so bezeichnete Ort neutestamentlicher Zeit lag wahrscheinlich nicht mehr auf der Anhöhe, sondern in der Ebene, von deren Fruchtbarkeit und Schönheit Josephus Flavius schwärmt. Am südlichen Fuß des Tells entspringt eine ergiebige Quelle, in deren Nähe römische Bäder gefunden wurden. Auch ein Aquädukt, der Wasser von den Quellen bei Tabgha am Steilufer entlang heranführte, weist auf eine Siedlung in diesem Gebiet hin. Am Südende der Ebene, die jetzt neuhebräisch »Ginnosar« heißt, liegt Magdala, in ihrer Mitte der Kibbuz Ginnosar, in dessen Umgebung 1989 das sogenannte »Jesusboot« entdeckt wurde.

Jerusalem

Die Altstadt von Jerusalem gilt als eine der schönsten der Welt. Sie überdeckt die antike Stadt und verbirgt vermutlich noch einmal so viel geschichtliche Geheimnisse, wie sie die intensive archäologische Forschung der vergangenen Jahrzehnte erbracht hat. Besonders das Stadttal, von Josephus Flavius »Tyropoion« genannt, ist vom Schutt der Jahrhunderte aufgefüllt, der hier an manchen Stellen eine Höhe von 30 Metern erreicht.

Die Heilige Stadt, wie sie Jesus auf den früheren Pilgerreisen und während seines öffentlichen Wirkens sah, trug das Gepräge prachtvoller herodianischer Architektur. Herodes der Große (37–4 v. Chr.) hatte in der Hauptstadt seines Königreichs eines der ehrgeizigsten Bauprogramme der Antike verwirklicht. Allerdings konnten noch immer nicht alle Bauten lokalisiert werden, wie etwa das Theater oder das Amphitheater. Auch wenn in Einzelheiten Vorsicht angebracht ist, vermittelt das nach Plänen von M. Avi-Yonah hergestellte monumentale Modell, das sich früher im Holyland-Hotel befand und jetzt im Garten des Israel-Museums zu sehen ist, einen guten Eindruck vom Glanz der herodianischen Stadt.

Sie fiel im Jahre 70 n. Chr. bei der Eroberung durch Titus in Schutt und Asche. Nach dem zweiten jüdischen Aufstand unter Bar Kochba zeigte sich Kaiser Hadrian fest entschlossen, Tabula rasa zu machen. Durch die Gründung der »Colonia Aelia Capitolina« im Jahr 135 sollte das Judentum an seinem religiösen Zentrum ins Mark getroffen werden. Den Tempelberg nahm nun ein Heiligtum zu Ehren des Jupiter Capitolinus ein. Betesda wurde dem römischen Heilgott Äskulap geweiht, dem Asklepios der Griechen, Schiloach wahrscheinlich in ein Nymphäum umgewandelt. Auf gewaltigen Aufschüttungen über Golgota errichteten die Römer ein Forum mit einem Venustempel. Ein weiteres Forum entstand beim Antoniafelsen; der Triumphbogen, mit dem es ausgestattet war, ist der heutige Ecce-Homo-Bogen. Im Bereich des späteren Armenierviertels schlug die

»Legio X Fretensis« ihr Lager auf. Der Grundriss der römischen Kolonie prägt bis heute den Verlauf der Straßen in der Altstadt.

Nachdem sich Kaiser Konstantin 312 dem Christentum zugewandt hatte, setzte in Jerusalem eine rege Kirchenbautätigkeit ein, die bis zur arabischen Eroberung im Jahr 638 andauerte. Ein von dem Patriarchen Sophronius mit dem Kalifen Omar geschlossener Vertrag garantierte den Christen Unversehrtheit und freie Religionsausübung. Unter den Omayaden entstanden auf dem Tempelplatz der Felsendom (688–691) und die Al-Aqsa-Moschee.

Mit den Kreuzzügen und dem Lateinischen Königreich Jerusalem brach erneut eine Zeit an, die in Kirchenbauten die Tradition christlicher Erinnerungsorte festhielt. 1187 zog Saladin in Jerusalem ein. Die von ihm begründete Ajubidendynastie wurde 1250 von den Mamelucken gestürzt. Unter deren Herrschaft konnten die Franziskaner mit ihrer 1333 gegründeten »Custodia Terrae Sanctae« in Jerusalem Fuß fassen. 1516 schließlich verleibten die osmanischen Sultane Palästina ihrem Reich ein.

Im 19. Jahrhundert, als noch Beamte der Sultane die Stadt verwalteten, setzten intensive Forschungen zur biblischen Archäologie und zur Topografie von Jerusalem ein. Zu den Pionieren gehörten der Amerikaner E. Robinson sowie der Schweizer T. Tobler und der Franzose H. V. Guérin. Robinson war 1836 und 1852 im Heiligen Land, Tobler widmete sich 1845 und 1857 der topografischen Erfassung Jerusalems, Guérin unternahm zwischen 1852 und 1875 fünf Studienreisen durch Palästina.

1865 wurde der »Palestine Exploration Fund« gegründet, der C. W. Wilson und zwei Jahre später C. W. Warren in seine Dienste nahm. Wilson erstellte den bis heute gültigen grundlegenden topografischen Plan der Altstadt und führte erstmals Sondierungen durch; Warren sollte diese durch Ausgrabungen sichern. 1894–1897 arbeitete F. J. Bliss zusammen mit dem Architekten A. C. Dickie im Auftrag des »Fund« in Jerusalem; am Teich Schiloach stießen sie auf Stufen einer großen Badeanlage. L.-H. Vincent OSB entdeckte 1910 auf dem Ölberg die Eleona, die von Kaiser Justinian (527–565) errichtete »Ölbaumbasilika«.

1920 richtete die britische Mandatsregierung die Abteilung Altertümer ein, deren Leitung J. Garstang übernahm. K. M. Kenyon, die 1952–1958 erfolgreich in Jericho tätig war, begann 1961 in Jerusalem mit Ausgrabungen und suchte unter anderem die Frage zu klären, ob Golgota zur Zeit Jesu vor oder doch innerhalb der Stadtmauer lag. 1958–1964 fanden die aufschlussreichen Grabungen am Teich Betesda statt.

Nach 1967, dem Jahr der Wiedervereinigung der seit 1948 geteilten Stadt, erhielt die archäologische Arbeit in Jerusalem enormen Auftrieb und brachte eine Fülle neuer Einsichten. Durch B. Mazar wurde das ganze Gebiet vor der Südmauer des Tempelbergs ausgegraben. R. Amiran und A. Eitan gruben im Bereich der Zitadelle, wo einst der Palast Herodes' des Großen gestan-

den hatte. M. Broshi arbeitete zusammen mit N. Avigad, R. Amiran, A. Eitan und B. Mazar im jüdischen Viertel. Es kamen Überreste von Wohnhäusern ans Licht, die Einblick in das Leben der Jerusalemer Oberschicht in neutestamentlicher Zeit geben. Gegraben wurde auch bei der armenischen Erlöserkirche, wo sich das »Haus des Kajaphas« befinden soll. Am Westhügel fand man das von Josephus Flavius erwähnte Essenertor, bisher das einzig Tor aus der Zeit Jesu, von dem eine Rekonstruktionszeichnung angefertigt werden kann. 1970 wurde die unter Kaiser Justinian erbaute riesige Kirche der »Hagia Maria Nea« entdeckt. R. Reich und E. Shukron legten 2005 imposante Anlagen am Teich Schiloach frei und konnten dabei eine hasmonäische und eine herodianische Bauphase feststellen. Auch für die Zukunft hält das unterirdische Jerusalem gewiss noch Entdeckungen und Erkenntnisse vielerlei Art bereit.

Kafarnaum

In der ersten Zeit seines Wirkens verließ Jesus den Heimatort Nazaret und wählte die kleine Stadt Kafarnaum am Nordufer des Sees Gennesaret zum Wohnsitz, um von dort aus in ganz Galiläa zu predigen. Kafarnaum wurde zu »seiner Stadt« (Matthäus 9,1), hier war er »zu Hause« (Markus 2,1), und hier gewann er die ersten Jünger: Simon (Petrus) und dessen Bruder Andreas sowie die beiden Zebedäussöhne Jakobus und Johannes (Matthäus 4,18 ff.; Markus 1,16 ff.; Lukas 5,1 ff.). Für viele der in den Evangelien berichteten Wundertaten ist Kafarnaum der Schauplatz. Als Jesu Ruf zur Umkehr auf Ablehnung stieß, sprach er über Kafarnaum wie über Chorazin und Betsaida den Weheruf aus (Matthäus 11,20 ff.; Lukas 10,13 ff.). In den meisten neutestamentlichen Handschriften erscheint der hebräische Name »Kephar Nahum – Dorf des Nahum« in der Umschrift »Kapharnaoum«. Der Codex Alexandrinus und davon abhängige Handschriften bieten »Kapernaoum«. Über die lateinische Bibelübersetzung (»Capernaum«) kam diese Namensform in die Übersetzung Martin Luthers.

Die Identifizierung von Kafarnaum blieb während des ganzen 19. Jahrhunderts umstritten, denn die Ortsüberlieferung war abgebrochen. Vielfach lokalisierte man Kafarnaum in Chirbet el-Minje. Heute gilt als sicher, dass es mit der Ruinenstätte Tell Chum gleichzusetzen ist. Ihr arabischer Name hängt allerdings nicht mit dem alten hebräischen zusammen, sondern mit dem Grab des Rabbi Tanchum, das im Mittelalter hier verehrt wurde.

Die topografischen Angaben der Evangelisten sind vage, aber so viel geht daraus hervor, dass Kafarnaum am Seeufer lag (Matthäus 4,13), unweit von der Stadt Gennesaret (Markus 6,35; Johannes 6,22.59) sowie in der Nähe einer Grenze, die eine Zollstation (Markus 2,14) und einen Militärposten (Matthäus 8,5 ff.; Lukas 7,1 ff.) mit sich brachte. Auch bei Josephus Flavius wird Kafarnaum erwähnt, und zwar als der dem Jordan am nächsten gelegene Ort am galiläischen

Seeufer. Zur Zeit Jesu bildete der Fluss hier die Grenze zur Tetrarchie des Philippus. Die Pilgerberichte vom 4. bis ins 17. Jahrhundert stimmen mit dieser Lage überein; durch Ausgrabungen konnte sie nachgewiesen werden.

Nachdem E. Robinson 1838 in Tell Chum herumliegende Trümmer als Bestandteile einer Synagoge erkannt hatte, führte C. W. Wilson 1866 die erste kleine Grabung durch. 1894 konnte die Franziskaner-Kustodie den größten Teil des Ruinenfelds erwerben. 1905 gruben H. Kohl und C. Watzinger die Synagoge aus, und 1921 entdeckte G. Orfali OFM südlich davon eine oktogonale byzantinische Kirche. 1968 begannen die beiden Franziskaner-Archäologen V. Corbo und S. Loffreda mit systematischen Ausgrabungen, die ein Jahrzehnt später unter V. Tsaferis auch auf dem griechisch-orthodoxen Gelände nordöstlich der Synagoge einsetzten.

Die Geschichte von Kafarnaum begann nach dem babylonischen Exil; bis zum 5. Jahrhundert v. Chr. lässt sich nur eine sporadische Besiedlung feststellen. Ab dem 2. Jahrhundert v. Chr. wuchs der Ort und erreichte in byzantinischer Zeit seine größte Ausdehnung. Damals zog er sich etwa 1000 Meter am See hin und reichte bis zu 200 Meter ins Land hinein. Auf etwa sechs Hektar mögen 1500 Menschen gewohnt haben. Im 7. Jahrhundert wurde Kafarnaum zerstört; die Nachfolgesiedlung auf dem griechisch-orthodoxen Gelände wurde Mitte des 10. Jahrhunderts, also noch vor Ankunft der Kreuzfahrer, aufgegeben.

Der neutestamentliche Ort war im damals üblichen Rasterschema angelegt worden. Die auch für Wagen befahrbaren Hauptstraßen verlaufen alle in Nord-Süd-Richtung zum See hin, von engen Gassen gekreuzt, sodass sich gleichartige Wohninseln ergeben. Sie bestehen aus mehreren kleinen Häusern, die aus unbehauenen Basaltsteinen gemauert und um einen gepflasterten Innenhof gruppiert sind. Das tägliche Leben spielte sich auf diesen Höfen ab, wie Öfen, Getreidemühlen und Ölpressen zeigen. Die bis drei Meter hohen Mauern trugen ein Flachdach aus einem Stangen- und Schilfgeflecht, das mit Lehm abgedichtet und über eine Treppe zugänglich war.

Die Synagoge wurde zunächst der Zeit um 200 n. Chr. zugewiesen. Reiche Münzfunde, die bei den Grabungen ab 1968 zutage kamen, datieren den Bau jedoch ins späte 4. Jahrhundert. Die jetzt teilweise rekonstruierte Synagoge aus schönem weißen Kalkstein steht auf den Grundmauern eines älteren Synagogenbaus aus lokalem Basaltstein, der nach der aufgefundenen Keramik wahrscheinlich im 3. Jahrhundert errichtet wurde. Ob ein noch älteres Pflaster an dieser Stelle von der Synagoge aus der Zeit Jesu stammt, lässt sich nicht mit Sicherheit entscheiden. Nach Lukas (7,5) wurde sie von dem heidnischen Centurio erbaut oder erneuert, der als »Hauptmann von Kafarnaum« in die Überlieferung eingegangen ist.

In den Evangelien wird mehrfach das Haus des Petrus erwähnt (Matthäus 9,27 ff.; Markus 1,29; 2,1; 3,20; 9,33). Als die Pilgerin Egeria im Jahr 383 Kafarnaum besuchte, sah sie das Haus des Apostels noch stehen, aber in eine »domus ecclesiae« umgewandelt. Diese Hauskirche fanden die Ausgräber im Bereich der achteckigen Kirche aus dem 5. Jahrhundert. Mit ihren drei konzentrischen Oktogonen war sie nicht für die Versammlung einer Gemeinde bestimmt, sondern sollte als Memorialbau eine verehrte Stätte auszeichnen, und hier kann es sich nur um das traditionelle Petrushaus handeln. Das mittlere Mauerachteck steht genau über einem Haus, das schon im 1. Jahrhundert n. Chr. existierte und auch den Mittelpunkt der Hauskirche bildete. Der starken Mauer, mit der man sie umgab, mussten einige andere Wohnhäuser weichen. Ihr zentraler Raum erhielt ein stabiles Dach, das ein gemauerter Bogen stützte. Im Putz wurden viele Graffiti gefunden, die ältesten vom Beginn des 3. Jahrhunderts. In den meist griechisch sowie aramäisch, altsyrisch und lateinisch abgefassten Inschriften erscheint mehrmals der Name Jesu und zweimal der des Petrus. Unter den Symbolen finden sich Kreuze, Christusmonogramme und auch ein Boot. Über dem Platz wurde 1986–1990 ein Petrusmemorial errichtet, das auf Stützpfeilern ruht, sodass die Ausgrabungen sichtbar blieben.

Kana

Der Ort, an dem Jesus sein erstes Zeichen wirkte, indem er Wasser in Wein verwandelte (Johannes 2,1 ff.), heißt stets Kana in Galiläa, um ihn von der gleichnamigen Ortschaft in Phönizien südöstlich von Tyros zu unterscheiden. Die heute von Pilgern als Kana besuchte Stätte ist Kafr Kenna (»Dorf der Schwiegertochter«), sechs Kilometer nordöstlich von Nazaret. Das Andenken an das Weinwunder wurde allerdings erst in der frühen Neuzeit hierher verlegt. 1566 errichteten die Griechisch-Orthodoxen eine Kirche, und 1641 konnten die Franziskaner in Kafr Kenna ein Grundstück erwerben. Beim Bau der Franziskanerkirche (1883) am Platz einer verfallenen Moschee entdeckte man Reste einer Synagoge aus dem 4. oder 5. Jahrhundert, darunter eine Stifterinschrift für Jose, Sohn des Tanchum. Eindeutige Spuren der nach dem Pilgerbericht zu erwartenden Kirche wurden auch bei den Grabungen nicht gefunden, die S. Loffreda OFM (1969) und E. Alliata OFM (1997) durchführten. Nachweisbar sind lediglich ununterbrochene Siedlungsspuren seit der Bronzezeit.

Die meisten Forscher lokalisieren Kana in Chirbet Qana (»Ruine von Kana«), etwa 14 Kilometer nordöstlich von Nazaret. Der Ruinenhügel am Nordrand der fruchtbaren Ebene war seit etwa 1200 v. Chr. besiedelt und muss vom 1. bis ins 6. Jahrhundert ein florierender Ort gewesen sein, denn der Boden ist übersät von römischen und byzantinischen Scherben. Die frühchristlichen Pilgerberichte bleiben, was die Lage von Kana betrifft, im Unklaren; umso besser passt zu Chirbet Qana, was der Dominikaner Burchard um 1290 in seiner »Descriptio

Terrae Sanctae« darüber schreibt. Mittelalterliche Quellen sprechen von einem Kloster, dessen Kirche im Besitz eines der Wasserkrüge von Jesu Weinwunder sei (auch in Ravenna und Quedlinburg verwahrt man solche Krüge). Diese Stätte konnte in dem Ruinengelände noch nicht entdeckt werden, aber eine Grotte am Fuß des Hügels ist durch Inschriftenreste als die in der Kreuzfahrerzeit verehrte Höhle des Weinwunders ausgewiesen.

Magdala

Der Ortsname ist vom hebräischen »Migdal-Turm« abgeleitet und hat sich in der arabischen Form »El-Medschel« erhalten. Im Talmud findet sich auch »Migdal Nunaja-Fischturm«; Josephus Flavius verwendet stets den griechischen Namen »Terichëa-Fischpökeleien«. Magdala lag am Südende der fruchtbaren Ebene von Gennesaret und war vor der Gründung von Tiberias durch Herodes Antipas wohl die bedeutendste Stadt am Westufer des Sees.

Aus Magdala stammte Maria, genannt Magdalena. Nach Lukas (8,1 ff.) gehörte sie zu den Frauen, die Jesus begleiteten, als er mit den »Zwölf« durch die Städte und Dörfer zog und predigte, und die ihn und die Jünger »unterstützten... mit dem, was sie besaßen«. Es ist anzunehmen, dass Jesus auch in die Heimatstadt einer seiner treuesten Jüngerinnen kam, auch wenn dies den Envangelien nicht zweifelsfrei zu entnehmen ist. Nur spätere Handschriften nennen Magdala als Landungsort Jesu nach der zweiten Brotvermehrung; der ursprüngliche Text lautet bei Matthäus (15,39) »Magadan«, bei Markus (8,10) »Dalmanuta«, beides Ortsbezeichnungen, die Rätsel aufgeben.

Auf dem Gelände des zerstörten arabischen Dorfes El-Medschel wurde 1971–1977 von den Franziskaner-Archäologen V. Corbo und S. Loffreda ein größeres Areal des antiken Magdala ausgegraben. Zutage kamen Überreste eines byzantinischen Klosters sowie eines Orts von hellenistisch-städtischem Gepräge: eine schön gepflasterte Hauptstraße, an der später ein Aquädukt errichtet wurde, ein von Säulenhallen umgebener Platz, außerdem Privathäuser mit Bädern und Läden, Mosaikböden und anderer Ausstattung, die auf Wohlstand schließen lässt. Ein kleines Gebäude mit umlaufenden Sitzbänken und Säulenstellungen im Innern dürfte eine Synagoge aus dem 1. Jahrhundert n. Chr. gewesen sein.

Nazaret

Der weder im Alten Testament noch bei Josephus Flavius erwähnte Ort im südlichen Grenzgebiet Galiläas war nach den Evangelien der Wohnort der Eltern Jesu und der Ort, an dem Jesus seine Kindheit und Jugend verbrachte. Aus einer 1962 in Caesarea Maritima entdeckten hebräischen Inschrift aus dem 3. oder 4. Jahrhundert geht hervor, dass Nazaret nach der Zerstörung Jerusalems (70 n. Chr.) Sitz einer der 24 Priesterordnungen war. Archäologisch ist das alte Nazaret nur durch Gräber und Wohnhöhlen repräsentiert. Kleinfunde bezeugen eine Besiedlung von etwa 900 v. Chr. bis ins 7. Jahrhundert n. Chr.

Der jüdische Konvertit Joseph von Tiberias erhielt von Kaiser Konstantin die Erlaubnis, in Nazaret eine Kirche zu errichten. Die erste sichere Nachricht über einen Kirchenbau, und zwar an der Stelle, wo der Engel Maria die Geburt Jesu verkündet haben soll, gibt um 570 der anonyme Pilger aus Piacenza. Nach dem Abriss der 1730 von den Franziskanern erbauten Verkündigungskirche war es 1954 möglich, am traditionellen Ort des Hauses Marias Ausgrabungen durchzuführen. B. Bugatti OFM fand nicht nur Reste einer 70 Meter langen Kreuzfahrerkirche, sondern auch einer kleineren byzantinischen Basilika aus dem 5. Jahrhundert und unter ihr Mauerreste eines noch älteren Gebäudes. Zu diesem gehörten auch verstreute, mit weißem Putz versehene Kapitelle, Säulenbasen und -trommeln, von denen einige Graffiti trugen, darunter den griechischen Engelsgruß: »Ch(air)e Maria«. Das Alter dieses Gebäudes ist umstritten. Der Ausgräber hielt es für eine judenchristliche Hauskirche aus dem 3. Jahrhundert, andere sahen darin die durch Joseph von Tiberias erbaute Kirche, wieder andere bezweifelten die Deutung als christlichen Sakralbau. Ein in den Felsboden eingetieftes Ritualbad könnte auch als Taufbecken gedient haben, wie Graffiti (Kreuze, Schiffe, Pflanzen) nahelegen. Eine Präsenz von Judenchristen an diesem Platz bezeugt wohl der bemalte und mit Graffiti versehene Putz in einer kleinen Höhle, dem sogenannten Martyrium des Konon, neben der traditionellen Verkündigungsgrotte.

Die byzantinische Basilika wurde beim Einfall der Perser (612) zerstört, die Kreuzfahrerkirche in den Kämpfen mit dem Mameluckensultan Baibars (1263). Ihre Stelle nimmt jetzt die 1955 bis 1963 erbaute Verkündigungsbasilika ein, in deren Unterkirche die Spuren der Vergangenheit sichtbar blieben.

Der gallische Bischof Arkulf erwähnt 670 neben der »Annuntiatio« noch eine zweite Kirche in Nazaret: die »Nutritio – Kirche der Ernährung«, und zwar an der Stelle, wo das Haus gestanden haben soll, in dem Jesus aufwuchs. Die Tradition, dass sich das »Haus und die Werkstatt Josefs« dort befunden haben, wo die Franziskaner 1914 ihre Josefskirche erbauten, lässt sich nur bis ins 18. Jahrhundert zurückverfolgen. Sie steht auf den Fundamenten einer Kreuzfahrerkirche, die 1907/08 von P. Viaud OFM freigelegt wurden. Er entdeckte dabei auch eine unterirdische Grottenanlage mit Getreidesilos, Zisternen und Resten einer Ölpresse. Spuren eines byzantinischen Baus wurden nicht gefunden, aber ein Ritualbad, das vielleicht ebenfalls als Taufbecken benutzt wurde.

Man hat für die »Nutritio« auch an das Gelände der »Marienquelle« gedacht, die seit dem 11. Jahrhundert diesen Namen trägt. Hier steht die Gabrielskirche der Griechisch-Orthodoxen, die unter Berufung auf das Protoevangelium des Jakobus, nach dem der Engel Maria beim Wasserholen am Brunnen erschien, diesen Ort mit der Verkündigung in Verbindung bringen. Die Gabrielskirche stammt aus dem 18. Jahrhundert; ältere Bauteile sind bisher nicht nachgewiesen.

Arkulfs Ortsbeschreibung der »Nutritio«, wonach sie »mitten in der Stadt« lag, trifft auf das Kloster der »Dames de Nazareth« zu. Bei einer Sondierung entdeckte man dort 1987 Spuren einer Kreuzfahrerkirche und eines byzantinischen Gebäudes sowie eines Wohnhauses aus dem 1. Jahrhundert n. Chr.

Nach den Evangelien gab es in Nazaret eine Synagoge, in der Jesus predigte (Matthäus 13,54; Markus 6 ff.; Lukas 4,16 ff.). Noch der Pilger von Piacenza will sie (570) gesehen haben, gewiss ein späteres Gebäude, vielleicht aber am selben Platz. Eine Kirche an der Stelle der Synagoge ist erst für die Kreuzfahrerzeit bezeugt. Bisher wurden lediglich Säulenbasen mit hebräischen Buchstaben gefunden, die von einer Synagoge aus byzantinischer Zeit stammen könnten.

Samaria-Sebaste

Nachdem Jerobeam (926–907 v. Chr.) die Hauptstadt des Nordreichs von Sichem nach Tirza verlegt hatte, gründete Omri (878–871 v. Chr.), der fünfte König von Israel, auf einem Hügel nordwestlich von Sichem eine neue Hauptstadt, die er nach Semer, dem früheren Besitzer des Geländes, benannte (1. Könige 16,24).

Marksteine ihrer Geschichte waren die Eroberung und Zerstörung durch den Assyrerkönig Salmanassar V. (722 v. Chr.), durch Alexander den Großen (331 v. Chr.) und durch den Hasmonäer Johannes Hyrkanos (107 v. Chr.). Gabinius, 57–55 v. Chr. römischer Statthalter von Syrien, betrieb den Wiederaufbau der Stadt, aber es blieb Herodes dem Großen vorbehalten, sie mit Prachtbauten auszustatten. Zu Ehren seines kaiserlichen Gönners gab er ihr den Namen Sebaste (griechisch für »Augusta«), der bis heute in dem arabischen Dorf Sebastije weiterlebt, und siedelte 6000 Veteranen dort an.

Die kürzeste Pilgerroute von Galiläa nach Jerusalem, die auch von Jesus benutzt wurde (Lukas 17,11; Johannes 4,3 ff.), führte über den Kamm des Gebirgs von Samaria und an der Stadt vorbei. Ob Jesus die zu seiner Zeit heidnische Stadt besucht hat, wissen wir nicht.

Die Apostelgeschichte (8,5 ff.) berichtet: »Philippus aber kam in die Hauptstadt Samariens hinab und verkündigte dort Christus... Als die Apostel in Jerusalem hörten, dass Samarien das Wort Gottes angenommen hatte, schickten sie Petrus und Johannes dorthin.« Nach ihrer Ankunft kam es zum Zusammenstoß mit Simon dem Magier.

Bereits Hieronymus bezeugt die Verehrung des Grabs Johannes' des Täufers in Samaria. Diese durch kein Wort der Evangelien nahegelegte Lokalisierung könnte auf eine Überlieferung aus Täuferkreisen zurückgehen.

Ausgrabungen in den Jahren 1908 bis 1910, 1931 bis 1935 und 1964/65 deckten die verschiedenen Schichten der römischen, hellenistischen, assyrischen und schließlich der israelitischen Königszeit auf. Sebaste war eine Stadt mit Kolonnadenstraßen und Forum, Theater und Stadion. Der große Augustustempel des Herodes erhob sich auf der Akropolis über den Resten der Paläste Omris und Ahabs. Südlich der Akropolis wurde 1931 eine kleine Kirche entdeckt, die ebenfalls Johannes dem Täufer geweiht war. Byzantinischen Ursprungs und in der Kreuzfahrerzeit erneuert, erinnerte sie an die legendäre Auffindung des Täuferhaupts, dessen Besitz sich Konstantinopel, Emesa (Homs) und Damaskus streitig machten.

Sepphoris

Als Jesus in Nazaret aufwuchs, war das eine Wegstunde davon entfernte Sepphoris die Hauptstadt Galiläas. Der Name ist die griechische Version des hebräischen »Zippon – Vogel«. Südwestlich des antiken Stadthügels liegt heute die jüdische Siedlung Zippori. Im Alten und Neuen Testament wird Sepphoris nirgends genannt. Von Josephus Flavius erfahren wir jedoch einiges: Um 100 v. Chr. konnte Ptolemäus Lathyrus bei seinem Feldzug gegen die Hasmonäer Sepphoris nicht einnehmen. Gabinius, 57–55 v. Chr. römischer Statthalter von Syrien, machte die Stadt zum Gerichtsort in Galiläa, als er Palästina in fünf Bezirke aufteilte. Beim Tod Herodes' des Großen (4 v. Chr.) kam es zu Unruhen. Herodes Antipas ließ die niedergebrannte Stadt prachtvoll wiederaufbauen; sie war Hauptstadt seiner Tetrarchie, bis seine Neugründung Tiberias diese Rolle übernahm.

P. Viaud OFM untersuchte 1908 die Kreuzfahrerkirche am Fuß des Hügels. L. Watermann unternahm 1931 erstmals Grabungen auf dem Gipfel und entdeckte das Theater. Grabungskampagnen seit 1975 legten ein umfangreiches Areal frei: Straßen, Villen mit Mosaikböden, eine große Zisterne sowie eine Synagoge aus byzantinischer Zeit.

Tabgha

Der Name ist eine arabische Abwandlung des griechischen »Heptapegon – Siebenquell«. Es handelt sich um einen Ort am See Gennesaret, zwei Kilometer südwestlich von Kafarnaum, wo nicht weit vom Ufer ergiebige Quellen entspringen. Bereits im späten 4. Jahrhundert traf die Pilgerin Egeria dort auf drei mit Jesu Wirken verbundene Erinnerungsstätten. An einer in den See führenden Felsentreppe, die heute noch zu sehen ist, lokalisierte man die Erscheinung des Auferstandenen, von der das Johannesevangelium (21,1 ff.) berichtet. Dass dort schon um 400 eine kleine Kirche stand, wurde durch die 1968 von S. Loffreda OFM durchgeführten Ausgrabungen erwiesen. Ihre Stelle nimmt jetzt die 1934 erbaute Primatskapelle der Franziskaner ein.

Weiter landeinwärts zeigte man Egeria einen Stein, auf den Jesus bei der Speisung der Fünftausend (Markus 6,30 ff.) die fünf Brote und zwei Fische gelegt habe. Auch hier baute man um 400 eine kleine Kirche und ersetzte sie schon bald darauf durch eine Basilika mit

Atrium. Als deren Überreste 1911 und 1932–1935 freigelegt wurden, kamen die schönsten Bodenmosaiken Palästinas zum Vorschein. Sie zieren jetzt die 1980 geweihte Brotvermehrungskirche, die in den Abmessungen der spätantiken Basilika entspricht.

Eine Grotte am Hang jenseits der Via Maris fand Egeria als Ort der Seligpreisungen bezeichnet. Vermutlich handelte es sich um die sogenannte Hiobshöhle, bei der noch Reste einer frühchristlichen Kapelle zu sehen sind. Später wanderte der Erinnerungsort der Bergpredigt hinauf zu der Anhöhe, die seit 1938 von der Kirche der Seligpreisungen bekrönt wird.

Tarsus

Die Geburtsstadt des Apostels Paulus, in der Antike ein bedeutendes kulturelles und wirtschaftliches Zentrum im Südosten Kleinasiens, trägt noch heute ihren antiken Namen. Tarsus (griechisch Tarsos) liegt am Westrand der kilikischen Ebene, die im Süden vom Mittelmeer, im Norden und Westen vom Taurus und im Osten vom Amanusgebirge begrenzt wird. Der durch Tarsus fließende Kydnos (Tarsus Çayı) mündet nach 16 Kilometern ins Meer, doch in der Antike befand sich zwischen Stadt und Küste eine Lagune, der Regmasee, der durch einen Kanal mit dem offenen Meer verbunden war. Dort lag der Hafen von Tarsus. Kleinere Schiffe konnten den Kydnos befahren. Zur Seeverbindung kamen Fernhandelsstraßen. Nach Norden führte die Via Tauri durch die Kilikische Pforte auf die anatolische Hochebene hinauf und von dort wieder hinab zu den Küstenstädten an der Ägäis. Die Straße nach Osten teilte sich am Ende der Ebene; ein Zweig ging südwärts durch die Syrische Pforte nach Antiochia am Orontes, der andere durch die Amanische Pforte nach Mesopotamien. Diese günstige Verkehrslage verhalf Tarsus zu der Bedeutung, die es viele Jahrhunderte lang besaß.

Die zu Zeiten des Hethiter-, Assyrer- und Perserreichs gut bezeugte Stadt fiel nach Alexander dem Großen an die Seleukiden. 67 v. Chr. machte Pompeius Kilikien zur römischen Provinz mit Tarsus als Hauptstadt. 51 v. Chr. kam

Cicero als Statthalter, 47 v. Chr. hielt sich Caesar in Tarsus auf, und vier Jahre danach spielte sich dort das berühmte Treffen von Antonius und Kleopatra ab. Augustus übertrug die Führung der Stadt seinem Lehrer Athenodoros, der Anhänger der Stoa war wie sein Nachfolger Nestor. Der Geograf Strabon rühmt den Stand der Bildung in Tarsus: Mit seinen rhetorischen und stoischen Schulen übertreffe diese Stadt sogar Athen. In Rom unterhielt Tarsus am Forum eine »statio«, also eine Art Konsulat zur Unterstützung seiner Bürger, die sich aus geschäftlichen oder anderen Gründen dort aufhielten.

In diese Blütezeit von Tarsus fällt die Geburt des Saulus-Paulus. Er entstammte einer jüdischen Familie (Apostelgeschichte 22,3) und besaß von Geburt an ein zweifaches Bürgerrecht, zum einen das »einer nicht unbedeutenden Stadt« (22,28), und zum anderen war er römischer Bürger (22,28). Auf welche Weise sein Vater dieses Bürgerrecht erlangt hatte, lässt sich nur vermuten. Der erlernte Zeltmacherberuf (18,3) hängt vielleicht damit zusammen, dass es in seiner Heimatstadt viele Leinweber gab und Kilikien für die Herstellung von Zelttuch aus Ziegenhaar, »Cilicium« genannt, außerordentlich bekannt war.

Seine Jugend verbrachte Paulus in Jerusalem. Nach seiner Bekehrung kehrte er für mehrere Jahre nach Tarsus zurück; die Brüder in Jerusalem hatten ihn zu seiner Sicherheit dorthin geschickt (9,30). Schließlich holte ihn Barnabas zum Aufbau der Gemeinde nach Antiochia (11,25). Später kam Paulus dann noch zweimal auf dem Weg nach Galatien durch Tarsus (15,41; 18,23).

Die heutige Stadt steht auf den Überresten der antiken. Ausgrabungen bei dem Ruinenhügel Gözlü Kule erwiesen die Besiedlung seit neolithischer Zeit, andere legten ein Stück der Via Tauri und Häuser mit Bodenmosaiken frei. In Richtung Hafen steht noch die Ruine eines Stadttors aus dem 3. Jahrhundert (»Paulustor« oder »Tor der Kleopatra«), im Osten der Stadt sind Fundamente eines kaiserzeitlichen Tempels zu sehen, im Norden Bögen eines römischen Aquädukts.

Tiberias

Die Stadt am Westufer des Sees Gennesaret wurde zwischen 17 und 20 n. Chr. von Herodes Antipas gegründet. Der Tetrarch von Galiläa und Peräa machte sie anstelle von Sepphoris zur Hauptstadt und gab ihr den Namen seines kaiserlichen Gönners Tiberius. Als Residenz und Behördensitz sowie im architektonischen Gepräge wurde Tiberias zum Zentrum des Hellenismus in Galiläa. Im Neuen Testament wird diese Stadt nur ein einziges Mal erwähnt. Nach der Speisung der Fünftausend, so berichtet das Johannesevangelium (6,23), seien von Tiberias her »andere Boote in die Nähe des Orts« gekommen, wo sie das Brot gegessen hatten, und zwar mit Leuten, die Jesus treffen wollten. Zweimal wird der See Gennesaret von Johannes (6,1; 21,1) »See von Tiberias« genannt. Dass Jesus die Hauptstadt seiner Heimat Galiläa besucht habe, sagt keiner der Evangelisten.

Im 3. Jahrhundert wurde Tiberias zum Mittelpunkt jüdischer Gelehrsamkeit in Palästina, dort befand sich der Sitz des Sanhedrin und des ihn leitenden Patriarchen. Seither gehört Tiberias mit Hebron, Safed und Jerusalem zu den vier heiligen Städten des Judentums. 13 Synagogen sind für diese Zeit bezeugt. Hieronymus nahm in Tiberias Hebräischunterricht, bevor er seine lateinische Bibelübersetzung, die Vulgata, in Angriff nahm.

Die antike Stadt ist heute vom modernen Tiberias überbaut, sodass Ausgrabungen nur in begrenztem Umfang möglich sind. Freigelegt wurden die Reste eines Stadttors und Teile einer mit Basaltplatten gepflasterten Straße. 1990 stieß man auf ein großenteils unter der städtischen Kläranlage liegendes Gebäude, in dem der Sanhedrin seinen Sitz gehabt haben könnte. 2007 wurden bei Bauarbeiten Bodenmosaiken einer byzantinischen Basilika entdeckt. Bereits 1961–1963 konnten im Süden der Stadt, in dem für seine Thermalquellen bekannten Hammat, prächtige Bodenmosaiken einer Synagoge aus dem 4. Jahrhundert freigelegt werden, die einen Vorgänger sowie zwei Nachfolgebauten hatte.

Literatur und Quellen

Auf den Spuren Jesu (1): Welt und Umwelt der Bibel Nr. 42/2006; Themaheft.

Auf den Spuren Jesu (2): Welt und Umwelt der Bibel, Nr. 44/2007; Themaheft.

Rudolf Augstein: Jesus Menschensohn, Hamburg 1999.

Jürgen Becker: Johannes der Täufer und Jesus von Nazareth, Neukirchen-Vluyn 1972.

Jürgen Becker: Jesus von Nazaret, Berlin/New York 1996.

Jürgen Becker: Paulus. Der Apostel der Völker, Tübingen 3. Aufl. 1998.

Klaus Berger: Paulus, München 2. Aufl. 2005

Klaus Berger: Die Urchristen. Gründerjahre einer Weltreligion, München 2008.

Klaus Berger; Christiane Nord: Das Neue Testament und frühchristliche Schriften, Frankfurt am Main 1999.

David C. Bienert; Joachim Jesika; Thomas Witulski (Hg.): Paulus und die antike Welt. Beiträge zur zeit- und religionsgeschichtlichen Erforschung des paulinischen Christentums, Göttingen 2008.

Norbert Brox: Kirchengeschichte des Altertums, Darmstadt (Patmos) 1983.

Rudolf Bultmann: Das Urchristentum im Rahmen der antiken Religionen, Düsseldorf 1998 (1949 zuerst erschienen).

John Dominic Crossan; Jonathan L. Reed: Jesus ausgraben. Zwischen den Steinen – hinter den Texten, Düsseldorf 2003.

Der erste Clemensbrief. Übersetzt und erklärt von Horacio E. Lona, Göttingen 1998.

Christian Dietzfelbinger: Die Berufung des Paulus als Ursprung seiner Theologie, Neukirchen-Vluyn (Neukirchener) 2. Aufl. 1989.

Martin Ebner: Jesus von Nazaret in seiner Zeit. Sozialgeschichtliche Zugänge, Stuttgart 2003.

Martin Ebner: Jesus von Nazaret. Was wir von ihm wissen können, Stuttgart 2007.

Martin Ebner; Stefan Schreiber (Hg.): Einleitung in das Neue Testament, Stuttgart 2008.

Egeria: Itinerarium-Reisebericht. Mit Auszügen aus Petrus Diaconus De locis sanctis = Die Heiligen Stätten. Übersetzt und eingeleitet von Georg Röwekamp unter Mitarbeit von Dietmar Thönnes, Freiburg u. a. (Herder) 1995.

Eusebius von Caesarea: Kirchengeschichte, hg. Von Hans Armin Gärtner, Heinrich Kraft und Philipp Häuser, Darmstadt 5. Aufl. 2006.

Josephus Flavius: Jüdische Altertümer, Wiesbaden 2004.

Josephus Flavius: Der Jüdische Krieg und Kleinere Schriften, Wiesbaden 2005.

Josephus Flavius: Geschichtsschreiber zur Zeit Jesu: Welt und Umwelt der Bibel, Nr. 32/2004; Themaheft.

Hans Förster: Die Anfänge von Weihnachten und Epiphanias, Tübingen 2007.

Hans Förster: Kestês und Dêmas, die beiden Schächer am Kreuz – aus einer koptischen Paraphrase der Acta Pilati. Edition von Papyrus Vindobonensis K. 4856, in: Zeitschrift für antikes Christentum, Bd. 11/2007 (2008), Heft 3, 405-420.

Marco Frenschkowki: Mysterien des Urchristentums. Eine kritsche Sichtung spekulativer Theorien zum frühen Christentum, Wiesbaden 2007.

Jörg Frey; Enno Edzard Popkes; Jens Schröter, (Hg.): Das Thomasevangelium. Entstehung, Rezeption, Theologie, Berlin/New York 2008.

Klaus Martin Girardet: Vom Sonnen-Tag zum Sonntag. Der dies solis in Gesetzgebung und Politik Konstantins d. Gr., in: Zeitschrift für Antike und Christentum 11 (2007), 279-310.

Joachim Gnilka: Wie das Christentum entstand, 3 Bde., Freiburg 2004.

Edgar Hennecke (Hg.): Die verborgenen Akten der ersten Christen, Wiesbaden 2006.

Michael Hesemann: Paulus von Tarsus. Archäologen auf den Spuren des Völkerapostels, Augsburg 2008.

Peter Hirschberg: Jesus von Nazareth. Eine historische Spurensuche, Darmstadt 2004.

Yizhar Hirschfeld: Qumran. Die ganze Wahrheit. Die Funde der Archäologie – neu bewertet, Gütersloh 2008.

Paul Hoffmann (Hg.): Zur neutestamentlichen Überlieferung von der Auferstehung Jesu, Darmstadt 1988.

Paul Hoffmann: Studien zur Frühgeschichte der Jesus-Bewegung, Stuttgart 1994.

Paul Hoffmann; Christoph Heil (Hg.): Die Spruchquelle Q. Studienausgabe Griechisch und Deutsch, Darmstadt und Leuven 2002.

Thomas Holtzmann: Die Magier vom Osten und der Stern. Mt. 2,1-12 im Kontext frühchristlicher Traditionen, Marburg 2005.

Rudolf Hoppe: Jesus. Von der Krippe an den Galgen, Stuttgart 1996.

Hans-Josef Klauck: Die religiöse Umwelt des Urchristentums, 2 Bde., Stuttgart/Berlin/Köln 1995/1996.

Hans-Josef Klauck: Apokryphe Evangelien. Eine Einführung, Stuttgart 2. Aufl. 2002.

Hans-Josef Klauck: Apokryphe Apostelakten. Eine Einführung, Stuttgart 2005.

Hans-Josef Klauck: Die apokryphe Bibel. Ein anderer Zugang zum frühen Christentum, Tübingen 2008.

Wolfgang Klausnitzer: Jesus von Nazaret. Lehrer, Messias, Gottessohn, Regensburg 2001.

Martin Koschorke: Jesus war nie in Bethlehem, Darmstadt 2007.

Selma Lagerlöf: Christuslegenden, München 19. Aufl. 2006.

Markus Lau: „Mit der Geburt Jesu Christi war es so …" Den neutestamentlichen Kindheitsgeschichten auf der Spur, in: Welt und Umwelt der Bibel, Nr. 46/2007, 16-21.

Barbara Leicht (Hg.): Die apokryphen Evangelien: Bibel und Kirche 60 (2005) H. 2.

Ariel Lewin: Palästina in der Antike, Stuttgart 2004.

Tobias Nicklas: Die Karriere der Weisen. Von den Magiern aus dem Osten zu den Heiligen Drei Königen, in: Welt und Umwelt der Bibel, Nr. 46/2007, 24-27.

Paulus. Ein unbequemer Apostel: Welt und Umwelt der Bibel, Nr. 20/2001; Themaheft.

Luce Pietri (Hg.): Die Geschichte des Christentums. Regligion, Politik, Kultur. Band 1: Die Zeit des Anfangs (bis 250), Freiburg u. a. 2003.

Uwe-Karsten Plisch: Was nicht in der Bibel steht. Apokryphe Schriften des frühen Christentums, Stuttgart 2006.

Uwe-Karsten Plisch: Das Evangelium des Judas, in: Zeitschrift für Antikes Christentum 10 (2006) 5-14.

J. R. Porter: Die verworfenen Schriften. Was nicht in der Bibel steht, Stuttgart 2006.

Wolfgang Reinbold: Der Prozess Jesu, Göttingen 2007.

James M. Robinson: Jesus und die Suche nach dem ursprünglichen Evangelium, Göttingen 2007.

James M. Robinson: Das Judasgeheimnis. Ein Blick hinter die Kulissen, Göttingen 2007.

Ludger Schenke, u.a.: Jesus von Nazaret – Spuren und Konturen, Stuttgart 2004.

Wilhelm Schneemelcher: Das Urchristentum, Stuttgart u.a. (Kohlhammer) 1981.

Wilhelm Schneemelcher: Neutestamentliche Apokryphen in deutscher Übersetzung. 2 Bde., Tübingen 1999.

Udo Schnelle: Paulus. Leben und Denken, Berlin/New York 2003.

Tacitus: Annalen, hg. von Erich Heller, Düsseldorf 2005.

Gerd Theißen: Die Religion der ersten Christen. Eine Theorie des Urchristentums, Gütersloh 2000.

Gerd Theißen: Der Schatten des Galiläers. Jesus und seine Zeit in erzählender Form, Sonderausgabe: Gütersloh 4. Aufl. 2006.

Gerd Theißen; Annette Merz: Der historische Jesus. Ein Lehrbuch, Göttingen 3. Aufl. 2001.

Verborgene Evangelien. Jesus in den Apokryphen: Welt und Umwelt der Bibel, Nr. 45/2007; Themaheft.

Peter Walker: Unterwegs auf den Spuren des Paulus. Das illustrierte Sachbuch zu seinen Reisen, Stuttgart 2008.

Martin Wallraff: Unsere Sonne ist nicht eure Sonne. Die Entstehung des Weihnachtsfestes in der Spätantike, in: Welt und Umwelt der Bibel, Nr. 46/2007, 10-15.

Erich Weidinger: Die Apokryphen. Verborgene Bücher der Bibel, Augsburg 1999.

Dieter Zeller: Christus unter den Göttern. Zum antiken Umfeld des Christusglaubens, Stuttgart 1993.

Dieter Zeller (Hg.): Christentum I. Von den Anfängen bis zur Konstantinischen Wende, Stuttgart u.a. 2002.

Von A bis Z

Die Fundstellen der Texte werden mit geraden, die der Abbildungen mit kursiven Seitenzahlen angegeben.

A

Aaron 72, *73*
Abendmahl 200–207, *203, 223, 230*
Abila *280*
Abraham 35, 36, 66, *73*
Adam 37, 133
Adonai 170
Agape *205*
Ägypten *16*
Ain Karim *74*
Andreas 119, *122*, 123, 125, 272
Anna 54, *57*
Antiochia *291, 301*, 304, 305
Antipater 89
Apokalypse 15
Apokryphe Schriften 15
Apostelgeschichte 15, 268–306
Apostolische Briefe 15
Aramäische Sprache 98, *107*
Auferstehung 252–261, *255, 255*
Augustus, Kaiser 20, *20*, 26, 40, 51, 57, 89, *87*

B

Balthasar 49, 50
Barabbas 231–232, *232*
Baram *118*
Barnabas 304, 305, 306
Bartholomäus 123, 272
Bergpredigt 151–154, 163–165
Betesda *150, 178*
Betfage 188, 191
Betlehem 20, 22, *22*, 23, 26, *36*
  Geburtskirche *22, 36*
Betsaida-Julia 122
Bultmann, Rudolf 12
Bundeslade *178*

C

Caesarea Maritima *90–92, 94*
Caesarea Philippi *110*, 111, 192
Caspar 49, 50
Castelseprio *38*, 40
Cavallini, Pietro *20*
Charisma 114–117
Chorazin *118*
Claudia Procula 235
Conques *187*
Cornelius 294, 295

D

Damaskus *67, 297*, 301, 304
Daniel 138
David 22, 23, 35, 37
Dekapolis 96, 97
Dostojewski, Fjodor M. 173
Dysmas 245

E

Ebner, Martin 27, 60, 66
Egeria *152*
Elija *77*, 245, 246, 266, 267, 268
Elisabet 38, *38*, 54, 60, 62, 154
Elischa 77
Elohim 170
Emmaus *257*
Engel 41
Ephesus *302*, 306
Epiphanie 183
Essener 103, 105, *105*, 106
Eucharistie 207
Eusebius *268*, 290, 291
Evangelien 15, *16*, 17

G

Gabriel *35*, 37, 38
Gadara *133*, 135
Galiläa 8, *26*, 29, *30*, 30, 69, 84–87, *84*, 96–*102*, 102, 171
Garizim *160, 162*
Gennesaret, See *30*, 65, 84, *99, 102*, 204, 260
Gerasa 135, *135*
Gergesa *129*
Getsemani *208*, 210, *210*, 222, *223, 230*
Gnosis 220
Golgota *180*, 236, *239*
Guardini, Romano 12
Guter Hirte *11, 176*

H

Habakuk 48
Hammat-Tiberias *121*
Hanna 41, 42
Hannas 223, 270, 278
Hasmonäer 87, *88*
Hebron 88
Heiliger Geist 38, 70, 72, *230*, 275, 277–278, 295
Herodes Agrippa I. 69, 296
Herodes Antipas *28*, 28, *60*, 65, 66–69, 75, 231
Herodes der Große 22, 26, *35*, 42, 44, *47, 49*, 50, 51, *51, 52*, 57, *57, 97, 99, 125*, 180, *282, 286*
Herodianer 89–96
Herodias 68, 69, *69*
Herodium *44–47, 47, 49, 51*, 94
Hieronymus 102, 113

Himmelfahrt *267*, 268, *268*, 269, 270

Hippos *129*
Hoffmann, Paul 166, 169, 260
Hoher Rat 198
Hoppe, Rudolf 150, 166
Hosea 52, 254
Hyrkanos *86*

I

Idumäer 89
Immanuel 38, 39
Irenäus von Lyon 242
Isaak *73*
Istanbul
  Chora-Kirche *5, 79, 142, 147, 270*

J

Jaïrus 150–151
Jakob 124
Jakobsbrunnen *160*
Jakobus 27, 54, 56, 119, 123, 210, 254, 256, 266, *267*, 272, 288, 290–292, 296
Jakobusevangelium *20*, 54–57
Jeremia 52, 220
Jericho 88, 92, 94, 146, *162*
Jerusalem 35, *180–182, 192*, 208, 225, 228, 237, *238–239*, 253, *282*
  Antonia 89, *180*, 195, 226, *228*, 236, *239*
  Blutacker *218*
  Condemnatio-Kapelle *239*
  Ecce-Homo-Basilika *237, 239*
  Felsendom *239*
  Flagellatio-Kapelle *237, 239*
  Grabeskirche *238, 248, 253*
  Heiliges Grab *248, 250*
  Löwentor *239*
  Ölberg *190, 208*
  Prätorium *228, 229*
  Tempel *178*
  Via Dolorosa *235, 236*, 238–239
Jesaja 26, 38, 39, 41, 48, 49, 82, *105*, 136
Jesusbewegung 262, 268
Joachim 54, *57*
Joël 275
Johannes (Apostel) 119, 123, 125, *188*, 212, *242*, 252, 266, *267*, 272
Johannes (Evangelist) 15, 17
Johannes der Täufer 60–83, *62, 69, 79*
Jona *138*, 140
Jordan *65*, 66, *83, 99*
Josef 20, *20*, 27, 28, 30, 32, 36–40, *38, 40*, 42, 47, 48, 51, 53, 54, 56, *57*
Josef von Arimathäa *188*, 247, 250, 252, 270
Josephus Flavius 8, *92*, 98, 288
Joses 27
Judas Iskariot 27, 123, *203*, 209–214, *215*, 216–222, *217, 223*

Judasevangelium 220–222, *221*
Jungfrauengeburt 38, 39, 54, 56

K

Kafarnaum 84, *84*, 108, 113, *113, 115, 116, 118*
Kajaphas *199, 208*, 222–224, 270, 284
Kana *137, 173*
Kanonische Schriften 15, 17
Katakomben *293*
Katharinenkloster (Sinai) *12, 19, 267, 273*
Klagemauer *178*
Kleopatra 93, 94
Konstantin, Kaiser 15, *19*
Korinth *301*
Korintherbrief 262, 264
Kreuzigung 242
Krippe 42, 47, 48

L

Lagerlöf, Selma 57
Lamm Gottes *60, 72–73*
Lazarus 12, *138, 148*, 151, *168*
Levitikus 72, *73*
Lithostrotos 237
Logienquelle 17, 152
Longinus *242, 244*
Lukas 15, 17
Luther, Martin 40

M

Machärus *60*
Magnificat 62
Mailand
   Sant'Aquilino *170*
Maleachi 206
Marcus Antonius 92
Maria 20, *20*, 22, 27, 28, *35*, 37–40, *38*, 42, 42, 47,
   48, 53, 54, 56, *57*, 62, 154, *242*, 245, 249, 252, 272
Maria Magdalena 122, *217*, 250, 252, 256, 258,
   260
Markus 15, 17
Masada 92, *286, 289*
Matthäus (Apostel) 121, 123, 272
Matthäus (Evangelist) 15, 17
Matthias 273
Melchior 49, 50
Menschensohn 179, 184, 186, *187*
Micha 22
Moses *74*, 266, *267*

N

Naïn *137*, 151
Natanaël 126
Nazaret 20, 22, 22, 23, 27, 30, 52
   Gabrielskirche *22*
   Verkündigungskirche *26*

Nazoräer 23, 26, 52
Nero, Kaiser 14, 298
Netzer, Ehud 94
Nikodemus 250, 252
Nikodemusevangelium 270, *270*
Nizäa, Konzil von 15, 35, 188
Noach 183

O

Oberlinner, Lorenz 200
Origines 49
Ostern 255

P

Paulus *170*, 205, 252, 254, 255, *262*, 264, 265, 278,
   278, 283, *285*, 288, 292, 293, 297–306, *299, 301,
   302, 304*
Pella *280*
Peräa 65, 68, 96
Pessach 201, 207
Petra *70*
Petrus *8*, 27, 111, 112, 119, *122*, 123, 125, 126, *170*,
   192–194, *203*, 203, 207, 210, 212, *215, 217*, 219,
   224, 226, *226*, 254, 256, 258, *259, 262*, 266, 267,
   272, 273, 275, 277, *278*, 281, 294, 295–298
Pfingsten 272, 274, *274*
Pharisäer 106, 108, 114, 139, 156–158, *156, 158*
Philippus (Apostel) 122, 123, 126, 272, 294
Philippus (Tetrarch) *110*, 110, 122
Pompeius, Gnaeus 87, 96, *97*
Pontius Pilatus 11, 14, 188, 195, 200, *217*, 223, 223,
   226–236, *232*, 240, *241*, 245, 250
Pseudo-Matthäus 57, *57*

Q

Qarantal *79, 83*
Quirinius 20, 26
Qumran *77, 105*, 105–106, *107, 108*

R

Rahel 52
Ravenna 42
   San Vitale 42
   Sant'Apollinare in Classe *267*
   Sant'Apollinare Nuovo 42, *156, 259*
Reimarus, Hermann Samuel 12, 260
Rom
   Katakomben *12, 205, 293*
   Peterskirche *294*, 298
   San Giovanni in Laterano *294*
   San Paolo fuori le mura 306
   Santa Maria Antiqua *14, 65, 242*
   Santa Maria in Travestere *20*
   Santa Maria Maggiore *35*
   Santa Sabina *74, 77, 188*
   Santi Cosma e Damiano *306*

S

Sacharja 191, 210
Sadduzäer 102–103
Salamis (Zypern) *297*
Salome 56, 69, *69*
Salomo *178*
Samaria-Sebaste *67*, 92, 125, 162
Samaritaner 162, *162*, 163
Sant'Angelo in Formis *165, 203*
Schiloach *150, 226, 282*
Schweitzer, Albert 12
Sepphoris 23, 28, *28*, 68, 96
Septuaginta 281
Sidon *130*
Siebenquell *152, 154*
Simeon *40*, 41, 270
Simon Kananäus 123
Simon von Kyrene 236, 240–242
Stephanus 283–288, *285*, 298
Stern von Betlehem 36, 42, 50, *57*
Synagoge 121
Synoptische Evangelien 17, 20

T

Tacitus, Publius Cornelius 11, 14, 298
Tarsus 299, 300, 304
Taufe 277–278
Tertullian 298
Thaddäus 123
Thekla *265*, 306
Thomas 123, *217, 259*, 260, *270*, 272
Thomasevangelium 30, 292
Tiberias 68, 96
Tiberius, Kaiser 11, 14, 65, 235, *235*
Titus, Kaiser 245, 306
Tora 148
Tyros *130*

V

Verklärung 267, *267*

W

Weber, Max 114, 116, 165, 166
WIPO 202

Z

Zacharias 57, 60, 66, *74*
Zachäus 166–169, *166*
Zebedäus 119, 123
Zeloten 108
Zillis
   Martinskirche *168*
Zöllner 156–157, *156, 158*

Abbildungsnachweis

Schutzumschlag: Shutterstock
Akademische Druck- und Verlagsanstalt Graz
43, 127. akg/Erich Lessing 6. Albatross archive
46. Athenäum-Verlag, Königstein 51 l. Paul
Badde 268. Dr. Steffen Baier 50, 86/87, 96/97 u,
130/131, 132/133, 264, 276 m, 281, 290, 296, 299 m,
u, 300 l. Bayerische Staatsbibliothek 167, 185,
244. Bayerisches Nationalmuseum 269. Achim
Bednorz 186, 187, 189, 275, 285. Peter Bergheim
208/209. Constantin Beyer 222/223. Bibliothèque
nationale de France 68/69. The Bohdan and
Varvara Khanenko Museum of Arts, Kiew 63.
Félix Bonfils 23, 136/137, 182/183 u, 224/225, 225.
The British Library 18. British Museum Images 8.
Ny Carlsberg Glyptotek 96, 286 u. Chester Beatty
Library 17 m, u. Antonio Citrigno 172. Prof. Wik-
tor A. Daszewski 33. Dommuseum Hildesheim
254/255. Herbert Fasching 24/25, 31, 36/37, 37 ul,
51 ur, 72/73 o, 75, 78, 83, 93, 104, 121, 178/179 o,
196/197, 211. Dominique Genet 13, 266, 273.
Kibbuz Ginnosar 117 r. Wolfram Gittermann
194/195, 218/219 o, 237, 247, 299 o, 303 l. Sonia
Halliday Photographs 2, 44, 61, 80/81, 85, 151,
154/155, 162, 218, 218/219 u, 228/229 o, u,
246/247 o, 248/249 o, 280/281, 297. Hannibal
Athen 259. Kunstverlag Hofstetter 52. Gerhard

Howald 270. Israel Department of Antiquities &
Museums 76, 106/107 o, u, 107, 178/179 u, 193,
194, 198, 199, 235 o, 242. Turizm Yayinlari, Istanbul
178 r, 263, 290/291, 302 o. Mustafa al-Khatib 67 u.
Stift Klosterneuburg 272. Dr. Heinrich Kunkel
103 o, u, 136 o, u. Gabi Laron 30 o. Joachim Lauer
227. Domschatz und Diözesanmuseum Limburg
261. Jakob August Lorent 22, 149 o, 182 m, u, 208
o. Maecenas Foundation Basel 221. Manzotti e
Boccato 205. Radu Mendrea 29 o, 64 ul, 67 ol, 71,
88 ol, 88/89 o, 96/97 o, 99, 100/101, 105 l, 123 o,
192/193, 224/225 u, 234 o, ur, 236/237 u, 251, 282,
282/283 u, 289 o. Musée archéologique de
Narbonne 250 r. Ehud Netzer 48/49. Foto Neu-
meister 248. Olivetti Milano 206, 207. Archivio
Fotografico Monumenti, Musei e Gallerie Ponti-
fice 60. Pontificia Commissione di Archeologia
Sacra 12, 141, 176, 204, 293. Zev Radovan 109,
120, 160/161 o, u, 228 ol, 234 ul. Fotostudio
Rapuzzi 138/139. Arved von der Ropp 230.
David Rubinger 116. Scala 10, 11, 156/157, 157,
162/163, 164, 165, 170/171, 174/175, 177, 190,
202/203, 212, 213, 214, 215, 226, 230/231, 231, 233,
240/241, 245, 258, 265 u, 267, 274, 288. Alfons
Senfter 161 u. National Museum of History, Sofia
55. Mhd. Ali Al-Souky 72/73, 73. © Stiftung Kirchendecke Zillis ® Foto: ARGE Restauratoren

Kirchendecke Zillis Emmenegger, Franz, Häusel,
Rampa 168/169. Studium Biblicum Franciscanum
27 u, 117 l. Tappeiner 284. Frank Teichmann 19 l,
302 m. Eberhard Thiem 14/15, 20, 34, 35, 53, 56,
57, 58/59, 64 ur, 67 or, 74, 77, 79, 142, 143, 144/145,
146, 147, 188, 216/217, 243, 253, 262, 270/271, 276
o, 279, 294, 295, 300 r, 301, 303 r, 304, 305, 307.
Fondazione Treccani 38/39, 40/41. Stadtbibliothek Trier 52/53, 134, 158/159. Alessandro Vasari
21. Biblioteca Apostolica Vaticana 16, 19 r, 68 l.
Foto Archivio Fabbrica di San Pietro in Vaticano
9. Verein zur Förderung der Christlichen Archäologie Österreichs 265 o. Vorderasiatisches
Museum Berlin 36. Tomislav Vuk 17 o, 26/27, 27
o, 28/29, 29 u, 30 u, 37 ur, 47, 65, 82, 84, 88/89 u, 90,
92 o, u, 94/95, 105 r, 108, 110/111, 112/113,
114/115, 118/119, 122/123, 123 u, 124/125,
128/129, 149 u, 150/151, 152/153, 155, 178 l, 180,
200, 201, 210, 235 u, 236/237 o, 238, 246/247 u,
248/249 u, 250 l, 256/257, 276 u, 282/283 o, 286 o,
287, 289 u. Yale University Art Gallery, New
Haven, Conn., 276/277.

Karten und Pläne: GeoKarta 89, 98 (2), 150,
298 (3), 304. Roger Hutchins 44/45 (2), 47, 90/91
(2), 108, 180/181 (2), 238/239 (2), 286/287 (3),
297, 302/303 (2).

Dank

Die Arbeit an diesem Buch wurde von
vielen Seiten durch Rat und Tat unterstützt.
Herzlichen Dank sei Herrn Dr. Steffen Baier
gesagt, der großzügig sein Fotoarchiv zur
Verfügung gestellt hat. Gedankt sei auch
Pater Raynald Wagner beim Kommissariat
des Heiligen Landes, der mit Informationen
und aktuellen Aufnahmen von Ausgrabungen
einen unverzichtbaren Beitrag geleistet hat.
Auch Herrn Eberhard Thiem ist für sein
Engagement nachdrücklich zu danken.